suhrkamp taschenbuch 2351

D1450285

In den hier vorliegenden biographischen Porträts von Frauen, die einerseits hochbegabt und schöpferisch, andererseits in unterschiedlicher Weise »wahnsinnig« waren, versuchen die Autorinnen, die Ursachen und Bedingungen dieses »Wahnsinns« zu analysieren. Ist Genialität von Männern eine erwünschte und gepriesene Eigenschaft, so gilt sie bei Frauen meist als krankhafte oder krankmachende Abweichung. Aber Wahnsinn kann auch als Widerstandsform gesehen werden oder als Ausweg aus einem unzumutbaren Lebenszusammenhang. Die Sprache des weiblichen »Wahnsinns« ist eine Kritik am Patriarchat, das Frauen in den Selbstmord treibt, wie z. B. Virginia Woolf oder Sylvia Plath, das Frauen einer jahrelangen psychiatrischen oder psychotherapeutischen Zurichtung aussetzt, wie z. B. Bertha Pappenheim oder Camille Claudel. Eine »wahnsinnig gute« Frau ist skandalös, und wenn es ihr nicht gelingt, sich mit den zerstörerischen Normen des Patriarchats zu arrangieren, geht sie zugrunde, denn das, was sie ist, darf sie nicht sein, doch das gerade ist sie.

WahnsinnsFrauen

Herausgegeben von Sibylle Duda
und Luise F. Pusch

Suhrkamp

Umschlag: Hermann Michels
Illustration (Camille Claudel): Hans-Jörg Brehm

suhrkamp taschenbuch 2351
Erste Auflage dieser Ausgabe 1994
© Suhrkamp Verlag Frankfurt am Main 1992
Suhrkamp Taschenbuch Verlag
Alle Rechte vorbehalten, insbesondere das
des öffentlichen Vortrags, der Übertragung
durch Rundfunk und Fernsehen sowie der Übersetzung,
auch einzelner Teile.
Druck: Ebner Ulm · Printed in Germany

1 2 3 4 5 6 – 99 98 97 96 95 94

Inhalt

Sibylle Duda

Vorwort

Der Wahnsinn von Frauen ist weniger ein psychiatrisches oder individuelles als vielmehr ein gesellschaftliches Problem. Da wir in einer patriarchalischen Gesellschaft leben, in einer Gesellschaft, die prinzipiell durch eine Asymmetrie zwischen den Geschlechtern bestimmt ist, in der politische, ökonomische, wissenschaftliche und soziale Macht in den Händen der Männer liegt und alle Ressourcen zuungunsten der Frauen verteilt sind, nimmt es nicht wunder, daß die daraus resultierende Einschränkung, Beschränkung und Unterdrückung vielen Frauen oft nur den Wahnsinn als heimischen Ort läßt.

Der Wahnsinn von Frauen hat in mehrfacher Hinsicht etwas mit Grenzverletzungen und Grenzüberschreitungen zu tun. Der Wahnsinn muß dechiffriert werden, der Eigensinn der Leiden erhält dann eine neue Qualität, und es erscheinen Metaphern von Unterdrückung, die Aufschluß geben über das reale Funktionieren des Patriarchats.

Eine extreme Begrenzung menschlicher Möglichkeiten finden wir in der Definition des Frauenstereotyps, in dem keine Verhaltensweisen und/oder Eigenschaften vorhanden sind, aus denen politischer, sozialer und individueller Protest oder Widerstand hervorgehen könnten. Auch Selbstbestimmung, Machtbesitz und Machtausübung gelten als unweiblich.

Frauen, die protestieren, werden als hysterisch bezeichnet. Widerstand von Frauen muß gebrochen werden. Die sich selbst bestimmende Frau ist aggressiv. Frauen, die aus ihrem Geschlechtsstereotyp ausbrechen, werden pathologisiert. Das Patriarchat hat zureichend wissenschaftliche und Alltagstheorien bereitgestellt, um sich gegenüber weiblichem Protest oder Machtanspruch zu immunisieren. Wahrscheinlich die vollkommenste dieser Theorien ist die Psychoanalyse, deren Weiblichkeits- und Männlichkeitsparadigmen die psychische Innenwelt der politischen Außenwelt widerspiegeln. Die Psychoanalyse ist die Sozialisationstheorie des Patriarchats.

Die Geschlechtsstereotypen – der Mann ist aktiv und rational, die Frau passiv und emotional – sind zwar in Wahrheit längst als obsolet erkannt, werden aber noch immer als kulturelle und gesell-schaftliche Deutungsmuster aus guten Gründen in Gebrauch be-lassen. Nicht umsonst bedient sich die Werbung dieser Stereotypen mit Erfolg.

Weiblicher Wahnsinn bedeutet Protest gegenüber der Rolle, die Frauen zu spielen haben. Im Wahnsinn zeigt sich die Kreativität ihrer Ohnmacht. Der Prototyp der kreativen Wahnsinnigen war die Hysterikerin. Keine zeigt wie sie mit Hilfe ihres Körpers als Grenzlinie zwischen realer Außenwelt und ihrer sprachlosen In-nenwelt die Unmöglichkeit einer menschlichen weiblichen Exi-stenz. Sie verstummt, weil sie nicht aussprechen kann, worunter sie leidet. Muttersprache ist Vatersprache, in der ihr Selbst nur besteht, indem sie es aufgibt. Sie ist gelähmt, weil sie nicht in die Welt, die eine männliche ist, hinausgehen kann. Sie erblindet, weil sie sich in dem, was sie erblickt, nicht sehen kann. Sie ist taub, weil sie die Ermahnung, ihre Fassung zu bewahren, nicht mehr hören will. Die Hysterikerin agiert auf ihre theatralische Weise mit ihrem Körper, der für sie die einzige Bühne ist, auf der sie noch öffentlich agieren kann.

Eine andere Form der tragischen Entgrenzung zeigt die Eßsüch-tige, die vor Hunger nach Befreiung aus der Ohnmacht ihre Kör-pergrenzen immer weiter ausdehnen will, oder die Magersüchtige, die Nahrung verweigert, bis sich ihre Körpergrenzen immer mehr einschränken, um sich im Nichts aufzulösen.

Es hat den Anschein, als ob den Frauen nur der Körper bleibt. Auf der einen Seite handelt es sich um den gepriesenen jungen, schönen, unversehrten und begehrenswerten, oder um den mütter-lichen, bergenden und gebärenden Körper, auf der anderen Seite um den Körper, der sich selbst zerstört oder zerstört wird.

Weit verbreitet im Patriarchat sind Vergewaltigung und Inzest. Hier werden die Körpergrenzen der Frau gewaltsam überschritten. So wie der Sklave in einer Sklavengesellschaft nur seine Körper-kraft einbringen kann und, wenn er verstümmelt wird, nichts mehr besitzt, so führt die Zerstörung ihrer körperlichen Integrität der Frau vor Augen, daß das, was im Patriarchat ihr einziger Wert ist, nicht mit Macht ausgestattet ist, sondern beliebig vernichtet werden kann. Nicht umsonst leiden sexuell mißhandelte Frauen an schweren Depressionen, sind selbstmordgefährdet oder sind unfähig, angemessene und befriedigende Beziehungen aufzuneh-men.

Auch heute noch, und bisher nicht ausdrücklich revidiert, arbeiten Psychiatrie und Psychotherapie mit dem Leitbild einer psychisch gesunden erwachsenen Persönlichkeit, das nach dem Leitbild des Mannes, wie es das gängige Geschlechtsstereotyp vorgibt, ausgerichtet ist. Demnach gibt es keine psychisch gesunde erwachsene Frau, sie gilt nur dann als normal, wenn sie sich unauffällig unterordnet, möglichst nicht die Begrenzungen ihrer weiblichen Rolle durchbricht. Überschreitet sie diese Grenzen, dann gilt sie als verrückt oder wird verrückt gemacht.

Einige der in diesem Band versammelten Frauenbiographien zeigen offenkundig, wie das Patriarchat handelt oder reagiert, wenn es gilt, die Komplexität weiblicher Kreativität oder weiblichen Genies zu reduzieren und zu vernichten. Männer behindern und beengen Frauen, halten sie in materieller und physischer Abhängigkeit gefangen. Frauen werden wahnsinnig aus Mangel an Geld, Anerkennung, Raum, aus Mangel an Möglichkeiten, ihren Beruf auszuüben, ihr Talent, ihr Wissen, ihre Fähigkeiten einzusetzen. Geniale Frauen wie Camille Claudel, Helene von Druskowitz oder Emilie Kempin verelenden in einer Gesellschaft, die hervorragende Frauen als skandalös empfindet, skandalös, weil sie in Männerdomänen eindringen oder nicht bereit sind, die unterwürfige Frauenrolle zu spielen. Diese selbstbewußten und ichstarken Frauen werden als Bedrohung empfunden und ins Irrenhaus verbannt, wo sie jahrzehntelang bis zu ihrem Tod leben. Es gibt nur wenige oder gar keine Aufzeichnungen über ihr Leben im Irrenhaus. Es scheint, als sollten sie in der Anonymität versinken. Die wenigen überlieferten Zeugnisse, meist Briefe, zeigen vernünftige, klar denkende und fühlende Frauen, die Sehnsucht nach Befreiung aus ihrem Gefängnis haben, aber anscheinend philosophisch resignieren. Nur Helene von Druskowitz scheint eine Ausnahme zu sein. Sie setzt ihre »Närrinnenfreiheit« voll in Szene, entwickelt sich im Irrenhaus zu einer radikalen, utopistischen Feministin, deren verblüffend provokante Gedankengänge Lebenserfahrungen sichtbar werden lassen, die sie als Frau schließlich an den Rand ihrer Existenz gebracht haben.

Wahnsinn scheint auch ein Refugium zu sein. Frauen können sich in den Wahnsinn retten, wenn sie die Spannung nicht mehr ausgleichen können, die zwischen ihrer verinnerlichten Frauenrolle und dem Heraustreten aus ihr entsteht. Sich in einem Terrain zu bewegen, das traditionell von Männern dominiert wird, erzeugt diffuse Ängste. Frauen flüchten in die Rolle der Wahnsinnigen und entziehen sich so der öffentlichen Kritik oder Aggression.

Zwischen uns und den Wahnsinnsfrauen liegt nur ein gradueller, nicht ein prinzipieller Unterschied. Elemente ihrer Leiden sind im Leben aller Frauen vorhanden. Frauen müssen ja auch immer noch erst lernen, mit neuen Erfahrungen umzugehen und ihrem veränderten Selbst die jeweils zumutbaren Grenzen zu setzen. Werden aber weibliche Leiden pathologisiert, dann werden sie aus dem Leben von Frauen ausgegrenzt, und Frauen können sich nicht mit ihnen identifizieren, sie nicht als wichtige und denkwürdige Bestandteile ihres Lebens anerkennen. Die alltäglichen Leiden werden unterdrückt, verdrängt, verschwiegen oder mit Psychopharmaka betäubt. Frauen schämen sich, wenn sie unter Ängsten, Depressionen und Sucht, unter Wut und Verzweiflung leiden. Sie können die Ursachen nicht analysieren, wissen nur, daß sie »ver-rückt« sind und wieder »zurecht-gerückt« werden müssen.

Pathologisierung weiblicher Leiden ist eine Strategie des Patriarchats, Frauen einander zu entfremden, eigentlich Verbündete zu vereinzeln und zu isolieren, um sie desto besser unter Kontrolle zu haben. Auf diese Weise stabilisiert sich der patriarchale Machtanspruch: Das Männliche wird als das Normale idealisiert, und das Weibliche, immer schon als nah am Pathologischen Befindliches interpretiert, wird abgewertet und marginalisiert. Das Patriarchat macht sich auf diese Weise selbst unangreifbar gegenüber Kritik und Veränderung.

Das unglückliche Bewußtsein von Frauen, dargestellt in den unterschiedlichsten Formen von Wahnsinn, ist kreativ, phantasievoll und lehrreich. Wir sollten endlich lernen, jenes unerhörte Veränderungspotential, auf das uns der weibliche Wahnsinn aufmerksam machen will, wahrzunehmen.

Literatur

Alper, Judith (Hg.): »Psychoanalyse der Frau jenseits von Freud«, Reihe: *Psychoanalyse der Geschlechterdifferenz*, hg. von Christa Rohde-Dachser und Wolfgang Mertens, Berlin, Heidelberg, New York 1992

Bielstein, Dagmar: *Von verrückten Frauen. Notizen aus der Psychiatrie*, Frankfurt/M. 1991

Brede, Karola (Hg.): *Was will das Weib in mir?*, Freiburg/Br. 1989

Broverman, Inge K, u. a.: »Sex-Role Stereotypes and Clinical Judgements of Mental Health«, in: *Journal of Consulting and Clinical Psychology* 34 (1970), S. 1-7

Burgard, Roswitha: *Wie Frauen »verrückt« gemacht werden*, Berlin 1977

Chesler, Phyllis: *Frauen – das verrückte Geschlecht?*, Reinbek b. Hamburg 1974

Fischer-Homberger, Esther: »Neue Materialien zur ›Krankheit Frau‹ (19. und 20. Jahrhundert)«, in: *Feminismus. Inspektion der Herrenkultur. Ein Handbuch*. Hg. von Luise F. Pusch, Frankfurt/M. 1983, S. 308-339

Fischer-Homberger, Esther: *Krankheit Frau. Zur Geschichte der Einbildungen*, Darmstadt und Neuwied 1984

Foucault, Michel: *Wahnsinn und Gesellschaft. Eine Geschichte des Wahns im Zeitalter der Vernunft*, Frankfurt/M. 1973

Hagemann-White, Carol: *Sozialisation: Weiblich-Männlich? Alltag und Biographie von Mädchen*, Bd. 1, hg. von der Sachverständigenkommission Sechster Jugendbericht, Opladen 1984

Hoffmann, Dagmar (Hg.): *Frauen in der Psychiatrie – oder wie männlich ist die Psychiatrie?* DGSP-Schriftenreihe im Psychiatrie-Verlag Bonn 1991

Honegger, Claudia/Heintz, Bettina (Hg.): *Listen der Ohnmacht. Zur Sozialgeschichte weiblicher Widerstandsformen*, Frankfurt/M. 1981

Lepenies, Wolf: *Melancholie und Gesellschaft*, Frankfurt/M. 1969

Lerner, Gerda: *Die Entstehung des Patriarchats*, Frankfurt/M., New York 1991

Lorenzer, Alfred: *Intimität und soziales Leid. Archäologie der Psychoanalyse*, Frankfurt/M. 1984

Masson, Jeffrey M.: *A Dark Science. Women, Sexuality, and Psychiatry in the Nineteenth Century*, New York 1986

Rohde-Dachser, Christa: *Expedition in den dunklen Kontinent. Weiblichkeit im Diskurs der Psychoanalyse*, Berlin, Heidelberg, New York 1991

Rommelspacher, Birgit (Hg.): *Weibliche Beziehungsmuster. Psychologie und Therapie von Frauen*, Frankfurt/M., New York 1987

Schneider, Ulrike (Hg.): *Was macht Frauen krank? Ansätze zu einer frauenspezifischen Gesundheitsforschung*, Frankfurt/M., New York 1981

Sichrovsky, Peter: *Krankheit auf Rezept. Die Praktiken der Praxisärzte*, Köln 1984

Szasz, Thomas S.: *Die Fabrikation des Wahnsinns. Gegen Macht und Allmacht der Psychiatrie*, Frankfurt/M. 1976

Vogt, Irmgard: »Medizinsoziologie und weibliche Leidensweisen«, in: *Wie männlich ist die Wissenschaft?* Hg. von Karin Hausen und Helga Nowotny, Frankfurt/M. 1986, S. 179-198

Johanna die Wahnsinnige
1479-1555

Von Swantje Koch-Kanz und
Luise F. Pusch

Denn Johannas Leben ist voll
düsterer Tragik und viel ähnlicher
einem erdachten als einem
wirklichen Leben.

(Ludwig Pfandl, 1930)

Es würde in einer erdichteten
Geschichte unrecht sein, die Neugier
des Lesers so zu täuschen. Aber dies
alles hat sich wirklich zugetragen;
ich kann nichts davon- oder
dazutun.

(Annette von Droste-Hülshoff,
Die Judenbuche)

In einem Sammelband über berühmte wahnsinnige Frauen darf
diejenige, die den Wahnsinn quasi als »Wahrzeichen« schon in
ihrem Namen trägt, nicht fehlen. Denn sobald von wahnsinnigen
Frauen der Geschichte die Rede ist, fällt vielen als erste Johanna
die Wahnsinnige ein, auch wenn wir außer dem Namen meist
kaum etwas über sie wissen.

Die Frage, ob Johanna die Wahnsinnige (span. *Juana la loca*,
engl. *Joan the mad*, frz. *Jeanne la folle*) diesen ihren Namen
überhaupt »verdient« hat und wirklich wahnsinnig war, beschäftigt seit bald fünf Jahrhunderten die Gemüter. Auch wir werden sie
nicht schlüssig beantworten können. Jedoch werden ja bis in die
heutige Zeit[1] mißliebige Personen gern dadurch für die jeweils
eigenen Interessen unschädlich gemacht, indem man einfach behauptet, sie seien verrückt, nicht zurechnungsfähig oder, wie in
Johannas Fall, nicht regierungsfähig.

Es gab drei Männer, die ein »vitales Interesse« daran hatten,
daß Johanna wahnsinnig sein und bleiben oder wenigstens zeitlebens für wahnsinnig gelten möge. Es waren die Männer, die ihr am
nächsten standen: ihr Vater, ihr Ehemann und ihr ältester Sohn.

Nach dem Tod ihrer Mutter Isabella der Katholischen war Johanna nämlich die Erbin eines riesigen Reiches geworden; Westindien (d. h. Mittel- und Südamerika mit seinen unermeßlichen Schätzen) war gerade vor 12 Jahren von Columbus entdeckt worden. Sofort setzten ihr Gatte, der Habsburger Philipp der Schöne, und ihr Vater, Fernando der Katholische, alles daran, ihr dies Erbe streitig zu machen. Auch ihr Sohn Karl wird sie später erfolgreich an der Herrschaft über ihr Reich und über ihre Person hindern.

Eine Frau kann eigentlich im Patriarchat nur verrückt werden, so lautet eine der Hauptthesen der feministischen Psychologie[2] und auch dieses Buches. Entweder die Frau erträgt stumm all die Unerträglichkeiten – dann ist sie »normal« (besser: normal verrückt), leidet höchstens am »Weiblichkeitswahn«,[3] an einer unerklärlichen Leere und Sinnlosigkeit. Oder sie wird »manifest verrückt«, d. h. sie zeigt eine eigentlich gesunde Reaktion, läßt sich Unerträgliches nicht gefallen und rebelliert – dann gilt sie aber im Patriarchat unweigerlich als gestört im Vergleich zu der »normal friedfertigen Frau«[4]: ab in die Klapsmühle bzw. hinter Schloß und Riegel.

Der Fall Johanna scheint uns für diese These exemplarisch: Ihr wurde – aus heutiger und feministischer Sicht – Unglaubliches zugemutet, und sie hat protestiert. Anders als ihre allseits als klug verehrte Mutter, Königin Isabella von Kastilien, hat sie z. B. die ständige Untreue des Gatten nicht gelassen hingenommen; vielmehr hat sie sich gewehrt und getobt. Woraufhin man ihr alsbald einen Liebes- und Eifersuchtswahn zuschrieb und den armen Gatten bedauerte, der mit solch einer wahnsinnigen Furie vermählt war: »Wer war mehr zu beklagen, die Eltern dieser Tochter oder der Gemal einer derartigen Gattin?«, fragt einer ihrer Biographen mitleidig.[5] Und als es dann machtpolitisch opportun schien, sie für regierungsunfähig zu erklären, konnte man sich ja leicht auf die schon lange bekannten Anzeichen des »Wahns« berufen...

Johannas Familie, Kindheit und Jugend
(1479-1496)

Johanna (oder: Juana) war das dritte Kind des spanischen HerrscherInnenpaars Isabella (1451-1504) und Fernando (1452-1516), genannt die Katholischen. Vor ihr waren 1470 Isabella (d. J.) und

1478 der Thronerbe Juan geboren worden. Die Nachrichten über Juanas Kindheit sind spärlich; man konnte ja nicht wissen, daß ihre beiden älteren Geschwister und auch ihr kleiner Neffe Miguel so früh sterben (1497, 1498 und 1500) und Juana somit 1500, im Alter von zwanzig Jahren, zur Thronerbin aufrücken würde. Allerdings war ihre Mutter außergewöhnlich gebildet und sprachinteressiert[6] und sorgte – abgesehen von der allgemeinen Förderung der Wissenschaften – auch dafür, daß ihre adeligen Hofdamen an Vorlesungen und »Weiterbildungskursen« teilnahmen. Juana und ihre beiden Schwestern ließ sie von bekannten spanischen und ausländischen Gelehrten[7] und wohl auch Musikern unterrichten. »Wie ihr künstlerisch begabter Großvater, Juan II. von Kastilien, liebte auch Johanna leidenschaftlich die Musik, die später im Unglück ihr einziger Trost werden sollte... In der Liste ihrer Besitztümer, die sich in den Archiven von Simancas befindet, sind ein Clavichord, eine tragbare Orgel und eine Gitarre... aufgeführt.«[8] Von Juanas Charakter sagt man, daß sie ein eigenbrötlerisches und stilles Kind gewesen sei, jedoch auch schroff und vielfach mit fast sarkastischem Witz reagiert habe. Im übrigen sei ihre Veranlagung geprägt durch ihre geisteskranke Großmutter Isabella und den wunderlichen Onkel Enrique den Ohnmächtigen, und ihr Hang zur Melancholie wiederum habe sich bei einigen ihrer Nachkommen fortgesetzt. Ihre Mutter habe sie nie, den Vater jedoch tief und innig geliebt.[9] (Wir werden auf die Beziehung zu ihren Eltern noch öfter zurückkommen müssen.)

Johannas Ehe mit Philipp dem Schönen
(1496-1506)
Die Hochzeit

Isabella und Fernando hatten mit Kaiser Maximilian für die Kinder eine glanzvolle spanisch-habsburgische Doppelhochzeit eingefädelt: Johanna heiratete Maximilians einzigen Sohn Philipp, den niederländischen Erben des Habsburgerreiches, und Kronprinz Juan, der Erbe von Kastilien und Aragon, bekam Maximilians einzige Tochter Margarete zur Frau. Der politische Zweck dieser Ehen war, aus spanischer Sicht, den Erzfeind Frankreich sozusagen geographisch in die Zange zu nehmen. Die Tatsache, daß Frankreich zwischen ihrer alten Heimat Spanien und der neuen

Heimat, den Niederlanden, lag, sollte für Johanna noch des öfteren eine unglückselige Rolle spielen, denn von der einen Heimat zur andern gab es nur den oftmals lebensgefährlichen Seeweg oder den Weg durch Feindesland, eben Frankreich.

Im August 1496 geht die 16jährige Johanna also in Laredo an Bord, um die Fahrt zu ihrem nur anderthalb Jahre älteren Bräutigam Philipp anzutreten. Mutter Isabella hat sie überreich ausgestattet mit einem Begleitzug von weit über hundert Schiffen und etwa 20000 Personen; sie kommt auch mit an Bord und bleibt noch zwei Tage bei der Tochter. Beide wußten, daß sie sich vielleicht nie wiedersehen würden: Die Hauptaufgabe verheirateter Prinzessinnen (neben der Herstellung von Allianzen zwischen den Königreichen) war es, Kinder zu gebären, und der Tod war eine fast gewöhnliche Folge dieses Daseinszwecks, so z. B. auch für Johannas ältere Schwester Isabella, die genau zwei Jahre nach diesem Abschied zwischen Mutter und Tochter im Alter von 27 Jahren im Kindbett starb.

Einen Monat später zieht Johanna in Antwerpen ein, und noch einen Monat später, am 19. Oktober 1496, knapp drei Wochen vor ihrem siebzehnten Geburtstag, sieht sie ihren künftigen Gatten zum ersten Mal. Diese »schicksalsträchtige Begegnung« scheint die Phantasie der männlichen Berichterstatter sehr beflügelt zu haben; hier soll der oft beschworene »verheerende, unersättliche Liebeswahn« Johannas begonnen haben. Wir wählen eine der noch zurückhaltenderen Darstellungen aus: »Philipp war blond und kräftig gebaut: Wie mit einem Schlag flammte die Pulverspur von Juanas lange verdrängten und verklemmten Gefühlen auf, und es kam in den unauslotbaren Tiefen ihres Gemüts zu einer regelrechten Explosion. Philipp wiederum erblickte zumindest eine mädchenhaft errötende Siebzehnjährige, einen jungen, verlockenden Körper. Mit mühsam bezähmter Ungeduld ließ er die förmliche Vorstellung des adeligen Gefolges über sich ergehen. Kaum war sie zu Ende, da gab er auch schon dem nächstbesten Geistlichen den Befehl, sie augenblicklich zu trauen. Doch dies war just der Spanier Don Diego Villaescusa..., somit jemand, den Philipp keineswegs herumkommandieren konnte. Daß es demnach Juana gewesen sein muß, die den Befehl gab, offenbart, daß Hast und Begierde auf beiden Seiten gleich groß waren ... nach der Zeremonie zerrte Philipp Juana eilends aus dem Saal. In einem Raum im Parterre des alten Palastes, der auf den schäumenden

Fluß hinausging, rissen sie sich die Kleider vom Leibe.«[10] Bei Höfler, der sonst durchaus auch zu blumiger Sprache fähig ist, finden
wir dazu nur einen dürren Satz: »Der Prinz aber bestand darauf,
daß noch spät Abends ... die Vermälung stattfinde, worauf sogleich die Hochzeit vollzogen wurde.«[11]

Die Glaubwürdigkeit dieser und ähnlicher Schilderungen scheint
uns nicht nur wegen des nach Hollywood-Manier passend schäumenden Flusses zweifelhaft, sondern auch deshalb, weil die Begegnungen anderer Paare, seien es Margarete und Juan oder Maximilian I. und Maria von Burgund, genau gleich verlaufen sein sollen –
es scheint sich also um einen (literarischen) Topos zu handeln.[12]
Und außerdem – wenn es so leidenschaftlich zuging in dieser allerersten Zeit, so bleibt es verwunderlich, daß Juana, die pflichtbe-
wußte Tochter und Gattin, die offenbar mit Schwangerschaften
und Geburten kaum Probleme hatte, ihr erstes Kind nicht neun,
sondern erst 25 Monate später zur Welt bringt.

Die ersten Ehejahre (1496-1501)

Die ersten fünf Ehejahre Johannas verliefen relativ ruhig. Die
niederländischen Räte allerdings fühlten sich eher dem Nachbarn
Frankreich verbunden und verpflichtet und sahen diese Verbindung mit Spanien gar nicht gern. Entsprechend schlecht behandelten sie Juanas Gefolgschaft und ihren persönlichen Hofstaat: Obgleich die Hochzeitsflotte auf der Rückfahrt im Frühling Philipps
Schwester Margarete mit nach Spanien nehmen soll, werden keinerlei Vorkehrungen für das Überwintern der Gäste getroffen: Das
dünn besiedelte, sumpfige Küstengebiet um den kleinen Hafen ist
der Überflutung durch die 20.000 Spanier – Seeleute und Gefolge
Juanas – überhaupt nicht gewachsen. Mindestens die Hälfte von
ihnen erliegt der Eiseskälte, stirbt an Hunger und Seuchen. Auch
Juana leidet unter Schikanen. Als sie sich beschwert, daß sie kaum
mehr ihre persönliche Dienerschaft bezahlen könne, antworten ihr
die Räte, den Flamen am Hofe stünde sowieso ein höheres Gehalt
zu als den Spaniern.

Isabella, die über die schwierige Lage ihrer Tochter beunruhigt
war, schickte den Geistlichen Matienzo nach Brüssel, der mit
Johanna sprechen und dann Bericht erstatten sollte. Juana bleibt
allerdings ziemlich verschlossen. Matienzo berichtet, daß sie an

einer *turbación*, einer Gemütsverwirrung, zu leiden scheine; und sie habe sich nach niemandem in Spanien auch nur erkundigt. Als er ihr vorhält, daß sie in ihrer Frömmigkeit nachließe, was ihrer Mutter gar nicht recht sei, entgegnet Johanna spitz, sie danke Ihrer Hoheit für die Freundlichkeit, ihr vorzuschreiben, wie sie zu leben habe.[13]

Daraufhin wirft Matienzo ihr vor, sie sei »grausam und hartherzig wie ein Stein«.[14] Zur gleichen Zeit schreibt ihr ihr Beichtvater Andreas, sie müsse sich »wahrhaft mühen«, fröhlicher zu werden.[15] Dabei gab es ja angesichts der Repressalien durch die niederländische Administration wahrhaft Anlaß genug für Gedrücktheit. Die meisten Biographen vermuten aber, was Juana in Wahrheit umgetrieben habe, sei Philipps Leichtfertigkeit und Untreue gewesen.

Wie dem auch sei – Johanna gebar zwischen 1498 und 1501 drei Kinder, Eleonore, Karl und Isabel. Karl, der ersehnte Thronerbe, sollte später als Karl V. ein Weltreich regieren, »in dem die Sonne nicht unterging« – das Weltreich, das seiner Mutter gehörte, die er fast 40 Jahre in der Festung Tordesillas gefangenhielt.

Die erste Reise nach Spanien (1501-1504) Die Katastrophe von La Mota

Nach dem Tod ihrer älteren Geschwister und ihres kleinen Neffen war Juana seit 1500 die spanische Thronfolgerin. Es war daher an der Zeit, daß das Ehepaar nach Spanien fuhr, um die Treueide der Cortes von Kastilien und Aragon entgegenzunehmen. Drei Monate nach der Geburt Isabels, Anfang November 1501, machte man sich auf in Richtung Spanien; diesmal auf dem Landweg durch Frankreich, wo dem frischgebackenen König Ludwig XII. und seiner Gemahlin Anne de Bretagne ein Besuch abgestattet werden sollte, denn das anderthalbjährige Baby Karl war – zum Verdruß der katholischen Majestäten in Spanien – bereits im August mit der nur 5 Monate älteren französischen Prinzessin Claude verlobt worden. Juana und Philipp absolvierten die üblichen Empfänge, Jagden und Bälle – insgesamt soll Juana sich aber in diesem »Feindesland Spaniens« im Gegensatz zu Philipp recht frostig verhalten haben.

Erst am 26. Januar 1502 überschritt der Reisetroß die spanische

Grenze. Im April starb der englische Thronfolger Prinz Arthur; Juanas jüngste Schwester Katharina wurde mit 17 Jahren Witwe. Nach angemessener Trauerzeit fand am 22. Mai die Huldigung (der Treueid) der kastilianischen Cortes mit allem gehörigen Pomp in Toledo statt. »Unterdessen war auch der Sommer mit seiner den Niederländern ungewohnten Hitze gekommen; sie wurde einem Theile des Gefolges verderblich. Hingegen erlebte die Königin [Isabella] die Freude, daß ihre Tochter auf spanischem Boden gesegneten Leibes wurde. Es ist das auch so ziemlich das Einzige, was man von Donna Juana im Sommer 1502 erfährt.«[16]

Mit dem Treueid der aragonesischen Cortes zog es sich hin, weil die Gesetze Aragons die weibliche Erbfolge nicht vorsahen. Endlich im Oktober war auch dies absolviert, und Philipp strebte fort, zurück zu seinen neuen Freunden in Frankreich und in die Heimat. Isabella und Fernando aber wollten ihren Schwiegersohn lieber in Spanien behalten und setzten ihn unter Druck, er könne doch seine hochschwangere Gattin, der eine beschwerliche Reise nicht mehr zuzumuten sei, jetzt nicht allein lassen. Philipp aber tat es dennoch – Juana sollte fast ein Jahr kein Wort mehr von ihm hören und ihn fast anderthalb Jahre nicht wiedersehen: »Von der Stunde seiner Abreise an war sie in tiefste Betrübnis versunken, und saß Tag und Nacht mit auf dem [sic] Boden gerichteten Augen in tiefstem Schweigen, das nur zuweilen durch Ausdrücke heftigsten Unwillens unterbrochen wurde. Sie wies jeden Trost von sich, und achtete, wie Martyr sagt, der sich damals am Hofe befand, ›eben so wenig auf sich selbst, als auf ihre künftigen Unterthanen und ihre betrübten Eltern‹.«[17] Und der gegen Juana voreingenommene »habsburgische Hofberichterstatter« Höfler weiß zu melden: »Sie verfiel in jenes dumpfe Hinbrüten, das ... ihr ganzes Leben übermannte. Den Aragonesen scheint ihr zurückhaltendes Benehmen Ehrerbietung eingeflößt zu haben; wer erwartete auch von einer Tochter der Königin Isabella anderes als vorzügliche Eigenschaften? In Wirklichkeit war sie von unglaublicher Eifersucht beherrscht, war sie bereits ... damals ihrem Gemale lästig geworden.«[18]

Auch als Juana im März 1503 ihren Sohn Fernando geboren hatte, konnte sie noch immer nicht zu ihrem Gatten (der sich im übrigen keineswegs zu den angeblich so dringenden Staatsgeschäften an seinen Hof zurückverfügt hatte, sondern sich bei seiner Schwester in Savoyen und danach bei seinem Vater Maximilian I.

in Innsbruck aufhielt). Der Landweg war ausgeschlossen, weil Spanien mit Frankreich Krieg führte, und alle verfügbaren Schiffe wurden bei Kämpfen in Neapel gebraucht – Juana geriet in immer tiefere Verzweiflung. Sie haderte mit ihrer Mutter, die darüber auch immer kränker wurde, im Frühjahr, im Sommer und im Herbst. Es wurde so schlimm, daß es die beiden Frauen nicht mehr in einem Hause hielt – Juana wurde in das Kastell La Mota bei Medina del Campo verfrachtet; Isabella ging auf Rat der Hofärzte nach Segovia.

»Man konnte glauben, daß die Geburt eines Infanten den Trübsinn der Prinzessin entfernen und das Mutterglück ihr reichen Ersatz für die temporäre Abwesenheit ihres Gemales gewähren werde. Ihr Gedanke war aber nur, sich so bald wie möglich in dem Zustande wieder zu befinden, von welchem sie die Geburt des Prinzen Ferdinand befreit hatte«, schreibt Biograph Höfler ebenso giftig wie anzüglich.[19]

Endlich im November kam ein Brief von Philipp, warum sie denn nicht komme. (Die Biographen vermuten, daß die katholischen Majestäten ihre Tochter als eine Art Geisel gegen mögliche unerwünschte Handlungen Philipps in Spanien zurückhielten und daß dies dem Schwiegersohn auch allmählich gedämmert haben könnte. Sein Anspruch auf Spanien stand und fiel mit Juana – also war es schon klüger, sie bei sich als in der Einflußsphäre ihrer Eltern zu wissen.)

Nach der Ankunft des langersehnten Briefes konnte Juana nichts mehr zurückhalten; sie begann umgehend mit den Vorbereitungen zum Aufbruch. Als Isabella davon hörte, schickte sie erst einen Brief und dann ihren Bischof Fonseca, der Juana zum Bleiben überreden oder, wenn nötig, zwingen sollte. Juana ließ sich aber nicht überreden, und so schnitt der Bischof ihr einfach den Weg ab, indem er die Zugbrücke des Kastells hochziehen ließ.

»Juanas Ausbruch ist historisch geworden ... Sie geriet in wildeste Raserei, schrie Drohungen und sinnlose Befehle, sprang wie ›eine wütende punische Löwin nach hier und dort‹. Sie schrie Fonseca an, sie werde ihn hinrichten lassen.«[20] Der Bischof kann sich in Sicherheit bringen. Sie »taumelte zwischen den wie versteinert dastehenden Soldaten und Bediensteten hin und her, befahl, drohte, flehte sie an, die Tore zu öffnen. Schließlich warf sie sich gegen das Fallgatter und umklammerte die eisernen Stäbe. Dort brach ihr Zorn zusammen, hilflos starrte sie hinaus ... Den Rest des Tages verbrachte sie regungslos an die Gitterstäbe geklammert... Sie blieb die ganze Winternacht hindurch draußen, im eisigen Wind schaudernd. Erst am Nachmittag des folgenden Tages verließen sie die Kräfte.«[21] Man bringt sie in die Wachstube am Tor, ins Schloß will sie nicht wieder zurück.

Vier Tage später trifft Isabella aus Segovia ein. Juana ist noch immer draußen am Tor, und da sie es ablehnt, Räume für ihre kranke Mutter herrichten zu lassen, muß die Königin in der Stadt übernachten. Das Zusammentreffen der beiden in der eisigen Wachstube wird furchtbar. Juana kauert am Boden; zerzaust und aufgelöst schleudert sie ihrer Mutter Worte hilfloser Wut entgegen. Isabella schreibt darüber an ihren Botschafter in Brüssel: »Sie sprach mit so wenig Respekt und so wenig, wie es einer Tochter geziemt, daß ich, wenn ich mir nicht ihres Geisteszustandes bewußt gewesen wäre, eine solche Sprache niemals geduldet hätte.«[22]

Isabella begreift, daß sie ihre Tochter nicht noch mehr reizen und kränken darf, und sie beginnt, eine Flotte ausrüsten zu lassen. Jetzt aber machen die Naturgewalten Juana einen Strich durch die Rechnung; die Winterstürme halten sie monatelang im Hafen von Laredo fest. Erst am 11. April 1504, schreibt ihr zeitgenössischer Chronist Martyr, ist sie »am Ziel ihrer brennenden Sehnsüchte. Sie liegt in den Armen ihres Gatten.«[23]

Juanas Leiden verschlimmern sich
Isabellas Tod

»In gewissen körperlichen Trieben war er [Philipp] eben unersättlich, wie das einer seiner Höflinge vorsichtig andeutet. Aber diese Art der Moral hatte er mit der Mehrzahl der gekrönten Häupter seiner Zeit gemeinsam. Wäre Johannas Verhalten als Gattin nicht in mehrfacher Hinsicht als pathologisch zu bewerten, so gäbe es keinen Grund, warum diese Ehe nicht ebenso normal und relativ unerschüttert verlaufen wäre wie die meisten anderen ihrer Zeit...«[24]

Nach Brüssel zurückgekehrt, muß Juana feststellen, daß Philipp eine Mätresse hat. Man erzählt sich, sie habe in einem Wutanfall dieser Rivalin die blonden Haare, die es dem Gatten besonders angetan hätten, mit der Schere abgeschnitten. Die pikante Skandalgeschichte macht überall die Runde und wird dabei weidlich ausgeschmückt. Am französischen Hof soll sie in der Form angekommen sein, daß Juana ihrem Opfer auch noch das Gesicht zerfleischt habe; in einer anderen Version wird Juana gar zur Mörderin. Philipp soll über das Benehmen seiner Frau in Wut geraten sein, sie geschlagen und in ein Zimmer eingesperrt und anschließend die Stadt verlassen haben. Juana habe darauf mit einem Hungerstreik geantwortet. Als er endlich wiederkam und gleich sein Zimmer aufsuchte, das unter dem Johannas lag, soll sie kläglich gerufen haben: »Mein Herr Gemahl, ich beschwöre Euch, gebt Befehl, daß man meine Tür aufschließe, damit ich zu Euch hinunterkommen kann.« Als Philipp nicht reagierte, habe sie mit einem Stein auf den Boden geschlagen und schließlich gar versucht, die Dielenbretter loszubrechen. Erst am nächsten Morgen habe Philipp geruht, nach ihr zu sehen, und sie habe ihn angeschrien: »Und wenn ich daran sterbe, von jetzt ab tue ich nur noch das Gegenteil von dem, was Ihr von mir verlangt!«[25]

Was auch immer an diesen Gerüchten dran ist – wahr ist, daß Philipp einem Spitzel namens Moxica den Auftrag gab, über »alle Extravaganzen«[26] seiner Frau Buch zu führen, und daß er Moxica mitsamt dem Journal (das verlorengegangen ist) schon wenige Monate nach Juanas Rückkehr aus Spanien zum Zweck seiner Rechtfertigung zu Juanas Eltern schickte. Kurz nach Moxicas Ankunft erkrankten beide Majestäten schwer. Isabella erholte sich nicht mehr und starb Ende November 1504, erst 53 Jahre alt. Kurz vor Weihnachten wird sie nach Granada überführt.

In einem Gesetzentwurf für die Cortes von 1502-03 und später in ihrem Testament bestimmt Isabella ihre Tochter Johanna zu ihrer Nachfolgerin. Falls Johanna aber »abwesend oder nicht Willens oder unfähig sein sollte, ihre Regierungsgeschäfte selbst auszuüben«, so solle Fernando die Regentschaft übernehmen, und zwar bis zur Volljährigkeit von Johannas Sohn Karl. Mit dieser Klausel ist – eigentlich – Johannas Schicksal schon besiegelt. Durch Isabellas Tod entsteht ein Machtvakuum, das Machtmenschen, allen voran Vater Fernando, aber auch Philipp und später Karl, unwiderstehlich anzieht. Diejenige, die es ausfüllen sollte, Johanna, hat nie den selbstbewußten Umgang mit Macht gelernt, im Gegenteil. Erstens ist sie eine Frau, und die Frau hat Macht nicht auszuüben, sondern sich ihr zu beugen (wenn sie nicht gerade Isabella von Kastilien heißt – eine der wenigen Ausnahmen). Zweitens sind Juanas bisherige Versuche, ihren Willen doch durchzusetzen, furchtbar gescheitert. Die Mutter, die ihr jetzt, wenn auch widerstrebend, die Macht vererbt, war gerade diejenige, die den Selbstbehauptungswillen der Tochter zuerst systematisch gelähmt und ihm schließlich in La Mota noch einen fast tödlichen Stoß versetzt hatte.

Juana als Marionette im Kampf um die Macht
Tod Philipps

Die Cortes von Kastilien und Aragon hatten zwei Jahre vor Isabellas Tod ihre Treueide auf Juana *und* Philipp geleistet – ein Umstand, den Philipp umgehend zu nutzen gedachte. Er mußte nur seine Frau isolieren und kaltstellen, dann konnte er die Herrschaft in Spanien ungestört ausüben. Vater Ferdinand hingegen brauchte eine »wahnsinnige« Johanna, um an die Macht zu kommen. Außerdem mußte der jeweilige Rivale noch unschädlich gemacht werden. Beide Herren schritten sogleich ans Werk.

Um den Schein zu wahren, proklamierte Fernando als erstes Juana zur Thronerbin und berief dann die Cortes ein, um sich als Regent von ihnen anerkennen zu lassen. Das gelang ihm, indem er ausführte, was Isabella mit Juanas »Unfähigkeit zu regieren« eigentlich gemeint habe. Zum Beweis seiner Behauptungen legte er Moxicas Verleumdungs-Journal vor.

Im Gegenzug sandte Philipp ihm ein Schreiben, er solle Kastilien umgehend räumen. Die Cortes wies er an, bis zu der Ankunft des rechtmäßigen Herrscherpaares keine Beschlüsse zu fassen. Außerdem schickte er eine Reihe von Verschwörern nach Spanien, die die Adligen mit Schmiergeldern, Drohungen und Versprechungen gegen Fernando aufwiegeln sollten. Viele liefen tatsächlich zu ihm über, weil sie sich unter der Herrschaft eines unerfahrenen Jünglings mehr Freiräume versprachen.

Wiederum im Gegenzug schickte Fernando seine Agenten nach Brüssel, die Juana, die gedemütigte Ehefrau und gehorsame Tochter, in seinem Sinne bearbeiten sollten. Tatsächlich überredete man sie zu einem offiziellen Schriftstück, in dem sie Fernando zum Weiterregieren aufforderte. Das Schreiben wurde von Philipps Leuten abgefangen, Fernandos Agent wurde grausam gefoltert, und Juana verfaßte einen Widerruf, zu dem sie wahrscheinlich gezwungen wurde. Vergeblich blieben ihre Versuche, sich gegen die immer lautstarker geäußerten Vorwürfe von wahnhafter Eifersucht zu verwahren.[27] Den Plan, sie in einem entlegenen Schloß zu isolieren, konnte Juana allerdings durch mutige Gegenwehr vereiteln. Also wurde sie im Palast isoliert; kein Spanier durfte den Palast mehr betreten. Am 11. Mai 1505, ein halbes Jahr nach Isabellas Tod, schreibt einer von ihnen, Fuensalida, an Fernando, er habe Juana seit vier Monaten nicht mehr gesehen und wisse aus zuverlässiger Quelle, »kein Tagelöhnerweib werde derartig schlecht behandelt«.[28] Juana war um diese Zeit im fünften Monat schwanger. Am 15. September gebar sie ihre dritte Tochter, Maria, ihr fünftes Kind.

Mit Louis XII. von Frankreich und seinem Vater, Kaiser Maximilian, schloß Philipp einen Vertrag des Inhalts, daß man die Herrschaft Fernandos in Kastilien nicht dulden werde. Fernando beschloß daraufhin, sich wieder zu verheiraten, um einen Sohn zeugen zu können, denn die aragonesischen Cortes hatten ja Philipp nur unter dem Vorbehalt anerkannt, daß Fernando keinen männlichen Erben hätte. Als Braut wählte er sich die Nichte Louis' von Frankreich, Germaine de Foix. Damit stand Frankreich durch Verwandtschaftsbande wieder auf seiner Seite.

Diplomatisch ein schwerer Schlag für Philipp – aber dafür war fast der gesamte kastilische Adel inzwischen zu ihm übergelaufen. Er beschloß, nach Spanien zu segeln, um die Kräfte zu konzentrieren und eventuell militärisch gegen Fernando vorzugehen. Bevor man am Morgen des 8. Januar 1506 in See stechen konnte, gab es allerdings noch einen Zwischenfall: Juana verlangte, daß die flämischen Hofdamen zurückgelassen würden, und weigerte sich, weiterzugehen, als sie feststellte, daß die Frauen bereits an Bord waren.

Dieser Vorfall gilt für gewöhnlich als der erste Ausbruch eines »pathologischen Frauenhasses«, der sich immer mehr ausprägen sollte und der üblicherweise von Juanas – ganz überwiegend männlichen – Biographen nicht weiter problematisiert wird.[29] Aus ihrem »Eifersuchtswahn« entwickelte sich eben, so sehen es diese Männer, nahezu »naturwüchsig« und selbstverständlich, der Frauenhaß. Daß eher Philipp den Haß verdient hätte, wird dabei fast immer übersehen. Schließlich ist sie ihm ja »hörig« – seit jener rauschenden ersten Liebesnacht am schäumenden Fluß, und das erklärt alles. Die feministische Theorie sieht die Zusammenhänge allerdings anders, da Juana ihren »pathologischen Frauenhaß« mit den meisten Frauen gemeinsam hat.

Frauenhaß bedeutet, bei einer Frau, *Selbsthaß.* Den Haß auf sich selbst und andere Frauen lernt frau im Patriarchat früh – die Psychoanalyse nennt es auch »Identifikation mit *dem* Aggressor« – das Maskulinum ist korrekt. Je gewalttätiger die wahren Feinde der Frau vorgehen, um so eher wird frau diesen Frauen- bzw. Selbsthaß entwickeln, die Aggression, die aus Selbsterhaltungsgründen nicht mehr nach außen gehen kann, nach innen und gegen ihresgleichen richten. Und richtig – Juanas Haß auf andere Frauen wird wohl nur noch von dem gegen sich selbst übertroffen. Später, als ihre Verfolger ihr immer härter zusetzen, wird sie sich immer mehr vernachlässigen – und dies gilt dann auch den verständnisvollsten Biographen als Manifestation des wahren Wahnsinns.

Zurück zu der Überfahrt: Das Schiff geriet in einen der schweren Winterstürme, deretwegen Juana zwei Jahre zuvor noch monatelang aufgehalten worden war. Der König, sein Gefolge, die Mannschaft – alles schlotterte in Todesangst, nur Johanna blieb gelassen: Sie habe noch nie von einem König gehört, der ertrunken sei.[30] Johannas Charakterstärke in höchster Bedrängnis – auch z. B. neun Monate später während Philipps tödlicher Erkrankung – ist vielfach bezeugt und gibt vielen zu denken. Was bei einem Mann schlicht als Mut und Besonnenheit gelobt worden wäre, wird bei ihr gern als weiteres Zeichen ihres Wahnsinns oder zumindest einer bedenklichen psychischen Störung interpretiert, denn sie reagiert ja »nicht normal«, schon gar nicht für eine Frau! Höfler produziert den geradezu klassischen Satz: »Der König... behauptete seinen Muth und auch die Königin ihre an Apathie grenzende Standhaftigkeit.«[31] Und Mechthild Zeul befindet in ihrem psychoanalytischen Essay über Johanna: »Wie im Sturm auf dem Meer zeigt Johanna sich während seiner Krankheit als Herrin der Lage. ... Dank des Umstands, daß Johanna Gewalt über ihr Liebesobjekt braucht, um es lieben zu können,[32] erstaunt ihre Reaktion nicht, denn nun, da Philipp zu sterben droht, wird er... ihr ganz gehören.«[33] Und schon der zeitgenössische Chronist bietet angesichts ihrer Gefaßtheit beim Tod Philipps die Deutung an »por ya no saber qué es dolor« – weil sie nicht mehr wußte, was leiden heißt.[34]

Nach neun Tagen sucht die Flotte an der englischen Küste Zuflucht. Philipp wird von Heinrich VII. fürstlich empfangen und verwöhnt. Man handelt diverse für England sehr günstige Verträge aus; dafür verpflichtet sich Heinrich, Philipp gegen jeden beizustehen, der ihm seine Rechte auf Kastilien streitig mache. Von Juana ist in den Chroniken des Englandaufenthalts – er zog sich immerhin, auch wegen der Schiffsreparaturen, ein Vierteljahr hin – kaum die Rede. Erst am 10. Februar wird sie an den Königshof geladen – wahrscheinlich nur, weil ihre Unterschrift unter den Verträgen notwendig war. Selbst mit ihrer jüngsten Schwester Catalina (uns besser bekannt als Katharina von Aragon, die junge Witwe Arthurs und nachmalige erste Gemahlin Heinrichs VIII.) »kann sie kaum ein Wort allein ... gesprochen haben«.[35] Ob ihre »Unsichtbarkeit« in dieser Zeit auf ihre wachsende Abneigung gegen Gesellschaft und Lustbarkeiten, also auf ihren eigenen Entschluß, zurückgeht oder die konsequente Fortsetzung der Isolationspolitik Philipps war, ist nicht bekannt.

Am 27. April 1506 landen Juana und Philipp in Coruña an der Nordwestküste Spaniens. Johanna weigerte sich, mit ihrem weiblichen Gefolge, jenen flandrischen Hofdamen, die Philipp gegen ihren Willen doch mitgenommen hatte, in die Stadt einzuziehen. Dazu Philipps Hofberichterstatter: »Man kann sich das Erstaunen der Castilianer vorstellen, die Tochter ihrer großen Königin in so unwürdiger Weise allein ohne Damen und weibliches Gefolge ankommen und einen großen Theil Castiliens durchwandern zu sehen. Die Königin war nicht die Frau, welche die damit verbundene Kränkung ihres Gemales der Außenwelt zu verheimlichen gedacht hätte.«[36]

Auch in anderer Hinsicht zeigte Johanna sich widerspenstig. Mit dem Hinweis darauf, sie würde keine Amtshandlungen vornehmen, ehe sie nicht ihren Vater gesprochen hätte, verweigerte sie im Gegensatz zu Philipp das offizielle Gelübde, die Rechte der Stadt zu respektieren.[37]

Schon bald nach der Ankunft versammelten sich die kastilischen Adligen mit ihren Truppen um Philipp. Fernando mußte sich eine andere Taktik ausdenken und beschloß, Philipp zum Schein gewähren zu lassen und sich so lange zurückzuziehen, bis dieser in seiner jugendlichen Unerfahrenheit ganz Spanien ins Chaos gestürzt hätte – woraufhin man ihn, Fernando, schon als Retter zurückerflehen würde. Er tat so, als wolle er einlenken, und ersuchte Philipp um eine Aussprache, die dieser ihm verweigerte. Eine Aussprache sei nicht nötig, und Ferdinand solle sich nach

Aragon verfügen. Er, Philipp, beabsichtige, allein zu regieren; mit diesem *el solo* fegte er auch zugleich Juanas Ansprüche vom Tisch.[38] Fernando tat natürlich nicht, wie ihm geheißen, sondern verfolgte Philipp mit seinen Truppen. Schließlich arrangierte man doch ein Treffen, zu dem Philipp schwer bewaffnet erschien, gefolgt von seiner Armee, während Fernando friedlich auf einem Maulesel heranritt, in Begleitung einiger unbewaffneter Männer – und den jungen Philipp so der Lächerlichkeit preisgab. Das Ergebnis ihrer anschließend unter vier Augen abgehaltenen Verhandlungen war, daß Fernando auf Kastilien verzichten wollte und daß sie beide Juana niemals an die Regierung lassen würden – und zwar wegen ihrer »Krankheit, ... die näher zu bezeichnen, Rücksichten auf Anstand und Würde nicht erlauben«; beide hegen Pläne, Johanna notfalls gefangenzusetzen.[39]

Kaum war dies Abkommen unterzeichnet, widerrief Fernando es umgehend und behauptete in einem Rundschreiben an hohe spanische Beamte und alle Höfe des Auslands, von Philipp mit Waffengewalt zur Unterzeichnung gezwungen worden zu sein. So für alle Eventualitäten der Zukunft gerüstet, zog er sich bis nach Neapel zurück und wartete dort in Ruhe den günstigsten Zeitpunkt für sein Wiedereingreifen ab.

Jetzt stand Philipp nur noch Juana im Wege, wie er wähnte. Mit ihr würde er nun leicht fertig werden, da der Vater als ihr möglicher Verbündeter ausfiel. Doch wieder wehrte sich Juana. Sie tobte, und es soll zu Taten »großer Zwietracht« (*gran discordia*) gekommen sein, als sie hörte, daß man sie von der Unterredung mit dem Vater ausgeschlossen hatte. Einmal zum Beispiel sprengte sie bei einem Ausritt plötzlich davon, vielleicht in der Hoffnung, den Vater, der ja noch nicht weit fort sein konnte, doch noch zu treffen. Aber sie wurde wieder eingefangen ...

In Valladolid hatte Philipp die Cortes einberufen. In Vorbesprechungen mit dem Adel schlug er vor, Juana zu internieren. Der mächtige Admiral Enriquez widersetzte sich diesem Ansinnen und verlangte die Königin zu sprechen, um ihren Geisteszustand selbst zu beurteilen. Zehn Stunden lang redete er mit ihr, fand sie völlig gesund und warnte Philipp, daß er jedem Versuch, sie für verrückt zu erklären, entgegentreten werde.

Juana hatte den Admiral vor allem nach Fernando befragt und machte noch einen letzten Versuch, Kontakt zu ihm aufzunehmen, aber auch dieser Brief wurde abgefangen.

Am 12. Juli schwuren die Cortes Philipp ihren Treueid. Danach forderte er von ihnen, Juana für regierungsunfähig zu erklären und ihm die Alleinherrschaft zu übertragen. Der Antrag wurde abgewiesen, was vor allem dem Einsatz Enriques zu verdanken war. Verärgert begann Philipp, das Land auszubeuten und sämtliche Ämter mit seinen Landsleuten zu besetzen. Nach einem weiteren Zwischenfall in Cogeces – Juana weigerte sich, in die Stadt einzuziehen, und ritt die ganze Nacht auf einem Maultier um die Stadt herum[40] – erreichte der Heereszug am 7. September die Stadt Burgos im Norden. Knapp drei Wochen später, am 25. September, starb Philipp nach einwöchigem Krankenlager, vermutlich an einer Infektion nach unvorsichtigem Wassertrinken.[41] Juana – zu seinem Glück noch nicht als wahnsinnig eingesperrt – hatte ihren Groll verwunden und ihn umsichtig, sorgfältig und mit Hingabe gepflegt, sogar jeden Bissen, den er noch zu sich nahm, vorgekostet, um, auf ihre Gefahr, einer Vergiftung vorzubeugen. Darüber, ob Philipp tatsächlich einer Vergiftung zum Opfer gefallen ist, gehen übrigens die Meinungen noch heute weit auseinander: »Die übliche Anschuldigung, er sei vergiftet worden (in diesem Fall von Fernando), ist unbewiesen ... [Fernando wäre] wohl nicht bis nach Italien gereist, wenn er gewußt hätte, daß er seinen Rivalen so bald los sein würde«, meint Miller 1967.[42] Dagegen Brouwer, elf Jahre später: »Bei mehr als einem Geschichtsschreiber hat dies [Fernandos Abreise nach Italien] den Eindruck hervorgerufen, Ferdinand habe genau gewußt, welches Drama sich in Burgos abzuspielen im Begriffe war, und daß er dadurch, daß er sich fern vom Schauplatz der Ereignisse aufhielt, jeden Anschein habe vermeiden wollen, hiervon Kenntnis gehabt ... zu haben.«[43]

In seinem Testament hatte Philipp verfügt, er wolle in Granada neben dem Grabmal Isabellas begraben werden. Fast 20 Jahre sollte es dauern, bis seine Leiche dorthin überführt war.

Erstes Intermezzo: Die Königin verweigert sich
(1506-1507)

Nach Philipps Tod geriet Spanien wieder in ein Machtvakuum, und wieder war Johanna nicht willens oder in der Lage, es auszufüllen. Während sie sich trauernd von allem zurückzog, geriet ihr Land in Anarchie: »In Burgos war das Chaos am ärgsten. Die

Mitglieder von Philipps Gefolge waren gewissermaßen mit der Hand im spanischen Geldsack erwischt worden, und jetzt, wo der König fehlte, der ihre Plünderungen sanktionierte, wurde ihnen himmelangst.«[44] Der Adel trat zusammen und wählte den Erzbischof Cisneros zum provisorischen Reichsverweser. Er verhängte sofort das Kriegsrecht, um die drohende Anarchie abzuwenden. Im übrigen spaltete sich der Adel in zwei verfeindete Gruppen: Die »niederländische« Partei wollte ihre durch Philipps Regentschaft ergatterten Privilegien behalten und den sechsjährigen Karl als König ausrufen; Großvater Maximilian sollte einstweilen für ihn regieren. Die »spanische« Partei wollte Fernando zum König haben. Der allerdings rührte sich nicht aus Italien fort; er wollte wohl das Chaos erst noch schlimmer werden lassen.

Juana blieb passiv; sie trauerte und verließ kaum ihre Gemächer. Allerheiligen, zwei Monate nach Philipps Tod, ließ sie den Sarg öffnen, der im Kartäuserkloster von Miraflores bei Burgos untergebracht war. Es gingen Gerüchte, die Leiche sei von den Niederländern gestohlen worden. Insgesamt ließ Juana den Sarg viermal öffnen; daraus machten die Verleumdungen ihrer vielen Feinde und späterhin die Legende eine fast tagtägliche Perversität: Sie soll nämlich den faulenden Inhalt des Sargs nicht nur überprüft, sondern liebkost haben. Noch im Jahr 1988 erschien eine ernstgemeinte Untersuchung mit dem Titel »Zur Frage der Geisteskrankheit und Nekrophilie bei Johanna der Wahnsinnigen...«, in der festgestellt wird, Juana habe zweifelsfrei an Schizophrenie und Nekrophilie gelitten.[45]

Das, was weithin als *der* Beweis ihrer Geistesgestörtheit diente und noch heute dient, war in Wirklichkeit nichts anderes als ein Brauch der Zeit. Auch Francisco Borja, ein Jesuitengeneral und Vertrauter Karls, führte ihn 1539 aus: »Er mußte den Leichnam Isabellas (Karls Gattin) von Toledo nach Granada in die Gruft der Capilla Real begleiten und hatte, nach dem pedantisch-makabren Brauch bei Leichenkondukten damals, die Pflicht, wiederholt den Sarg öffnen zu lassen und sich zu überzeugen, daß es dieselbe Leiche sei, die darin lag.«[46]

Am einfühlsamsten in seiner Beurteilung scheint uns hier, wie schon öfter, Townsend Miller: »... auch wenn die meisten Schauergeschichten frei erfunden sind – die Wirklichkeit bleibt düster genug. Juanas Persönlichkeit begann sich augenscheinlich aufzulösen. Die Behauptung, sie sei bereits irrsinnig gewesen, erscheint angesichts der Folgerichtigkeit und Kompetenz ihrer damaligen Handlungen unhaltbar, doch wird bereits deutlich, daß der Tod Philipps ihre Gemütslage gefährlich ins Schwanken gebracht hatte. Ihr Verhalten ist noch nicht das einer Wahnsinnigen, zeigt aber bereits alle Symptome eines unter äußerster innerer Spannung leidenden Menschen. Um ihrer inneren Kämpfe Herr zu werden, zog sie sich (was gewiß unvernünftig war, aber was wußte man damals schon von derlei Dingen) völlig in die Einsamkeit zurück. Martyr schildert sie uns, wie sie, ein Bild des Jammers, in ihrem verdunkelten Zimmer sitzt, den Kopf auf die Hand gestützt (als sei er dorten festgenagelt). Um nicht den Verstand zu verlieren, scheint sie sich instinktiv an die Musik gehalten zu haben, die sie ihr Leben lang liebte.«[47]

Der provisorischen Verwaltung Cisneros fehlte die Legitimation durch die Krone, aber so sehr mann (Frauen ließ sie auch nach Philipps Tod nicht vor) auch auf Johanna einredete – sie verweigerte sich allen und allem und verwies stereotyp auf ihren Vater. Seine Rückkehr solle man abwarten. Doch am 19. Dezember erwachte sie ganz plötzlich aus ihrer Lethargie und löste die Cortes auf. Am nächsten Tag erließ sie endlich all die Befehle, die man bislang vergeblich von ihr erwartet hatte. Vor allem entließ sie alle ausländischen Räte, die Philipp eingesetzt hatte. Schließlich rief sie noch einige hohe Würdenträger zusammen und eröffnete ihnen, sie wolle umgehend die Leiche Philipps nach Granada überführen. Wieder ließ sie den Sarg öffnen und den Inhalt prüfen, dann wurde er auf einen Wagen gehoben, und obwohl es mittlerweile schon dunkel und überdies sehr kalt war, setzte sich der Zug in Bewegung. Juana war hochschwanger und den Beschwerden einer solchen Unternehmung keineswegs mehr gewachsen; deshalb kam sie auch nur bis Torquemada, etwa 60 km von ihrem Ausgangspunkt Burgos entfernt. Die Legende aber will wissen, sie sei mit Philipps Leiche durch ganz Spanien geirrt . . .

Juana gebar am 14. Januar 1507 ihre Tochter Catalina und blieb die nächsten vier Monate in Torquemada, wohin ihr bald Cisneros und die übrigen Staatsbeamten und Würdenträger gefolgt waren. Der Sarg Philipps bleibt solange in der Kirche aufgebahrt; doch Frauen ist es verboten, sich ihm oder auch nur dem Gotteshaus zu nähern.

Im April mußte Juana vor der herannahenden Pest aus Torquemada fliehen. Wieder setzte sich der Zug mit der Leiche in Bewegung und erreichte gegen Abend ein Kloster, aber da es kein Mönchs-, sondern ein Nonnenkloster war, ordnete Juana das Verbleiben auf freiem Feld an und ließ auch den Sarg wieder öffnen. Gegen Morgen erreichte der Zug ein kleines Dorf namens Hornillos, wo Juana die nächsten vier Monate mit Warten verbringen sollte. Sie hatte erfahren, daß ihr Vater endlich zu ihr heimkehren würde ...

Juana als Opfer ihres Vaters (1507-1516)

Am 24. Juli landete Fernando in Valencia; am 24. August brach Juana aus Hornillos zu dem vereinbarten Treffpunkt Tórtoles auf. »Über den ... großen Augenblick [des Wiedersehens] liegen viele Augenzeugenberichte vor. Noch im Gehen griff sich Juana in einer wunderbaren Geste der Freude und Ehrerbietung an den Kopf und nahm ihre Trauerhaube ab ... Sie suchte sich zu beherrschen. Als sie jedoch bei Fernando ankam, verlor sie die Fassung. Sie warf sich auf die Knie und versuchte, ihm die Füße zu küssen. Fernando brach erstaunlicherweise in Tränen aus, vielleicht ... bei dem Gedanken über das, was er ihr anzutun gedachte. Er mühte sich, sie zu sich emporzuziehen, vermochte es nicht und sank selbst in die Knie. So blieben sie, ›einander lange Zeit in den Armen haltend‹, im Staub auf den Knien liegen und weinten alle beide. Als sie sich schließlich erhoben und ins Haus begaben, lag Juanas Hand fest in der seinen.«[48]

In den darauffolgenden Verhandlungen übertrug Juana ihrem Vater die Regierungsgewalt. »Damit war sie ... für ihn abgeschrieben«, vermerkt Miller[49] lakonisch. Eine Weile noch behandelt Fernando seine Tochter freundlich und respektvoll und erfüllt ihre Wünsche, aber mit der Zeit wird sie gänzlich kaltgestellt. Im Frühjahr 1508 versucht er, Juana mit Heinrich VII. von England zu verheiraten, um sie auf elegante Weise loszuwerden, aber sie widersetzt sich diesem Plan. Zwar hatte Fernando nun die Macht, aber es beunruhigte ihn doch, daß die rechtmäßige Erbin der großen Isabella wieder gegen ihn ausgespielt werden könnte, falls die Adligen mit seiner Regierung nicht einverstanden waren. Da war es schon sicherer, die Tochter irgendwo zu internieren und bewachen zu lassen. Und er versuchte, Johanna zu einem Umzug in das Kastell von Tordesillas zu bewegen. Als sie sich weigerte, nahm er ihr zur Strafe den fünfjährigen Fernando fort, unter dem Vorwand, der Junge müsse endlich unter Männer.

Juana muß endlich erkennen, daß der geliebte Vater ihr ärgster Feind ist. Aber damit nicht genug: Sie ist auch noch wehrlos gegen ihn, denn sie hat ihm ja die Macht selbst abgetreten. Sie sitzt in der Falle.

Es scheint, daß dieser Schock sie wirklich an den Rand des Wahnsinns brachte. Erst seit diesem Zeitpunkt sind die auto-aggressiven Verhaltensweisen überliefert, die sie nie mehr ablegen sollte. Im Oktober 1508 heißt es in einem Brief des Bischofs von Málaga, sie esse und schlafe auf dem Fußboden, sie wasche sich nicht und wechsle auch nicht ihre Kleidung. Im Dezember wird sie krank, offenbar zum erstenmal in ihrem Leben. »Man möchte wünschen, daß man sie hat überreden können, wenigstens während dieser Zeit nicht auf dem eisigen Steinfußboden zu schlafen. [...] sie wurde nur sehr langsam wieder gesund, es lag ihr gewiß auch nichts daran.«[50]

Inzwischen fühlt sich Fernando wieder bedroht, weil er gehört hat, daß einige Adlige den achtjährigen Knaben Karl zum König machen wollen, wozu sie allerdings Johannas Zustimmung brauchen. Johanna muß fort, unerreichbar gemacht werden.

Am 14. Februar 1509 verschleppt man, mitten in der Nacht, die Königin, »Stammutter fast aller Fürstenhäuser Europas«, in ihr lebenslängliches Gefängnis Tordesillas. Fast ein halbes Jahrhundert lang sollte sie dort vegetieren.

Sie hat sich auch gegen diesen endgültigen Übergriff gewehrt wie eine Löwin. Aber wie schon immer: Es hat ihr nichts genützt, sondern ihr das Ausmaß ihrer Ohnmacht nur noch deutlicher gemacht.

Juanas Gefängnisaufseher war Luis Ferrer, einer der ergebensten Diener Fernandos. Sie leistete weiterhin Widerstand, vor allem mit Hungerstreiks – Fernando war nämlich auf eine lebendige Juana angewiesen, denn bei ihrem Tod wäre nicht er, sondern ihr Sohn Karl der Erbe gewesen.

Um sie völlig von der Außenwelt abzuschneiden, ordnete Fernando bei seinem ersten Besuch im Oktober 1509 ihre Verlegung in die inneren Gemächer an. Als Juana sich wehrte, setzte er seinen Willen gewaltsam durch. Philipps Leiche wurde im nahegelegenen Clarissinnen-Kloster (also unter Frauen) aufgebahrt – sicher für Juana eine weitere Demütigung.

Anfang 1516 starb Fernando, sieben Jahre nachdem er seine Tochter gefangengesetzt hatte. Juana erfuhr nichts von seinem Tod, denn er hatte angeordnet, ihn ihr zu verheimlichen. Sie war 36 Jahre alt, »im besten Alter«, würden wir heute sagen, und hätte über ein Weltreich mit Kolonien in Afrika und Amerika herrschen sollen: Durch den Tod Fernandos war sie auch noch Königin von Aragon, Sizilien und Neapel geworden. Zwar waren zwei ihrer drei Todfeinde gestorben, aber das sollte ihr nichts nützen. Der dritte, schrecklichste und »lebenslängliche«, ihr eigener Sohn, damals noch ein Knabe von knapp 16 Jahren, stand schon bereit, um die ersten beiden Peiniger abzulösen.

Zweites Intermezzo:
Karl ante portas (1516-1518)

Nach Fernandos Tod erhob sich unter den EinwohnerInnen von Tordesillas eine Revolte gegen die Einkerkerung der Königin. Cisneros (inzwischen Kardinal), der, wie schon nach Philipps Tod, die vorläufige Regentschaft innehatte,[51] schickte den Bischof von Málaga, der nach dem Rechten sehen sollte. Er berichtete Cisneros von skandalösen Zuständen. Die brutalsten Aufseher Juanas wurden öffentlich ausgepeitscht, Ferrer seines Amtes enthoben und durch Hernán Duque ersetzt. Damit war dieser kleine Aufstand, ein Vorgeschmack der großen Revolution von 1520, zu Ende.

In Brüssel war der junge Karl bereits zum König ausgerufen worden, was in Spanien selbst Verärgerung auslöste. Man habe bereits eine Herrscherin und brauche keine/n zweite/n. Wieder war der Adel entzweit, diesmal in eine Juana- und eine Karl-Partei. Cisneros befürwortete Karl, drang aber darauf, daß er vor den Cortes den Treueid leisten und entgegennehmen müsse. Karls Räte rieten ihm, seine Mutter in Tordesillas aufzusuchen und persönlich ihre offizielle Einwilligung in seine Regentschaft zu erwirken. Am 4. November 1516 traf er mit seiner Schwester Eleonore und seinem Gefolge in Tordesillas ein.

Seit ihrem Aufbruch nach Spanien vor fast elf Jahren mit Philipp Anfang 1506 hatte Juana ihre Kinder nicht mehr gesehen. Damals waren sie acht und sechs Jahre alt gewesen, inzwischen fast erwachsen. Über das Wiedersehen liegen Augenzeugenberichte vor. Karl näherte sich seiner Mutter mit etlichen Verbeugungen und hielt dann eine formelle Begrüßungsrede: »Eure gehorsamen Kinder freuen sich aufrichtig, Sie dank Gott bei guter Gesundheit anzutreffen, und bitten, Euch ihre untertänigste Ergebenheit bezeigen zu dürfen.«[52] Juana begrüßt ihre Kinder – manche Quellen sagen: zurückhaltend und zögernd[53], andere wiederum: spontan und herzlich[54]: »Seid Ihr wirklich meine Kinder? Ihr seid in der kurzen Zeit sehr gewachsen. Willkommen, und dem Himmel sei Dank! Da ihr sicherlich von der weiten Reise sehr erschöpft seid und es schon spät ist, wird es am besten sein, wenn ihr Euch erst einmal bis morgen ausruht.«[55] Ob zurückhaltend oder herzlich – wahnsinnig jedenfalls klingen Juanas Worte nicht.

Chièvres, dem Berater Karls, gelang es in einem anschließenden Gespräch, Juana im Beisein von Zeugen dazu zu überreden, Karl die Regentschaft zu übertragen. Kurze Zeit später brach Karl mit Eleonore und seinem Gefolge wieder auf: der Zweck der Reise war erreicht, und nun galt es, die übereignete Herrschaft über Spanien auch so schnell wie möglich anzutreten. Allerdings ging Karl dabei sehr ungeschickt bzw. – aus spanischer Sicht – empörend anmaßend vor: Alle hohen Staatsämter besetzte er mit Niederländern; täglich fanden Enteignungen und Plünderungen statt. Im Frühjahr leisteten die kastilischen Cortes ihm den Huldigungseid nur unter der Bedingung, daß »falls... Juana die Vernunft wiederkehren sollte, er auf die Herrschaft über Kastilien verzichte und alles ihrem alleinigen Befehl unterstellt sei«.[56] Diese Einschränkung, mit der die Cortes ihre Autonomie und Juanas Rechte schützen wollten, bewirkte ironischerweise genau das Gegenteil: »Es kostete Juana einen fürchterlichen Preis«, schreibt Miller. »Es war ihre endgültige Verdammung zum Irresein. Nur solange Juana umnachtet war, konnte Karl regieren, und er hatte vor, für immer zu regieren.«[57]

Bevor Karl nach Aragonien weiterzog, ließ er seine kleine Schwester Catalina aus Tordesillas entführen. Juana setzte sich verzweifelt zur Wehr, und dies eine Mal hatte sie damit Erfolg, denn Karl war von ihrer Zusage weiterhin abhängig – noch hatte sie nichts unterzeichnet und konnte jederzeit widerrufen. Karl brachte Catalina zu ihr zurück (sie sollte noch weitere sieben Jahre bei ihr bleiben, bis sie, achtzehnjährig, von Karl an Juan von Portugal verheiratet wurde) und versorgte Mutter und Schwester mit einem »standesgemäßen Gefolge«. Das »Gefolge« bestand aus einer bewaffneten Wache von 300 Mann unter der Oberaufsicht des Marqués von Denia, »bei dessen bloßer Namensnennung allen die Haare zu Berge stehen, die wissen, was für schaurige Abgründe Juanas Leben noch durchqueren muß«.[58] Denia hatte die Befehlsgewalt über das Kastell und die gesamte Stadt, die somit zu einer »Privatenklave« Karls wurde, so daß alle Vorgänge im Schloß vor der Außenwelt abgeschirmt werden konnten.

Ähnlich wie die Kastilier und später die Katalanen widersetzten sich auch die aragonischen Cortes dem Herrschaftsanspruch Karls. Sie verlangten, er solle entweder ein offizielles Schreiben von Juana oder einen klaren Beweis ihrer Geistesgestörtheit beibringen. Beides war ihm nicht möglich, und so behalfen sich die Niederländer mit Drohungen, Gewalt und Bestechungsgeldern. Der Unmut im Lande wuchs.

Die Revolution: Juanas letzte Chance – vertan
(1520)

1519 starb Kaiser Maximilian, Karls Großvater, und Karl strebte die Nachfolge an. Um seine potenten Mitbewerber Heinrich VIII. von England und Franz I. von Frankreich bei den Kurfürsten aus dem Felde zu schlagen, brauchte er Unsummen Bestechungsgelder, und die mußte ihm das schon über Gebühr gedemütigte und ausgepreßte spanische Volk zahlen. Als er sich am 19. Mai 1520 nach Aachen aufmachte, um sich zum Kaiser des Heiligen Römischen Reiches krönen zu lassen, brach in Toledo der Aufstand los. Die revolutionäre Bewegung greift rasch um sich: Im August wird eine Zentralregierung, die *Santa Junta*, aus Vertretern aller Stände gebildet, Karls Vertreter Adrian wird abgesetzt, das Heer aufgelöst. Die Aufständischen erklären Juana zur einzig legitimen Herrscherin und beknien sie, ihre Rechte auszuüben. Adrian schreibt voll Angst an seinen Herrn: »Wenn sie auch nur ein einziges Schriftstück unterzeichnet, dann ist es mit deinem spanischen Königtum vorbei.«[59] Aber Juana tut nichts dergleichen. Zwar ist sie glücklich über diese Wendung und die Ehrerbietung, die ihr plötzlich entgegengebracht wird; sie hält auch im September eine noble und bewegende Rede vor den Cortes, die von drei Notaren mitgeschrieben wird, aber sie weigert sich, irgendeine Unterschrift zu leisten, und somit bleibt die Revolutionsregierung ohne Legitimation. Der Grund für ihr verhängnisvolles Zaudern ist vermutlich ihre aristokratische Identität, die es ihr schwer bis unmöglich machte, einen Aufstand von Bürgerlichen gegen das Königtum, und sei es das ihres Widersachers (der ja aber auch ihr Sohn war), zu unterstützen.

Karl, der die Mitschrift der Rede Juanas für eine Fälschung erklären ließ, reagiert mit einem klugen Schachzug auf die Gefahr: Er zieht den, ähnlich wie Johanna, noch schwankenden Adel auf seine Seite, indem er den Konnetabel und den Admiral, Angehörige des spanischen Hochadels, zu Mitregenten Adrians ernennt. Der Konnetabel, ein erfahrener Soldat, organisiert in beträchtlicher Schnelle eine gewaltige Streitmacht, die den Aufständischen am 23. April 1521 in der Schlacht bei Villalar eine vernichtende Niederlage beibringt.

Es ist aus – nicht nur für Juana, sondern auch für Spanien, das nun, trotz seiner unermeßlichen Schätze aus den Plünderungen in Übersee, für viele Jahrhunderte nur noch ein Schattendasein als »Kolonie« und Geldlieferant des Hauses Habsburg spielen wird.

Schweigend, endlos, sinnlos: Juana vegetiert in Tordesillas (1521-1555)

Zwölf Jahre hatte Juana bereits in Tordesillas abgesessen, aber das war nur etwa ein Drittel der Leidenszeit, die ihr noch bevorstand. 34 Jahre lang sollte sie noch in ihrem Gefängnis dahinvegetieren: »Nach der Rückeroberung von Tordesillas kehrte Denia racheschnaubend an seine Aufgabe zurück. Juana wurde in ein stockdunkles Gelaß gesperrt... In diesem fauligen Loch... blieb sie ganz sich selbst überlassen und versank rasch in tierischen Stumpfsinn. Ihr Essen, für gewöhnlich Brot und Käse, wurde ihr vor die Tür gesetzt... [Sie] holte es sich, sobald keiner zuschaute. Sie aß es in der Hocke auf dem Fußboden kauernd. Wenn sie fertig war, versteckte sie das... Tongeschirr unter den Möbeln oder warf es mit irrem Gelächter gegen die Wand. – Von nun an erfährt man – glücklicherweise, möchte man sagen – nicht mehr allzu viel von ihrem Leben.«[60]

Juanas Tochter Catalina gelingt es 1521 (sie ist vierzehn), einen Brief an ihren Bruder, den Kaiser, aus dem Kastell herauszuschmuggeln. Es heißt darin: »Bei der Liebe Gottes beschwöre ich

Euere Majestät, es zu erlauben, daß die Königin, meine Herrin, in dem Corridor am Flusse und in dem, in welchem die Fußmatten aufbewahrt werden, auf- und abgehen darf und daß sie nicht daran verhindert wird, sich in dem großen Saale zu erfrischen. ... Ich bitte Euere Majestät es zu verzeihen, daß dieser Brief von fremder Hand geschrieben ist. Ich kann nicht mehr!«[61] Auch Catalina kann sich offenbar nicht vorstellen, daß all dies mit Willen des Kaisers, des eigenen Bruders, des eigenen Sohnes Juanas, geschieht.

Schweigend, endlos, sinnlos[62] – so dehnt sich dies Leben weiter hin, bis Juana im Alter von 75 Jahren am 12. April 1555 unter gräßlichen Schmerzen an den Folgen einer Verbrühung stirbt. Warum mußte gerade sie, deren Leben nur noch Leiden war, so lange leben?

Juana überlebte ihre drei Geschwister um viele Jahrzehnte, auch eine ihrer Töchter, Isabel, die 29 Jahre vor der Mutter starb. Drei ihrer Kinder – Eleonore, Karl und Maria, sowie ihre Nichte Maria die Katholische – starben kurz nach ihr, 1558. Ferdinand überlebte sie lediglich um neun Jahre und nur – ausgerechnet – die Jüngste, Catalina, die im Gefängnis ihrer Mutter aufgewachsen war, starb 23 Jahre nach Juana.

Wahnsinn ist gesund – so könnte man versucht sein, diese Zahlen zynisch zu interpretieren. Die einen sterben halt am Leben, die andern macht es wahnsinnig, so daß kein »wirkliches Leben« mehr stattfindet, an dem sie sterben könnten. Lang ist tatsächlich die Liste derjenigen, die über Jahrzehnte als Geisteskranke in der Internierung – wie unter einer Glasglocke? – gleichsam konserviert blieben, statt durch den Tod erlöst zu werden:[63] Camille Claudel 40 Jahre, Willemina van Gogh 40 Jahre, Charlotte von Mexiko 60 Jahre, Hölderlin 40 Jahre – von all den unberühmten langlebigen InsassInnen der Irrenanstalten bzw. Landeskrankenhäuser zu schweigen.[64]

Oder war Juana halt nur körperlich sehr robust, bei aller seelischen Empfindsamkeit und Labilität? Die Bilder, die wir von ihr kennen, zeigen eine körperlich sehr zarte junge Frau, aber ihre sechs Kinder blieben alle gesund und wurden für die Zeit recht alt,[65] während von den sechs Kindern ihrer jüngeren Schwester Katharina von Aragon fünf als Säuglinge oder Kleinkinder starben.

Oder verdankt Juana ihr langes Leben etwa dem Umstand, daß

sie doch eine gute, menschenwürdige Behandlung auf ihrem Schloß erfuhr, die arme hochgeborene Geisteskranke? Wurde sie vielleicht aufmerksam gepflegt von erstklassigem Personal, das der mächtige und liebende Sohn für seine leidende Mutter, der er schließlich seine Macht verdankte, angestellt hatte?

Angesichts der »Logik« dieser Schauergeschichte liegt eine noch zynischere Frage nahe: Warum hat Karl seine Mutter eigentlich nicht umgebracht? Vater Ferdinand und Ehemann Philipp brauchten ja eine lebende, jedoch regierungsunfähige Johanna. Für den Sohn und rechtmäßigen Erben Karl aber war eine tote Juana eigentlich viel praktischer. Gab es für ihn – von den normalen Gründen sittlicher Anstand und Gottesfurcht einmal abgesehen – einen »tieferen« Grund, Juana am Leben zu lassen?[65A]

Schlußbetrachtung: Johanna die Ohnmächtige

War Johanna wahnsinnig, oder war sie es nicht? Diese Frage beschäftigt uns seit Beginn dieser Arbeit, wie sie wohl alle beschäftigt, die sich mit Johanna auseinandersetzen. Wir hätten gerne Klarheit gefunden, aber es geht nicht. Etwa 500 Jahre liegen zwischen dem Heute und den Geschehnissen, die wir geschildert haben. Wenn es schon *heute* sogar für eine *Psychiaterin* oft sehr schwer ist, die Diagnose »Schizophrenie« (dies ist die Erkrankung, die Johanna von späteren und heutigen Beurteilern am häufigsten zugeschrieben wird) zu stellen und zu vertreten für eine Patientin, »die sie gut kennt«[66] – wie soll da eine Ferndiagnose über ganze Epochen hinweg möglich sein, die sich auf Berichte und Zeugnisse stützen muß, die fast ausschließlich und deutlich voreingenommen sind? Anhänger des Hauses Habsburg, wie der Graf Fürstenberg,[67] Höfler und Pfandl, gehen selbstverständlich davon aus, daß Philipp der Schöne und Karl V. rechtlich denkende und handelnde Menschen waren, die auf den »Wahnsinn« Johannas reagierten, wie es zu ihrer Zeit üblich war: Wahnsinnige wurden eben interniert. Die Anhänger Johannas hingegen, edle Streiter für die Rechte der unglücklichen Königin, wie z. B. Bergenroth und Miller, vermuten ein teuflisches Komplott hinter allem, ausgelöst durch die Machtgier der drei Männer um Juana. Von Juanas Zeitgenossen hören wir mal diese, mal jene Einschätzung.

Im übrigen muß die Frage »wahnsinnig oder nicht« auch differenziert werden: Als man bei Johanna den Eifersuchtswahn diagnostizierte, war sie da wirklich »wahnsinnig« oder nur eifersüchtig und damit ihrem Mann lästig?

War sie wirklich »wahnsinnig«, als ihr Vater sie für wahnsinnig erklärte, oder log er, um an die Macht zu kommen?

Und schließlich: War sie wirklich »wahnsinnig« während der langen Jahrzehnte ihrer Internierung nach der Revolution von 1520, oder hat ihr Sohn sie nur als wahnsinnig ausgegeben, um an der Macht bleiben zu können?

Es will uns scheinen (wie auch Juanas einfühlsamstem Biographen Miller), daß hier eine empfindsame Frau aus Machtgier verleumdet, brutal mißbraucht und dadurch schließlich wirklich wahnsinnig wurde: Wenn sie bis zu ihrer gewaltsamen Verschleppung nach Tordesillas im Jahre 1509 noch nicht wahnsinnig war, dann mußte sie es dort werden.

Andererseits: In einem Jahrhundert, in dem Männer wie Hitler, Himmler, Stalin oder Ceauşescu jahre- und jahrzehntelang ungestört ihren Wahn austoben konnten, ist die Frage, ob ausgerechnet Johanna nun wahnsinnig war oder nicht, von untergeordneter Bedeutung. Offenbar ist Wahnsinn eine höchst relative Sache. Verglichen jedenfalls mit Hitler und anderen Massenmördern, war Johanna die Wahnsinnige zweifellos ein Urbild geistiger Gesundheit.

Ob Juana wahnsinnig war oder nicht, ob die Frage überhaupt relevant ist oder nicht – eines kann über die unglückliche Königin mit ziemlicher Sicherheit ausgesagt werden: Wäre sie ein Mann gewesen – sie wäre *nicht* wahnsinnig geworden.

Sie hätte das Weltreich mit seinen riesigen Schätzen geerbt und basta. Sie wäre auf ein solches Amt auch von Geburt an vorbereitet worden als zweiter in der Thronanwartschaft. Ehefrau Philippa die Schöne hätte sich gehütet, den mächtigen Gatten durch Fremdgehen zu erzürnen. Kein Vater, kein Sohn – und schon gar nicht die Gemahlin – wäre auf die »wahnsinnige« Idee gekommen, Juana das Erbe und die Herrschaft streitig zu machen.

1 Vgl. etwa den Umgang mit DissidentInnen in der ehemaligen Sowjetunion.
2 Vgl. Chesler 1977, Burgard 1978 und Showalter 1985.
3 Vgl. Friedan 1963.
4 Vgl. Mitscherlich 1985.
5 Höfler 1885, S. 328.
6 Auch Juana sprach, außer Spanisch natürlich, sowohl Französisch als auch ausgezeichnet Italienisch.
7 Erasmus von Rotterdam nennt Juanas jüngere Schwester, Katharina von Aragon, »außergewöhnlich gelehrt« und sagt, daß sie nicht nur für eine Frau außergewöhnlich belesen sei, sondern auch wegen ihrer Frömmigkeit und Gelehrsamkeit verehrt würde. (Prescott 1842 Bd. 1, S. 560, Fußnote 7)
8 Miller 1967, S. 150.
9 Höfler 1885, S. 304.
10 Miller 1967, S. 169.
11 Höfler 1885, S. 302.
12 »... die Chronisten berichten von Juana in den Niederlanden und von Juan in Spanien das gleiche, was sie auch von Maximilian und Maria berichtet hatten: Die Faszination der jungen Brautleute füreinander sei so übermächtig gewesen, daß diese, ohne sich um das wohlvorbereitete Protokoll ... zu kümmern, wie die Traumwandler Hand in Hand durch die Menge gegangen seien, dem nächsten Priester entgegen, dessen sie ansichtig wurden; daß sie dann niedergekniet und die Segnung ihres Bundes entgegengenommen hätten, als seien sie ein längst inniglich vereintes Paar und nicht zwei fremde Menschen, die die Staatsräson zusammengebracht hatte.« (Andics 1969, S. 95)
13 Bergenroth 1868b, S. 54.
14 Miller 1967, S. 178f.
15 Miller 1967, S. 180f.
16 Höfler 1885, S. 323.
17 Prescott 1842, S. 292.
18 Höfler 1885, S. 325.
19 Höfler 1885, S. 326.
20 Miller 1967, S. 208.
21 Miller 1967, S. 208f.
22 Schwarzenfeld 1954, S. 159. Andere Übersetzungen sprechen hier bereits von Geistesstörung: »Wir wissen aus Isabels eigener Feder, daß sie ›so ungebührliche Worte der eigenen Tochter gegen die Mutter hören mußte, daß sie derlei nimmer hätte ruhig hingenommen, wenn sie nicht deren kranken Geist erkannt hätte‹.« (Miller 1967, S. 210)
23 Miller 1967, S. 211.

24 Pfandl 1930, S. 74f.

25 Miller 1967, S. 213f.

26 Höfler 1885, S. 329.

27 Brief an de Veyre vom 3. Mai 1505; zit. bei Tighe 1905, S. 105f.

28 Miller 1967, S. 228.

29 Auch ist es keinem der Biographen aufgefallen, daß sich die Ablehnung gegen *flämische* Hofdamen richtet. Immerhin ging die Reise nach Spanien, und Juana war dessen rechtmäßige Herrscherin. Was sollte sie da noch mit flämischen Hofdamen, wo sie bald spanische haben konnte, ja mußte, wollte sie ihr Volk nicht vor den Kopf stoßen?

30 Miller 1967, S. 233.

31 Höfler 1885, S. 336.

32 Eine kühne Behauptung, die sich auf nichts weiter als ihre Gelassenheit in den beiden erwähnten Krisensituationen stützt. Es waren dies Situationen, in denen nicht nur Philipp, sondern auch Juana selbst in Lebensgefahr bzw. in einer extremen Krise war. Wenn Zeuls These zuträfe, müßte sich Johanna auch immer dann, wenn nur *Philipp* in Lebensgefahr (krank – er war recht oft krank – oder in der Schlacht) war, besonders wohl gefühlt und auffallend stark verhalten haben. Davon ist aber nichts überliefert.

33 Zeul 1987, S. 299.

34 Miller 1967, S. 250.

35 Miller 1967, S. 236.

36 Höfler 1885, S. 336f.

37 Miller 1967, S. 238.

38 Miller 1967, S. 240.

39 Bergenroth 1868a, S. 240f.

40 Miller 1967, S. 247; bei Höfler (1885, S. 343) heißt es, sie »blieb die ganze Nacht über ohne weibliche Begleitung auf ihrem Maultier sitzen«.

41 Dies vermutet auch Neumann (1988, S. 90).

42 Miller 1967, S. 248.

43 Brouwer 1978, S. 76.

44 Miller 1967, S. 251.

45 »Somit muß bei dem jetzigen Stand der historischen Kenntnisse offen bleiben, ob es wirklich nur eine spätere Legende ist, was von Höfler über Johannas nekrophile Akte berichtete, faßt man Nekrophilie eng, also die sexuelle Vereinigung mit einem Toten.
Nekrophilie weiter gefaßt im Sinne des sexuell getönten näheren Umgangs mit einem Toten besagt, daß Johanna die Wahnsinnige ... in die Gruppe der Nekrophilen einzureihen ist.
Ferner steht ohne jeden Zweifel fest, daß Johanna die Wahnsinnige ... an einer schweren und chronischen Geisteskrankheit litt – nach der heutigen psychiatrischen Auffassung an einer paranoid-halluzinatori-

schen schizophrenen Prozeßpsychose –, die sie untauglich zur Übernahme von Herrscherpflichten machte und ihre lebenslange Hospitalisierung erzwang.« (Neumann 1988, S. 93)

46 Lahnstein 1979, S. 324.
47 Miller 1967, S. 254f.
48 Miller 1967, S. 262f.
49 Miller 1967, S. 263.
50 Miller 1967, S. 268.
51 Laut Tighe 1905, S. 216, hatte hingegen Ximenes die Regentschaft bis zur Ankunft Karls inne.
52 Miller 1967, S. 292.
53 »Die Rede verpuffte. Die Königin nickte zum Zeichen, daß sie verstanden habe, nur leicht mit dem Kopf. Sie saß ein paar Minuten, die den Anwesenden Ewigkeiten dünkten, regungslos da und blickte die jungen Leute mit ›undeutbarem‹ Lächeln an. Schließlich beugte sie sich vor und ergriff ihre Hand.« (Miller 1967, S. 292)
54 »Juana reagierte spontan, griff nach den Händen der Geschwister, umarmte sie, sagte: ...« (Horst 1989, S. 229)
55 Zitiert nach Miller 1967, S. 292.
56 Zitiert nach Miller 1967, S. 296.
57 Miller 1967, S. 296.
58 Miller 1967, S. 299.
59 Zitiert nach Pfandl 1930, S. 110f.
60 Miller 1967, S. 329.
61 Zitiert nach Bergenroth 1868a, S. 254.
62 Miller 1967, S. 332.
63 Vgl. Pusch 1985. Der letzte bekanntgewordene Fall ist der von Carrie White (1874-1991), die mit 116 Jahren wahrscheinlich der älteste Mensch der Welt war. Seit ihrem 35. Lebensjahr war sie in Pflegeanstalten untergebracht.
64 Vgl. Bielstein 1991, passim.
65 Das legt den Gedanken nahe, daß auch Philipp ihnen eine gute Gesundheit vererbt haben könnte und möglicherweise nicht an einer Krankheit so früh starb, sondern tatsächlich an einer Vergiftung, wie ja von vielen ZeitgenossInnen vermutet wurde.
65a Kurz nachdem seine alte Mutter gestorben war, dankte Karl ab und zog sich in ein Kloster zurück, wo er zwei Jahre später mit 58 Jahren starb. Als er endlich rechtmäßig regieren konnte, machte ihm das Regieren anscheinend keinen Spaß mehr. Vielleicht brauchte er die entrechtete (folglich: lebende) Mutter als Anreiz, um die Last des Regierens und ständigen Kriegführens auszuhalten.
Juana hatte ihren ersten Sohn während einer Festlichkeit auf einer Toilette geboren. Als er sechs war, ließ sie ihn für immer im Stich, genau wie der Vater, der einfach verstarb. Zeit seines Lebens war Karl ein

unmäßiger Esser, ein Nimmersatt. Versuchte er fressend, ein großes Loch zu stopfen? Vielleicht ist die Tragödie Juanas der Racheakt eines verstörten ungeliebten Kindes.

Spekulationen, gewiß – aber wenn ernstgemeinte Biographien Johanna eine Nekrophilie andichten, so dürfen wir wohl zum Ausgleich ein paar ungewohnte Mutmaßungen über Karl ausspinnen.

66 Bielstein 1991, S. 45 f.
67 Vgl. Roth von Schreckenstein 1869.

Literatur

Andics, Hellmut: *Die Frauen der Habsburger*, Wien, München, Zürich 1969

Anonymus: »Deuxième voyage de Philippe Le Beau en Espagne en 1506«, in: *Collection des voyages des souverains des Pays-bas* (ed.: Gachard), Bd. 1, Reihe: *Collection des Chroniques Belges inédites, publiée par ordre du Gouvernement*, Bruxelles 1876, S. 387-556

Bergenroth, Gustav R.: »Kaiser Karl V. und seine Mutter Johanna«, in: *Historische Zeitschrift* 20 (1868), München 1868, S. 231-270

– *Supplement to volume I and volume II of letters, despatches, and state papers, relating to the negotiations between England and Spain, preserved in the archives at Simancas and elsewhere. I: Queen Katharine; 2: Intended marriage of King Henry VII with Queen Juana*, London 1868b

Bielstein, Dagmar: *Von verrückten Frauen: Notizen aus der Psychiatrie*, Frankfurt/Main 1991

Bird, Friedrich Ludwig Heinrich: »Geschichte der Seelenstörung Johannas von Kastilien; ein Beitrag zur Geschichte der Psychiatrie im fünfzehnten und sechzehnten Jahrhundert«, in: *Allgemeine Zeitschrift für Psychiatrie* 5.2, Berlin 1848, S. 151-162

Brouwer, Johan: *Johanna die Wahnsinnige: Ein tragisches Leben in bewegter Zeit*, München 1978 (1940)

Burgard, Roswitha: *Wie Frauen »verrückt« gemacht werden*, Berlin 1978

Chesler, Phyllis: *Frauen – das verrückte Geschlecht?* [= *Women and Madness*], Vorwort von Alice Schwarzer. Übs. aus dem Engl. von Brigitte Stein, Reinbek b. Hamburg 1977 (1972)

Crankshaw, Edward: *Die Habsburger* [= *The Habsburgs*]. Übs. von Günter Treffer, Wien, München, Zürich 1971

Ferdinandy, Michael: *Philipp II.: Größe und Niedergang der spanischen Weltmacht*, Wiesbaden 1977

Friedan, Betty: *Der Weiblichkeitswahn oder Die Selbstbefreiung der Frau: Ein Emanzipationskonzept* [= *The Feminine Mystique*]. Übs. aus dem Engl. von Margaret Carroux, Reinbek b. Hamburg 1966 (1963)

Gachard, L. P.: »Sur Jeanne la Folle et les documents concernant cette princesse qui ont été publié récemment«, in: *Bulletins de l'Académie royale des sciences, des lettres et des beaux arts de Belgique, 38e année, 2e série 27*, Bruxelles 1869a, S. 200-233, 485-487, 716-718

– »Sur Jeanne la Folle et la publication de M. Bergenroth«, in: *Bulletins de l'Académie royale des sciences, des lettres et des beaux arts de Belgique, 38e année, 2e série 28*, Bruxelles 1869b, S. 358-366

– »Jeanne la Folle et Saint François de Borja«, in: *Bulletins de l'Académie royale des sciences, des lettres et des beaux arts de Belgique, 38e année, 2e série 29*, Bruxelles 1870a, S. 290-323

– »Les derniers moments de Jeanne la Folle«, in: *Bulletins de l'Académie royale des sciences, des lettres et des beaux arts de Belgique, 38e année, 2e série 29*, Bruxelles 1870b, S. 389-404

– »Jeanne la Folle et Charles-Quint«, in: *Bulletins de l'Académie royale des sciences, des lettres et des beaux arts de Belgique, 38e année, 2e série 29*, Bruxelles 1870c, S. 710-749

Hamann, Brigitte: *Die Habsburger: Ein biographisches Lexikon*, München 1988

Heine, Hartmut: *Geschichte Spaniens in der frühen Neuzeit, 1400-1800*, München 1984

Herm, Gerhard: *Der Aufstieg des Hauses Habsburg*, Düsseldorf, Wien, New York 1988

Höfler, Konstantin von: »Donna Juana, Königin von Leon, Castilien und Granada, Erzherzogin von Österreich, Herzogin von Burgund, Stammmutter der habsburgischen Könige von Spanien und der österreichischen Secundagenitur des Hauses Habsburg, 1479-1555«, in: *Denkschriften der Kaiserlichen Akademie der Wissenschaften; philosophisch-historische Klasse 35* (1885), Wien 1885, S. 289-402

Horst, Eberhard: *15mal Spanien: Panoramen der modernen Welt*, München, Zürich 1973

– *Die spanische Trilogie: Isabella – Johanna – Teresa*, Düsseldorf 1989

Kesten, Hermann: *Ferdinand und Isabella: Roman*, Frankfurt/Main, Berlin, Wien 1982 (1936)

Lahnstein, Peter: *Auf den Spuren von Karl V.*, München 1979

McGuigan, Dorothy Gies: *Familie Habsburg 1273-1918 [= The Habsburgs]*. Übs. aus dem Engl. von Lore von Stiller, München 1980 (1966)

Miller, Townsend: *Isabel und Juana: Um Spaniens Krone [= The Castles and The Crown, o. J.]*. Übs. von Isabella Nadolny, München 1967

Mitscherlich, Margarete: *Die friedfertige Frau: Eine psychoanalytische Untersuchung zur Aggression der Geschlechter*, Frankfurt/Main 1985

Neumann, Harald: »Zur Frage der Geisteskrankheit und Nekrophilie bei Johanna der Wahnsinnigen, Königin von Kastilien, Aragonien und Leon, Mutter des Deutschen Kaisers Karl V.«, in: ders., *Beiträge zur Nekrophilie*, 2., erweiterte Auflage, Frankfurt/Main 1988, S. 35-103

Pfandl, Ludwig: *Johanna die Wahnsinnige: Ihr Leben, ihre Zeit, ihre Schuld*, Freiburg/Br. 1930

Prawdin, Michael: *Donna Juana, Königin von Kastilien: Habsburg erbt ein Weltreich*, Düsseldorf 1953

Prescott, William H.: *Ferdinand und Isabella, die Katholischen, und ihre Zeit: Geschichte der Regierung Ferdinand's und Isabella's der Katholischen von Spanien [= History of the Reign of Ferdinand and Isabella the Catholic of Spain]* [Vorwort zur] 1. Auflage 1837, 2 Bde., Leipzig 1842

Pusch, Luise F.: »Nachwort: Schwestern oder Die Bilanz des Unglücks«, in: dies., *Schwestern berühmter Männer: Zwölf biographische Portraits*, Frankfurt/Main 1985, S. 539-556

Reifenscheid, Richard: *Die Habsburger in Lebensbildern: Von Rudolf I. bis Karl I.*, Graz, Wien, Köln 1982

Roth von Schreckenstein, K. H.: »Briefe des Grafen Wolfgang zu Fürstenberg zur Geschichte der Meerfahrt des Königs Philipp von Castilien (1506)«, in: *Zeitschrift der Gesellschaft für Beförderung der Geschichts-, Altertums- und Volkskunde von Freiburg* 1, Freiburg/Br. 18[67-]69, S. 123-163

Schwarzenfeld, Gertrude von: *Karl V., Ahnherr Europas*, Hamburg 1954

Showalter, Elaine: *The Female Malady: Women, Madness, and English Culture, 1830-1980*, London 1987 (1985)

Tighe, Harry: *A Queen of Unrest; the Story of Juana of Castile*, London 1905

Tisné, Pierre: *Spanien: Bildatlas der spanischen Kunst*. Unter Mitarbeit von D. José Milicna [Köln] 1968

Vital, Laurent: »Premier voyage de Charles-Quint en Espagne, de 1517 à 1518«, in: *Collection des voyages des souverains des Pays-Bas* (ed.: Gachard-Piot), Bd. 3, Reihe: *Collection des Chroniques Belges inédites, publiée par ordre du Gouvernement*, Bruxelles 1881

Wandruszka, Adam: *Das Haus Habsburg; Die Geschichte einer europäischen Dynastie*, Stuttgart 1956

Zeul, Mechthild: »Johanna die Wahnsinnige: Versuch einer psychoanalytischen Deutung«, in: Karola Brede et al. (Hg.), *Befreiung zum Widerstand: Aufsätze über Feminismus, Psychoanalyse und Politik. Margarete Mitscherlich zum 70. Geburtstag*, Frankfurt/Main 1987, S. 286-301

Théroigne de Méricourt
1762-1817

Diagnose: »Politischer Fanatismus«
Von Helga Grubitzsch

»Téroenne oder Théroigne de Méricourt war eine berühmte Kurtisane, geboren im Luxemburger Land.« Mit diesen Worten beginnt der bekannte Irrenarzt Esquirol Anfang des 19. Jahrhunderts die Beschreibung des Falles seiner prominentesten Patientin.[1] Als er 1811 den Posten als Aufseher in der *Salpêtrière*, einem der größten Armen- und Krankenhäuser von Paris, übernahm, war Théroigne dort schon vier Jahre interniert und hatte insgesamt 16 Jahre Anstaltsaufenthalt hinter sich. Esquirol wußte nur wenig über ihre Lebensgeschichte. Seine Informationen stammen aus einem zeitgenössischen Lexikon über Frauen der Französischen Revolution.[2] Er beschränkte sich darauf, die von den Gegnern der Revolution verbreiteten Legenden zu wiederholen: Sie habe »eine ziemlich bedauernswerte Rolle während der ersten Revolutionsjahre« gespielt, sich »den verschiedenen Führern der Volkspartei« hingegeben und ihnen »nützliche Dienste« geleistet. Er beschreibt Théroigne als Marionette in der Hand der Revolutionsführer, die am 5./6. Oktober 1789 auf die Straße »geschickt« wurde, um ein Regiment zu korrumpieren, 1790 als Agitatorin im Lütticher Land ihren Einsatz fand und schließlich, nachdem die Jakobiner sich ihrer »bemächtigt« hatten, 1792 »mit einer roten Mütze auf dem Kopf und dem Säbel an der Seite, eine Pike in der Hand, eine Frauenarmee kommandierte«. Sie soll sogar an den Massakern im September 1792 teilgenommen und einem »ihrer früheren Liebhaber« den Kopf abgeschlagen haben. Esquirol schließt seine biographischen Notizen mit der trockenen Bemerkung: »Als das Direktorium eingerichtet wurde, wurden die Volksgesellschaften geschlossen, Théroigne verlor den Verstand.«[3]

Mehr wird zur Genese des Wahns nicht gesagt. So kommt den Lebensdaten in der Fallbeschreibung die Funktion zu, auf mögliche Gründe für die Entstehung von Théroignes Geisteskrankheit zu verweisen. Im Zusammenhang mit Esquirols theoretischen Grundannahmen lassen sich die Hinweise leicht entschlüsseln: Als »Kurtisane« und Revolutionärin mußte Théroigne seiner Meinung nach geradezu zum Wahnsinn prädestiniert sein.

Esquirol ging von einem Verständnis von »Normalität« aus, das auf der bürgerlichen Familienmoral des beginnenden 19. Jahrhunderts basierte. Seine Vorstellungen von einer »gesunden« Entwicklung des Individuums setzten eine hierarchisch gefügte sittliche Ordnung im Staat und im Verhältnis der Geschlechter voraus. Für Frauen sind die Grenzen eng gezogen. Ihnen ist die Welt der Familie zugewiesen, ihre Aufgaben werden durch die Bedürfnisse von Mann und Kindern definiert. Ihre Sexualität wird dann als »normal« betrachtet, wenn sie monogam auf die eheliche Beziehung beschränkt bleibt und Fortpflanzungsfunktion erfüllt.

Die Entwicklung von Geisteskrankheiten steht nach Esquirols Ansicht immer im Zusammenhang mit einer »Unordnung der moralischen Affecte«.[4] Ausbrüche aus den sittlichen Normen der Familie, wie Ehe- und Kinderlosigkeit oder die Geschlechtergrenzen überschreitendes Verhalten, sind in seinen Augen des Wahnsinns verdächtig. Es genügt schon, wenn Frauen ihren Pflichten im Haushalt nicht nachkommen und statt dessen dem Vergnügen frönen oder »in der Welt« eine Rolle spielen, um eine Disposition für die Geisteskrankheit zu schaffen. Extrem gefährdet sind seiner Ansicht nach Frauen, die sich »moralischer Zügellosigkeit« schuldig machen. Sexuelle »Ausschweifungen« gehören in seiner Theorie zu den Hauptgründen für die Entwicklung von Geisteskrankheiten: »Wenn die Enthaltsamkeit in einigen sehr seltenen Fällen die Geisteskrankheit verursacht hat, so ist ein ausschweifendes Leben doch die häufigste Ursache derselben, besonders bei Frauen der unteren Klasse.«[5]

Somit verweist bereits der erste Satz in Esquirols Gutachten, in dem er Théroigne als »Kurtisane« bezeichnet, auf einen möglichen Zusammenhang von sexueller Freizügigkeit und Geisteskrankheit. Nicht weniger Bedeutung dürfte seinen Ausführungen über

ihre revolutionären Aktivitäten zukommen. Esquirol hatte sich –
im Unterschied zu seinem Lehrer Pinel – in der Revolution nicht
engagiert und betrachtete sie als zivilisationsschädliche Erscheinung, die zu vielen Geisteskrankheiten beigetragen hatte. Die
»Unordnung« des revolutionären Geschehens war ihm, dem konservativen und royalistischen Anhänger der bürgerlichen Ordnung, ein Greuel. Grundsätzlich war er der Meinung, daß »die
republikanische oder repräsentative Regierungsform, indem sie
allen Leidenschaften einen größeren Spielraum darbietet, zur Her-
vorbringung der Geisteskrankheiten am günstigsten« sei.[6]

Théroignes Revolutionsbegeisterung mußte nach seiner Theorie
gleich doppelt gegen die sittliche Ordnung verstoßen und damit
der Entstehung des Wahns förderlich sein: Zum einen galt ihm das
Engagement in einer revolutionären Bewegung für sich genommen
schon als Ausdruck einer exzessiven Anspannung der Leidenschaften und der intellektuellen Kräfte, die das geregelte Maß des
gesellschaftlichen und individuellen Lebens erschüttern mußte.
Zum anderen übertrat eine Frau, die politischen Aktivitäten nachging, die Grenzen ihres Geschlechts und begab sich außerhalb der
ihr zugeschriebenen sittlichen Norm.

Wenn sich diese Zusammenhänge aus den theoretischen Überlegungen Esquirols auch deutlich rekonstruieren lassen, so bleibt
doch festzuhalten, daß seine Stellungnahme zu Théroignes Fall
explizit keine ursächlichen Beziehungen zwischen ihrem Vorleben,
ihren revolutionären Aktivitäten und ihren psychischen Störungen
herstellt. Erst sein Schüler Descuret formulierte die Diagnose:
»Politischer Fanatismus«.

Ebenso zurückhaltend verhielt sich Esquirol bei einer Beurteilung psychophysischer Zusammenhänge. Es blieb seinen Nach-
folgern überlassen, über erbbedingte und lebensgeschichtliche
Ursachen von Théroignes Verrücktheit zu spekulieren. Dabei
zeichneten sich besonders einige Psychiater um die Jahrhundertwende aus, die sich durch die Volkserhebung der Kommune von
1870/71 herausgefordert fühlten, psychologische Theorien zur
Erklärung unkontrollierbarer Massenaktionen und revolutionärer
Erhebungen zu entwickeln. Cabanès und Nass stellten 1906 die
»Névrose révolutionnaire« (Revolutionäre Neurose) vor, Guillois
widmete eine Untersuchung aus dem Jahre 1904 dem »Hystérisme
révolutionnaire« (Revolutionäre Hysterie). Garnier, der sich ebenfalls zu Théroignes Fall äußerte, leitete das Polizeikrankenhaus in

Paris und galt als Experte für kriminalistische Anthropologie. In dieser Funktion hatte er auch »eine Reihe von Individuen« zu untersuchen, die bei Aufständen und Erhebungen, besonders bei den Ereignissen der Kommune, eine wichtige Rolle gespielt haben. Er kam zu dem für ihn keineswegs erstaunlichen Ergebnis, »daß die Menge Menschen gehorcht hat, die wirklich von Sinnen waren und später in einem Irrenhaus enden. Wenn die Gemüter dann wieder zur Ruhe kommen, tritt die krankhafte Überreizung offen zutage.«[7]

Die Botschaft ist klar: Das Volk, das als Masse unwissend und manipulierbar ist, wurde in revolutionären Zeiten von Irren aufgeputscht. Der Umkehrschluß liegt nahe: Wer die revolutionäre Aktion vorantreibt, muß verrückt sein. Solche »Erklärungen« für Massenerhebungen scheinen für die Sieger nur Vorteile zu haben: Sie entbinden von einer Suche nach den politischen und ökonomischen Ursachen von revolutionären Bewegungen. Die Menschen können in dem Glauben gewiegt werden, sie seien irrtümlich den falschen Führern nachgelaufen, deren Wahnsinn erst später manifest wurde. Die Massen, die sich erhoben haben, brauchen also nicht gescholten zu werden, denn sie sollen sich ja in die wieder etablierte Ordnung fügen und ihre Niederlage nicht den neuen Herren, sondern den Wahnsinnigen anlasten, die sie in die Katastrophe geführt haben.

Mit der Psychiatrisierung wird die Rebellion als soziales Phänomen zugunsten individueller Verarbeitungsmechanismen und Schuldzuweisungen verdrängt. Die Rede von der Verrücktheit des Aufbegehrens gehört von daher zu den Abwehrstrategien herrschender Systeme gegenüber revolutionären Erhebungen. Auch die große Französische Revolution blieb davon nicht verschont. Sie konnte nur als Wiege bürgerlicher Ordnung gefeiert werden, wenn man für die »Exzesse«, den Terror, das Blutvergießen, zugleich eine Erklärung fand, die scheinbar außerhalb der Notwendigkeit der sozialen Bewegung angesiedelt war.

Im 19. und beginnenden 20. Jahrhundert wurden besonders die Frauen, die »aus der Rolle fielen« und gegen die Normen des herrschenden Geschlechterdiskurses verstießen, der Psychiatrisierung unterworfen. Olympe de Gouges, Théroigne de Méricourt und Louise Michel wurden gleichermaßen für verrückt erklärt.[8] So legte Guillois seiner Arbeit folgende These zugrunde: »Die Revolution entwickelte bei der Frau nicht nur Eigenschaften, die eher dem Manne zukommen, sondern sie ließ auch einzelne aus ihrer normalen Rolle heraustreten; so sah man manchmal die Frau dem Manne an Mut nacheifern, ihn aber auch an Wildheit und Grausamkeit übertreffen.«[9]

Diese »unnormalen Erscheinungen« bei den Frauen, die er auf erbliche und/oder soziale Faktoren zurückführte, faßte er kurz in der Diagnose der »revolutionären Hysterie« zusammen. Der Fall von Olympe de Gouges diente ihm als Beleg für die Annahme, daß die Frauen der Revolution verrückt gewesen sein müssen und die ganze revolutionäre Bewegung eigentlich nichts anderes war als »eine Art ansteckender Verrücktheit, die unter der Führung der Frauen den alten gesellschaftlichen Zustand zerstört(e)«.[10]

Bei Théroigne war es noch sehr viel einfacher, ihre Psychiatrisierung zu betreiben. Die Fallbeschreibung von Esquirol bewies ja, daß sie am Ende ihres Lebens tatsächlich im Wahnsinn dahindämmerte. Hier brauchte man nicht mehr zu fragen, ob sie verrückt war, sondern es ging nur noch darum, welche Faktoren die Psychose letztlich offen zutage treten ließen.

Garnier, Cabanès und Guillois kamen zu einer ähnlichen Einschätzung des Falles. Sie stellten fest, daß Théroigne mit ihrem Auftreten in der Revolution bewiesen hätte, daß sie schon immer »exaltiert«, »exzentrisch« und »gestört« gewesen wäre und die »ersten Äußerungen der Verrücktheit bereits bei den ersten Handlungen ihres öffentlichen Lebens zum Vorschein kamen«.[11]

Die Revolution konnte ihrer Ansicht nach die Symptome der Verrücktheit nur verschärfen. Denn, wie seinerzeit schon Esquirol, glaubten sie, daß Zeiten des gesellschaftlichen Umbruchs den Ausbruch von Geisteskrankheiten förderten. Für Cabanès war es dann nur noch eine Frage der Zeit und des Anlasses, wann die latente Psychose offen zum Ausdruck kommen würde.

Bis heute hat sich an dieser Interpretation des Falles nicht viel geändert.[12] Die neuere Deutung der ausgebildeten Psychoanalytikerin Roudinescos ist nur eine Variante des grundlegenden Schemas der Psychiatrisierung. Ihrer Ansicht nach hat die Revolution nicht dazu beigetragen, Théroignes Verrücktheit zu verschärfen, sondern im Gegenteil: die revolutionären Umwälzungen sollen mit ihren Freiheitshoffnungen in den ersten Jahren die soziale Basis dafür geschaffen haben, daß die »Exaltiertheit« und »Melancholie« Théroignes aufgefangen bzw. »maskiert« wurden und nicht in eine Psychose umschlugen. Mit dem Terror endet nach Roudinescos Meinung die Phase der gesetzmäßig verankerten und institutionalisierten Revolution und damit auch das symbolische Referenzsystem, auf das sich Théroigne hätte beziehen können: »Verrückt geworden, funktioniert die Revolution nicht mehr als Garantie eines Bezugsrahmens oder eines symbolischen Gesetzes. Der Terror schafft jeden Tag neue Verdächtige und projiziert auf sie eine imaginäre Welt, die aus Komplotten und Delirien zusammengesetzt ist.«[13]

In dieser verrückten Welt erfuhr Théroignes Wahn, so Roudinesco, seine legale Fixierung. Sie wurde für unzurechnungsfähig erklärt und in einer Anstalt interniert. Damit endete der »freie Ausdruck der Verrücktheit, den die Revolution nur zulassen konnte, solange sie noch Trägerin der Freiheit war«.[14]

Wenn auch Roudinesco in der Bewertung der Bedeutung der Revolution mit den Psychiatern der Jahrhundertwende nicht übereinstimmt, so baut ihre Argumentation doch auf den gleichen Voraussetzungen auf: Die Fallbeschreibung von Esquirol dient als Ausgangspunkt für die These, daß Théroigne schon immer verrückt war und es der Wissenschaft lediglich darum gehen könne, die verschiedenen Stadien des Wahnsinns nachzuzeichnen und zu begründen. Aus dieser Perspektive werden frühere Lebensphasen Théroignes auf Anzeichen von Verrücktheit hin untersucht und ihre Verhaltensweisen in diesem Sinne interpretiert.

Eine solche Rückprojektion einer Diagnose aus späteren Jahren wird weder der individuellen Entwicklung Théroignes noch ihren historischen und gesellschaftlichen Bedingungen gerecht. Sie erzählt eine Geschichte aus der Sicht des Irrenhauses, ohne die Bedingungen des Asyls in Frage zu stellen. Der Blick des Psychiaters läßt die Lebenswirklichkeit Théroignes im nachhinein zum »Fall« zusammenschrumpfen. Ihre Aktivitäten und Pläne, ihre Stimmungen und Hoffnungen werden nicht nach ihrer situativ gebundenen individuellen und gesellschaftlichen Relevanz beurteilt, sondern nach dem Grad ihrer Verrücktheit. Die politische Bedeutung der Kämpfe Théroignes verschwindet unter Etiketten wie »exaltiert«, »melancholisch«, »neurotisch«, »manisch-depressiv« oder »schizophren«. Roudinesco gab ihrer Biographie von 1989 den Titel: *Théroigne de Méricourt. Une femme mélancolique sous la Révolution.*

Um einen anderen Blick auf Théroignes Lebensgeschichte werfen zu können, muß sie vom Anfang her neu aufgerollt werden.

Dies macht eine Durchquerung der Legenden erforderlich, die von royalistischen Zeitgenossen geschaffen wurden, um in der Person der Théroigne de Méricourt die Revolution zu diffamieren. Nicht nur Esquirol schöpfte sein Wissen aus den Quellen der Gegner der Revolution. Bis heute geistert das Bild von der männermordenden Amazone mit ihren »berühmten pikanten Reizen« durch Literatur und Medien.[15] Bis heute wird Théroigne als Verrückte in der geschichtswissenschaftlichen und feministischen Diskussion um die Französische Revolution nicht ernst genommen.[16] Bis heute führt sie in der Öffentlichkeit den Namen »Théroigne de Méricourt«, der von den Royalisten geschaffen wurde und für die Legende steht. In Wirklichkeit hieß sie Anne-Josèphe Théroigne. Sie selbst nannte sich nie anders.

Es ist hier nicht der Ort, um die Lebensgeschichte der Anne-Josèphe Théroigne in vollem Umfang neu zu entfalten. Dies ist bereits an anderer Stelle geschehen.[17] Ich werde mich hier darauf beschränken, ihre wichtigsten Lebenssituationen zu skizzieren. Dabei werde ich zum einen die von Esquirol genannten Vorfälle im Auge behalten und zum anderen näher auf die Episoden eingehen, die von den bisherigen InterpretInnen als Indizien für Théroignes Verrücktheit gedeutet werden. Besonderen Wert werde ich auf die Geschichte ihrer Internierung legen, da sie meiner Ansicht nach einer genaueren Aufklärung bedarf.

Anne-Josèphe Théroigne wurde 1762 in Marcourt, einem Dörfchen in der Nähe von Lüttich, geboren. Die Familie war arm, obwohl ihr Vater Landbesitz hatte und einen kleinen Handel betrieb. Doch die Geschäfte gingen schlecht, und mit der Zeit sah er sich gezwungen, »seine ganze Habe zu verpfänden und zu verkaufen«.[18] Als Théroigne etwa fünf Jahre alt war, starb ihre Mutter. Sie hinterließ drei Kinder, außer der ältesten Tochter noch die beiden Söhne Pierre-Joseph und Nicolas-Joseph. Théroigne sollte sich ihr Leben lang verantwortlich fühlen für diese beiden Brüder. Sobald sie ihren eigenen Unterhalt bestreiten konnte, kümmerte sie sich um ihr Fortkommen. Nach zahlreichen demütigenden Erfahrungen bei Verwandten, wo sie nach dem Tod ihrer Mutter als Dienstmädchen arbeitete, beschloß sie im Alter von 14 oder 15 Jahren, ihren eigenen Weg zu gehen. Sie verdingte sich als Kuhhirtin und arbeitete als Näherin und Kindermädchen, bis sie eine Anstellung bei einer Familie fand, die es gut mit ihr meinte. Zusammen mit der Tochter des Hauses erhielt sie Musikunterricht und legte damit die Grundlage für ihre spätere Berufsausbildung als Sängerin.

Bis dahin hatte Théroigne nur die für arme Mädchen übliche Bildung erhalten: Im Kloster lernte sie den Katechismus und Nähen. Nun bekam sie auch etwas vom Schliff einer höheren Tochter mit, was es ihr später ermöglichen sollte, sich selbstbewußt in den höchsten Kreisen zu bewegen. Mit der Familie Colbert siedelte Théroigne nach England über. Dort lernte sie einen adeligen jungen Mann aus reicher Familie kennen, verliebte sich in ihn, glaubte seinem Heiratsversprechen und wurde seine Geliebte. Statt sie zu heiraten, sicherte er ihre Zukunft mit einer Schenkung von 200 000 Pfund ab, für die damalige Zeit ein Vermögen. Die Beziehung scheiterte, nach Théroignes Aussagen konnte sie es nicht ertragen, daß er sich »Ausschweifungen aller Art« hingab.[19]

Sein Lebenswandel hatte auch unangenehme Folgen für seine Geliebte. Sie zog sich eine hartnäckige Geschlechtskrankheit zu, deretwegen sie sich einer Quecksilberbehandlung unterzog. Manche Biographen des 19. Jahrhunderts deuteten diese Erkrankung als Syphilis und meinten, daraus einen Grund für Théroignes spätere psychische Krankheit ableiten zu können.[20] Diese These ist jedoch unhaltbar angesichts von zwei medizinischen Gutachten aus dem Jahre 1791, die keine Hinweise mehr auf eine Geschlechtskrankheit enthalten, und angesichts des von Esquirol aufgezeichneten Autopsiebefundes, in dem keine Rede von syphilitischen Symptomen ist, die sich auch damals schon hätten deuten lassen.

Nach der Trennung von ihrem Geliebten versuchte sich Théroigne in einer Karriere als Sängerin, der allerdings sehr bald durch die betrügerischen Machenschaften ihres Musiklehrers ein Ende gesetzt wurde. Sie war in Italien, als ihr die ersten Gerüchte über politische Veränderungen in Frankreich zu Ohren kamen. Etwa ein Jahr lang hatte sie schon einmal mit ihrem Geliebten in Paris gelebt, nun kehrte sie im Mai 1789 voller Neugier in die französische Hauptstadt zurück.

Die revolutionäre Aufbruchsstimmung nahm sie sofort gefangen. In ihrer Lebensgeschichte schreibt sie: »Obwohl ich nichts verstand, steckte mich die allgemeine Aufregung an. Ich hatte keinerlei Vorstellungen von den Rechten des Volkes, aber ich liebte die Freiheit von Natur aus. Ein Instinkt, ein lebhaftes Gefühl, das ich nicht genau benennen kann, ließ mich die Französische Revolution gutheißen, ohne genau zu wissen, warum.«[21]

Doch das sollte sich bald ändern. Voller Wissensdurst begann Théroigne, sich zu informieren. Sie verfolgte alle Debatten der Nationalversammlung und nahm sogar ihren Wohnsitz in Versailles, um dieser nahe zu sein. Sie las viel und bereitete sich zu einzelnen Punkten der Tagesordnung genau vor. Frauen hatten zwar keinen Zutritt zu dem Raum der Abgeordneten, konnten aber das politische Geschehen von den Galerien aus verfolgen. Schon bald fiel Théroigne den Zeitgenossen auf, selbstbewußt kommentierte sie die Vorgänge in der Nationalversammlung. Ihr wurde ein großer Einfluß auf die Volksmeinung zugeschrieben. Und sie war eine Frau, die aus dem Rahmen fiel – eine Fremde in Paris, ohne angesehene Familie und schützenden Ehemann, jung und hübsch, voller Vitalität und politisch engagiert.

Für die Royalisten wurde sie in dieser Zeit die Galionsfigur ihrer konterrevolutionären Kampagne. Sie wurde als »Muse der Demokratie«, als »Venus der Politik« verspottet, der die wichtigsten Patrioten hörig sind. Théroigne, eine Frau, soll es gewesen sein, die die Geschicke der Revolution leitete, die erfolgreichste Reden schrieb, das Abstimmungsverhalten der Abgeordneten dirigierte und ein ganzes Regiment korrumpierte – natürlich nur mit den Waffen ihres Geschlechts. Mit dieser Polemik sollte eine selbständig handelnde Frau karikiert und die männlichen Vertreter der Revolution in ihrem Selbstbewußtsein getroffen werden.

Die Legende von Théroignes Aktivitäten vom 5. und 6. Oktober 1789 ist in diesem Zusammenhang entstanden. Das revolutionäre Flintenweib, das blutrünstig den Kopf der Marie-Antoinette fordert und die Masse ermutigt, in die Tuilerien einzudringen, paßte in die Diffamierungskampagne der Royalisten. Tatsächlich war Théroigne bei dem Marsch der Frauen nicht dabei, als sie am 5. Oktober von Paris nach Versailles zogen, um vom König Brot und die Unterzeichnung der Menschenrechtserklärung zu fordern. Erst nach dem Eintreffen der Frauen nahm sie an den Debatten in der Nationalversammlung teil, wie immer auf der Tribüne sitzend. In ihrer Autobiographie schreibt sie sehr wenig über ihr späteres Verhalten und ihre Eindrücke, die sie auf der Straße sammelte. Nach der bisherigen Quellenlage scheint nur sicher zu sein, daß alle Gerüchte, die ihr bei dem Aufstand eine Führungsposition zuschreiben, nicht zutreffend sind.[22] Weder hat sie den Marsch der

Frauen angeführt, noch hat sie das Flandernregiment dazu bewogen, die Waffen niederzulegen, noch hat sie bei angeblichen Plänen, die Königin Marie-Antoinette zu ermorden, mitgewirkt.

Théroignes erste eigene Schritte in die revolutionäre Politik standen im Zusammenhang mit ihrem Interesse an den Sitzungen der Nationalversammlung. Um ein öffentliches Diskussionsforum für deren Beschlüsse und die Kontrolle der Abgeordneten zu schaffen, ergriff sie die Initiative zur Gründung von zwei wichtigen revolutionären Klubs: die »Amis de la loi« (Gesetzesfreunde) und den »Club des droits de l'homme« (Klub der Menschenrechte), der sich zu dem berühmten Cordelier-Club entwickeln sollte. Weil sie eine Frau war, wurden ihre Aktivitäten jedoch geringer geachtet, als sie in ihrer Funktion als Gründerin eigentlich hätte hoffen dürfen. Als sie in der Distriktversammlung der Cordeliers den Antrag stellte, auf den Ruinen der Bastille einen Palast zu erbauen, wurde sie mit großem Applaus bedacht. Ihr Antrag auf beratendes Stimmrecht wurde jedoch mit fadenscheinigen Argumenten zurückgewiesen. Dabei ließ die Versammlung keinen Zweifel daran, daß ihr Frauen zur Unterstützung der Revolution und »zum Nutzen des Vaterlandes« hoch willkommen waren, nur sollten sie daraus keine eigenen Rechte ableiten. Auf positive Resonanz stieß ihr politisches Engagement nur, wenn sie die Grenzen ihres Geschlechts nicht überschritten.

Théroigne gehörte jedoch zu den Frauen, die sich nicht mit dem Raum begnügen wollten, der ihrem Geschlecht zugestanden wurde. Sie wollte dasselbe tun wie die Männer, sie wollte Politik machen. Dabei war sie sich schon sehr früh der Unterdrückung von Frauen bewußt. In ihren *Aufzeichnungen aus der Gefangenschaft* von 1791 schrieb sie: »Ich fühlte mich immer äußerst gedemütigt durch die Knechtschaft und die Vorurteile, mit denen der Hochmut der Männer die Unterdrückung meines Geschlechts aufrechterhält.«[23]

So kämpfte sie auch für Frauenrechte und nahm sich den Raum, den man ihr nicht zugestand. Mehr als einmal mußte sie die Erfahrung machen, daß ihr Engagement von den Männern zurückgewiesen und diffamiert wurde.

Als sie im Mai 1790 Paris verließ, um in ihre Heimat zurückzukehren, war sie der ständigen Mißachtung überdrüssig. In ihrer Autobiographie merkte sie an: »Ich gestehe Ihnen, daß ich die Französische Revolution ohne größeres Bedauern verließ, denn ich erfuhr jeden Tag Unannehmlichkeiten auf den Galerien der Nationalversammlung. Es gab immer einige Aristokraten, denen mein Eifer und mein Freimut mißfielen. Sie überschütteten mich mit beißendem Spott und stellten mir Fallen; ich hatte jeden Tag neue Unannehmlichkeiten. Und die Patrioten, statt mich zu ermutigen und mir Gerechtigkeit widerfahren zu lassen, machten mich lächerlich.«[24]

Es gab aber noch einen weiteren Anlaß für Théroignes überstürzte Abreise. Das aristokratische Untersuchungsgericht, das nach den Schuldigen für die Vorfälle am 5. und 6. Oktober 1789 suchte, hatte aufgrund der Pressekampagne und einiger Zeugenaussagen einen Haftbefehl gegen Théroigne erlassen. Sie fürchtete die Parteilichkeit des Gerichts und zog es deshalb vor, außer Landes zu gehen.

Doch sollte sie auch in ihrer Heimat nicht sicher sein vor den Nachstellungen der Royalisten. Mit Zustimmung der österreichischen Regierung wurde sie am 16. Februar 1791 aus La Boverie, einem kleinen Dorf in der Nähe von Lüttich, entführt und unter größter Geheimhaltung in die Festung Kufstein nach Österreich gebracht. Die österreichische Regierung glaubte, einen großen Fang gemacht zu haben, und behandelte den Fall als Staatsaffäre. Der Staatskanzler Kaunitz versprach sich zwar keine konkreten Ergebnisse von einem Strafverfahren, hoffte jedoch, von ihr »alles dasjenige zu erfahren, was für den französischen oder für unseren Hof von einiger Wichtigkeit sein könnte«.[25]

Théroigne stand unter dem Verdacht, an den Mordplänen gegen Marie-Antoinette am 5./6. Oktober 1789 mitgewirkt und in Belgien den Aufruhr geschürt zu haben. Wie Kaunitz vorausgesagt hatte, ergab die Untersuchung keine gerichtsrelevanten Tatsachen. Aber auch das Ergebnis der Ausspionierung war mager. Théroigne war mit ihren Informationen vorsichtig. Aus den Protokollen und dem Lebensbericht, den sie für den Untersuchungsrichter anfertigte, geht über die Französische Revolution nichts hervor, was der österreichischen Regierung nicht durch die Presse bereits besser bekannt gewesen sein dürfte. In zahlreichen Verhören, die sich über mehrere Monate hinzogen, konnte sie den Untersuchungsrichter davon überzeugen, daß sie keineswegs die Agitatorin war, die die royalistischen Ankläger aus ihr zu machen versuchten.

Aus den Kufsteiner Akten stammen die ersten Belege, die noch heute zur Untermauerung der These, Théroigne sei schon vor ihrem Asylaufenthalt verrückt gewesen, hinzugezogen werden.

Zum einen handelte es sich um eine Notiz, die in einem der beschlagnahmten Tagebücher Théroignes gefunden wurde und die auch die Aufmerksamkeit des Untersuchungsrichters erregte. In dem Tagebuch ist folgende Vision beschrieben: »Das Haus soll eine Fassade aus Erz haben und, wenn meine Mittel es erlauben, wird das Souterrain ganz in Schwarz sein. In der Mitte wird eine Frau stehen, die die Tyrannei zu ihren Füßen niederwirft. Diese Tyrannei ist in der Gestalt eines Mannes dargestellt. Die Frau wird mir zurufen, indem sie die Hand nach mir ausstreckt: Helfen Sie mir, oder ich werde unterliegen. Da werde ich einen Dolch nehmen, der daneben liegt, und den Mann niederstechen.«[26]

Vom Untersuchungsrichter befragt, gab Théroigne eine Deutung der Textstelle: »Dies ist eine bildhafte Vorstellung, die in meiner Phantasie durch eine Reisebeschreibung angeregt wurde. Darin habe ich gelesen, daß man in einem römischen Souterrain eine Furie mit einem Dolch auf ihrem Grab gefunden hatte. Diese Vision ist mir gekommen, weil ich mich immer durch die Tyrannei, die die Männer über mein Geschlecht ausüben, getroffen fühlte. Ich wollte dies mit der symbolischen Figur in diesem Bild ausdrücken, wo der Tod der Tyrannei die Vernichtung der Vorurteile sein würde, unter denen wir zu stöhnen haben und die ich gern zerstört hätte.«[27]

Die Erklärung klingt einleuchtend. Théroigne hatte die Vision vor ihrer Verhaftung niedergeschrieben, nachdem sie bereits zahlreiche negative Erfahrungen mit der »Tyrannei der Männer« gemacht hatte. Das beschworene Bild läßt sich durchaus als symbolische Darstellung des Wunsches verstehen, der Männerherrschaft ein Ende zu setzen. Daß solche Verarbeitungsmechanismen zu den kreativen Akten des Unbewußten gehören und eine wichtige psychische Entlastungsfunktion haben, ist gerade von der Psychoanalyse hervorgehoben worden. Es erscheint deshalb geradezu absurd, wenn Roudinesco, die jüngste französische Biographin Théroignes und ausgebildete Psychoanalytikerin, den Text als Anzeichen einer angehenden Schizophrenie deutet. Ihrer Meinung nach läßt die Ansammlung von »rationalen« Überlegungen zu Demokratie und Justiz in Théroignes Notizbüchern neben »freien Assoziationen«, die »erstaunliche Mordphantasien« enthalten, den Schluß zu: »Théroignes geistiges Universum scheint daher gespalten zu sein in eine Welt der Klarheit, der Vernunft und des Wissens, das aus Büchern und der Revolutionserfahrung stammt, und einer Welt aus Schatten, Verrücktheit und Eingeschlossensein.«[28]

Unterstützt wird diese – aus meiner Sicht phantastisch anmutende – Deutung durch das Gutachten eines Arztes, der wegen Théroignes besorgniserregenden Gesundheitszustandes hinzugezogen wurde. Nach einer genauen Untersuchung kam er zu dem Ergebnis, daß die körperlichen Symptome der Kranken weniger beunruhigend seien als ihr Gemütszustand. Bei längerer Haftdauer befürchtete er, »ihre, eine Zeit her durch immerwährende Anstrengung und durch die heftigsten Leidenschaften unausgesetzt geplagte Vernunft dürfte in Verwirrung und Verzweiflung geraten oder der dadurch zu heftig und immerfort erschütterte Körper so geschwächt werden, daß davon eine große und gefährliche Krankheit entstehen könnte.«[29]

Lassen sich aus den sehr allgemein gehaltenen Worten des Arztes Anzeichen einer bereits vorhandenen psychischen Erkrankung erkennen, wie es von Psychiatern der Jahrhundertwende und neuerdings von Roudinesco behauptet wird? Für den Spezialisten der »revolutionären Neurose«, Cabanès, bestand im Jahre 1903 kein Zweifel daran, daß das Attest des »Kollegen« seine Hypothese von einer latenten Psychose bestätigt. Demgegenüber läßt Roudinesco immerhin die Argumente des Dr. Mederer gelten, der für Théroignes psychischen Zustand die als ungerecht empfundene Inhaftierung verantwortlich macht. Sie sieht jedoch die Haftbedingungen nicht als Ursache, sondern eher als Auslöser einer tiefer liegenden seelischen Störung, die sie schon anhand von Théroignes Manuskripten zu erkennen glaubte.[30]

Aus meiner Sicht sind beide Deutungen des Gutachtens nicht zutreffend. Sie bewerten die Diagnose des Arztes als Indiz für eine psychische Krankheit, die sich erst viel später im Asyl manifestiert hat. Die Interpretation wird diktiert von der vom Lebensende aus zurückprojizierten Erwartung, daß Théroigne schon immer verrückt gewesen sei – ja verrückt gewesen sein muß, denn hätte sie sich sonst in der Revolution engagiert?

Tatsächlich läßt sich aus dem Gutachten nicht mehr lesen, als daß Théroigne unter der Haft psychisch so sehr gelitten hat, daß sie davon krank wurde. Dies hängt sicher mit ihrem starken Freiheitsbedürfnis zusammen – schon beim Anblick der Festung Kufstein hatte sie ausgerufen, daß sie sich »lieber erhängen würde«, als »sich in einem solchen Elend und Arrest versetzt« zu sehen.[31] Ausschlaggebend waren aber auch die Haftbedingungen. Théroigne lebte hinter Festungsmauern in fast völliger Isolation, die nur von ihrem Untersuchungsrichter und dem Gefängnispersonal unterbrochen wurde. Sie wußte nicht, wann das Untersuchungsverfahren beendet sein würde und ob sie jemals wieder das Licht der Freiheit erblicken würde. Es dürfte nicht schwer nachvollziehbar sein, daß sie unter diesen Bedingungen mit psychischen und physischen Störungen reagierte.

Der Untersuchungsrichter, der Théroigne fast täglich sah und Kaunitz über alle Vorfälle ausführlich Bericht erstattete, hielt seine Gefangene keineswegs für verrückt. Er nahm die Warnungen des Arztes ernst, sorgte für Hafterleichterungen und setzte sich für ein baldiges Ende der Untersuchung ein. Im August 1791 wurde Théroigne nach Wien überstellt, wo sie nur noch unter Hausarrest stand. Es gelang ihr, eine Audienz bei Kaiser Leopold II. zu erwirken und von ihm ihre Freilassung zu erlangen. Nach einem kurzen Aufenthalt in Lüttich kehrte sie in die französische Hauptstadt zurück.

Inzwischen war eine Amnestie für alle Verfolgten des 5. und 6. Oktober ausgesprochen worden, so daß sie nichts mehr zu befürchten hatte. In Paris hatte man sie nicht vergessen. Die royalistische Presse hatte aus Emigrantenkreisen sehr früh über ihre Verhaftung erfahren und ließ es sich nicht nehmen, von Zeit zu Zeit darüber zu spotten. Von den Patrioten wurde ihr in der Hauptstadt ein triumphaler Empfang bereitet. Im Jakobinerklub wurde sie im Januar 1792 als Heldin der Nation und »Märtyrerin der Freiheit« gefeiert.

Théroigne berichtete über ihre Erfahrungen in Österreich, und man hörte ihr mit Aufmerksamkeit zu. Anfang 1792 stand die Kriegsfrage im Brennpunkt des politischen Interesses. Théroigne gehörte zu denjenigen, die den Krieg gegen Österreich für unausweichlich hielten, um die revolutionären Freiheiten zu retten. Sie rief die Frauen zu den Waffen und forderte sie auf, »unter uns die Bande der Einheit und der Brüderlichkeit zu festigen und die Grundsätze einer ruhigen Tatkraft zu verbreiten, um uns mit ebensoviel Besonnenheit wie Mut darauf vorzubereiten, die Angriffe unserer Feinde zurückzuschlagen«.[32]

Ihre Argumente für die Frauenbewaffnung sind strikt egalitär. In ihrer Rede vom 25. 3. 1792 forderte sie selbstbewußt: »Laßt uns zu den Waffen greifen; wir haben dazu das Recht, von Natur aus und sogar vor dem Gesetz; laßt uns den Männern zeigen, daß wir ihnen weder an Mut noch an Tugend unterlegen sind (...) Es ist schließlich an der Zeit, daß die Frauen aus ihrer schmählichen Nichtswürdig-keit heraustreten, in der die Ignoranz, der Stolz und die Ungerech-tigkeiten der Männer sie so lange versklavt hielten.«[33]

Unter Berufung auf die Vernunft, die Männern und Frauen in gleicher Weise gegeben ist, sah sie sämtliche Grenzen, die dem weiblichen Geschlecht gesetzt sind, nur durch »absurde, oft un-moralische Vorurteile« begründet. Die Gleichheit der Geschlech-ter, so betonte sie, verträgt keine Einschränkungen. Aus der Ver-antwortung, die Frauen wie Männer für den Staat tragen, folgt auch das gleiche Recht, Waffen zu seiner Verteidigung einzusetzen. Wer die Frauen zurückhält, verleumdet oder lächerlich macht, will im Grunde genommen nur wieder die alten Ketten der Sklaverei für sie schmieden. Hellsichtig erkannte Théroigne, daß kämpferi-scher Patriotismus bei den Frauen gar nicht erwünscht ist, da er auch ihre eigenen Freiheitswünsche signalisiert.

Sie wußte, daß Frauen mit dem Streben nach »männlichen Tu-genden« wie Ruhm, Mut und Ehre, dem Wunsch, sich politisch »eine Bürgerkrone zu verdienen« und im militärischen Kampf aus-zuzeichnen, den enggefaßten Rahmen ihrer Weiblichkeit spren-gen. Im Unterschied zu anderen zeitgenössischen Petitionen zur Frauenbewaffnung, die den Männern besänftigend versichern, daß die Frauen ihnen keine Konkurrenz machen und in der Versorgung der Familie auch weiterhin ihre wichtigste Aufgabe sehen werden, scheute sich Théroigne nicht, offen zu fragen: »Bürgerinnen, warum sollten wir nicht in Konkurrenz zu den Männern treten? Haben sie allein den Anspruch, ein Recht auf Ruhm zu haben? Nein, nein . . .«[34]

Théroignes Rede zur Frauenbewaffnung wurde in der Presse nur mit Hohn und Spott kommentiert. Als sie in dem Vorort Saint-Antoine versuchte, die Frauen für ihr Vorhaben zu gewinnen, gab es einen Aufruhr. Am 12. April 1792 wurde Théroigne von einer Abordnung aus dem Faubourg Saint-Antoine vor dem Jakobiner-klub wegen Unruhestiftung angezeigt. Es wurde ihr vorgeworfen, die Frauen unnötig aufzuwiegeln, sie zu Versammlungen in einem Klub und zu einem großen Bankett zu bewegen. Und das ging den Männern gegen den Strich: »Wenn die Männer in diesem Vorort von ihrer Arbeit nach Hause kommen, wollen sie lieber ihr Heim in Ordnung vorfinden als ihre Frauen von einer Versammlung zurückkehren sehen, wo sie nicht gerade Sanftmut lernen . . .«[35]

Théroigne wurde nahegelegt, sich in Zukunft in ihrem Engagement zurückzuhalten. Die »Freundin der Freiheit« war zu weit gegangen. Sie hatte Freiheit für die Frauen gemeint und begab sich damit auf das gefährliche Gebiet des Geschlechterkampfes. Die Männer verwiesen sie in ihre Schranken.

Offenbar hat Théroigne nach diesem Vorfall das Projekt der Frauenbewaffnung aufgegeben, denn es ist nichts weiter darüber bekannt geworden. In ihren anderen revolutionären Aktivitäten ließ sie sich jedoch nicht entmutigen. Théroigne muß in den ersten Monaten nach ihrer Rückkehr aus Österreich eine ungeheure Energie entfaltet haben. Sie gehörte zu den InitiatorInnen des großen Festes, das am 15. April 1792 für die Soldaten von Chateauvieux veranstaltet wurde. Sie wurde auf der Straße als Rednerin erkannt und auf mehreren Bürgerfesten gesehen. Am 19. Juni 1792 soll sie nach dem Bericht eines Polizeispitzels »mit ihren Reden das Volk im Faubourg Saint-Antoine aufgewiegelt haben«.[36]

Bei dem Aufstand vom 10. August 1792, als das Volk die Absetzung des Königs und das »allgemeine Männerwahlrecht« erzwang, war Théroigne unter den Frauen, die sich durch besonderen Mut und Einsatz auszeichneten. Nach einem Bericht des *Moniteur* vom 3.9.1792 erhielt sie in Anerkennung ihrer Verdienste eine Bürgerkrone verliehen. Worin Théroignes Aktivitäten konkret bestanden, läßt sich heute nicht mehr genau rekonstruieren. Nach Berichten von Gegnern der Revolution soll sie höchstpersönlich den royalistischen Journalisten Suleau ermordet oder zumindest zu seiner Ermordung aufgerufen haben. Bei der Überprüfung der zeitgenössischen Dokumente ergaben sich jedoch so viele Widersprüche und Ungereimtheiten, daß sich keine glaubwürdigen Fakten finden lassen. So muß auch diese Gewalttat – wie schon die Geschichten zum 5. und 6. Oktober – in den Bereich der Legende verwiesen werden.

Mit der Zunahme sozialer Konflikte und der Anspannung aller nationalen Kräfte nach der Kriegserklärung im April 1792 nahmen die Übergriffe auf Aristokraten und vermutete konterrevolutionäre Agenten immer mehr zu. Für die Feinde der Revolution wurde Théroigne in diesem Klima der wachsenden Gewalttätigkeit zu einer »blutrünstigen Furie«, der die schlimmsten Greueltaten zugetraut wurden. So wurde ihr beispielsweise auch eine Beteiligung an den Septembermorden angedichtet, als zahlreiche Gefangene in Pariser Gefängnissen wegen des Verdachts der Teilnahme an royalistischen Verschwörungen niedergemetzelt wurden.

Es ist jedoch längst bewiesen, daß Théroigne mit den Massakern nichts zu tun hatte.[37]

Im Mai 1793 veranlaßten sie die erbitterten Kämpfe zwischen der Gironde und der Bergpartei erneut dazu, an die Öffentlichkeit zu treten. Sie sah die Revolution »am Rande des Abgrunds«, die Streitigkeiten zwischen den Fraktionen angefacht durch »agents provocateurs« der Alliierten, die das Land in einen Bürgerkrieg stürzen wollten, um ihm eine militärische Niederlage beizubringen. Angesichts dieser »Verschwörung gegen die Demokratie« rief Théroigne auf einem an die 48 Pariser Sektionen gerichteten Plakat (*placard aux 48 sections*) alle Patrioten zur Einheit auf. Ihrem Prinzip treu bleibend, daß Frauen eine politische Verantwortung, die sie erkennen, auch tragen sollen, schlug sie vor, sechs Bürgerinnen in jeder Sektion für diese Friedensmission zu ernennen. Sie sollten darüber wachen, daß die Meinungsfreiheit gewahrt blieb und die Vertreter unterschiedlicher Auffassungen sich mit Respekt begegneten.[38]

Obwohl Théroigne mit ihrem Appell zur Einmütigkeit politisch nicht Partei ergriff, stützte sie damit indirekt die Gironde. Denn eine Beruhigung der Aufruhrstimmung konnte nur der regierenden Fraktion zugute kommen. So stand sie im Widerspruch zu denjenigen Frauen, die sich um den Klub der *republikanisch-revolutionären Bürgerinnen* sammelten. Sie unterstützten die Bergpartei und später die *Enragés*, im Interesse der Frauen aus dem Volk forderten sie u. a. Preisfestsetzungen, die Todesstrafe für Wucher, strenge politische Kontrollen der Abgeordneten. Sie waren für den Umsturz und sahen in Théroigne eine Gegnerin, die für die bestehende Regierung eintrat.

Am 15. Mai 1793 kam es vor dem Konvent zu einer harten Auseinandersetzung zwischen Théroigne und den republikanisch-revolutionären Frauen, in deren Verlauf Théroigne öffentlich verprügelt wurde. Wie sie später dem deutschen Jakobiner Forster erzählte, schleppten die Frauen sie in den Garten der Tuilerien, »zerschlugen ihr mit Steinen den Kopf und wollten sie im Bassin ersäufen«.[39]

Die Szene wurde nicht, wie die Legende behauptet, Anlaß für Théroignes Geistesverwirrung. Zwar trat die Revolutionärin seitdem nicht mehr politisch in Erscheinung, doch ihre finanziellen Angelegenheiten regelte sie nachweislich mit geistiger Klarheit. Als sie Forster im Jahre 1793 bei einem Essen traf, berichtete er seiner Frau: »Ihre gestern geäußerten Urtheile (über die Revolution) waren treffend ohne Ausnahme, bestimmt und trafen gerade auf den Punkt, worauf es ankam. Von dem Wiener Ministerium urtheilte sie mit einer Sachkenntnis, die nur die Fähigkeit, richtig zu beobachten, so geben kann.«[40]

Er hatte zwar bemerkt, daß Théroigne noch unter »schrecklichen Kopfschmerzen« litt, doch stellte er auch fest, daß dies die »warme Theilnahme«, die sie im Gespräch zeigte, nicht beeinträchtigte. Forster wußte auch schon, daß Théroigne als verdächtig galt, »weil der Kaiser sie auf freien Fuß stellen ließ«. Dies gab Gerüchten Nahrung, daß sie eine Agentin Österreichs sei.

Unter der Schreckensherrschaft war Théroigne allein schon durch ihren Status als Ausländerin in Gefahr, denunziert zu werden. Darüber hinaus fiel sie einem Polizeispitzel auf, weil sie Briefe an einen Zeitschriftenredakteur schrieb, die von einer verdächtigen Gesinnung zeugten: »Gegen die Sicherheitsmaßnahmen, die das Wohl Frankreichs gebieterisch verlangt, zu wettern und die öffentliche Meinung zu unnützen moralischen Spekulationen irrezuleiten, um die Aufmerksamkeit des Volkes von den Verschwörungen seiner Feinde abzulenken, das ist in wenigen Worten die Gesinnung, die die Théroigne bewegt.«[41]

Am 27. Juni 1794 wurde Théroigne verhaftet. Sie war von einem Mitglied des Revolutionsausschusses der Sektion Lapelletier, Taschereau, denunziert worden. Der Sektion Lepelletier, wo Théroigne inhaftiert war, lag weder ein Haftbefehl noch eine Begründung vor. Drei Tage später beantragte ihr Bruder Nicolas-Joseph Terwagne, der inzwischen in Paris verheiratet war und eine Wäscherei betrieb, sie entmündigen zu lassen. Er behauptete, daß sie »in einem Zustand des Wahnsinns« sei, »der es ihr nicht erlaub(e), ihre Geschäfte zu führen« und sogar »für die Sicherheit der Nachbarn fürchten« ließe.[42] Das Gericht gab dem Antrag statt und beschloß die Einberufung eines Freundes- und Familienrates, der sich zu der vorgeschlagenen Entmündigung und der Frage nach Bestellung eines Vormundes äußern sollte.

Das Entmündigungsverfahren kostete Geld. Es muß Théroignes Bruder viel daran gelegen haben, seine Schwester für verrückt erklären zu lassen. Mehrere Gründe sind dafür denkbar. Der naheliegendste wäre – und davon gingen die BiographInnen bisher aus –, daß Théroigne tatsächlich verhaltensauffällig geworden wäre. Dagegen sprechen allerdings eine ganze Reihe von Argumenten: Théroignes Verhalten bei ihrer Verhaftung war klug und beherrscht. Sie versuchte zu argumentieren, ohne sich der Polizeigewalt zu widersetzen, ihr Protest entsprach den Erfordernissen der Situation. Hätte sie sich in irgendeiner Form auffällig verhalten, wäre dies sicher in dem Protokoll vermerkt worden. Keiner der Zeitgenossen, der sie gekannt hat, behauptete, daß Théroigne im Jahre 1794 schon ihren Verstand verloren hätte. Choudieu meinte: »Man hat niemals erfahren, was seit Thermidor (dem Sturz Robespierres) aus ihr geworden ist.«[43] Die »beiden Freunde der Freiheit« wußten es besser und schrieben 1797: »Sie war lange im Gefängnis und ist *heute* als Irre eingesperrt (Hervorhebung von mir).«[44]

Es ist auch möglich, daß Nicolas-Joseph sich von der Entmündigung seiner Schwester finanzielle Vorteile erhoffte. Er gab zwar an, daß sie sich in einem »Zustand der Not« befände, doch sprachen ihre finanziellen Transaktionen aus dem Jahre 1793 und Forsters Zeugnis eher dafür, daß sie »noch zu leben hatte«.

Es hätte jedoch einen viel naheliegenderen Grund für den Entmündigungsantrag gegeben: Théroigne konnte dadurch politisch nicht mehr für ihre Taten verantwortlich gemacht werden. Ihre Aktionen in den letzten Monaten, ihre verdächtigen Briefe und Freundschaften mit Ausländern würden als Ausdruck des Wahnsinns erscheinen. Théroignes Bruder wäre nicht der erste gewesen, der auf diese Idee gekommen wäre. Die Irrenhäuser waren voll mit Aristokraten und anderen politisch Verfolgten, die auf diese Weise der Guillotine zu entgehen hofften.[45] Es kann durchaus sein, daß Nicolas-Joseph Terwagne seine Schwester vor dem Revolutionstribunal und der Guillotine retten wollte. Es kann ebensogut sein, daß er auch um seine eigene Sicherheit fürchtete, denn Verwandte und Freunde von Verdächtigen waren ebenfalls gefährdet.

In der Haft lebte Théroigne in bitterster Armut. Die Gefangenen waren verpflichtet, für ihren Lebensunterhalt selber aufzukommen. Für die Unterhaltung mittelloser Inhaftierter wurde den Reichen mehr Geld abverlangt – ein Almosen, das kaum ihre Ernährung sicherstellte. Offensichtlich erhielt Théroigne von ihrem Bruder keinen Besuch und keine Unterstützung. In ihrer Verzweiflung wandte sie sich in zwei Briefen an Saint-Just, den sie vor ihrer Verhaftung noch als einen der mächtigsten Männer im Staat kannte. Der zweite Brief ist erhalten.[46] Darin bat sie um ein Gespräch, forderte seine Hilfe, um aus der Haft entlassen zu werden, und klagte über ihre Not, wobei sie die Bitte anschloß, ihr 200 Pfund zu leihen.

Der Brief hat Saint-Just nie erreicht. Der Revolutionsausschuß der Sektion Lepelletier schickte ihn an den Sicherheitsausschuß des Konvents, weil er ihn für verdächtig hielt. »Die Mitglieder des Konvents glaubten, darin Beweise für eine Verschwörung zu finden«, schrieb Courtois ein Jahr später in seinem Bericht über die Ereignisse des 9. Thermidor. »Tatsächlich«, fuhr er fort, »fand man darin nur Beweise von Wahnsinn.«[47] Dieser Meinung haben sich Esquirol und spätere InterpretInnen bis heute angeschlossen.

Ohne Zweifel, der Brief wirkt hektisch, durcheinander und aufgeregt. Dies muß jedoch keineswegs eine Psychose signalisieren, sondern kann auch Ausdruck einer psychischen Anspannung sein, die mit den Bedingungen der Haft zusammenhängt. In bitterster Not, ohne Bücher, Papier und Licht, ohne die Möglichkeit zu schreiben oder zu lesen, lebte Théroigne, als sie diesen Brief schrieb, schon einen Monat im Gefängnis. Sie wurde sorgfältig bewacht und hatte das Revolutionstribunal und möglicherweise den Tod zu fürchten, ohne die genauen Anklagepunkte zu kennen. Aus ihrem Verhalten in Kufstein wissen wir, wie sehr sie unter Freiheitsentzug litt und dadurch aus dem Gleichgewicht gebracht werden konnte. Der Brief zeugt von einer solchen Destabilisierung, aber auch von ganz realen Anliegen und Problemen.

Einige dunkle Anspielungen lassen erkennen, daß Théroigne sich mit ihren Gedanken an manchen Punkten in Übereinstimmung mit Saint-Just glaubte. Sie teilte ihm mit, daß sie begonnen hatte, ihre politischen Vorstellungen aufzuschreiben. Sie meinte, »wichtige Dinge« zu sagen zu haben, die auch für die weitere Entwicklung der Revolution nützlich sein würden. Sie glaubte an ihre Mission und fühlte sich »der Bürgerkrone« und »den Patrioten« verpflichtet. In dieser Selbstüberschätzung könnte man einen Anflug von Wahn konstatieren, wenn man es darauf anlegt, Théroigne schon für diese Zeit für verrückt zu erklären. Aber welchem Mann wäre ein derartiges Selbst- und Sendungsbewußtsein schon als Wahnsinn ausgelegt worden?

Saint-Just konnte sich nicht mehr für Théroigne einsetzen. Am 9. Thermidor des Jahres II (27. 7. 1794), einen Tag, nachdem Théroigne ihm ihren zweiten Brief geschrieben hatte, wurde er zusammen mit Robespierre und Couthon im Konvent angeklagt und geächtet. Er starb am 10. Thermidor unter dem Fallbeil. Die Veränderung der politischen Situation sollte sich auch auf Théroignes Verfahren auswirken. Taschereau wurde nämlich ebenfalls am 9. Thermidor als Anhänger Robespierres verhaftet. Eine Begründung für die Verhaftung Théroignes, die Taschereau versprochen hatte, lag immer noch nicht vor. In dieser unsicheren Situation wandten sich die Mitglieder des Revolutionsausschusses der Sektion Lepelletier an den *Allgemeinen Sicherheitsausschuß*, um Anweisungen über das weitere Verfahren einzuholen. Es dauerte zwei Monate, bis der Sicherheitsausschuß tätig wurde.

Unter anderen Umständen hätte einer Freilassung von Théroigne jetzt nichts mehr im Wege gestanden, war sie doch nachweislich das Opfer eines Mannes, der durch seine Beziehungen zu dem »Tyrannen« kompromittiert war. Aber Taschereau hatte einflußreiche Freunde und wußte auch selbst für sein Heil zu sorgen. Im Gefängnis verfaßte er ein Pamphlet gegen Robespierre, in dem er sich von dem »Blutsäufer« distanzierte und behauptete, seit November 1792 keinen engeren Kontakt mehr zu ihm gehabt zu haben. Er baute sich das Image eines »Verteidigers der Freiheit und der Republik« auf, der stets voller Güte und Menschlichkeit den Opfern des Terrors geholfen und nie einen Menschen denunziert habe. Die Strategie war erfolgreich. Taschereau wurde 1795 aus der Haft entlassen.

Théroigne war die lebendige Anklage gegen Taschereau und diejenigen, die ihn zu schützen versuchten. Sie hätte Beweise erbringen können, daß er keineswegs der Menschenfreund war, der er zu sein vorgab. Man konnte Théroigne nicht freisprechen und gleichzeitig Taschereaus Entlassung betreiben. Es gab eine elegante Lösung, die Denunziation ungeschehen zu machen: Man brauchte sich nur dem Vorhaben ihres Bruders anzuschließen und Théroigne für unzurechnungsfähig zu erklären.

Die weiteren Schritte im Verfahren Théroignes scheinen zwischen ihrem Bruder und der Sektion Lepelletier abgesprochen gewesen zu sein. Nicolas-Joseph Terwagne wandte sich Anfang September 1794 mit einem formellen Antrag an den *Allgemeinen Sicherheitsausschuß*, in dem er um die Freilassung seiner Schwester nachsuchte: »Die Bürgerin Terwagne ist beständig in einem Zustand des absoluten Wahnsinns, und unter diesem Gesichtspunkt scheut sich der Antragsteller, ihr Bruder, der Bürger Terwagne, nicht, ihre Freiheit zu erbitten und zu ersuchen. (...) Er ist überzeugt, ja sogar sicher, daß die Gründe und Motive ihrer

Verhaftung nur eine Folge ihrer Krankheit und ihrer Unzurechnungsfähigkeit sind, und aufgrund dieser Überzeugung hat er sich entschlossen, um ihre Freilassung zu bitten.«[48]

Am 20. September 1794, drei Monate nach der Verhaftung Théroignes, stellte der Gesundheitsbeamte der Sektion Lepelletier fest, »daß die Bürgerin Anne Josephe Therouenne seit einiger Zeit unzurechnungsfähig ist«.[49] Der Wundarzt Poisson, der die Bescheinigung ausstellte, gehörte zum Bürgerkomitee der Sektion und mußte Taschereau aus der gemeinsamen politischen Arbeit kennen. Am gleichen Tag, dem 20. September 1794, nahmen die Verantwortlichen der Sektion die politischen Bemühungen zur Klärung von Théroignes Fall wieder auf.

Am 7. Oktober wurde Théroigne aus dem Gefängnis zur Sektion gebracht, um der Entsiegelung ihrer Papiere beizuwohnen. Offenbar hielt niemand sie für so verrückt, daß man ihr nicht zugetraut hätte, als Zeugin bei der Amtshandlung zu fungieren. Von »absolutem Wahnsinn« konnte also keine Rede sein. Die Überprüfung der Papiere ergab keine Verdachtsmomente. Der Allgemeine Sicherheitsausschuß äußerte sich nicht mehr zu den Gründen der Inhaftierung. Aufgrund des Antrags von Nicolas-Joseph Terwagne empfahl er der Sektion Lepelletier im Dezember, »... den Gesundheitszustand der Bürgerin Théroigne feststellen zu lassen und ein Familientribunal einzuberufen unter Einschaltung des Öffentlichen Ministeriums«.[50]

In den vorliegenden Akten finden sich keine Unterlagen über ein Familientribunal. Auch ein formeller Beschluß des Sicherheitsausschusses über die Aufhebung des Haftbefehls ist nicht vorhanden. Es gibt lediglich einen Vermerk der Sektion *Butte des Moulins* (ehemals *Montagne*) über Théroigne: »Verhaftet, nicht in das Gefangenenregister eingetragen und freigelassen auf Verantwortung ihres Bruders.«[51]

Diese »Freilassung« bedeutet jedoch nicht, daß Théroigne tatsächlich frei war. Wie aus einem späteren Antrag von Nicolas-Joseph Terwagne hervorgeht, hatte er sie in seine Obhut genommen und sich verpflichtet, für sie zu sorgen und sie jederzeit dem Überwachungsausschuß der Sektion Lepelletier vorzuführen, wenn dies gewünscht wurde. Théroigne hatte ihre bürgerliche Freiheit damit gleich doppelt verloren: Sie stand unter der persönlichen Aufsicht ihres Bruders und war ständig davon bedroht, wieder verhaftet zu werden, da der Haftbefehl nicht offiziell aufgehoben war und sie sich dem Überwachungskomitee zur Verfügung zu halten hatte.

Die Notiz der Sektion *Butte des Moulins* ist indirekt auch ein Beweis dafür, daß in Théroignes Fall nicht alles mit rechten Dingen zugegangen war. Denn wären ihre Verhaftung und ihre Freilassung ordnungsgemäß erfolgt, hätte eine Eintragung im Gefangenenregister stattgefunden. Auf diese Maßnahme wurde in der Regel bei politischen Gefangenen verzichtet, wenn die Gründe der Verhaftung und/oder der Freilassung nicht publik werden sollten.

Nicolas-Joseph Terwagne belastete sich nicht lange mit der Versorgung seiner Schwester und schob sie 1795 in ein Irrenhaus ab. Vermutlich handelte es sich zunächst um ein privates Heim, da er sich dem *Allgemeinen Sicherheitsausschuß* gegenüber verpflichtet hatte, für seine Schwester zu sorgen. Unter den gegebenen Umständen dürfte es ihm nicht schwergefallen sein, sie in einer Anstalt unterzubringen. Sie hätte nur offen ihre politische Meinung zu äußern oder sich in irgendeiner Weise unangepaßt zu verhalten brauchen, um damit den Vorwand für eine erneute Gefangennahme zu geben. Offensichtlich war Théroigne mit ihrer Internierung nicht einverstanden und auch noch so klar bei Verstande, daß sie sich zu wehren versuchte. Courtois, der die Ereignisse des 9. Thermidor für den Konvent ausgewertet hatte, hielt in seinem Bericht folgende Episode fest: »In einem ihrer lichten Augenblicke rief sie jüngst von ihrem Fenster aus einen Nachbarn, den sie bat, sich für sie zu verwenden, damit sie aus dieser Zwangsanstalt herauskäme. Der Nachbar fürchtete, daß sie tatsächlich, wie sie sagte, Opfer einer perfiden Verschwörung sei. Er interessierte sich für ihr Schicksal und kam zum Allgemeinen Sicherheitsausschuß, um zu ihren Gunsten zu sprechen: aber die Informationen machten deutlich, daß ihr Wahnsinn der einzige Grund für ihre Gefangenhaltung war. Und allein aus diesem Grunde hatten die Bemühungen des eilfertigen und menschlichen Nachbarn beim Allgemeinen Sicherheitsausschuß trotz dessen positiver Einstellung keinen Erfolg.«[52]

Théroigne muß überzeugend gewesen sein, wenn der Nachbar den Schritt zum *Allgemeinen Sicherheitsausschuß* wagte. Doch wird aus Courtois' Bericht deutlich, daß dieser nicht die Absicht hatte, sich mit dieser Angelegenheit weiter zu befassen. Mit der ärztlichen Bescheinigung der Sektion Lepelletier war Théroigne ein für allemal abgestempelt und der Willkür ihres Bruders ausgeliefert. Er konnte sie zur Not auch mit Gewalt in einer Anstalt unterbringen lassen, da er sich vom *Allgemeinen Sicherheitsausschuß* gedeckt fühlte.

Aus dem Asyl gab es für Théroigne keine Möglichkeit des Entkommens mehr. Jede Form von Widerstand wurde in diesen Anstalten so hart bestraft, daß sie daran zerbrechen mußte. Die »Hilfe«, die man den Kranken zukommen ließ, beschränkte sich auf Zwangsmaßnahmen. Man hoffte, den Prozeß der Heilung zu fördern (wenn überhaupt an Heilung und nicht nur an Verwahrung gedacht wurde), indem man sie zwang, sich in die Disziplin des Asyls zu fügen und die Anstaltsordnung als moralische Ordnung zu akzeptieren. Schon geringe Vergehen, wie z. B. zu lautes Sprechen, eine unerlaubte Annäherung an andere Gefangene oder Fehler bei der Arbeit konnten zu harten Strafen führen. Stundenlanges Baden oder Ausharren unter einer Dusche, Dunkelarrest, Zwangsjacke und Auspeitschen gehörten zu den Zwangsmaßnahmen, die noch im 19. Jahrhundert in Charenton angewandt wurden.[53] In dem Haus, in dem Théroigne untergebracht war, wird es nicht anders gewesen sein. Es ist nicht schwer, sich auszumalen, was mit ihr geschehen sein mag, nachdem sie den Nachbarn von ihrem Unglück verständigt und um Hilfe gebeten hatte.

Terwagne war nicht lange bereit oder fähig, die Kosten für die Unterbringung seiner Schwester zu tragen. Vielleicht war er in Armut geraten und litt wie viele kleine Handwerker unter den Folgen der großen Not im Winter 1794/95. Vielleicht hatte er es aber auch darauf angelegt, sich des Vermögens zu bemächtigen, aus dem Théroigne ihre Rente bezog. Ein Brief des damaligen Staatssekretärs Regnaud de Saint-Jean d'Angély aus dem Jahre 1808 scheint darauf hinzuweisen. Regnaud hatte Théroigne in der Salpêtrière gesehen und war zu dem Schluß gekommen, sie sei »ausgeplündert« worden.[54]

Théroignes nächste Station war das Armenhospital. 1797 wurde sie von einem Besucher in der Irrenabteilung des *Hôtel-Dieu* gesehen. Das *Hôtel-Dieu*, oder, wie es nach der Reform des Krankenhauswesens von 1793 hieß, *Le Grand Hospice d'Humanité* war berüchtigt wegen ständiger Überfüllung, schlechter Verpflegung und unerträglichen sanitären Bedingungen. Es galt als »ekelhaftes Asyl des Elends«, wo Kranke mit Toten im gleichen Raum lagen und täglich fünf bis sechs Personen starben.[55] Die Abteilung für Geisteskranke war geschlossen, schlimmer als ein

Gefängnis durch »Gitter, Riegel, Gefängnistüren« gesichert, ständig von lautem Schreien erfüllt. Und in einem zeitgenössischen Bericht heißt es: »Enge Säle mit mehreren Reihen von Betten und in jedem Bett mehrere Irre gleichzeitig; keine Möglichkeit, um aus dem Raum, in dem man eingeschlossen war, herauszukommen, um auch nur ein bißchen den Körper zu bewegen. (...) Die meisten konnten nicht einmal ihr Bett verlassen, man band sie daran fest.«[56]

Wer hier noch nicht wahnsinnig war, mußte es werden. Théroigne hat mindestens zwei Jahre in dieser Hölle verbracht. Hatte ihr schon die Festungshaft in Kufstein psychisch zu schaffen gemacht, wieviel mehr mußte sie jetzt unter einer solchen Internierung leiden. Sie war nicht nur eine Gefangene, die zumindest noch die Freiheit der Gedanken und der politischen Meinung in Anspruch nehmen konnte, sondern eine Irre, der die Menschenrechte versagt blieben und deren Persönlichkeit gebrochen wurde, bis sie in die Institution paßte. Sie wurde nicht mehr als menschliches Individuum respektiert, sondern als Gefangene diszipliniert, wie ein Tier behandelt und als Kuriosum begafft.

Théroignes weiterer Lebensweg war nur noch von der Anstalt bestimmt. Vom *Hôtel-Dieu* wurde sie 1799 in die *Salpêtrière* und von dort aus einen Monat später in die *Petites-Maisons* transferiert, um im Dezember 1807 wieder in die *Salpêtrière* eingewiesen zu werden. Seit 1795 hatte Pinel die Leitung des Hospizes übernommen und die Irrenabteilung nach den Vorstellungen der sich Ende des 18. Jahrhunderts entwickelnden Psychiatrie reformiert. Er sah in der Anstalt sowohl die strukturelle Bedingung für die Therapie als auch einen Raum zur wissenschaftlichen Beobachtung und Klassifizierung des Wahnsinns. Um die Phänomene der »Entfremdung« durch den Wahn (aliénation) studieren zu können, mußten die Patientinnen in relativer Freiheit ihre Symptome produzieren können. Deshalb gestattete er den Kranken eine gewisse Bewegungsfreiheit, sofern sie sich in die Anstaltsordnung integrierten. Tobsüchtige wurden nach wie vor angekettet, Rebellierende durch Züchtigungen und Dunkelarrest bestraft.

Das Ordnungssystem der Anstalt sollte nach der Reform Pinels einer moralischen Ordnung und Gleichmäßigkeit entsprechen, die sich heilsam auf die Verrückten auswirken sollte. Sie war nach den Normen des bürgerlichen Mittelstandes modelliert und verlangte Gehorsam, Pünktlichkeit und angepaßtes Verhalten. Die Geschlechterrollen waren nach dem Rousseauschen Muster festgelegt. Danach hatten sich die Frauen bescheiden, sittsam, sanft und leise zu benehmen, wollten sie nicht wegen auffälligen Verhaltens bestraft werden.

Als der junge Esquirol im Jahre 1811 seine Arbeit als Aufseher der *Salpêtrière* begann, wurde Théroigne bereits als unheilbarer Fall angesehen. Die Beschreibung, die er in seiner Abhandlung *Über die Geisteskrankheiten* überliefert, läßt keinen Zweifel daran, daß sie psychisch schwer krank war. Auch wenn er über ihre Lebensgeschichte nichts wußte, scheint er sie doch gewissenhaft beobachtet zu haben. Wahrscheinlich hat er auch ihr Krankenblatt eingesehen – das heute nicht mehr erhalten ist –, da er einen Teil ihrer Krankengeschichte referiert. So berichtet er über ihre Ankunft im Jahre 1807: »Bei ihrer Ankunft war sie sehr unruhig, verfluchte und bedrohte jedermann, sprach nur von Freiheit, von Wohlfahrts- und Revolutionsausschüssen usw. und klagte alle, die sich ihr näherten, an, Gemäßigte, Royalisten usw. zu sein.«[57]

Esquirol beschreibt Théroignes Wahn als einen Fall von »Lypémanie«, einer Form der »Mélancholie«, die er definiert als »Gehirnkrankheit, charakterisiert durch das partielle chronische Delirium, ohne Fieber, das durch eine traurige, schwächende oder niederdrückende Leidenschaft aufrechterhalten wird«.[58] Esquirol unterscheidet zwei Erscheinungsformen der Krankheit. Bei den einen führt sie zu erhöhter Sensibilität und leichter Reizbarkeit, bei den anderen, ganz im Gegenteil, zu Unempfindlichkeit und Abgestumpftheit. Viele Lypemanen werden von fixen Ideen und Ängsten gequält. Sie sind in ihren Wahn völlig verstrickt, argumentieren jedoch logisch innerhalb ihres Systems.

Es ist unmöglich, die von Esquirol gegebene Krankheitsbeschreibung in die Sprache der heutigen Psychiatrie zu übersetzen. Krankheit und Wahn werden zeitgebunden erlebt und beobachtet. Dem historisch bedingten Körpergefühl und seinen Ausdrucksmöglichkeiten entspricht eine medizinische Wahrnehmung, die in dem gleichen gesellschaftlichen Zusammenhang wurzelt. Die Symptome der Lypemanie würden sich heute dem manisch-depressiven Irresein, der Paranoia und/oder der Schizophrenie zuordnen lassen, gehen jedoch in keiner der einzelnen Definitionen auf. Schon innerhalb der modernen Psychiatrie sind die Grenzen der jeweiligen Krankheitsbilder umstritten. Um so mehr Vorsicht ist deshalb bei der Übertragung von heutigen Definitionen auf eine Fallbeschreibung des 18. Jahrhunderts geboten.

Für die Biographie von Théroigne ist es nicht wichtig zu wissen, ob sie manisch-depressiv, paranoid oder schizophren war. Es genügt, sich zu vergegenwärtigen, daß sie nach mehreren Jahren Anstaltsaufenthalt psychotische Verhaltensweisen zeigte. Nach dem Stand heutiger Erkenntnis wäre es naheliegend, zu vermuten, daß die psychopathologischen Veränderungen auf die Hospitalisierung zurückzuführen sind. Es kann inzwischen als gesichert gelten, daß es einer sehr viel kürzeren Zeit bedarf, um Menschen durch die Anstalt psychisch irreversibel zu verändern, als die Jahre, die zwischen der Einlieferung Théroignes und der Beschreibung ihres Falles durch Esquirol verstrichen waren. Wenn wir noch die Anstaltspraxis des 18. und 19. Jahrhunderts in Betracht ziehen, verstärkt sich die Gewißheit, daß ein Mensch dabei nicht psychisch gesund bleiben konnte. Als Beispiel für Therapiemaßnahmen möchte ich nur die Dusche anführen, mit der jede Patientin der *Salpêtrière* sofort nach ihrer Ankunft behandelt wurde: »Der Geisteskranke wird in einem Sessel festgebunden und unter einen Behälter mit kaltem Wasser gestellt, der sich durch ein weites Rohr genau auf seinen Kopf entleert.«[59]

Esquirol schätzte die Dusche »als psychisches Unterdrückungsmittel«, da sie geeignet schien, »den Kranken zum Gehorsam zu bringen«.[60] Ihre Wirkung beschrieb er folgendermaßen: »Die Douche agirt sowohl durch die Kälte, als durch die Kraft, die sie beim Herabfallen äußert; sie übt sympathisch einen Einfluß auf die regio epigastrica (Magengegend) aus, verursacht Cardialgien (Herzschmerzen) und Neigung zum Erbrechen. Nach ihrer Anwendung sind die Kranken bleich, manchmal gelb.«[61]

Nach heutigem Wissen kann man davon ausgehen, daß die mehrfache Anwendung der Dusche nicht nur zu physischen Schäden, sondern auch zu erheblichen neuralgischen und psychischen Störungen führen mußte.

Angesichts der Anstaltsdisziplin, der Strafpraktiken und Heilungsmethoden, angesichts der unerträglichen sanitären Bedingungen und der schlechten Verpflegung muß es wie ein Wunder erscheinen, daß Théroigne im Asyl bis zu ihrem fünfundfünfzigsten Jahr überlebt hat. Am 8. Juni 1817 starb sie an einer chronischen Lungenentzündung. Nach ihrem Tod ließ der Phrenologe Dumoutier einen Abdruck ihres Schädels anfertigen, der heute noch im *Musée de l'Homme* in Paris ausgestellt ist. Er trägt die Unterschrift: »Théroigne de Méricourt, Anne Joséphine. Monomanie, fanatisme politique«.

Anmerkungen

1 Esquirol 1976, S. 445 (Übersetzung von mir).

2 Ein Textvergleich zeigt, daß Esquirol die Biographie fast wörtlich von Prudhomme (1830, S. 315, und Biographie moderne 1806, Bd. 4, S. 385 f.) abgeschrieben hat, vgl. Grubitzsch/Bockholt 1991, S. 454 und Anm. 111.

3 Esquirol 1976, S. 446.

4 Esquirol 1968, S. 25.

5 Ebd., S. 52.

6 Ebd., S. 56.

7 Zit. nach Cabanès 1903, S. 338. Garniers Stellungnahme zu Théroignes Fall ist veröffentlicht in Lacour 1900, S. 310 f.

8 Vgl. Devance 1977, S. 346 ff.; Grubitzsch 1981, S. 23 ff.

9 Guillois 1904, S. 70.

10 Ebd., S. 74.

11 Cabanès 1897, S. 641; vgl. Garnier in Lacour 1900, S. 310 f.; Guillois 1904, S. 80 ff.

12 Die einzige mir bekannte kritische Stimme zur Genese der Verrücktheit Théroignes stammt von Kestenholz, die 1988 schrieb: »Der Fall Théroigne de Méricourt ist ein ungewöhnliches Beispiel fortgesetzter Diskriminierung. Niedertracht und Lüge haben es vermocht, einen Menschen physisch und psychisch zu zerstören.« (S. 60)

13 Roudinesco 1989, S. 163.

14 Ebd., S. 164.

15 Barth 1989, S. 108.

16 Noch im Jahre 1989 wurden bei dem internationalen Kongreß in Toulouse über »die Frauen und die Französische Revolution« Vorträge zu »Théroigne de Méricourt« dem Schwerpunkt »Frauen und Verrücktheit« zugeordnet, vgl. *Les Femmes et la Révolution Française 1989-1991*, Bd. 2, S. 91 ff.

17 Vgl. Grubitzsch/Bockholt 1991.

18 Théroigne de Méricourt 1989, S. 5.

19 Ebd., S. 8.

20 Vgl. u. a. Lacour 1900, S. 311; Cabanès 1903, S. 319; Guillois 1904, S. 80.

21 Théroigne de Méricourt 1989, S. 15.

22 Vgl. Grubitzsch/Bockholt 1991, S. 80ff.

23 Théroigne de Méricourt 1989, S. 19.

24 Ebd., S. 22.

25 Fürst von Kaunitz, Originalerlaß an den Hofrat Franz von Blanc vom 9. 5. 1791, Wiener Haus-, Hof- und Staatsarchiv, 43 F V, B. 55/V.

26 Heft aus den konfiszierten Papieren von Théroigne, Wiener Haus-, Hof- und Staatsarchiv, 43 III, Bl. 11 v.-12.r. (Übers. von R. Bockholt).

27 Verhörprotokoll, Wiener Haus-, Hof- und Staatsarchiv, 43 VIII, S. 204 (Übers. von R. Bockholt).

28 Roudinesco 1989, S. 83.

29 Originalberichte von Blanc an Kaunitz, Arztbericht des Dr. v. Mederer, ordentl. öffentlicher Lehrer der Chirurgie zu Breisgau, 25. 7. 1791, Wiener Haus-, Hof- und Staatsarchiv 44, Bl. 148v.-149.

30 Vgl. Cabanès 1903, S. 317f.; Roudinesco 1989, S. 82f.

31 Journal über die Reise von Freiburg nach Kufstein, 26. 3. 1791, Wiener Haus-, Hof- und Staatsarchiv 43 IV, Bl. 43.

32 Théroigne: »Discours prononcé à la Société Fraternelle des Minimes, le 25 mars 1792«, in: Grubitzsch/Bockholt 1991, S. 554 (Übers. von mir).

33 Ebd., S. 554f.

34 Ebd., S. 555f.

35 Aulard 1889-1897, Bd. 3, S. 498 (Übers. von mir).

36 Archives Nationales F⁷ 4387 (Übers. von mir).

37 Vgl. Lacour 1900, S. 287f.; Grubitzsch/Bockholt 1991, S. 362ff.

38 Théroigne: Aux 48 Sections, in: Grubitzsch/Bockholt 1991, S. 558ff.

39 Forster 1843, Bd. 9, S. 60 (Brief vom 23. 7. 1793).

40 Ebd., S. 59f.

41 Rapport de Perrière vom 26. 3. 1794, in: Caron 1910-78, Bd. 6, S. 130 (Übers. von mir).

42 Zit. nach Grubitzsch/Bockholt 1991, S. 418.

43 Choudieu 1888, S. 463 (Übers. von mir).

44 Histoire de la Révolution de France 1791-1803, Bd. 8, S. 206 (Übers. von mir).

45 Vgl. Max-Billard 1912.

46 Der Brief an Saint-Just wurde in deutscher Übersetzung veröffentlicht in Grubitzsch/Bockholt 1991, S. 422f.

47 Courtois an IV (1795/1796), S. 131.

48 Archives Nationales F⁷ 4775²⁷ (Übers. von mir), vgl. Grubitzsch/Bockholt 1991, S. 428f.

49 Ebd.

50 Ebd.

51 Ebd. Die Notiz ist nicht datiert.

52 Courtois an IV (1795/1796), S. 132.

53 Vgl. Ripa 1983, S. 438ff.

54 Vgl. den Brief von Regnaud de Saint-Jean-d'Angély an den Präfekten des Departements Ourthe, in: Gobert 1914, S. 137.

55 Vgl. Maricourt 1924, S. 99.

56 Pastoret: *Rapport ou conseil des hospices*, zit. nach Lanzac de Laborie 1905-1913, Bd. 5, S. 80.

57 Esquirol 1976, S. 447. Vgl. die deutsche Übersetzung in Grubitzsch/Bockholt 1991, S. 452.

58 Ebd., S. 406 (Übers. von mir).

59 Pinel: *Traité médico-philosophique*, Paris an IX, S. 324, zit. nach Foucault 1973, S. 321.

60 Esquirol 1968, S. 141.

61 Ebd.

Literatur

Aulard, François-Alphonse: *La Société des Jacobins*, 6 Bde., Paris 1889-1897

Barth, Ariane: »Vom Freiheitsrausch bis Waterloo«, in: *Der Spiegel* 5/1989, S. 108-123

Biographie Moderne ou dictionnaire biographique de tous les hommes morts et vivants qui ont marqué à la fin du 18e siècle et au commencement de celui-ci, Bd. 4, Paris 1802, Breslau ²1806

C[abanès], A.: »La folie de Théroigne de Méricourt«, in: *La chronique médicale* 20/1897, S. 641-647

Cabanès, Augustin: »La flagellation de Théroigne de Méricourt fut-elle la cause de sa folie?«, in: ders., *Les indiscrétions de l'histoire*, Paris 1903, S. 310-339

Cabanès, Augustin/Nass, Lucien: *La Névrose révolutionnaire*, Paris 1906

Caron, Pierre: *Paris pendant la Terreur. Rapports des agents secrets du ministre de l'intérieur*, 7 Bde., Paris 1910-1978

Choudieu, Pierre-René: »Papiers inédits«, in: *Revue de la Révolution* 12/1888, S. 463, 566

Courtois, Edme-Bonaventure: *Convention nationale. Rapport fait au nom des Comités de salut publique et de sûreté générale sur les évènements du 9 Thermidor an II*, Paris an IV [1795/96]

Devance, Louis: »Le féminisme pendant la Révolution Française«, in: *Annales historiques de la Révolution Française* 229/1977, S. 341-376

Esquirol, Jean Etienne: *Des maladies mentales considérées sous les rapports médical, hygiénique et médio-légal*, Bd. 1, Paris 1838, Nachdruck: New York 1976

Esquirol, Jean Etienne: *Von den Geisteskrankheiten*. Übers. von W. Bernhard, Bern, Stuttgart 1968

Les Femmes et la Révolution Française. Les Modes d'action et d'expression. Nouveaux droits – nouveaux devoirs. Actes du Colloque international 12.-14. 4. 1989, 3 Bde., hg. von M.-F. Brive, Toulouse 1989-1991

Forster, Georg: *Sämtliche Werke*, Bd. 9, Leipzig 1843

Foucault, Michel: *Wahnsinn und Gesellschaft. Eine Geschichte des Wahns im Zeitalter der Vernunft.* Übers. von U. Köppen, Frankfurt/M. 1973

Gobert, Théodore: »Théroigne de Méricourt (Documents inédits)«, in: *Bulletin de l'institut archéologique Liégeois* 44/1914, S. 131-139

Grubitzsch, Helga: »›Ein steiniger Weg‹. Politische Arbeit von Frauen«, in: U. Jelpke (Hg.) *Frauen in linken Organisationen*, Hamburg 1981, S. 11–40

Grubitzsch, Helga/Bockholt, Roswitha: *Théroigne de Méricourt. Die Amazone der Freiheit*, Pfaffenweiler 1991

Guillois, Alfred: *Etude médico-psychologique sur Olympe de Gouges*, Lyon 1904

Histoire de la Révolution de France par deux Amis de la Liberté, 20 Bde., Paris 1791-1803

Kestenholz, Salomé: *Die Gleichheit vor dem Schafott. Portraits französischer Revolutionärinnen*, Darmstadt 1988

Lacour, Léopold: *Les origines du féminisme contemporain. Trois femmes de la Révolution: Olympe de Gouges, Théroigne de Méricourt, Rose Lacombe*, Paris 1900

Lanzac de Laborie, Léon de: *Paris sous Napoléon*, 8 Bde., Paris 1905-1913

Maricourt, André de: *Prisonniers et prisons de Paris pendant la Terreur*, Paris 1924

Max-Billard: »Les maisons de santé sous la Terreur«, in: *Chronique médicale* 19/1912, S. 353-374

Prudhomme, Louis Marie: *Biographie universelle et historique des femmes célèbres mortes ou vivantes*, Bd. 4, Paris ²1830

Ripa, Yannick: *La ronde des folles. Femme, folie et enfermement au XIXᵉ siècle*, Paris 1986

Roudinesco, Elisabeth: *Théroigne de Méricourt. Une femme mélancolique sous la Révolution*, Paris 1989

Théroigne de Méricourt: *Aufzeichnungen aus der Gefangenschaft.* Übers. von H. Grubitzsch u. R. Bockholt, Salzburg 1989

EMILIE KEMPIN
1853-1901

»Mein Name ist mit dem Odium der Geisteskrankheit behaftet«

Von Eva Rieger

»Erst wenn die Masken zwischen den Geschlechtern einmal fallen, dürfen wir auf gesündere Zustände hoffen« (Emilie Kempin)[1]

»Sehr geehrter Herr!
In No. 50 Ihres geschätzten Blattes suchen Sie für einen größeren Haushalt ein Fräulein oder Witwe von zuverlässigem Charakter. Ich erlaube mir ergebenst, mich um diese Stelle zu bewerben.«[2]

Dies schrieb am 18. Dezember 1899 eine Frau, die sich durch Vorträge, Aufsätze, Unterrichten, Vorlesungen und Beratungstätigkeit einen Namen geschaffen hatte: Emilie Kempin, Doktorin der Jurisprudenz, und erste deutschsprachige Juristin.

»Ich bin seit Februar dieses Jahres in hiesiger Anstalt ... Ich sehne mich nach nützlicher Arbeit und Bewegung, wie die mannigfachen Pflichten in einem Haushalt sie bieten. Dann aber bin ich noch vollkommen existenzlos, mein Bureau, das ich in Berlin gehalten habe, ist natürlich geschlossen, meine Clientel kennt mich nicht mehr, mein Name ist mit dem Odium der Geisteskrankheit behaftet.«

Wie konnte es zu einem solchen Verfall kommen? Schreibt hier eine Schizophrene, die zwischen einzelnen Krankheitsschüben für kurze Zeit realistisch denken kann, oder handelt es sich um einen schrecklichen Irrtum? Wir wissen nicht viel über die Krankheit Emilie Kempins. Die Baseler Psychiatrische Universitätsklinik, die die Friedmatter Anstalt übernahm, besitzt keine Krankengeschichte Emilie Kempins: Ihr Name ist aus den Aufzeichnungen getilgt.[3]

Kempins Tochter Agnes vernichtete Material ihrer Mutter ebenso wie ihre eigenen Erinnerungen an die Mutter.[4] Es ist, als sollte sie über ihren Tod hinaus für ihr Leben, das so sehr gegen die herrschende Norm verstieß, bestraft werden.

Erst in den letzten Jahren machten einzelne Frauen auf Emilie Kempins Schicksal aufmerksam und wiesen auf die Ungeheuerlichkeit dieses Lebens und Todes hin. Susanna Woodtli veröffentlichte 1975 in einer Studie über den Kampf um die politischen Rechte der Frau in der Schweiz einige Daten über sie. Kurze Zeit darauf erschien eine faktenreiche Darstellung des Lebens der Emilie Kempin von Verena Stadler-Labhart, und 1991 veröffentlichte die Schriftstellerin Evelyn Hasler eine Studie in Romanform, der gründliche Quellenrecherchen vorangingen. Im folgenden werden die verfügbaren Fakten zusammengefaßt und versucht, ihr Leben auf der Grundlage des Materials sowie der zeitbedingten Umstände zu deuten.

Emilie Kempin wurde am 12. April 1853 als Tochter des Pfarrers Johann Ludwig Spyri und seiner Ehefrau in Altstetten bei Zürich geboren. Das dritte von insgesamt sieben Kindern genoß eine gutbürgerliche Erziehung. Ihr Vater, der seinen Pfarrberuf aufgab und als Präsident der Schweizerischen Gemeinnützigen Gesellschaft fungierte, stand dem gesellschaftlichen Fortschritt aufgeschlossen gegenüber. Was Frauen betraf, blieb er allerdings konservativ. So bestritt er den Frauen die Eignung zum Lehrerinnenberuf: »In der Natur des Weibes nimmt das Geschlechtsleben . . . einen so bedeutenden Platz ein, daß die Erfüllung der hohen Bestimmung als Gattin und Mutter nicht durch anderweitige Aufgaben gehemmt werden darf.«[5] Er stand zeitlebens den Bildungswünschen der Tochter verständnislos gegenüber.

Ihre Tante, Johanna Spyri, verfaßte den Welterfolgs-Roman *Heidi*, und es ist denkbar, daß Emilie Kempin von deren selbständiger Natur beeinflußt wurde. Doch auch bei ihr fand sie, so scheint es, keine Unterstützung für ihren Plan, einen »männlichen« Beruf zu ergreifen.

Emilie Spyri lernte im väterlichen Pfarrhaus den Theologen Walter Kempin kennen, der nebenher journalistisch tätig war und sich für soziale Verbesserungen einsetzte. Sein eigentliches Engagement galt der Einrichtung eines Schweizerischen Roten Kreuzes. Sie heiratete ihn im Juni 1875 und gebar drei Kinder, Gertrud, Robert und Agnes. In Walter fand sie die ersehnte Stütze für ihr

Bestreben, sich weiterzubilden. Der Auslöser waren nach eigener Aussage erste Schreibversuche, die veröffentlicht wurden, und die ihr, trotz des Stolzes, etwas Eigenes gedruckt zu sehen, die Begrenztheit ihres bisherigen Wissens bewußt werden ließen.

»Ich (wurde) mit Entsetzen gewahr, daß meine Bildung mich im Nothfalle auf keinem einzigen Gebiete menschlicher Thätigkeit befähigen würde, etwas zu leisten. Überall halbes Können und weniger als halbes Wissen.«[6]

In der Tat war der Unterricht an den Mädchenschulen damals mehr als dürftig: Höhere Töchter wurden für den heimischen Salon ausgebildet, in dem sie als spätere Ehefrauen Konversation treiben mußten. Eine weitergehende Bildung wurde als unangemessen betrachtet.

Emilie legte ihr Abitur als Externe an einem Knabengymnasium ab, ihr Mann brachte ihr Latein bei. Das Vergnügen an den »Quellen der Wissenschaft«[7] ließ sie nun nicht mehr los, und sie immatrikulierte sich 1884 im Alter von 31 Jahren an der Universität Zürich. Sie blieb an der Juristischen Fakultät bis zum Abschluß ihres Studiums die einzige Frau.

Wir wissen nur wenig über diese Jahre, doch ist vorstellbar, welche Probleme sich auftürmten. Sie hatte sich unter lauter Männern im Studium zu bewähren. Ihr Vater und viele Freunde wandten sich von ihr ab, und sie galt bereits jetzt als jemand, der gängige Normen mißachtete. Und der fünfköpfige Haushalt? Hätte sie Geld gehabt, um genügend Personal einzustellen, wäre alles leichter gewesen. So aber läßt sich ausmalen, daß sie vor dem Gang zur Universität die Kinder versorgen, das Essen vorbereiten, putzen, abwaschen, in Abständen die Wäsche besorgen, einkaufen, Kleidung flicken und bei Krankheit die Angehörigen pflegen mußte.

»Was meine Befähigung für die nachgesuchte Stelle anbetrifft, so bitte ich Sie zu glauben, daß ich trotz meines Studiums die Künste und Fertigkeiten einer Hausfrau nicht verlernt habe. Meine selige Mutter hat uns darin für das ganze Leben lang tüchtig gemacht. Außerdem habe ich erst studiert, als ich schon in höheren Jahren gestanden und eigene Kinder, damals von 3-8 Jahren, gehabt habe. Ich kann daher auch kochen, kehren, nähen, aber auch ein wenig schneidern, namentlich aus alten Kleidern neue machen; ich liebe alle Kinder und beschäftige mich gern mit ihnen und bin überhaupt zu jeder Arbeit, auch Geschirrwaschen und

Reinemachen gerne bereit. Auf Verlangen werde ich mich auch mit Gartenarbeit, die ich verstehe, beschäftigen.«

Diese Erfahrungen veranlaßten Emilie Kempin, sich später mit den Frauenrechtlerinnen anzulegen, als sie unterstrich, daß eine Doppelbelastung nicht möglich sei: »In einem Vortrag habe ich unlängst darauf aufmerksam gemacht, daß die Ausübung eines Berufes für die verheirathete Frau nicht wohl angehe, indem entweder der häusliche oder der geschäftliche Beruf leiden müsse. Beides zu vereinigen sei unmöglich. Diese durchaus nicht auf Neuheit Anspruch machende Bemerkung wurde von einigen Führerinnen der Frauenbewegung mit Hohn aufgegriffen und mir zurückgeschleudert mit der Frage: Und das sagt die Frau, welche selbst Berufsfrau, Hausfrau und Mutter ist? ... Jawohl, das sage ich selbst, und zwar nicht trotzdem, sondern weil ich es am eigenen Leibe erfahren habe, wie unmöglich es ist, den verschiedenen Ansprüchen bei solchem Doppelberuf gerecht zu werden. Ich glaube nämlich, jede Frau, die das nicht selbst durchgemacht hat, spricht wie der Blinde von der Farbe ... Auch ich habe nicht gewußt, bis die große Lehrmeisterin Erfahrung kam, daß sich die Pflege und Erziehung von Kindern nicht an gewisse Stunden binden läßt ... Mit bitterem Weh wird die Frau an die Stunden zurückdenken, in denen sie sich ihren Kindern entzogen hat ... Was verstehen denn davon alle die Kinderlosen und Unverheirateten, die in der Regel an der Spitze der Frauenbewegung stehen?«[8]

Und doch: Sie schaffte es. 1887 legte sie ihre Dissertation mit dem Titel »Die Haftung des Verkäufers einer fremden Sache« vor, für die sie das Prädikat »summa cum laude« erhielt. Dieser großartige Erfolg mündete jedoch nicht in eine berufliche Karriere. Ihr Wunsch, ein Rechtsberatungsbüro in Zürich zu eröffnen, blieb unerfüllt, weil ihr das Anwaltspatent verweigert wurde. Dabei hatte sie schon vorsorglich vor Abgabe der Dissertation in einer mehrseitigen Beschwerdeschrift um die Anerkennung einer Aktivbürgerschaft gekämpft: »Anläßlich einer Prozeßsache meines derzeit in Deutschland lebenden Ehemannes habe ich denselben vor Gericht vertreten wollen, wurde aber vom Tit. Bezirksgericht Zürich von den Schranken gewiesen mit der Begründung, das Aktivbürgerrecht, das einzige Requisit, welches die Züricher Prozeßordnung zur Betreibung des Anwaltsberufs aufstellt, komme mir nicht zu. Dagegen protestire ich und stütze mich dabei in erster Linie auf Art. 4 der Bundesverfassung: ›In der Schweiz gibt es keine Vorrechte des Orts, der Geburt, der Familien oder Personen.‹ Gegen diese Verfassungsbestimmung verstößt das Bezirksgericht Zürich, wenn es in seinem Beschluß vom 24. Nov. dem weiblichen Schweizerbürger den Besitz des Aktivbürgerrechtes abspricht aus dem einzigen Grunde, weil dieser Schweizerbürger weiblichen Geschlechtes ist.«[9]

Obwohl Kempin alle Argumente der Gegenseite mit präziser Logik entkräftet, wurde ihre Klage 1887 abgewiesen. Das Gericht konnte als einzige Begründung die Kraft der Tradition anführen: »Es bedarf in der That keiner weitern Ausführung, daß man mit einer solchen Folgerung sich mit allen Regeln historischer Interpretation in Widerspruch setzen würde.«[10]

Ein Jahr später stellte sie einen Antrag um eine Habilitation als Dozentin für römisches Recht an der Universität Zürich, was eine hektische Umtriebigkeit der Hochschulgremien auslöste. Die Protokolle weisen insgesamt sieben Sitzungen nach, in denen dieses Gesuch diskutiert und darüber abgestimmt wurde. Es gab auch Befürworter ihres Anliegens: Ein Hochschullehrer schlug sie als Ersatz für einen zurückgetretenen Privatdozenten für römisches Recht vor. Dies wurde aber nach eingehender Diskussion mit der Begründung abgelehnt, daß man »die Frage der Zulassung einer Frau denn doch noch nach der prinzipiellen Seite geprüft« wissen wollte.[11] Wieder einmal stieß sie auf verkrustetes Denken, das mit der Haltung des »Es war schon immer so« Neues ablehnte. Es waren Hindernisse, die sich mit Logik, die Kempin so souverän beherrschte, nicht überwinden ließen.

Während die Hochschulleitung noch diskutierte, hatte Emilie Kempin bereits in Vertretung des Privatdozenten einige Stunden übernommen. Ihr wurden jedoch weitere Vorlesungen bis zum endgültigen Bescheid verboten. Kurz entschlossen setzte sie die Vorlesungen außerhalb der Universität an, was ihr schwerlich untersagt werden konnte. Die Kantonsschule Zürich lehnte allerdings ihre Bitte um Benutzung eines Raumes ab: »Warum im Kantonsschulgebäude und nicht in der Hochschule? Die Zuhörer sind doch Studierende der Hochschule, da sie bei einem zurückgetretenen Privatdocenten das bezügliche Kolleg belegt haben.«[12] Möglicherweise war diese Ablehnung mit den Senatsmitgliedern abgesprochen, wurde doch die Raumverlegung von den Professoren vermutlich als eine Provokation gedeutet.

Währenddessen war ihr Gesuch an den Erziehungsrat weitergeleitet worden. Vier Tage später beschloß der Senatsausschuß, daß das Universitätsgesetz eine Ausdehnung der Lehrbefugnis auf das weibliche Geschlecht nicht zulasse.

»Wir (Frauen) sind im Kampfe um unser gutes Recht auf bessere Bildung leider vielfach auf falsche Bahnen gedrängt worden. Statt frisch und fröhlich an unserem Werke zu arbeiten, mußten wir Schritt auf Schritt die tollsten Vorurteile über unser Können besiegen«, schreibt Emilie Jahre später.[13] Ähnliches wird sie in diesen Monaten empfunden haben, als man ihr eine berufliche Zukunft in der Schweiz verwehrte. Im Bewußtsein, daß ihr Unrecht angetan wurde, entschloß sie sich zu einem spektakulären Schritt – der Auswanderung nach Amerika mit der Familie. Es war ein Entschluß, der Wagemut, Verzweiflung, aber auch eine Protesthaltung verrät. War Emilie die treibende Kraft? Walter Kempin, dessen Stelle als Pfarrer gekündigt worden war, scheint ihr die Entscheidungsbefugnis übertragen zu haben. Er wollte als Journalist arbeiten. In den Erinnerungen der Tochter Agnes fuhr die Mutter »... völlig ins Ungewisse. Nicht einmal die Sprache beherrschte sie. Beziehungen besaß sie keine. Dafür schleppte sie als Ballast eine ganze Familie mit sich. Einen berufslosen Ehemann, drei Kinder zwischen 7 und 10 Jahren, ein Kindermädchen...«[14] Das klingt tatsächlich so, als wäre Walter ein eher passiver Mensch, und als wäre alle Mühe der neuen Orientierung an der Frau hängengeblieben.

Immer wieder mußte sie von neuem anfangen: Anträge stellen, ein vermeintliches Recht mühsam erstreiten, eine elementare Lebensbasis aufbauen, Argumente für anscheinend Selbstverständliches finden. Ihr Antrag, als Studentin an der Rechtsfakultät der New Yorker Universität angenommen zu werden, wurde an das Law Committee weitergeleitet – und das, obwohl sie bereits eine qualifizierte Juristin war. Als sie endlich die Vorlesungen besuchen durfte, arbeitete sie sich in die neue Sprache sowie in amerikanisches Recht ein.

Emilie Kempin war zunächst als Sekretärin einer medizinischen Gesellschaft tätig. Doch dann hatte sie eine bessere Idee. Drei Jahre zuvor war ein Gesetz in Kraft getreten, das Frauen als Anwältinnen vor Gericht zuließ. Sie fand schnell heraus, daß die Juristen kein Interesse zeigten, den bisherigen Zustand zu ändern, und nicht davor zurückscheuten, Frauen dieses Recht streitig zu machen. Ihr schien es sinnvoll, eine Rechtsschule für Frauen einzurichten, die als Abschluß die Zulassung als Anwältin vor Gericht ermöglichte. Sie erweiterte die Aufnahmebedingungen dieser Rechtsschule und ließ interessierte Hörerinnen zu, die keinerlei juristische Berufspläne hegten, wohl um die Kollegen zu beschwichtigen. Die New York Times, die 1889 über die Gründung der *Women's Law School* berichtete, betonte, daß Kempin nicht daran lag, die Stadt mit Juristinnen zu überfluten, sondern Frauen, die ihren Lebensunterhalt selbst verdienen mußten, zu befähigen, eigene Geschäfte zu führen und andere anzuleiten.[15]

Der Studiengang war auf zwei Jahre angelegt, gefolgt von einem Praktikum bei einem Anwalt. Die Studentinnen legten dann ihr Examen vor dem Obersten Gerichtshof ab, da die Privatschule keine eigenen Prüfungen abnehmen durfte.

Es traf sich gut, daß Kempin zuvor in New York auf einige Frauen aus der gehobenen New Yorker Gesellschaft stieß, die sich für die sozialen Belange der Frau engagierten. Ihr Plan fiel bei ihnen auf fruchtbaren Boden. Eine der ersten, die sich für das juristische Studium einschrieben, war die Pianistin und Komponistin Florence Sutro, geborene Clinton (1865-1906). Als Ehefrau des deutschstämmigen Anwalts Theodore Sutro hatte sie, durch Beruf und Herkunft des Gatten bedingt, eine besondere Verbindung zu Emilie Kempin. Es verwundert kaum, daß die beiden sich rasch anfreundeten. Ähnlich wie Kempin besaß Florence Sutro einen überschäumenden Aktivitätsdrang, und die Anzahl ihrer Initiativen und Unternehmungen ist beeindruckend. Sie war die erste Amerikanerin, die einen Doktorgrad in Musik erhielt. 1897 gründete sie eine Frauenabteilung an der Nationalen Versammlung der Musiklehrer und -lehrerinnen, die Konzerte veranstaltete und Referate hielt. Sie sammelte Kompositionen von Frauen, die bei Ausstellungen präsentiert wurden, und setzte eine Sonderseite zum Thema »Frau und Musik« in einer Musikzeitschrift durch. Als Ergebnis ihrer Erfahrungen, die sie mit der Initiative der *Law School* zusammen mit Emilie Kempin machte, entstand ihr Aufsatz *Women in music and law*.[16]

Ihre ersten Vorlesungen hielt Kempin über die Entstehung und Begründung staatlicher Gesetze – die englische Sprache beherrschte sie inzwischen. Der Vizekanzler und der Dekan der Juristischen Fakultät der New Yorker Universität besuchten die ersten Vorlesungen. Sie waren davon so angetan, daß sie empfahlen, ihr einen Kurs über römisches Recht zu übertragen, der auch Männern offenstehen sollte. Sie hatte also das erreicht, was Zürich ihr verwehrte. Freilich rieb sich mancher Student daran, von einer Frau unterrichtet zu werden, wie sich Florence Sutro erinnerte: »Viele von ihnen behandelten sie, um es noch gnädig auszudrücken, ungalant.«[17]

Dennoch war eine wirtschaftliche und berufliche Grundlage in New York geschaffen. Aber die privaten Probleme mit dem Ehemann und den Kindern nahmen überhand. Es gelang Walter nicht, sich in der Fremde einzuleben. Als Journalist in einer fremden Sprache zu arbeiten, überforderte ihn. Er brach die Zelte ab und kehrte 1891 mit dem Sohn nach Zürich zurück. Damit war der familiäre Zusammenhang, der Emilie stets so wichtig gewesen war, gefährdet. Zugleich aber schien Zürich ein Hoffnungszeichen für sie zu setzen. Ihr erneutes Gesuch um Habilitation war zwar wiederum vom Senat der Universität abgelehnt worden, aber der Erziehungsrat mißachtete dies und erteilte ihr die *venia legendi* für römisches, angelsächsisches und amerikanisches Recht. Ein großartiger Erfolg, der eine berufliche Perspektive versprach, und ihre Heimkehr trotz der gut organisierten Tätigkeit in New York ratsam erscheinen ließ. (Sie übersah allerdings, daß ein solches Übergehen der Professorenschaft ihr auch Mißgunst bescheren konnte.) Ihr amerikanischer Freundeskreis wird sie ungern haben ziehen lassen.

Das Jahr 1892 ist typisch für die dynamische Arbeitsweise Emilie Kempins, die fast an Hektik grenzt. Nach ihrer Rückkehr bot sie in Zürich eine Vorlesung über »Institutionen des englischen Rechts« an; daneben betrieb sie zusammen mit ihrem Mann ein schweizerisch-amerikanisches Rechtsbüro. Sie eröffnete in ihrer Wohnung eine »Rechtsschule für Laien«, und sie publizierte eine Broschüre über *Die Stellung der Frau nach den zur Zeit in Deutschland giltigen Gesetzesbestimmungen, sowie nach dem Entwurf eines Gesetzbuches für das deutsche Reich*, die durch die Frauenvereine verbreitet wurde. Wollte sie durch ihre Betriebsamkeit das Schicksal zwingen, ihr endlich einen Erfolg zu bescheren? Hatte New York ihr nicht bewiesen, daß es möglich war, trotz des Stigmas »Frau« einem akademischen Beruf nachzugehen? Aber es gelang einfach nicht. Die Vorlesungen wurden nur spärlich besucht, anfangs waren es zehn Zuhörer, ein Semester später nur noch fünf, und bald bot sie ihre Vorlesungen in gänzlich leeren Hörsälen an. Da das Honorar von der Zahl der Hörer abhing, verlor sie ihre Einnahmen. Ihre private Rechtsschule ließ sich aus Raumgründen nur kurz aufrechterhalten, und das Rechtsbüro florierte auch nicht. Zu allem Überfluß erfuhr sie auch noch seitens der Frauenbewegung Kritik an ihrer Schrift, weil diese angeblich »in einem allzu trockenen Tone gehalten, dem Frauenstandpunkt zu wenig Rechnung trug, und den bestehenden gesetzlichen Bestimmungen dem viel wichtigeren Entwurf gegenüber verhältnismäßig zu viel Aufmerksamkeit schenkte«.[18]

Daß sie sich weiterhin mit den Rechten der Frau ernsthaft beschäftigte, zeigt die ab 1893 von ihr gestaltete Wochenendbeilage der »Zürcher Post« unter der Überschrift »Frauenrecht«. In diesen Kolumnen behandelt sie Themen wie »Die Frau als Geschworener«, »Berufswahl und Arbeitsverdienst der Ehefrau«, Fragen des Schutzes von Ehefrauen, steuerliche Fragen sowie »Erbrechtliche Benachteiligung der Töchter gegenüber den Söhnen«.

Die finanzielle Not vergrößerte sich. Erst 1898 wurden Frauen in Zürich zum Anwaltsberuf zugelassen; hätte Kempin noch zwei Jahre ausgeharrt, wäre ihr ein berufliches Tätigkeitsfeld sicher gewesen. Zu den beruflichen Problemen gesellten sich nun auch private. Sie trennte sich 1896 von ihrem Mann, brachte die Kinder bei einer befreundeten Familie in Zürich unter und zog nach Berlin. Vermutlich rechnete sie sich dort größere berufliche Chancen aus.

Es gab noch einen weiteren Grund für ihren Wegzug aus Zürich. Sie hatte sich in den Schriftsteller und Privatgelehrten Mathieu Schwann verliebt, der etliche Jahre jünger war als sie, mußte aber dann zusehen, wie Schwann sich für ihre 19jährige Tochter Gertrude interessierte und eine Beziehung zu ihr aufnahm. Ihre Gefühle für Schwann, der sich unermüdlich als Propagandist freier Sinnlichkeit betätigte, wandelten sich, und sie versuchte, Gertrude vor ihm zu schützen. Zu dieser demütigenden Episode kam hinzu, daß Schwann sich nicht verkneifen konnte, eine haßerfüllte Tirade auf selbständige Frauen zu veröffentlichen, die er mit dem Titel *Zur Frauenemancipation* versah und als objektive Untersuchung darstellte. Darin hieß es, emanzipierte Frauen würden ihre Sinnlichkeit in jungen Jahren unterdrücken, die dann unkontrolliert im Alter hervordränge. Allen diesen Frauen fehle der Reiz des Weiblichen, so Schwann, es glühe in ihnen ein »rein geschlechtliches Fieber, das jeglicher ›Keuschheit‹ Hohn« spreche.[19] Eine solche Aggression mußte Emilie als gegen sich gerichtet interpretieren. Wer, wie Ricarda Huch und viele andere, von ihrer Liebe zu Schwann wußte, erkannte sofort, daß Emilie gemeint war; es war dies eine Kränkung, die über ihr berufliches Desaster noch hinausging, und die sie zweifelsohne tief verletzte.

Emilie Kempin konterte, indem sie den Essay Schwanns in einer kurz darauf veröffentlichten Entgegnung zerpflückte. Der Mangel an Polemik verrät eine fast beängstigende Kontrolle über ihre Emotionen. Nur nicht dem Gegner weiter Munition liefern, um sich noch mehr zu schwächen! scheint ihr Gedanke gewesen zu sein. Sie erinnert daran, daß gerade Studentinnen viel mit Männern im Studium zusammenkommen und es daher unsinnig wäre, ihnen eine Trennung vom anderen Geschlecht zu unterstellen. Und schließlich: »Die Frau, welche diese Bezeichnung (›geistig‹) verdient, kann wohl von der Sinnlichkeit ergriffen sein, aber nur als Begleiterscheinung eines Gefühls, das auch noch andere Seiten ihres Wesens umfaßt.«[20]

In Berlin war Kempin vermutlich als Expertin für internationale Rechtsprobleme tätig. Sie soll Vorlesungen an einer Volkshochschule und Vorträge gehalten haben und regte zur Gründung von Frauenrechtsschutzvereinen an. Doch auch hier gab es Spannungen, die ihr zusetzten.

»Weil ich mich von den extremen Frauenrechtlerinnen schon seit Jahren zurückgehalten resp. mich gegen ihre Forderungen auf dem Boden der Gesetze ausgesprochen hatte, ist es mir schon in Zürich und Berlin in der letzten Zeit nach meiner Ortsveränderung finanziell schlecht gegangen ...«

Warum setzt sie sich von den »extremen Frauenrechtlerinnen« ab? Wir wissen, daß sie keine Gegnerin der Sache der Frauen war. So schrieb sie beispielsweise 1892 eine Broschüre über die Stellung der Frau nach den damals gültigen Gesetzesbestimmungen. Die Frauenrechtlerin Marie Stritt kritisierte daran, daß die Schrift sich nicht für Agitationszwecke eigne.[21] Eine solche Kritik ließ sie für viele engagierte Frauen als eine eher neutrale Instanz erscheinen, die sich nicht für Frauen einsetzte.

Emilie Kempin wollte von ihrer beruflichen Stellung her nur bedingt ideologisch Partei ergreifen. Als Juristin war sie peinlich darauf bedacht, sich auf dem Boden der bestehenden Gesetze zu bewegen und auf diesem Boden Veränderungen zu erwirken. Den Frauen ging dies sicherlich nicht schnell genug, und sie verwechselten Kempins Vorsicht mit Zögerlichkeit.

Aber es ist nicht nur berufsbedingte Zurückhaltung, die bei Kempin die Feder führt. Wer ihre Schriften zur Frauenfrage heute liest, ist irritiert, denn es mischt sich durchaus Fortschrittliches mit muffig-konservativem Gedankengut, und es fällt schwer, ihren politischen Standpunkt herauszufinden.

Auf der einen Seite wirkt sie mit ihrer Forderung nach Zugang zu Bildung und Beruf für Frauen geradezu modern. Es ist, als spräche sie dabei aus voller Seele für sich selbst: »Entweder man läßt die unversorgten Frauen leben und konkurrieren und öffnet ihnen dazu alle Wege, oder man spricht ihnen die Existenzberechtigung ab... Wir können und dürfen für die Zukunft nur noch eine Schranke der weiblichen Berufsthätigkeit anerkennen, die des individuellen Nichtkönnens.«[22] Sie fordert auch gleichen Lohn für gleiche Arbeit sowie eine Reorganisation des Mädchenschulwesens, die Einrichtung von Frauenhochschulen und die rückhaltlose Öffnung der Universitäten: »Der Bildungstrieb des Menschen läßt sich doch nicht eindämmen.« Auf diese Weise wäre es Frauen möglich, das Studium jederzeit abzubrechen oder aufzunehmen, je nach den familiären Anforderungen, »und tausende von Frauen, die nicht weiter studieren, hätten einen Fond von tüchtigem Wissen, der ihnen in oder außer der Ehe die reinsten Freuden erschließt«.[23]

Andererseits entwickelt sie Vorstellungen, die so manche Frau gegen sie aufbrachten. So tadelt sie diejenigen Frauen, die nach der Eheschließung ihren Beruf aus »Laune, Bequemlichkeit, Ehrsucht und dergleichen« fortsetzen. Sie begrüßt die Forderung nach Gütertrennung in der Ehe, fügt aber hinzu: »Auf der anderen Seite aber kann ich mich, je tiefer ich ins Leben hineinsehe, den Erwägungen der Gesetzgeber nicht verschließen, daß heute noch nicht vorausgesehen werden kann, ob diese Selbständigkeit von der Mehrzahl der Frauen gewünscht wird.« Sie kann sich auch nicht mit der Forderung der Frauenvereine anfreunden, wonach Väter und Mütter über ihre Kinder die gleichen Rechte haben und im Streitfall das Vormundschaftsgericht entscheiden soll: »Welche Wirkung das auf den Bestand der Ehen, namentlich aber auf die Erziehung der Kinder hätte, läßt sich leicht denken: jede väterliche oder mütterliche Autorität müßte schwinden, wenn die Kinder wissen oder merken, daß es über den Eltern und ihren erziehungsrechtlichen Entscheidungen noch einen höheren Richter giebt.« Und was sollten die Frauenvereine von ihrer Ansicht halten, nur das kommunale, nicht aber das allgemeine Stimmrecht für Frauen einzuführen? Sie setzt sich für eine Harmonisierung der Konflikte zwischen den Geschlechtern ein und hält es für überflüssig, daß Frauen sich eigene Rechte politisch erkämpfen. Ihr Drang, Konflikte zu glätten, wird in ihrer Vision einer neuen Welt deutlich, in der sie allein den Frauen zumutet, gesellschaftliche Konflikte zu lösen: »Die oberste Norm für das Handeln der Frauen muß demgemäß derart sein, daß auf die Entwickelung ihrer Persönlichkeit Rücksicht genommen und gleichzeitig die Interessen der Familie und die in letzterer wurzelnde Stellung der Frau nicht aus den Augen verloren wird. Beides läßt sich vereinigen, wenn schon bei der Erziehung auf beides geachtet wird. Wir müssen das Leben der jungen Mädchen durch Thätigkeit und Erkenntnis bereichern, sie so erziehen, wie wenn sie niemals eine Familie gründeten und doch so, daß sie den Anforderungen, welche die Familie an sie stellt, vollkommen gewachsen sind.«[24]

Diese Mischung aus logischem Denken und pastoraler Meinungsbildung machte es vielen schwer, sich mit ihren Gedanken anzufreunden. Es lag ihr nicht, Verbündete im politischen Kampf zu suchen. Ihre Überzeugungen, die aus verschiedenen politischen Lagern stammten, ließen sie als wankelmütig erscheinen – etwas, was sie nicht war.

»Ich bin vollkommen mittellos und alleinstehend; von meinem Manne schon seit Jahren getrennt, meine Kinder sind in der Welt herum zerstreut, meine Beziehungen zu Freunden und Verwandten abgebrochen.«

Brüche, gescheiterte Ansätze, kritische Stimmen von allen Seiten, eine zerstörte Familie, das Fehlen einer emotionalen Verankerung, und über allem die ständige finanzielle Not: In diese Zeit, nach nur drei Jahren seit der Trennung von Zürich und der Familie, fällt ein Nervenzusammenbruch, der zu ihrer Einlieferung in eine Anstalt in Berlin-Lankwitz führte. Die Tochter erinnert sich, daß es so gut wie nicht gestattet war, die Mutter zu besuchen.[25] Da ihre Kleider konfisziert waren, brach Kempin, nur notdürftig mit einem Mantel über ihrem Unterrock bekleidet, aus der Anstalt aus und fuhr zu Bekannten. Diese rieten ihr, nach Zürich zu gehen und sich dem Psychiater Auguste Forel anzuvertrauen.

Da kein Platz in Zürich frei war, stimmte Emilie Kempin 1899 der vorläufigen Einweisung in die Anstalt Friedmatt in Basel zu. Dort war sie von der Umwelt abgeschnitten; keiner nahm auf ihren Wunsch nach rascher Überweisung Rücksicht. Sie schrieb mehrere Gesuche um Verlegung an den Regierungsrat in Zürich:

»Sie werden sich meiner und meiner Bitte, mich nach Zürich zu nehmen, wohl noch erinnern. Ich will unter allen Umständen hier weg, in meinen Heimatkanton. Gegebenenfalls würde ich mich beim Bundesgericht beklagen. Ich weiß, daß Sie Kantonsangehörige aufnehmen müssen. Die Versorgung im Februar 1899 von Berlin hierher habe ich natürlich nur als einen momentanen Notbehelf, bis Sie mir in Zürich Platz gemacht haben, hinnehmen können. Da seit meinem letzten gleichen Gesuch an Sie 1 Jahr und 2 einhalb Monate verstrichen sind, darf ich mit gutem Grund auf eine sofortige Transportierung nach Zürich rechnen.«[26] Ihre Briefe wurden nicht abgeschickt. Auch ihr Gesuch um eine Anstellung als Dienstmagd, das sie kurz nach der Einweisung schrieb, wurde von der Anstaltsleitung zurückgehalten. Wie verzweifelt sie war, zeigt sich daran, daß sie aus der Anstalt ausbrach und nochmals verlangte, daß man sie ins Zürcher Burghölzli einweise.

Die von der Schriftstellerin und Feministin Hedwig Dohm in ihrer Novelle *Werde, die du bist* stammende Beschreibung einer Irrenanstalt als eines Ortes der Rettung (»Hier ... war ich weniger irre als während meines ganzen früheren Lebens. Großes habe ich gedacht, Herrliches geschaut. Träume und Visionen sind ja auch Leben.«)[27] erfuhr Kempin nicht. Sie wollte sich in der Realität bewähren, es gab für sie keine Scheinwelt, in der sie das Dasein ausblenden konnte. Selbst der Beruf einer Dienstmagd schien ihr annehmbar im Vergleich zu der vernichtenden Anstaltsatmosphäre.

Ihre Zeit lief ab; ein Krebsgeschwür hatte sich gebildet, das wahrscheinlich zu spät erkannt wurde. Sie starb am 12. April 1901.

Wer bestimmte eigentlich, daß sie krank war? Von einer Geisteskrankheit ist nirgends etwas zu spüren. Es handelte sich vermutlich um einen nervlichen Zusammenbruch. Die Gründe werden in vielerlei Ursachen zu finden sein, und nicht, wie jüngst gemutmaßt wurde, in eigener Unfähigkeit. (»Niemand ist ihr beim Maßhalten beigestanden – sie hat sich vermessen und ist daran zerbrochen.«)[28] Eher ist Hasler zuzustimmen, die in der Doppelbelastung den eigentlichen Grund ihres Zusammenbruchs vermutet. Wahrscheinlich traf – wie so oft bei psychischer Zerrüttung – ein Bündel von Ursachen brennpunktartig zusammen, die eine Art Kurzschluß bewirkten. Nicht nur die ständige finanzielle Not hat sie zermürbt, der Kampf um das Überleben, sondern ihre Heimatlosigkeit im realen wie im übertragenen Sinn. Die »kleingewachsene

Frau mit angenehmen Gesichtszügen, die mit großer Begeisterung spricht«[29], hatte keinen emotionalen Ort, wo sie sich trösten und regenerieren konnte, wo sie ihre Stellung als exotischer Sonderling mit Gleichgesinnten verarbeiten konnte. Vielleicht war dies in New York möglich gewesen – aber für den Preis des leidenden Ehemannes. Nun, wo sie von ihm getrennt war, fand sie dennoch keine Stätte, wo ihr Mitgefühl und Empathie entgegengebracht wurde. Die Frauenbewegung hatte sich von ihr abgewandt, die etablierte Welt der Männer hatte mit ihr erst recht nichts im Sinn. Von dem Partner und den Kindern war sie getrennt, auf einen festen Freundeskreis konnte sie nicht bauen, eine berufliche Existenz war ihr verwehrt, ihre finanzielle Situation ruinös. Es war nur ein kleiner Schritt zum psychischen Kollaps, zum Wunsch, sich in einer Anstalt unter Ausschluß der Umwelt zu erholen. Wohl dachte sie daran, anschließend mit frischen Kräften einen erneuten Versuch zu wagen, doch mit dem Eintritt in die Anstalt war diese Möglichkeit verspielt.

Aber die Einweisung ist nicht das Ungeheuerliche, sondern der Zwang, sie dort zu behalten und zu pathologisieren. Kempin wurde zu einer Zeit eingewiesen, als die Selbstaufgabe der Frau für Ehe und Haushalt hoch im Kurs stand. Alles, was dazu im Widerspruch stand, wurde als ein Mangel hingestellt. Je mehr Frauen aus der Familie drängten und sich aus der Mühle von Schwangerschaft, Geburt und Haushalt zu befreien suchten, um so hysterischer erklangen die medizinischen »Theorien« und Disziplinierungsversuche, die die Frau als nervlich minderwertig hinstellten und ihren Körper als per se krank definierten.

»Die Frau ist, was sie ist, wegen ihrer Gebärmutter allein«, verkündete ein amerikanischer Arzt Ende des 19. Jahrhunderts.[30] Emilie Kempin hatte die Aufgaben der Frau erfüllt, ihre Gebärmutter hatte ihre Pflicht getan, sie hatte sich den sexuellen und familiären Anforderungen gestellt, doch ihr Wille, berufstätig zu sein, war der große Mangel, der einer Strafe harrte. Es ist erstaunlich, daß sie selbst in der Anstalt die »self-fulfilling prophecy« nicht auf sich nahm und auf ihre Pathologisierung nicht mit psychischen Krankheitssymptomen antwortete. Die Klarheit der Diktion ihrer Bewerbung als Magd verrät somit trotz demütiger Bereitwilligkeit, niedrigste Arbeiten zu verrichten, zugleich die Kraft einer widerständigen, stolzen Natur.

Emilie Kempin durchbrach alle Schranken, die das Leben einer gutbürgerlichen Frau um die Jahrhundertwende umgaben. Bereits die Wahl ihres Ehepartners offenbart ihren Konflikt. Sie heiratete einen Mann, der auf der einen Seite ihren emanzipatorischen Zielen aufgeschlossen gegenüberstand, ihr aber auf der anderen Seite keinen Schutz bieten konnte. Sie mußte daher selber eine soziale Sicherung erstreben und Eigenschaften entwickeln, die dem Bild von der Frau damals entgegenstanden. Sie entsprach mit dem Studium, dem Eröffnen von Büros, den Reisen in die USA, den Vorträgen und Publikationen nicht den Erwartungen, die an Frauen gestellt wurden. Eine Frau, die öffentlichen Raum für sich beanspruchte, war in sich eine Provokation, der man nur mit Ausgliederung und Pathologisierung begegnen konnte.

»(Meine Verwandten) haben sich meines Studiums der Jurisprudenz wegen schon seit 15 Jahren von mir abgewandt.«

Die patriarchale Gesellschaft hat sich mit Juristinnen stets besonders schwergetan. Ein Vergleich mit anderen Fachrichtungen zeigt den Unterschied. Die erste Schweizer Ärztin, Marie Heim-Vögtlin, eröffnete bereits 1874 ihre erste Praxis, Karoline Farner folgte 1877. Medizin war mehr eine Sache der Moral: Die Gefahr, daß die Frau beim Anschauen männlicher Nacktheit oder bei der Beschäftigung mit genitalen Erkrankungen die Grenze des Züchtigen überschritt, plagte die männlichen Kollegen am meisten. Bei der Jurisprudenz drohte Gefahr von weitaus problematischerer Seite, wagte doch eine Juristin, an der gesellschaftlichen Vormachtstellung des Mannes zu rütteln, indem auch sie Kompetenz für Rechtsgebung und Rechtsauslegung für sich beanspruchte.

Männliche Akademiker spannten Ende des 19. Jahrhunderts ein dichtes Netz scheinbar wissenschaftlicher Erkenntnisse, um die Frauen vom Jurastudium abzuhalten. Ein Professor für Geschichte, Heinrich von Sybel, pries 1870 die Überlegenheit von Frauen auf dem Gebiet der Gärtnerei und der Krankenpflege, aber er »schüttelte sich« vor einem weiblichen Advokaten. Der Nationalökonom Lorenz von Stein war zwar entzückt von weiblichen Literaten und Künstlerinnen, die, so von Stein, »uns so oft die schweren Stunden versüßen und das Herz erwärmen...«; am Richtertisch hörte für ihn jedoch die Frau auf, Frau zu sein. Den Grund lieferte er gleich mit: »Sie kann hierbei nicht Gattin und Mutter sein.« Ein Herr von Nathusius behauptet in seiner Schrift *Die Frauenfrage*: »Logisches Denken, Abstraktion, System... ist ein für allemal nicht Sache und Stärke der Frauen; und dies ist nicht Ergebnis ihrer

Bildung, sondern tiefste Organisation ihrer Anlage. Es ist lauter Güte Gottes.«[31]

Nicht zufällig schritten die juristischen Änderungen zugunsten der Frau mit zäher Langsamkeit voran. Noch 1900 war dem Ehemann gestattet, seine Frau zu züchtigen, und die Ehefrau besaß kein Mitsprache- oder Entscheidungsrecht über ihre Kinder (dies änderte sich erst 1958). Es ist auch kein Zufall, daß 1933 alle Richterinnen entlassen, und von 1935 an keine Anwältinnen mehr geduldet wurden. 1950 existierte in der vorläufigen Fassung des Beamtenrechts noch immer die Zölibatsklausel. Frauen konnten entlassen werden, wenn sie heirateten, hier schützten sie auch lange Berufsjahre nicht. Ohne die Arbeit von Juristinnen wie Elisabeth Selbert, Maria Hagemeyer, Marie-Elisabeth Lüders und Elisabeth Schwarzhaupt, die nach 1945 an der Erarbeitung des Grundgesetzes und der Überarbeitung des Bürgerlichen Gesetzbuches beteiligt waren, gäbe es kein verändertes Güterrecht, das der Frau die Zugewinngemeinschaft ermöglicht, und es gäbe vor allem nicht den Artikel im Grundgesetz, der Frauen als »gleichberechtigt« bezeichnet.

Es waren somit die Juristinnen, denen wir die juristische Gleichstellung der Frau zu verdanken haben. Emilie Kempin gehört zu ihnen, wenn auch ihr Weltbild konservativ gefärbt war. Rückblickend war sie aber in bestimmten Grundforderungen durchaus radikal und konsequent.

Der Impuls, mehr über Emilie Kempin zu erfahren, ist auf das Musikhörspiel *Sehr geehrter Herr* der in der Schweiz lebenden Komponistin Patricia Jünger zurückzuführen, das diese 1986 schrieb und das mich auch nach mehrmaligem Hören nachhaltig berührte.[32]

Das Stück, das das Bewerbungsschreiben Emilie Kempins in den Mittelpunkt stellt, läßt einen nicht so schnell wieder los. Zu Beginn wird der Wortlaut des Briefes von einer Frauenstimme verlesen. Hinzu kommt ein spöttisch kommentierender Sprechchor, später eine Singstimme. Das Ganze ist von elektronischen Klängen unterlegt.

Kaum haben wir den Inhalt des Briefes vernommen, werden Satzteile herausgelöst, zerhackt oder gebetsmühlenartig repetiert. Allein zu Beginn wird die Stelle »seit Jahren getrennt« zweiundzwanzigmal wiederholt. Was sich zunächst wie eine phonetische Spielerei anhört, erweist sich bald als eine Konzentration auf das

Wesentliche. In der Phase »Ich erlaube mir ergebenst« wird die Demütigung einer Frau bewußt, die sich einer männlichen Welt angepaßt hat, daran scheitert, dennoch aber die Spielregeln der Konvention einhält. »Ich bin die Tochter des...« »Ich bin die Tochter des...« entlarvt in der Wiederholung das Skandalöse einer hochqualifizierten Frau, die zu einem namenlosen Nichts verkommen ist und sich nur noch über den Vater identifizieren kann.

In der ersten Viertelstunde wird das Material exponiert; mit Ausnahme der elektronisch erzeugten, reibenden Sekundklänge bleibt die seelische Ebene bedeckt. Das ändert sich, als die Stimme Emilie Kempins in verzweifeltes Schreien übergeht, das sich zum Gebrüll steigert. Emilie Kempins Bescheidenheit wandelt sich im Laufe des Stücks zur Aggressivität; die im Brief zur Schau gestellte Ehrerbietigkeit wird durch ihre harte und böse Stimme konterkariert. Auf der Skala zwischen tiefer Bescheidenheit, Trauer, Bitterkeit, Verzweiflung und haßerfüllter Aggressivität offenbart sich das Leid dieser Frau. Wer sich diesen Steigerungen aussetzt, erfährt fast physisch den Zustand Emilie Kempins, das reale und psychische Eingesperrtsein in einem Labyrinth, aus dem es trotz Bittbriefen und Hilfeschreien kein Entrinnen gibt.

»Meine Ansprüche sind von Hause und Natur aus sehr bescheiden, außerdem aber sehe ich meine mittel- und existenzlose Lage zu klar ein, als daß ich mich nicht allem willig und fröhlichen Herzens unterziehen würde. Ich bin mit einem Monatslohn von 10 frs. zufrieden, halte aber eventuell auch daran nicht unter allen Umständen fest, wenn Ihre schutzbefohlene Familie vorziehen sollte, mich erst einen Monat auf Probe ohne Lohn zur Hülfe zu nehmen.

Wenn Ihnen, wie ich vermute, meine Abstammung und Herkunft nicht unbekannt sind, ich bin die Tochter des Herrn alt Pfarrer Spyri, so bitte ich Sie höflich, mich der betreffenden Familie zu empfehlen.

Hochachtungsvoll ergebenst
Frau Dr. Emilie Kempin.«

1 Kempin, Emilie: »Emancipation und Ehmancipation«, in: *Die Gesellschaft* XII H. 9/1896, S. 1131.

2 Brief E. Kempins, verfaßt in der Irrenanstalt bei Basel. Der volle Wortlaut des Briefes ist abgedruckt in: Woodtli, Susanna: *Gleichberechtigung. Der Kampf um die politischen Rechte der Frau in der Schweiz*, Frauenfeld 1975. Der Brief ist im folgenden in Schrägschrift abgedruckt, auf eine weitere Quellenangabe wird verzichtet.

3 Hasler, Evelyn: *Die Wachsflügelfrau. Geschichte der Emily Kempin-Spyri*, Zürich, Frauenfeld 1991, S. 5. Nach Auskunft der Autorin, der ich zu Dank verpflichtet bin, sind die bei ihr verwendeten Zitate sämtlich belegbar.

4 Stadler-Labhart, Verena: *Erste Studentinnen der Rechts- und Staatswissenschaften in Zürich*, Zürich 1981, S. 84. Im Lexikon der Frau, Zürich 1954, wird die Schrift von Agnes E. Kempin: »Die erste Schweizer Juristin«, angekündigt; diese Schrift ist nie erschienen.

5 Zit. b. Hasler, S. 79 f.

6 Kempin: Anmeldung zum Examen, Brief an das Dekanat vom 31. 5. 1887, zit. b. Stadler-Labhart, S. 94.

7 A.a.O.

8 In: *Schweizer Frauen-Blatt* Nr. 30 v. 24. 7. 1898, zit. bei Stadler-Labhart, S. 74, sowie Hasler, S. 167.

9 Zit. b. Stadler-Labhart, S. 107.

10 Zit. b. Woodtli, S. 230.

11 In: *Schweizerischer Verband der Akademikerinnen* (Hg.): S. 311.

12 Zit. b. Hasler, S. 231.

13 Kempin, Emilie: »Grenzlinien der Frauenbewegung«, in: *Jahrbuch für Gesetzgebung, Verwaltung und Volkswirtschaft*, 21. Jahrgang. 1897, S. 75.

14 Kempin, Agnes Emilie, zit. b. Stadler-Labhart, a.a.O., S. 95.

15 *New York Times* v. 6. 8. 1889, zit. b. Hasler, S. 151 f.

16 Vgl. Fried Block, Adrienne/Neuls-Bates, Carol (Hg.): *Women in American Music – a Bibliography of Music and Literature*, Westport, London 1979; Allen, Doris: »Women's Contributions to Modern Piano Pedagogy«, in: Zaimont, Judith L., u. a. (Hg.): *The Musical Woman. An International Perspective*, Bd. II. New York 1987, S. 421.

17 Zit. b. Hasler, S. 250.

18 Stritt, Marie: »Rechtskämpfe«, in: Lange, Helene/Bäumer, Gertrud (Hg.): *Handbuch der Frauenbewegung*, Bd. 2. Berlin 1901, S. 136.

19 Schwann, Mathieu: »Zur Frauenemancipation«, in: *Die Gesellschaft* H. 8 (1896), XII. Jg. 1896, S. 990-999.

20 Kempin: »Emancipation und Ehmancipation«, a.a.O., S. 1131.

21 Stritt, a.a.O.

22 Kempin: »Grenzlinien der Frauenbewegung«, in: *Jahrbuch für Gesetz-gebung, Verwaltung und Volkswirtschaft*, 21. Jg. 1897, S. 55.
23 Kempin: »Grenzlinien«, a.a.O., S. 74 und 75.
24 Kempin: »Grenzlinien«, a.a.O., S. 57, 60, 61 und 73.
25 Zit. bei Delfosse, Marianne: Lebenslauf von Emilie Kempin-Spyri. Unveröffentl. Manuskript, 1987.
26 Zit. b. Hasler, S. 245.
27 Vgl. »Erst im Wahnsinn zu sich selber finden – Hedwig Dohm«, in: *Tages-Anzeiger* vom 25.7.1989. Ich danke Frau Stadler für diesen Hinweis.
28 Stadler-Labhart, S. 99.
29 *New York Times* v. 5. 10. 1889, zit. b. Hasler, S. 172.
30 Heintz, Bettina/Honegger, Claudia: »Zum Strukturwandel weiblicher Widerstandsformen im 19. Jahrhundert«, in: dies. (Hg.): *Listen der Ohnmacht. Zur Sozialgeschichte weiblicher Widerstandsformen*, Frankfurt/M. 1981, S. 34.
31 Zit. b. Twellmann, Margrit: *Die deutsche Frauenbewegung*, Kronberg 1976, S. 204.
32 »Sehr geehrter Herr...« wurde vom Südwestfunk Baden-Baden pro-duziert.

Literatur

Fried Block, Adrienne/Neuls-Bates, Carol (Hg.): *Women in American Music – a Bibliography of Music and Literature*, Westport, London 1979

Delfosse, Marianne: Lebenslauf von Emilie Kempin-Spyri. Unveröffentl. Manuskript, 1987

Hasler, Evelyn: *Die Wachsflügelfrau. Geschichte der Emily Kempin-Spyri*, Zürich, Frauenfeld 1991

Heintz, Bettina/Honegger, Claudia: »Zum Strukturwandel weiblicher Widerstandsformen im 19. Jahrhundert«, in: dies. (Hg.): *Listen der Ohnmacht. Zur Sozialgeschichte weiblicher Widerstandsformen*, Frankfurt/M. 1981

Kempin, Emilie: »Emancipation und Ehmancipation«, in: *Die Gesell-schaft* XII H. 9/1896

Kempin, Emilie: »Grenzlinien der Frauenbewegung«, in: *Jahrbuch für Gesetzgebung, Verwaltung und Volkswirtschaft*, 21. Jg. 1897

Schwann, Mathieu: »Zur Frauenemancipation«, in: *Die Gesellschaft* H. 8 (1896), XII. Jg. 1896

Stadler-Labhart, Verena: *Erste Studentinnen der Rechts- und Staatswis-senschaften in Zürich*, Zürich 1981

Stritt, Marie: »Rechtskämpfe«, in: Helene Lange/Gertrud Bäumer (Hg.): *Handbuch der Frauenbewegung*, Bd. 2, Berlin 1901

Twellmann, Margrit: *Die deutsche Frauenbewegung*, Kronberg 1976, S. 204

Verein Feministische Wissenschaft Schweiz (Hg.): Ebenso neu als kühn. 120 Jahre Frauenstudium an der Universität Zürich. Zürich 1988

Woodtli, Susanna: *Gleichberechtigung. Der Kampf um die politischen Rechte der Frau in der Schweiz*, Frauenfeld 1975

HELENE VON DRUSKOWITZ
1856-1918

»Die geistige Amazone«[1]

Von Hinrike Gronewold

»Schon seit ihrer Jugend hegt sie den Gedanken, daß sie einem fürstlichen Geschlecht entsprossen sei. Die Verehrung, die ihr von allen Seiten entgegengebracht wird, Andeutungen der Mutter und ihrer Umgebung bestärken sie darin. – Im Traum erfährt sie, ihr wirklicher Vater werde ihr in nächster Zeit erscheinen. – Schon seit längerer Zeit nervös, durch geistige Anstrengung erschöpft –, aufgeregt durch den sexuellen Verkehr mit einer ihr befreundeten Opernsängerin. Häufig schlaflos, trotzdem sie bereits Trional einnimmt. Anfangs Februar bereits Gehör- und Gesichtshalluzinationen. Es erscheint ihr als Schatten – ihr Vater, Fürst Ventravin, sie unterhält sich mit ihm in langem Gespräch ... Sie hört und sieht fortwährend ihre Geliebte, die Sängerin Therese Malten, sie ruft ihr Angenehmes und Unangenehmes zu, gibt ihr symbolische Zeichen, quält sie mit Eifersucht etc.

Am 30. 1. sieht sie Gestalten bei allen Türen eindringen, den Fürst Ventravin, ihr Vater, ihre Mutter, die Brüder, es entspinnt sich zwischen ihnen eine lebhafte aufregende Familienscene, sie fühlt sich dadurch beängstigt und beunruhigt –, es gelingt ihr die Visionen, dadurch daß sie das Kreuz schlägt mit den Worten: ›sub hoc signo vincas!‹ zu verscheuchen ... In derselben Nacht dringt die Sängerin! wie ein erotischer Wahnsinn auf sie ein, sie fühlt sich mit ihr vereinigt – mit ihr eine Wesenheit, hört ihre Stimme aus sich herausreden, ihr die widersprechendsten Dinge zurufen. Am nächsten Tag wieder lebhafte Gesichts Hallucinationen ... Schlangenknäul massenhafte Vögel Schmetterlinge pfeilschnell an ihr vorüber schießend, Geruchshallucinat. glaubt überall Leuchtgas zu riechen, fürchtet damit vergiftet zu werden, lebhafte Angst, sie ringt nach Athem, läuft aus dem Zimmer, schreit, reißt sich die Kleider vom Leibe, wälzt sich am Boden, wirft Mengen von Speichel aus, die Stimme ruft ihr zu spucken hieher, daher – man übergibt sie daraufhin am 3. 2.[2] dem Dresdener Siechenhaus ...«[3]

Die Patientin, nach deren Angaben dieses Protokoll am 7. Juni 1891 angefertigt wurde, war Dr. phil. Helene von Druskowitz, 35 Jahre alt, ledig, die bekannte und geachtete Geisteswissenschaftlerin. Als gebürtige Wienerin wurde sie von Dresden aus zuständigkeitshalber in eine psychiatrische Anstalt nach Wien gebracht, von dort aus in die *Kaiser Franz Joseph-Heil- und Pflegeanstalt Mauer-Oehling*. Am 7. Juli 1891 wurde sie wegen Wahnsinns entmündigt. 27 Jahre verbrachte Helene von Druskowitz in den Heilanstalten Mauer-Oehling und Ybbs. Am 31. Mai 1918 starb sie in Mauer-Oehling.

Geboren wurde Helene von Druskowitz am 2. Mai 1856 in Hietzing bei Wien. Sie war das jüngste von drei Kindern und das einzige Mädchen. Ihr Vater starb früh an einer Lungenentzündung. Der Name des Vaters wird in Helenes Krankengeschichte mit Lorenz Druskowitz angegeben, während sich im Nachschlagewerk *Wer ist's* aus den Jahren 1905-1912 die Angabe findet, ihre Mutter habe Madeline von Biba geheißen und ihr Vater Fraune Druskowitz und er sei »Kaufmann, Gutsbesitzer und Kunstmäzen«[4] gewesen.

Vermutlich wollte Helene von Druskowitz ihre ZeitgenossInnen mit der Erfindung von unabhängig lebenden Eltern mit phantasievollen Namen beeindrucken. So muß wohl auch ihre eingangs zitierte Behauptung in Mauer-Oehling gesehen werden, sie sei die uneheliche Tochter eines bulgarischen Fürsten namens Tedesco Ventravin. Einige Jahre später sprach Helene von Druskowitz in der Heilanstalt gelegentlich von ihrer Mutter, schaffte aber ihren Vater ganz aus der Welt, indem sie erklärte, sie sei auf übernatürliche Weise gezeugt worden.

Helenes Mutter besaß offenbar auch nach dem Tod ihres Ehemanns genug Geld, um nicht nur ihren beiden Söhnen, sondern auch ihrer Tochter eine Ausbildung zu ermöglichen. Helene entschied sich zunächst für die Musik, wurde am Wiener Konservatorium zur Pianistin ausgebildet und absolvierte 1873 das Abschlußexamen im Klavierfach. Gymnasien waren zu der Zeit den

Jungen vorbehalten; da Helene jedoch die Musik nicht genügte, bekam sie Privatunterricht und konnte so 1874 als Externe am *Piaristen-Gymnasium* in Wien das Abitur machen. Im gleichen Jahr übersiedelte sie mit ihrer Mutter nach Zürich. An der dortigen Universität waren Frauen seit 1867 zum Studium zugelassen.

Helenes Bildungshunger und Ehrgeiz waren in ihrem Elternhaus nie eingeschränkt worden. In ihrem 1889 erschienenen autobiographischen Einakter *Unerwartet* schrieb sie darüber: »*Seit deiner Kindheit warst du ein Gegenstand der Auszeichnung und der Stolz deiner seligen Eltern. Du warst noch ein ganz kleines Püppchen, als es keinen Berg noch Fluß mehr gab, der nicht zugleich in deinem schwarzgelockten Haupte existiert hätte. Sämtliche Helden und Heldinnen der Geschichte lebten in demselben fort, Schlachten tobten weiter und zugleich warst du souveräne Kennerin des Tier-, Pflanzen- und Mineralreiches. Alle nannten dich Wunderkind ...*«[5]

An der Universität empfand Helene von Druskowitz sich und ihre Kommilitoninnen als rühmliche Ausnahmen unter den Studenten, von denen die meisten aufgrund von Familientraditionen die akademische Laufbahn eingeschlagen hatten, um eine schon vorausbestimmte gesellschaftliche Position zu erreichen, während die Studentinnen allein aus freiem Willen das Studium gewählt hatten, das für sie ein Abenteuer mit ungewissem Ausgang war. Helene von Druskowitz studierte Philosophie, Archäologie, Orientalistik, Germanistik und moderne Sprachen und war nach der Russin Stefania Wolicka die zweite Frau, die in Zürich zum Doktor der Philosophie promovierte, mit einer Abhandlung über Byrons *Don Juan*. Das Interesse für romantische Utopien und für VertreterInnen der englischen Romantik, das auch in späteren Arbeiten von Helene von Druskowitz immer wieder deutlich wird, teilte sie mit vielen frauenbezogenen Frauen ihrer Generation.[6]

Elf Jahre nach ihrem Studienabschluß griff Helene von Druskowitz in ihrer Komödie *Die Emanzipationsschwärmerin* das Kapitel Frauenstudium wieder auf. Sie kritisierte jedoch nicht die GegnerInnen des Frauenstudiums, sondern attackierte jene Frauen, die ohne wirkliches Interesse an die Universität gingen, dort mit konfusen Reden über die Frauenfrage Unruhe stifteten und lediglich versuchten, die Aufmerksamkeit der Männer zu erregen. Die positive Heldin der Komödie ist die Medizinstudentin Dora Hellmuth, die sich aufgrund ihrer Leistungen und ihres ernsthaften würdigen

Betragens allgemeiner Beliebtheit erfreut und so auch ungehindert zur Ärztin avancieren kann. Dora Hellmuth, deren Initialen sie wiederum als Identifikationsfigur der Autorin ausweisen, widerspricht der Behauptung, über die Frauenfrage könne nie genug gesagt werden: »Mir jedoch scheint, wir Frauen müßten nun *handeln* und die Freiheit, die uns gewährt ist, nach Kräften benutzen. Jede, die Talent für ein bestimmtes Gebiet besitzt, suche es zu betätigen, denn nur dadurch, daß die Einzelne Talent zeigt, kann die Meinung von der Befähigung der Frauen im allgemeinen eine höhere werden... Lassen Sie einer Ärztin eine schwierige Operation, die Diagnose und Beseitigung einer komplizierten Krankheit gelingen, und sie wird die Frauenfrage weit mehr fördern, als es hundert öffentliche Reden zugunsten unseres Geschlechts tun werden.«[7]

Obwohl Helene von Druskowitz die Benachteiligungen von Frauen durchaus erkannte, hielt sie doch sehr lange an ihrer Überzeugung fest, Frauen könnten durch Beweis ihrer vielseitigen Fähigkeiten Diskriminierungen entgehen, womit sie, wie viele ihrer Zeitgenossinnen, die Männergesellschaft nachweislich überschätzte. Helene war keine Revolutionärin. Sie fühlte sich der Klasse der Gebildeten zugehörig und empfand keine andere Verpflichtung als die, sich unentwegt lernend geistig und seelisch zu vervollkommnen. Von allen, die ihre Bekanntschaft machten, wird sie als freundlich und liebenswürdig geschildert. Ihr ausgeprägtes Selbstwertgefühl äußerte sich nie in Form beleidigender Arroganz. Helene von Druskowitz war groß und kräftig, hatte blonde Haare und graue Augen. Äußerlich galt sie als wenig attraktiv. Louise von François bezeichnete sie als eine »stattliche Thusneldengestalt«.[8] Vielfach wurde ihr Verhalten als unweiblich bezeichnet, ihre Kleidung und ihre Frisur jedoch boten keinen Anlaß zur Beanstandung. Auch während ihres Aufenthaltes in Heilanstalten ist in ihrer Krankengeschichte immer wieder vermerkt, ihre Kleidung sei »geordnet«, und das einzige bis jetzt auffindbare Bild von Helene von Druskowitz zeigt sie in korrekter weiblicher Aufmachung.

Helene rauchte und trank Alkohol wie viele intellektuelle Frauen des 19. Jahrhunderts, für die Zigarren und Alkohol Symbole geistiger Unabhängigkeit waren.[9] Nicht nur George Sand, sondern auch Marie von Ebner-Eschenbach hatte eine Vorliebe für Zigarren, und die Schriftstellerin Betty Paoli beschwerte sich 1891 als 77jährige in einem Brief über die mangelhafte Wirkung von Medikamenten und erklärte: »Rotwein und Cognac haben auf die Länge doch die erwarteten Dienste geleistet.«[10]

Helene von Druskowitz machte nie ein Geheimnis daraus, daß sie Frauen liebte. So selbstverständlich es für sie war, daß Frauen die gleichen Rechte besitzen sollten wie Männer, so wenig wünschte sie, die Unterschiede zwischen den Geschlechtern zu verwischen. 1885 schrieb sie: »Wir suchen bei einer Frau nicht männliches Fühlen und Schaffen, aus der Tiefe des weiblichen Wesens soll sie schöpfen, um eine Poesie hervorzubringen, welche die natürliche Ergänzung zu den Offenbarungen des männlichen Genies bildet. Denn falsch ist der Ausspruch, daß das Genie kein Geschlecht habe.«[11] Und 1905, in den »Pessimistischen Kardinalsätzen«, empörte sie sich über die »häßliche Promiskuität von Männern und Frauen, die im Adel solch einen intensiven Charakter annimmt, so daß beide Geschlechter nur nach den Spitznamen unterschieden werden.«[12]

Unter »Ergänzung« verstand Helene von Druskowitz keinesfalls die geistige und körperliche Verschmelzung von Mann und Frau zu einem Ganzen. »Die Ehe ist keine Institution für begabte Frauen. Der begabte Mann mag in ihr einen Friedensport sehen, in dem er seine Kräfte erst recht sammelt und entfaltet; die begabte Frau zersplittert sich, und ich will meinem Talente leben.«[13]

Helene konnte sehr wohl die Geistesleistungen von Männern anerkennen und sogar bewundern und hatte auch im gesellschaftlichen Umgang mit ihnen keine Schwierigkeiten, was sie, zumindest in jungen Jahren, vom Vorwurf der erklärten Männerfeindin enthob. Als Liebesobjekte aber kamen Männer für sie nicht in Betracht.

Nach eigenen Angaben hielt Helene von Druskowitz im Anschluß an ihre Universitätszeit literarhistorische Vorträge in Wien, München, Basel und Zürich und lebte dann als freie Schriftstellerin in Wien und bei ihrer Mutter in Zürich. 1881 lernte sie die Dichterin Marie von Ebner-Eschenbach kennen, die sie zu einem Kuraufenthalt nach Bad Reichenhall einlud, wo Helene auch Louise von François kennenlernte, die sie mit Conrad Ferdinand Meyer bekannt machte.

Helene von Druskowitz gelangte in den Kreis der künstlerischen und intellektuellen Prominenz und in die literarischen Salons, in denen sie trotz – oder vielleicht auch wegen – ihres unkonventionellen Verhaltens auffiel und wegen ihrer fundierten Bildung und ihres scharfen Verstandes bewundert wurde.

1881 veröffentlichte Helene von Druskowitz die Tragödie *Sultanin und Prinz*, die von keinem Theater angenommen und auch von ihren FreundInnen abgelehnt wurde. Während C. F. Meyer darin immerhin »klugen, logisch geschulten Verstand« entdeckte, der Autorin aber »die äußerliche Gestaltungskraft« absprach, zeigte sich Louise von François moralisch entrüstet über die »Geschmacklosigkeit des Problems der Leidenschaft eines Eidams für seine alte Schwiegermutter«.[14]

Helene von Druskowitz wendete sich nach diesem Mißerfolg zunächst wieder der Literaturwissenschaft und der Philosophie zu. In einigen zeitgenössischen Nachschlagewerken wird sie auch als Musikkritikerin erwähnt. Es ist aber unwahrscheinlich, daß sie eine solche Tätigkeit ausgeübt hat. Sie spielte auch noch in der Heilanstalt gelegentlich Klavier, hat aber offenbar nie versucht, als Pianistin Karriere zu machen, und setzte sich in keiner ihrer Schriften mit Musik auseinander. Vielleicht war ihr, trotz ihrer Ausbildung am Konservatorium, das musikalische Talent abgesprochen worden, und sie hatte sich deshalb nicht weiter mit Musik beschäftigt, oder, da Helene bei aller Intellektualität sehr gefühlsbetont war, hatte sie vielleicht eine vor allem emotionale Beziehung zur Musik, durch die sie Empfindungen erlebte, die sie nicht in Worte fassen konnte und wollte.

1884 erschien im Berliner Verlag Robert Oppenheim das 387 Seiten starke Buch *Percy Bysshe Shelley* von Helene von Druskowitz. Louise von François befürchtete einen Mißerfolg für den »jungen Blaustrumpf... (der) sich ziemlich wagehalsig auf die steile und staubige Straße der Litterarhistorie lancirte...«,[15] aber C. F. Meyer gefiel die Arbeit. Er lobte sie in einer Rezension, die im *Magazin für die Literatur des In- und Auslandes* veröffentlicht wurde.[16]

In ihrem langen Essay, den Meyer als leicht und angenehm zu lesen und als »gewissenhafte Arbeit« bezeichnet, idealisiert Helene von Druskowitz Shelley als Mensch und Dichter, behandelt aber sein Leben und Werk nicht unkritisch und versucht, Shelleys erster Frau Harriet und seiner zweiten Frau Mary mehr Gerechtigkeit widerfahren zu lassen, als englische Biographen das bis dahin getan hatten. Am Ende des Buches weist sie auf eine Dichterin hin, mit der sie sich in der folgenden Zeit beschäftigte: »Shelley geistesverwandt ist auch Brownings Gattin, die geniale Elisabeth Barrett, und zwar durch die Schönheit ihrer Phantasie, durch die Subtilität ihrer Gedanken und die Neigung, moderne Ideen in antike Mythen zu kleiden...«[17]

Am 21. September 1884 schrieb Helene von Druskowitz über ihr neues Buch *Drei englische Dichterinnen* an C. F. Meyer: »Unter allen poetischen Gattungen steht mir die erzählende am Fernsten, was mich jedoch gleichwohl nicht verhindert hat, zu erkennen, daß Eliot die größte unter allen weiblichen Erzählerinnen sei. Meine Liebe gehört der lyrischen Dichterin Elisabeth Browning und ich glaube, daß der Aufsatz, den ich ihr gewidmet habe, noch der gelungenste ist. Sie verdiente eigentlich ein Buch und es wäre Zeit, daß man sie auch in Deutschland lesen und bewundern würde...«[18]

In ihrem Essayband setzt Helene von Druskowitz sich neben George Eliot und Elizabeth Barrett-Browning auch mit der schottischen Dramatikerin Joanna Baillie (1762-1851) auseinander und beweist mit der Analyse ihrer Dramen und ihres dramatischen Systems außerordentliches Verständnis und umfassende Kenntnisse über Möglichkeiten und Grenzen dramatischer Dichtungen. Die Aufsätze über die drei englischen Dichterinnen zeigen eine sehr sorgfältige und gründliche Beschäftigung mit ihren Biographien und Werken, die sowohl mit kritischer Distanz als auch mit subjektivem Engagement behandelt werden. Nicht nur diese, sondern alle Arbeiten von Helene von Druskowitz zeichnen sich aus durch ihre Fähigkeit, wissenschaftliches Material in lustvoll lesbarer und schriftstellerisch brillant bearbeiteter Form zu präsentieren und den Gegenständen ihrer Forschungsarbeiten Individualität zu verleihen.

Ihre Ablehnung der Ehe brachte Helene von Druskowitz auch in diesen Essays zum Ausdruck, indem sie über George Eliot schrieb: »Leider that sie in ihrer letzten Lebenszeit einen Schritt, über den selbst ihre wärmsten Verehrer nicht ohne Kopfschütteln hinwegkommen können. Nachdem der Tod die wichtigste Verbindung ihres Lebens gelöst, nachdem sie selbst schon längst eine Matrone geworden, entschloß sie sich, die Frau eines Herrn Walter Croß zu werden, allerdings keines unwürdigen Mannes...«[19] Und an Elizabeth Barrett-Brownings poetischem Roman *Aurora Leigh* kritisierte sie: »Aurora bereut, daß sie Romneys damalige Werbung nicht erhört, und macht die wahre Künstlerschaft beim Weibe abhängig von der Ehe. Nur das ›vollkommene Weib‹, also das Weib, welches seine natürliche Bestimmung in der Ehe erreicht, vermöge ein ganzer Künstler zu werden. Wir sind jedoch der Ansicht, daß die Dichterin, die ja hinter Aurora steht, den glücklichen Fall, in dem sie selbst sich befand, in einer der Erfahrung widersprechenden Weise zu einem allgemeinen Gesetze erhoben habe. Die Wahrheit liegt im Allgemeinen weit eher in Goethes Ansicht, daß die Ehe der Feind des weiblichen Talentes sei, und auch hierin bestätigt die Ausnahme die Regel. Fast alle hervorragenden Künstlerinnen, Dichterinnen und Schriftstellerinnen waren entweder unverehelicht oder schufen erst Bedeutendes, wenn die ehelichen Bande sich gelöst hatten...«[20] Die Ehe zwischen Elizabeth Barrett und Robert Browning nannte Helene von Druskowitz zwar »Das seltene Beispiel einer glücklichen Dichterehe«,[21] merkte jedoch an: »In späteren Jahren kam es mitunter vor, daß sie ihre Eigenart aufgab und unwillkürlich im Stile ihres Gatten schrieb, damit aber auch dessen Härten übernahm, die den allerunangenehmsten Gegensatz zu den ihr eigentümlichen und bei aller Kraft immer weichen und schmelzenden Tönen bilden.«[22]

Ohne Elizabeth Barretts Liebe zu Browning in Frage zu stellen, konstatierte Helene von Druskowitz aufgrund ihrer Untersuchungen von Barretts Frauengestalten mehrfach: »Sie liebte ihr Geschlecht.« Und sie beendete ihren Essay mit der Aussage: »Diese Zeilen sollten eine der größten Frauen aller Zeiten dem deutschen Leser näher bringen aber noch mehr der deutschen Leserin. Die Dichterin, welche von ihrem Geschlechte so hoch gedacht, ihm so manches schöne Denkmal geweiht, welche die edelsten Gefühle und Leidenschaften des Frauenherzens ausgeströmt und eine Poesie geschaffen, wie sie nur eine geniale und begeisterte Frau hervorzubringen vermochte, sie verdient alle Liebe und Bewunderung ihres Geschlechts. In vollem Maße bringen die englischen Frauen ihr diese dar, mögen die deutschen ihnen darin folgen!«[23]

Einen Platz in der Geschichte der Literaturkritik hat Helene von Druskowitz sich mit diesem Essay nicht sichern können. Unvergessen und unverziehen bis heute ist dagegen ihre Kritik an Friedrich Nietzsche, die auch in aktuellen Nietzsche-Biographien noch mit ähnlicher Empörung erwähnt wird, wie sie 1897 die promovierte Philosophin, Feministin und Nietzsche-Anhängerin Meta von Salis-Marschlins empfand: »Anders gestaltete sich die Sache, wenn eine Nietzsche bekannte Persönlichkeit unbefugter Weise über ihn zu Gericht saß. Das verletzte sein Empfinden, als eine negative Erscheinungsform geistigen Schmarotzertums, tief. Dieser Fall trat ein, als Dr. Helene von Druscovich in ihrem *Versuche zu einem Religionsersatz*[24] ihn ebenso oberflächlich als rücksichtslos angriff... Er hatte in Zürich freundschaftlich mit der Dame verkehrt und sich über ihre Behandlung englischer Dichter günstig geäußert. Die Arme ist längst dem Wahnsinn verfallen...«[25]

Helene von Druskowitz hatte den Philosophen Friedrich Nietzsche im Oktober 1884 kennengelernt und war zunächst sehr beeindruckt von ihm. Zu der Zeit übersetzte sie Swinburne, was Nietzsche in einem Brief an seine Schwester erwähnte. Der Nietzsche-Biograph Werner Ross bezeichnet deshalb Helene von Druskowitz als »diese Wienerin, die zugleich die feinsten englischen Geheimnisse der Grausamkeit kannte«[26] und versucht den Eindruck zu erwecken, Helene von Druskowitz habe mit Nietzsche ein lüsternes Gespräch über Swinburnes sexuelle Phantasien geführt.

Abgesehen davon, daß Männer auf Helene von Druskowitz nicht erotisch wirkten und ein derartiges Gespräch schon deshalb schwer vorstellbar ist, belegt Helenes Aussage über Swinburne, daß sie ihn nicht als Sadomasochisten bewunderte, sondern als freiheitlich gesinnten, atheistischen Dichter.[27] Und schließlich zeigt sich in all ihren überlieferten Arbeiten wie auch in einigen wütenden Briefen, die sie in der Heilanstalt verfaßte, daß Helene jede Art von Erniedrigung leidenschaftlich ablehnte und nur im humanistischen Sinn edle Gedanken und Empfindungen gelten ließ. Freude an Ekel oder Lust an Schmerz hat sie mit Sicherheit weder jemals selbst empfunden noch bei anderen akzeptiert.

Nach eingehender Beschäftigung mit seinen Schriften legte sich Helenes Begeisterung für Nietzsche sehr schnell wieder. Sie zog zwar seine schriftstellerischen Fähigkeiten nicht in Zweifel, sprach ihm aber die philosophische Qualifikation ab: »Da ist vor Allem zu bemerken, daß Nietzsche kaum ein Problem eingehend behandelt hat. Er gefällt sich darin, wo andere gearbeitet haben, in Winken und Andeutungen und geistreichen Bildern sich zu ergehen, er gefällt sich überhaupt mehr in der Rolle eines wissenschaftlichen Aufgabenstellers als eines wissenschaftlichen Arbeiters... Nach unserem Dafürhalten scheint seine Stärke doch hauptsächlich auf einem genialen Reproduktionsvermögen zu beruhen. Er besitzt die Ueberlegenheit des Ausdrucks und der Form, und in der That hat er durch manches treffende Wort, durch manche neue

Bezeichnung, durch manches glückliche Bild Resultate der Forschung in einer neuen Beleuchtung gezeigt, wodurch er freilich oft zu einer Stellungnahme den eigentlichen Urhebern dieser Gedanken gegenüber gelangt, welche die Bescheidenheit vermissen läßt...«[28]

Diese Kritik veröffentlichte Helene als Dr. H. Druskowitz in ihrem 1886 erschienenen Essay *Moderne Versuche eines Religionsersatzes*, in dem sie sich mit verschiedenen philosophischen Strömungen auseinandersetzte. Ein Kritiker schrieb darüber: »Da zeigt nun aber die scharfe Musterung, welche Dr. Druskowitz hält, daß die neuere Philosophie herzlich wenig Bausteine zu einem neuen Tempel der Menschheit herbeigeschleppt und also mit all' ihrem ungeheuren Aufwand an Dialektik wenig reelle Arbeit vollbracht hat. – – Und dann – die Hauptsache! – was Dr. Druskowitz selbst vorbringt über die Möglichkeit eines Religionsersatzes, wie bedeutend ist das Alles, wie reiflich gedacht, wie praktisch ausgedrückt. – – Das Buch ist aber gleichwohl in hohem Maße interessant und dies wesentlich durch die wohlthuend resolute Sprache des Verfassers, der Einem lieber wird, als die alten Panzerstücke der philosophischen Rüstkammer, durch die er uns geleitet...«[29]

Es gab auch Kritiker, die Helenes Schriften bewunderten, obwohl sie über die weibliche Identität von Dr. H. Druskowitz informiert waren, aber sogar der ihr eigentlich wohlgesinnte C. F. Meyer konnte die Bemerkung nicht unterdrücken: »Auch sollte sie einmal aufhören, den Prof. Nietzsche öffentlich zu züchtigen, ihm die Ruthe zu geben. Man wird sagen, sie hätte ihn gern geheiratet...«[30]

Der Essay *Moderne Versuche eines Religionsersatzes* erschien ein Jahr später noch einmal unter dem Titel *Zur neuen Lehre*[31] und zwei Jahre später in der bearbeiteten und erweiterten Fassung *Zur Begründung einer überreligiösen Weltanschauung*.[32] 1887 veröffentlichte Helene von Druskowitz die Untersuchung *Wie ist Verantwortung und Zurechnung ohne Annahme der Willensfreiheit möglich?*[33], in der sie sich mit Kant, Schopenhauer, Ludwig Feuerbach, Paul Rée und Herbert Spencer auseinandersetzte. Ein zeitgenössischer Philosoph, der Helene von Druskowitz nachhaltig positiv beeindruckte, war Eugen Dühring, den sie in Berlin kennengelernt hatte und den sie in einer 1889 erschienenen Schrift würdigte.[34] Dühring, ein Vertreter des Positivismus, hatte die Idee einer Gesellschaft entwickelt, in der es keinen Zwang und keine

Unfreiheit geben sollte. Wegen seiner Kritik am zeitgenössischen Universitätswesen war ihm die Lehrbefugnis an der Berliner Universität entzogen worden. Helene von Druskowitz bewunderte in ihm den kompromißlosen Kämpfer für seine Ideen, distanzierte sich allerdings von seinem Antisemitismus, den sie als Widerspruch zu seiner Freiheitslehre erkannte, stimmte aber mit seiner Ablehnung aller Religionen und vor allem mit seiner Einstellung zur Frauenfrage überein: »Die Zwangsehe, in der nur der Mann Rechte genießt, die Frau aber zur Sklaverei und zur uneigentlichen Prostitution verurteilt ist, findet in Dühring einen von hoher Sittlichkeit bewegten Kritiker. Immer wieder kommt er auf dieses in der Geschichte der Menschheit schmachvollste Kapitel zurück. Denn so viel ist gewiß, daß nicht Religionskriege, nicht Klassenkämpfe, nicht die Knechtung einer Kaste durch die andere, sondern die Knechtung der Frauen in der Zwangsehe die schrecklichste Erscheinung in der Geschichte der menschlichen Entwicklung ist...«[35]

Wie undogmatisch Helene von Druskowitz war, zeigt sich in ihrer Einschätzung der Dühringschen Ehe. In einer Würdigung für Eugen Dühring schreibt sie, der englische Philosoph John Stuart Mill habe »in der schönen Widmung seiner erhebenden Abhandlung über die Freiheit es ausgesprochen, daß er seiner Frau das Beste in seinen Schriften verdanke, ja, daß sie zum Theil die Urheberin derselben sei. Dühring, der einer derartigen Unterstützung nicht bedurfte, aber in seinem dreißigsten Jahre erblindete, hätte ohne unausgesetzten verständnisvollen Beistand seiner Gemahlin, die ihm fremde Gedanken vermittelte und die seinen der Welt, doch niemals seine großartige schriftstellerische Thätigkeit entfalten können...«[36] Die Harmonie im Hause des Philosophen ließ Helene von Druskowitz die Frage vergessen, ob nicht auch die selbstlose Frau Dühring als Opfer der von ihrem Mann so heftig attackierten Zwangsehe hätte angesehen werden müssen.

Das Familienleben der Dührings beeindruckte Helene vielleicht auch deshalb, weil sie selbst kurz vorher durch den Tod ihrer Mutter ihre wichtigste Bezugsperson verloren hatte. 1884 war ihr ältester Bruder an einer Herz-Lungen-Erkrankung gestorben, während ihr zweiter Bruder durch Südamerika reiste und seit Monaten keine Nachricht mehr geschickt hatte. 1888 starb ihre Mutter im Alter von sechzig Jahren ebenfalls an einem Lungenleiden. Von ihrem verschollenen Bruder hatte Helene bis dahin nichts gehört. Ihre in die Krankengeschichte aufgenommenen empörten Bemerkungen über ihn lassen vermuten, daß sie glaubte, die Sorge um ihn habe das Ende ihrer Mutter beschleunigt. Helene hatte die meiste Zeit ihres Lebens mit ihrer Mutter zusammengewohnt, hatte mit ihr gemeinsam Reisen unternommen und sie von Wien aus in Zürich häufig besucht. Kurz vor dem Tod der Mutter übersiedelte Helene nach Dresden, und nach der Beerdigung fuhr sie nach Rom und plante von dort aus eine Reise nach Nordafrika, die aber, vermutlich aus Geldmangel, nicht zustande kam. Ihre Bekannten sahen Helene von Druskowitz als fröhliche Erbin, während sie in Wirklichkeit kaum Geld genug besaß, um ihren Lebensunterhalt zu bestreiten, und verzweifelt versuchte, sich der Auseinandersetzung mit dem Verlust ihrer Mutter zu entziehen.

Eine schnelle Verdienstmöglichkeit erhoffte sich Helene von Druskowitz durch die Komödien, die sie 1889 veröffentlichte.[37] Ihre Stücke aber waren nicht vergleichbar mit den inhaltslosen komödiantischen Spielereien, mit denen auch Frauen sich am Theater durchsetzen konnten, sondern behandelten das Frauenstudium, enthielten Scherze über eitle unfähige Universitätsprofessoren und schwatzhafte Männer und hatten damit keine Chance, von Theaterdirektoren angenommen zu werden. Die vielen Bearbeitungen, die Helene aufgrund der Kritik ihrer FreundInnen innerhalb von kurzer Zeit vornahm, beweisen, daß sie fieberhaft versuchte, den an sie gestellten Forderungen gerecht zu werden. Dennoch blieb der Erfolg aus. Ihre Stücke veröffentlichte Helene von Druskowitz unter einem männlichen Pseudonym, dem sie jedoch ihren vollen Namen hinzufügte. Pseudonyme scheinen für sie weniger ein Inkognito gewesen zu sein als eine sprachliche Spielerei, mit der sie ihre Identität den verschiedenen literarischen Genres, in denen sie sich betätigte, anzupassen versuchte. Sie nannte sich Adalbert Brunn, H. Foreign, E. René und später Ventravin, H. Sakkorausch, H. Sakrosankt, von Calagis und Erna.

Im Dezember 1889 konsultierte Helene von Druskowitz einen Facharzt für Nervenleiden in Berlin. Am 2. Februar 1891 stürzte sie schreiend und spuckend aus ihrem Zimmer in einer Dresdener Pension. Ihre Wirtin schlug Alarm, und Helene wurde ins Dresdener Irren- und Siechenhaus gebracht. Die Pensionswirtin sagte aus, Helene von Druskowitz habe schon seit Monaten unter dem Einfluß von Wahnideen bekannte Persönlichkeiten Dresdens belästigt. Helene verhielt sich ruhig bei ihrer Einlieferung und wurde von den Ärzten anscheinend respektvoll behandelt. Im Protokoll ist vermerkt, sie sei »Schriftstellerin und seit längerer Zeit in Dresden wohnhaft und nach Allem, was aus ihren Schriften und aus den Mitteilungen ihrer Bekannten zu entnehmen ist, eine hochbegabte und gebildete Dame...«[38] Helene von Druskowitz erklärte, sie sei von telepathischen Erscheinungen beunruhigt worden, die sie willkürlich beeinflussen und die sie von wirklichen Sinneswahrnehmungen deutlich unterscheiden könne, und forderte ihre sofortige Entlassung aus der Anstalt. Als die Ärzte darauf nicht eingingen, sprach Helene zunächst mit einer inneren Stimme und rief dann auf telepathischem Wege die Königin von Sachsen um Hilfe an. Sie führte ein längeres Gespräch mit der Königin, die ihr Auszeichnungen verlieh und ihr Hofdamen und Hofkavaliere vorstellte, und setzte sich dann mit anderen gekrönten Häuptern in Verbindung, von denen sie ebenfalls mit Titeln und Auszeichnungen überhäuft wurde. Der deutsche Kaiser erhob sie zur Herzogin von Elsaß-Lothringen, die griechische Königskrone wurde ihr angetragen, sie wurde Podestà sämtlicher Staaten von Europa, Hospodar von Rußland, Imperatrice von Rumänien, das sie als ihr Vaterland bezeichnete, Königin von Palästina und schließlich Herzogin sämtlicher Weltteile. Alle nannten sie »Die Leuchte der Welt« und versprachen ihre baldige feierliche Abholung aus der Anstalt.

Allem Anschein nach präsentierte Helene von Druskowitz diese Demonstration ihrer übersinnlichen Fähigkeiten beeindruckend und theatralisch effektvoll, was selbstverständlich kein Beweis dafür ist, daß sie ihre Visionen lediglich simulierte.

Auch wenn es keinen Hinweis darauf gibt, daß sie sich vor ihrer Internierung mit Telepathie und Spiritismus beschäftigt hat, läßt es sich nicht ausschließen, daß sie in einen der um die Jahrhundertwende zahlreichen okkultistischen Zirkel hineingeraten war und visionäre Experimente vorgenommen hatte, die bei ihr schließlich einen Zustand völliger Verwirrung auslösten. Es ist aber auch denkbar, daß Helene von Druskowitz gar keine Visionen hatte, sondern sturzbetrunken in ihrer Pension randaliert hatte, um dann, durch ihre Einlieferung ins Irrenhaus ernüchtert, sich als okkultistische Wissenschaftlerin zu präsentieren, weil sie sich schämte, ihren Alkoholexzeß einzugestehen. Ebensogut könnten verschiedene psychische Belastungen in Verbindung mit Alkoholmißbrauch zu Halluzinationen geführt haben, die Helene viel-

leicht aus Angst, geisteskrank zu sein, sich und anderen als »telepathische Erscheinungen von objektiver Realität«[39]erklärte.

Vier Monate nach ihrer Einlieferung hatte Helene von Druskowitz ihre angeblichen visionären Erlebnisse zu einer Geschichte
verdichtet, die sie in Mauer-Oehling zu Protokoll gab und die sie
1904 wieder aufgriff und unter dem Titel *Flüsternde Wände. Eine
wahre mystische Geschichte*[40] zu Papier brachte. In dieser recht
verworrenen Erzählung vergleicht Helene ihre Erscheinungen mit
den künstlerischen Visionen von William Blake und Shakespeare
und bezeichnet sie als »eine Phantasmagorie, kühner wie in Tau-
sendundeiner Nacht«. Die Ich-Erzählerin, die sich zu Höherem
berufen fühlt, wendet sich in einer schwierigen Situation »an eine
sehr hochgestellte Frau«. Durch die Gedankenverbindung mit ihr
entstehen Kontakte zu anderen, noch höher gestellten Persönlichkeiten, die darin wetteifern, der Ich-Erzählerin Adelstitel und
Macht zu verleihen. Die so Ausgezeichnete fühlt ihre Fähigkeiten
und Kräfte wachsen, sieht sich imstande, den an sie gestellten
Anforderungen gerecht zu werden, muß aber erleben, daß in der
realen Welt ihr Aufstieg zwar bemerkt, aber auch neidisch angefeindet wird, so daß sie die ihr zugesprochenen Ämter und Würden
in Wirklichkeit nicht bekommt.

In Mauer-Oehling berichtete Helene von Druskowitz auch von
ihrer leidenschaftlichen Liebesaffäre mit der Dresdener Opernsängerin Therese Malten, die sie für ihre seelischen Krisen wesentlich
verantwortlich machte. Von ihren finanziellen Problemen sprach
Helene nicht. Sie bezeichnete sich als anerkannte Schriftstellerin
und behauptete, ihre Komödie *Die Emanzipationsschwärmerin*
sei »eben zur Zeit ihrer Abreise in Dresden mit durchschlagendem
Erfolge aufgeführt«[41] worden. Die Geldsorgen hatten sich für
Helene von Druskowitz mit ihrer Einlieferung in die Anstalt er-
ledigt. Ihr Bruder schickte aus Südamerika einen größeren Betrag,
und auch einige adelige Damen aus dem Bekanntenkreis von
Marie von Ebner-Eschenbach beteiligten sich an der Finanzierung
von Helenes Anstaltsaufenthalt. Als Almosenempfängerin mußte
sie sich dabei nicht empfinden, da sie ja gegen ihren Willen in der
Anstalt festgehalten und damit auch daran gehindert wurde, sich
ihren Lebensunterhalt selbst zu verdienen. Geldspenden, die ihr
persönlich zugeschickt wurden, wies Helene von Druskowitz
zurück, wie sie sich überhaupt jede Anteilnahme von früheren
FreundInnen und Bekannten verbat. Sie bemühte sich nicht dar-

um, ihre zahlreichen Kontakte zu einflußreichen Prominenten für ihre Entlassung zu nutzen, bat niemanden um Hilfe und brach alle früheren Verbindungen ab, indem sie Briefe unbeantwortet ließ oder, wenn das nichts nützte, aggressiv und verletzend reagierte. Der Krankengeschichte von Helene von Druskowitz liegt der Entwurf eines an Marie von Ebner-Eschenbach gerichteten Briefs vom 2. 12. 1895 bei. In diesem Schreiben empört sich Helene über eine Geldsendung, die Ebner-Eschenbach zu ihrer Unterstützung an die Verwaltung der Landesirrenanstalt in Ybbs geschickt hatte, bezeichnet eine Nachricht, die sie in Dresden von ihr erhalten hatte, als »stümperhaften, ungezogenen Zettel« und erinnert daran, daß sie ein Bücherpaket, das die Ebner ihr zu Weihnachten geschickt hatte, ungeöffnet hatte zurückgehen lassen. Auch die »lächerliche Geldsendung ... ungebeten u. im höchsten Grade beleidigend ...« wies Helene zurück und forderte eine Entschuldigung dafür. Sie warf Ebner-Eschenbach vor, ihr abscheuliche Eindrücke auf telepathischem Wege zu übermitteln, und schrieb: »Ich war niemals im Zweifel darüber, daß Sie im tiefsten Innern roh u. unerbildet seien ...«

Ein Jahr später, am 17. 12. 1896, findet sich in Helenes Krankengeschichte die Eintragung: »Pat. unterscheidet genau zwischen Personen, welche ihr angenehme und unangenehme Halluzinationen verursachen. Zu den letzteren zählen insbesonders ihr Bruder und die Schriftstellerin Marie Ebner-Eschenbach.«

Unabhängig von einer möglichen persönlichen Antipathie sah Helene von Druskowitz in Marie von Ebner-Eschenbach vor allem die Vertreterin einer Gesellschaft, von der sie sich im Stich gelassen fühlte. Sie war von ihren ZeitgenossInnen anerkannt und bewundert worden, aber schließlich hatten alle es für ganz selbstverständlich gehalten, daß sie keine Karriere machen konnte und sich damit begnügen mußte, als Lehrerin, Gouvernante oder Feuilletonistin ihren Lebensunterhalt zu verdienen, wenn sie schon nicht bereit war zu heiraten. Für Helene von Druskowitz aber war eine derartige Existenz undenkbar, und jeder Versuch, sie zu einem solchen Leben zu überreden, erschien ihr wie eine persönliche Beleidigung. Für ihre Freundinnen war Helenes Einlieferung in die Anstalt keine wirkliche Überraschung, und so unternahm auch keine den Versuch, ihre Entlassung zu bewirken. Helene hatte also Grund genug, sich bei den Anstaltsärzten nicht auf Kontakte zu Leuten zu berufen, von denen sie immer schon für verrückt gehalten worden war, sondern in visionären Gesprächen mit gekrönten Häuptern ihre Bildung und ihr Wissen zum Ausdruck zu bringen. Es ist deshalb erstaunlich, daß Helene, als sie 1891 in Mauer-Oehling Angaben zu ihrer Person machte, nicht über eine Liebesaffäre mit einer russischen Großfürstin berichtete, sondern die nachweislich real existierende Opernsängerin Therese Malten als ihre Geliebte bezeichnete. Zweifellos war es wichtig für Helene, sich als frauenliebende Frau zu erkennen zu geben, und daß sie ihre Beziehung als eine sexuelle bezeichnete, beweist, daß sie das ganz unmißverständlich tun wollte. Es ist möglich, daß ihre Beziehung mit Therese Malten ein Wunschtraum war, den Helene von Druskowitz für real hielt. Wenn es ihr darum gegangen wäre, die Ärzte zu beeindrucken, hätte sie von einer Liebesaffäre mit einer höher gestellten, mächtigeren Frau berichtet. Falls es aber tatsächlich eine Liebesbeziehung zwischen Helene von Druskowitz und Therese Malten gegeben hat, könnte sich damit Helenes Einlieferung in die Anstalt erklären lassen. Therese Malten, international berühmte Primadonna, die am Dresdener Hoftheater Triumphe feierte und unverheiratet in einer Villa bei Dresden residierte, war eine Persönlichkeit von öffentlichem Interesse, deren Privatleben neugierig beobachtet wurde. Und auch wenn einer Künstlerin ein lockerer Lebenswandel zugestanden wurde, hätte das Bekanntwerden einer Liebesbeziehung zwischen Therese Malten und der merkwürdigen Wiener Philosophin, die zu stolz auf ihre Liebe zu Frauen war, um ein Geheimnis daraus zu machen, ganz sicher einen Sturm der Entrüstung hervorgerufen, der sich zweifellos gegen die Verführerin gerichtet hätte, die den Ruf und die Karriere der Sängerin gefährdete. Damit die Dresdener BürgerInnen ihre Primadonna wieder unbeschwert feiern konnten, hätte Helene von Druskowitz aus der Stadt und am besten ganz aus der Welt geschafft werden müssen. Ihre Einlieferung in die Irrenanstalt, über die auch einige Zeitungen berichteten, wäre die wirksamste Methode gewesen, um einen Skandal zu beenden. Die Aussage der Pensionswirtin, Helene von Druskowitz habe unter dem Einfluß von Wahnideen bekannte Dresdener Persönlichkeiten belästigt, könnte als Indiz für eine gezielte Verleumdungskampagne gesehen werden. Die Eintragung in ihrer Krankengeschichte vom 6. 12. 1894 gibt der Vermutung, daß Helene in Dresden angefeindet, verfolgt und belästigt wurde, neue Nahrung: »Heute sehr erregt, mitteilsam, erzählt, daß sie früher immer von einer Person verfolgt wurde, welche selbst die

Polizei gegen sie aufhetzte, deshalb fühlte sie sich oft von Geheimpolizei verfolgt. Seit dieser Zeit 1890/91 treten ihr oft reichliche Bilder vor Augen: Männer oder gräßliche Tiergestalten, dabei werden ihr gemeine, laszive Ausdrücke zugerufen...«

Solche unangenehmen Erscheinungen, von denen sie sich sexuell belästigt oder angegriffen fühlte, bedrängten Helene von Druskowitz bis etwa 1902: »Oft ist sie tagelang von den... Gestalten umgeben, welche sich vor ihren Füßen wälzen, an ihr hinaufkriechen und sie auf jede Weise belästigen...«[42]

»Es gelingt ihr manchmal, auf gewisse Weise die Halluzinationen verschwinden zu machen. Seit einiger Zeit bedient sie sich eines Spazierstockes, um diese unangenehmen Erscheinungen zu vertreiben, und zwar, wie sie angibt, manchmal mit Erfolg.«[43] »Schimpft, schreit wenn sie ihre Gestalten sieht, dieselben sind bald Ungeheuer groß wie Walfische kommen aus der Mauer, oder bekannte Personen meist Männer, häufig mit obszönen Gebärden, ›so daß sie erröten müsse‹...«[44]

»In letzter Zeit halluziniert Pat. lebhafter, ist morgens meist sehr erregt, macht lebhafte Abwehrbewegungen. Auch bei Ausgängen kommen ihr oft schrecklich aussehende Männer in großer Zahl entgegen.«[45]

»Erregungszustände durch unangenehme Halluzinationen vorwiegend der Sehsphäre verursacht treten meist morgens, meist zur Zeit des Ankleidens, ab und zu nachts, seltener während des Tages auf... Oft schreit sie: ihr häßlichen Luder, ihr elenden Kreaturen, Bestien, viehische Gespenster, fort, fort von mir, dabei schnell im Zimmer hin und herlaufend, mit den Füßen stampfend, abwehrende Bewegungen ausführend oder mit der Hand sich auf den Nacken schlagend. Nachher ist öfter zu hören: So Bestie, jetzt hab ich dich los. Über den Inhalt dieser Halluzinationen macht Pat. gewöhnlich keine Angaben.«[46]

»Die Kranke in letzter Zeit häufiger auch bei Tage erregt infolge lebhafter Gesichtshalluzinationen: sie glaubt sich von wilden Tieren verfolgt, sieht Männergestalten, welche unanständige Bewegungen machen...«[47]

»Dauernd sehr lebhaft halluzinierend, besonders nachts und morgens, erregt, lärmend, macht dabei Gesten als ob sie etwas von sich abwehren wollte, stampft nachher mit den Füßen. Zeitweise Bewegungen, als ob die Kranke etwas aus dem Munde herauszöge, schreit oft: So, Sauvieh, jetzt bist du weg, Gespenst.«[48]

»In der Nacht unruhig, schreit: ›Eselsau, fahr ab!‹«[49]

»Nachts unruhig, sprang aus dem Bette, schlug sich auf den Magen, sagte: die Gespenster können ihr auch in den Körper hinein.«[50]

»Nachts ist Pat. trotz tägl. genossenen Trionals sehr unruhig, wird von ›Gespenstern‹ belästigt, hat allerlei abnorme Gefühle, hört meist obszöne Sachen u. wird von den Gestalten beschimpft. Sie reagiert darauf nicht selten mit Ausdrücken der Verachtung oder Angst, ruft ›Pfui! ekelhaftes Gezücht etc.«[51]

»Nachts wird sie von Stimmen, hauptsächlich von Gemeinge-sichtstäuschunge, Halluzinationen des Gesichts belästigt. Namentlich sind es visuelle Dinge, die sie belästigen. Sie sieht unsittliche Handlungen in ihrer Umgebung begeben . . .«[52]

»Sie spricht ungemein rasch, überstürzt, verschluckt Silben u. ganze Worte, so daß die Äußerungen kaum mehr verständlich sind. Soviel ist jedoch zu entnehmen, daß sie unter dem Einflusse von Halluzinationen steht, besonders nachts. – Sie spricht von Gespenstern, Geistern, Männern, überhaupt ›unangenehmen Sachen‹ . . .«[53]

Angst und Abscheu vor Männern waren früher bei Helene von Druskowitz nicht erkennbar gewesen. Es ist deshalb zu vermuten, daß ihre erschreckenden Erscheinungen tatsächlich erlebte Bedrohungen, Belästigungen oder Vergewaltigungen widerspiegeln. Den Ärzten erklärte sie diese bedrohlichen Visionen als telepathische Eindrücke, die ihr gegen ihren Willen übermittelt würden, während sie angenehme Erscheinungen selbst heraufbeschwöre:
». . . sie kann sich so die schönsten Landschaften vorzaubern, schöner, als sie je ein Mensch gesehen. Sie bringt es auch zuwege, auf dem Wege der Telepathie diese Erscheinungen in anderen hervorzurufen.«[54]

Ab 1903 sprach Helene von Druskowitz nicht mehr über Visionen. Die Ärzte aber interpretierten jedes Selbstgespräch und jede Geste gegen nicht real vorhandene Personen als sicheren Hinweis für die Fortdauer ihrer Halluzinationen. Sie galt als trotz ihrer in der Krankengeschichte immer wieder hervorgehobenen Bildung und Intelligenz als unheilbar geisteskrank. Ihre Diagnose lautete zunächst »Verrücktheit« und später »Paranoia«. »In Bezug auf Verlauf und Dauer der Erkrankung« ist in der Krankengeschichte vermerkt: »Von Kindheit an abnorm«, womit wohl in erster Linie auf Helenes Liebe zu Frauen Bezug genommen wird. Auch Helene von Druskowitz selbst bezeichnete sich als abnorm, was für sie gleichbedeutend mit genial war.

Als eine Begleiterscheinung ihrer Genialität erklärte sie ihre Vorliebe für alkoholische Getränke, die den Ärzten erst etwa ein Jahr nach ihrer Einlieferung aufgrund der Denunziation einer anderen Patientin auffiel. Helene von Druskowitz, die als zurückhaltend, manchmal abweisend, meistens aber freundlich und liebenswürdig galt, reagierte in diesem Fall aggressiv und ohrfeigte die Mitpatientin. Von einigen wenigen derartigen Vorfällen abgesehen, war Helene nie gewalttätig gegen andere oder gegen sich selbst. Sie glaubte auch nicht, daß Alkohol ihr schaden könne, sondern erklärte, »daß Tee und Alkohol für ihr geistiges Leben unbedingt notwendig sei, daß sie ohne diese auch körperlich sich unwohl fühle, daß sie schlechter schlafe u.s.w. ...«[55]

Gelegentlich wurden ihr die freien Ausgänge entzogen, weil sie die Wärterinnen, die sie begleiteten, dazu überredet hatte, mit ihr gemeinsam Gasthäuser zu besuchen, wo sie große Mengen Bier, Wein oder Schnaps zu sich nahm. Solche Strafmaßnahmen empörten Helene von Druskowitz: »Bei jeder Visite kommt die Kranke auf die Alkoholfrage zu sprechen und sucht den günstigen Einfluß desselben auf den menschlichen Organismus besonders auf die geistigen Funktionen zu beweisen. Sie als geistig so hoch, höher als die meisten Männer stehende Frau bedürfe unbedingt geistiger Getränke zur Erhaltung ihrer bedeutenden Intelligenz u.s.f. ...«[56]

Alkoholabhängig blieb Helene von Druskowitz bis an ihr Lebensende, auch wenn es Phasen gab, in denen sie sich darauf beschränkte, sehr viel Tee und Kaffee zu trinken und Zigarren und Pfeife zu rauchen. Gelegentlich bewilligten die Ärzte ihr kleine Mengen Wein oder Bier, und ab und zu versuchte sie sich Ersatz zu verschaffen, indem sie in Wasser aufgelösten Kampfer trank oder ihren Tee mit Parfum versetzte. Von den Sedativa, die ihr verabreicht wurden, bevorzugte sie das auf einer Alkoholverbindung basierende Medikament Paraldehyd, das sie in Flaschen sammeln wollte, um sich damit einen wirklichen Rausch anzutrinken. Helene von Druskowitz sprach jedoch nur von der stimulierenden Wirkung des Alkohols und nie von einer Notwendigkeit, die Verzweiflung über ihren Zwangsaufenthalt in der Anstalt zu betäuben. Sie protestierte bis an ihr Lebensende gegen ihre Internierung und bestand immer wieder auf ihrer sofortigen Entlassung, die mit dem Eingeständnis verbunden sein sollte, daß sie irrtümlich in die Anstalt eingewiesen worden sei, unternahm aber, trotz vieler Gelegenheiten, nie einen Fluchtversuch.

Am 15. 5. 1915 ist in ihrer Krankengeschichte vermerkt: »Hatte im Anstaltsgebiete freie Ausgänge. Ging ... ohne was ahnen zu lassen aus der Anstalt weg, trieb sich 2 Tage in der Gegend herum, versetzte alles entbehrliche: sie habe einmal ein paar Tage Übermut haben wollen.«

Auch wenn aus dieser Eintragung nicht hervorgeht, ob Helene freiwillig in die Anstalt zurückkam oder gegen ihren Willen zurückgebracht wurde, ist anzunehmen, daß sie diesen Ausflug nur unternahm, um sich ungehindert betrinken zu können.

Am 28. 2. 1896 schrieb sie in einem Brief an das Alsergrunder Bezirksgericht, das ihre Entmündigung verfügt hatte: »Ich bin gezwungen, um alsbaldige Entsetzung des böswilligen u. bornirten, unorthographisch schreibenden u. etwas abnorme Schrift nicht zu lesen vermögenden, fatalen u. in letzter Zeit total unverantwortlich, ja bestialisch sich gerirenden Krämers Johann Seidlhofer von seinem durch das Alsergrunder Bezirksgericht *irrthümlich* auf ihn übertragene Amt als Curator in meiner Sache *dringend* anzuraten.«

Aber Helene verlangte nicht die Abschaffung der Vormundschaft, sondern ihre Übertragung auf einen Wiener Notar, »wie es meiner Herkunft, meinem hohen Bildungsgrade und wohl auch meinem Autorinnenberuf angemessen ist ...« Sie nennt Namen und Adresse des Notars und bezeichnet ihn als »eine Persönlichkeit, die wie schon der höhere Standestitel verbürgt, ebenso reich ist an Bildung u. wie ich von zuverlässiger Seite weiß, wohl ebenso human u. pflichtdurchdrungen wie jener edle Trödler mit niedrigem Volksnamen behaftet ... kälberhaft dumm, gemein u. zugleich so roh ... daß ich auf's Heftigste betroffen bin, solches in dieser wenn auch elend beschaffenen u. vielfach blödsinnig geleiteten Welt aufgefunden zu haben ...«

Der Wiener Kurzwarenverschleißer Johann Seidlhofer blieb der Vormund von Helene von Druskowitz, und auch der Redakteur, dessen polizeiliche Festnahme Helene gefordert hatte, nachdem er ihr Vorschläge für Zeitungsgründungen mit abfälligen Randbemerkungen versehen zurückgeschickt und auf dem Kuvert ein Fragezeichen hinter ihren Doktortitel gesetzt hatte, behielt sein Amt.

Helenes Beschwerden wurden oft nicht ernst genommen, aber es gelang ihr, sich Respekt zu verschaffen. Wichtiger, als die Anstalt um jeden Preis zu verlassen, scheint es für Helene von Druskowitz gewesen zu sein, auch als entmündigte Patientin einer psychiatrischen Klinik, zu ihrer Zeit noch Irrenanstalt genannt, ihre Würde zu bewahren. Dieses Ziel verfolgte sie mit bewundernswerter Konsequenz.

Die Ärzte glaubten zwar nicht an Helenes telepathische Kontakte zu hohen WürdenträgerInnen, behandelten sie jedoch mit der Achtung, die sie verlangte, und sprachen sie wunschgemäß als Hoheit oder Fürstin an. Eine eigene Zelle wurde Helene zunächst verweigert. Sie bekam sie aber, nachdem sie sich völlig von den anderen Patientinnen abgesondert und außerdem nachts ruhestörende Gespräche mit ihren Erscheinungen geführt hatte.

»Krankheitseinsicht besteht nicht«, ist in Helenes Krankengeschichte immer wieder zu lesen. Wenn sie auf ihre Halluzinationen angesprochen wurde, hielt sie Vorträge über telepathische Phänomene, über die sie sich durch Bücher und Korrespondenz mit spiritistischen Vereinen informierte. Laut Krankengeschichte war sie immer »zeitlich und örtlich orientiert«, hatte also nie einen Realitätsverlust und wußte auch über politische Ereignisse Bescheid, da sie einige Zeitungen abonniert hatte. Sie wurde Ehrenmitglied der Spiritistischen Vereinigung in Köln und der Ethical Society in Chicago und schuf sich durch Briefkontakte einen neuen Bekanntenkreis, wobei sie als Adresse nur ihren Wohnort, aber nicht die Anstalt angab. Ihre freien Ausgänge nutzte sie, um Damen der Umgebung zu besuchen, denen gegenüber sie sich als freiwillig in der Anstalt lebende Pensionärin ausgab. Solche Kontakte aufrecht zu erhalten war nicht leicht für Helene von Druskowitz, da sie mehrfach zwischen Mauer-Oehling und Ybbs hin- und hergeschickt wurde. So verbrachte sie die ersten dreieinhalb Jahre nach ihrer Einlieferung in Mauer-Oehling, lebte dann sieben Jahre in Ybbs, wurde wieder für dreieinhalb Monate nach Mauer-Oehling und anschließend für acht Monate nach Ybbs gebracht, um dann ab 1903 fünfzehn Jahre bis zu ihrem Tod in Mauer-Oehling zu bleiben. Gründe für diese Verlegungen sind in der Krankengeschichte nicht angegeben. Die ärztliche Behandlung war in beiden Anstalten die gleiche: Helene von Druskowitz bekam Schlaf- und Beruhigungsmittel. Versuche, ihren »hallucinatorischen Wahnsinn«[57] zu heilen, wurden nicht unternommen.

In Helenes Krankengeschichte ist am 5.9. 1904 zu lesen: »Beschäftigt sich vorwiegend ›literarisch‹ – verfaßt in unleserlicher Schrift meist konfuse androphobe Aufsätze, die indes trotzdem wegen ihres wütenden Tones von manchen frauenrechtlerischen Zeitschriften abgedruckt werden«, und am 1.9. 1905: »Verfaßt Gedichte zum Lobe des Alkohols, schreibt unleserlich androphobe Satyren an die Frauenzeitungen, fühlt sich auf der Höhe ihres literarischen Schaffens ...«

Einige Handschriften von Helene von Druskowitz, die der Krankengeschichte beiliegen, sind kaum oder gar nicht zu entziffern. Die etwa 1904 von ihr selbst handgeschriebene Erzählung *Flüsternde Wände* jedoch ist gut lesbar in einer schönen, gleichmäßigen schwungvollen Handschrift verfaßt. Helene war also sehr wohl imstande, deutlich zu schreiben, und entwickelte vermutlich ganz bewußt eine von ihr als genial empfundene Handschrift, die, wie sie meinte, nur so dumme Menschen wie ihr Kurator nicht zu entziffern vermochten und durch die sie ihre Texte der Kontrolle durch unwürdige Personen in der Anstalt entzog.

Auffällig ist, daß Helene von Druskowitz in den nahezu dreißig Jahren, in denen sie sich in ständiger Gesellschaft von Frauen in Anstalten befand, die Sympathien für ihre Geschlechtsgenossinnen nicht verlor, sondern eher vertiefte. Der Abscheu vor Männern, der in ihren bedrohlichen Visionen zum Ausdruck gekommen war, blieb. Daß sie jedoch ihre Angst vor Männern überwunden hatte, bewies sie, als sie 1905 in den *Pessimistischen Kardinalsätzen* schrieb: »4. Der Mann ist ein Zwischenglied zwischen Mensch und Tier, denn er ist eine Spottgeburt und als solche derart zynisch und lächerlich ausgestattet, so daß er weder das eine noch das andere in voller Wirklichkeit sein kann ... 5. Die Natur hat dem Mann durch übermäßig auffallende Entwicklung seiner Genitalien eine Schlappe und ein Brandmal ohnegleichen aufgedrückt.

6. Die in der gesamten organischen Welt von seiten des männlichen Geschlechtes behauptete Superiorität der sexuellen Form ist bei dem Mann in doppelter Beziehung: 1. in Hinsicht auf den schönen Teil der Tierwelt, 2. auf seine weibliche Gefährtin abhanden gekommen. Eher würden Ziege und Äffin als seine natürlichen Genossinnen genannt zu werden verdienen. Denn er ist grausig beschaffen und trägt sein schlumpumpenartiges Geschlechtszeichen wie ein Verbrecher voran. Die flache Brust, die häßliche Bartung mit ihren dicken Wülsten und fliegenden Haarfetzen, die

im Gegensatze zu der geckenhaften Ausstattung der meisten Tiere einen niederen Charakter verrät, und endlich das durchschnittlich über alle Maßen abscheuliche und gemeine Stimmorgan, voll von uralten und anstößigen Gurgeltönen, weisen ihm in Wahrheit eine sehr tiefe Stufe im Reiche der Lebewesen zu. Er erscheint wie eine Spielart ...«[58]

Dem Essay *Pessimistische Kardinalsätze. Ein Vademekum für die freiesten Geister* von Erna (Dr. Helene von Druskowitz), der als Manuskript gedruckt wurde, stellte Helene die Vorbemerkung voran: »Dieses Werk soll ebenso gelesen und gewürdigt, wie das Chamonixtal und der Rhônegletscher bewundert werden.« In ihren früheren Schriften hatte Helene von Druskowitz sich fortschrittsgläubig und lebensbejahend gezeigt, den Pessimismus als eine »ungerechte und verkehrte Art der Weltschätzung«[59] bezeichnet und festgestellt: »Zugleich aber ist jeder Versuch, mit dem Leben zu versöhnen, *weit interessanter sowohl als sittlicher* als die stumpfe und dumpfe Weltverneinung.«[60] In den *Pessimistischen Kardinalsätzen* schreibt sie: »Die neue Lehre ... beweist die Wahrheit des Pessimismus und die Notwendigkeit des Weltelends bei der vorhandenen Konstellation, nicht aber die einer endlosen Fortsetzung des Daseins.«[61] Sie widerspricht ihrer früher geäußerten Auffassung, die Menschheit sei auf dem Wege, sich durch Vervollkommnung in höhere Sphären zu erheben, indem sie erklärt, es gäbe eine Übersphäre, die harmonisch in sich ruhe und in keinerlei Verbindung zur Materie stehe. Die Menschen könnten zwar durch das Bewußtsein diese Übersphäre imaginieren, sich aber niemals zu ihr erheben. Die materielle Welt nennt Helene von Druskowitz eine »Stätte schlimmer als die Hölle«[62] und macht dafür den Mann verantwortlich, den sie in seiner Brutalität und seinem Machthunger als weit unter den Tieren stehend bezeichnet. Dem Mann wirft sie Zerstörung der Natur, Mißhandlung aller Lebewesen und vor allem die Unterdrückung der Frauen vor, die von anderen, höheren Lebewesen abstammen als die Männer und die eigentliche Menschheit seien. Sie ruft die Männer auf, sich ihrer körperlichen Häßlichkeit und geistigen Beschränktheit bewußt zu werden und ihren Herrschaftsanspruch aufzugeben: »Da die Grundlagen eben ausgezeichnet gut sind und alles Unheil im Grunde nur auf die Schlechtigkeit und Intelligenzlosigkeit des anderen Geschlechtes zurückzuführen ist, so muß die Frauenwelt eben nur gereinigt, durch eine freie und kühne Erziehung ermutigt und durch Teilung der Städte nach den Geschlechtern, durch Beschränkung der Anzahl der Heiraten, die schließlich eine Eliminierung der Ehe herbeiführen wird, separiert werden. Dann werden die Frauen wieder heilig wie von Natur und eines wahren Kultus würdig sein. Der Feminismus muß mit Feuer und Glanz ausgestattet werden. Er ist das heiligste Ideal der modernen Zeit.«[63]

Diese Utopie war für Helene von Druskowitz nicht der Beginn eines neuen, besseren Lebens, sondern das würdevolle Ende menschlichen Daseins. »Dann werden die Frauen ihrer höheren Mission gemäß als höhere Wesen, als Priesterinnen ihres Geschlechtes, als Naturadelige sich erkennen. Bei Wahrnehmung des höheren Lebensgesetzes wird ihnen zugleich auch ihre philosophische Bestimmung vollkommen klar werden, die darin besteht, daß sie als Führerinnen in den Tod erscheinen, indem sie das Endesende vorbereiten. Dieses wird sodann das Ideal werden und an Stelle eines Ideals ohne Ziel und Ende treten!«[64] Die *Pessimistischen Kardinalsätze* waren die letzte größere Arbeit, die Helene von Druskowitz veröffentlichte, obwohl sie noch dreizehn Jahre lebte, sich mit philosophischen Fragen beschäftigte und Abhandlungen schrieb.

1916 hielt sie sich häufig in der Nähe des Friedhofs auf und verfaßte – laut Krankengeschichte – Friedhofsgedanken. Über gesundheitliche Beeinträchtigungen ist in der Krankengeschichte nichts zu lesen.

Am 6. 4. 1918 wurde Helene von Druskowitz wegen ruhrverdächtiger Diarrhöe ins Infektionshaus gebracht. Am 31. 5., kurz nach ihrem 62. Geburtstag, starb sie im Zustand vollständiger körperlicher Auflösung.

In einem Testament, das sie 1907 diktiert hatte, verfügte sie, daß ihr gesamter gedruckter und ungedruckter Nachlaß verbrannt werden solle.

Sie wünschte keine Mitteilung ihres Todes in den Zeitungen, wohl aber einen Grabstein, auf dem ihr Name für die Nachwelt erhalten bleiben sollte.

Anmerkungen

1 Louise von François nannte Helene von Druskowitz so in einem Brief an Conrad Ferdinand Meyer vom 11. 12. 1881. Briefwechsel. S. 32.

2 Tatsächlich wurde Helene von Druskowitz nicht am 3., sondern am 2. 2. 1891 ins Dresdener Irren- und Siechenhaus eingeliefert.

3 Krankengeschichte. Angaben der Kranken 7. 6. 1891.

4 Degener o. J.

5 »Unerwartet« in: Druskowitz o. J. S. 102.

6 Vgl. Hacker 1987: 117. In diesem Band findet sich auch ein Kapitel zu Helene von Druskowitz: »Frauen-Liebe-Männer-Haß: Ein Exkurs zu Helene von Druskowitz«, S. 165 ff.

7 Druskowitz o. J., S. 16 f.

8 Brief von Louise von François an C. F. Meyer vom 16. 10. 1881, Briefwechsel S. 25.

9 Über das Rauchen und Trinken als Indikatoren für weibliche Konträrsexualität s. Hacker 1987: 52 ff.

10 Brief von Betty Paoli an Ida von Fleischl-Marxow, 11. 8. 1891, erhalten in der Handschriftensammlung der Wiener Stadt- und Landesbibliothek.

11 Druskowitz 1885: 114.

12 Druskowitz 1988: 75.

13 Druskowitz o. J.: 106.

14 Brief von Louise von François an C. F. Meyer vom 11. 12. 1881, Briefwechsel S. 32.

15 Brief von Louise von François an C. F. Meyer am 28. 2. 1884, Briefwechsel S. 132.

16 Frey 1908: 429 ff.

17 Druskowitz 1884: S. 386.

18 Briefwechsel, Beilage C., S. 303.

19 Druskowitz 1885: S. 239 f.

20 Ebd., S. 132.

21 Ebd., S. 124.

22 Ebd.

23 Ebd., S. 137 f.

24 Der Titel heißt: »Moderne Versuche eines Religionsersatzes«.

25 Salis-Marschlins 1897: S. 40.

26 Ross 1984: S. 721 f.

27 Druskowitz 1884: 386 f.: » ... Kein anderer zeigt aber eine vielseitigere innere Verwandtschaft mit Shelley, als der neue Stern der englischen Poesie: Charles Algernon Swinburne. Sein exaltirter Freiheitsenthusiasmus, sein Atheismus, sein Drang, der Märtyrer seiner Überzeugungen zu sein, seine hervorragende lyrische Begabung, mit der ein starkes dramatisches Talent Hand in Hand geht, seine wundervolle Beherr-

schung von Sprache und Rhythmus, all' das macht ihn zum Nachfolger des von ihm hochverehrten Meisters ...«

28 Druskowitz 1886: S. 47.
29 Der Bund, Bern, Sonntagsblatt 1886 Nr. 31.
30 Brief von C. F. Meyer an Louise von François vom 15. 10. 1888, Briefwechsel S. 235.
31 Druskowitz 1887.
32 Druskowitz 1888.
33 Heidelberg 1887.
34 Druskowitz 1889.
35 Ebd., S. 109.
36 Ebd., S. 37.
37 Druskowitz o. J.
38 Krankengeschichte, Ärztliches Zeugnis, Dresden, 15. 4. 1891.
39 Ebd.
40 Diese Geschichte ist erhalten unter den Beilagen zur Krankengeschichte.
41 Krankengeschichte, Angaben der Kranken 7. 6. 1891.
42 Krankengeschichte 17. 2. 1896.
43 Ebd., 27. 5. 1896.
44 Ebd., 7. 1. 1897.
45 Ebd., 2. 7. 1898.
46 Ebd., 2. 8. 1899.
47 Ebd., 8. 9. 1899.
48 Ebd., 19. 11. 1899.
49 Ebd., 22. 10. 1901.
50 Ebd., 30. 10. 1901.
51 Ebd., 5. 11. 1901.
52 Ebd., Jan. 1902.
53 Ebd., 14. 6. 1902.
54 Ebd., 2. 6. 1893.
55 Ebd., 2. 2. 1899.
56 Ebd., 23. 4. 1899.
57 Krankengeschichte, Ärztliches Zeugnis, Dresden, 15. 4. 1891.
58 Druskowitz 1988: S. 34 f.
59 Druskowitz 1889: S. 54.
60 Ebd., S. 55.
61 Druskowitz 1988: 59.
62 Ebd., S. 48.
63 Ebd., S. 58 f.
64 Ebd., S. 59 f.

Literatur

[Briefwechsel =] Bettelheim, Anton (Hg.): *Louise von François und Conrad Ferdinand Meyer: Ein Briefwechsel*. Berlin; Leipzig 1920

Degener, Hermann A. S. (Hg.): *Wer ist's. Zeitgenossenlexikon*. Leipzig o. J.

Druskowitz, Helene von: *Percy Bysshe Shelley*. Berlin 1884

– *Drei englische Dichterinnen*. Berlin 1885

– *Moderne Versuche eines Religionsersatzes: Ein philosophischer Essay*. Heidelberg 1886

– *Zur neuen Lehre* [= Nachdruck von *Moderne Versuche eines Religionsersatzes* von 1886]. Heidelberg 1887

– *Zur Begründung einer überreligiösen Weltanschauung* [= erweiterte und überarbeitete Fassung von *Moderne Versuche eines Religionsersatzes* von 1886]. Heidelberg 1888

– *Eugen Dühring: Eine Studie zu seiner Würdigung*. Heidelberg 1889

– *Der Mann als logische und sittliche Unmöglichkeit und als Fluch der Welt: Pessimistische Kardinalsätze* [= *Pessimistische Kardinalsätze: Ein Vademekum für die freiesten Geister*. Von Erna (d. i. Helene von Druskowitz). Als Manuskript gedruckt. Wittenberg o. J. Neu aufgelegt unter dem Titel des 4. Kapitels]. Freiburg/Br. 1988 [1905]

– *Die Emanzipationsschwärmerin und Dramatische Scherze*. Dresden o. J.

Frey, Adolf (Hg.): *Briefe Conrad Ferdinand Meyers nebst seinen Rezensionen und Aufsätzen*. Leipzig 1908

Hacker, Hanna: *Frauen und Freundinnen: Studien zur »weiblichen Homosexualität« am Beispiel Österreich 1870-1938*. Ergebnisse der Frauenforschung Bd. 12. Weinheim 1987

[Krankengeschichte =] *Krankengeschichte Helene von Druskowitz*. Erhalten im Niederösterreichischen Landeskrankenhaus für Psychiatrie und Neurologie Mauer bei Amstetten.

Ross, Werner: *Der ängstliche Adler: Friedrich Nietzsches Leben*. München 1984

Salis-Marschlins, Meta von: *Philosoph und Edelmensch: Ein Beitrag zur Charakteristik Friedrich Nietzsches*. Leipzig 1897

Erkundungen zur Geschichte der Hysterie oder »Der Fall Anna O.«

Von Sibylle Duda

Im Laufe des 19. Jahrhunderts entwickelte sich die Krankheit Hysterie zu einem Massenphänomen. Davon zeugen die vielen Schriften von Medizinern, Psychiatern, Psychologen und anderen Wissenschaftlern, die sich intensiv mit dieser Krankheit auseinandersetzten. Einerseits war die Hysterie mit dem Vorurteil behaftet, eine Reflexneurose weiblicher Genitalerkrankungen zu sein, so galt sie als beinahe normale Begleiterscheinung der Menstruation, andererseits bestand der Verdacht, »daß die Hysterikerinnen ihre wechselhaften und mannigfaltigen Symptome nur simulierten, da diese sich bislang nicht umstandslos in ein festumrissenes Klassifikationsschema hatten einordnen lassen«.[1] Die Hysterie wird zur klassischen Krankheit der Frauen, insbesondere der Frauen des gehobenen Bürgertums. Das Besondere dieser Krankheit war die schillernde Vielfalt ihrer Symptome. Kaum ein Krankheitsverlauf war identisch mit einem anderen, und die Therapien der Ärzte nützten kaum etwas. Denn war ein Symptom durch irgendeinen ärztlichen Kunstgriff verschwunden, bildete sich sofort wieder ein neues. Die meisten Frauen waren unheilbar krank. Die Ärzte bekamen die Hysterie nicht in den Griff, und ihr Unmut darüber äußerte sich in zum Teil grotesken Aussagen über die hysterischen Frauen. Sie seien boshaft, lügnerisch, launenhaft, egozentrisch, unmoralisch, aufsässig, entartet etc. Den ärztlichen Therapien fehlte es nicht an Aggressivität. Hysterische Frauen bzw. solche, die als hysterisch bezeichnet wurden, versuchte man mit Mastkuren, Klitorisverätzungen, Klitorisentfernungen, tagelangen Bädern, bis sich die Haut vom Körper löste – um nur einige der aggressivsten Therapien zu nennen –, zu heilen.

Der Wiener Arzt Erwin Stransky bezeichnete noch 1924 allen Ernstes die Hysterikerin als »inkarnierten malignen (bösartigen) Charakter«[2] und meinte gleich darauf: »... grattez l'hystérie et vous verrez la canaille.«[3]

Die Leiden der Hysterikerinnen hatten viele Gesichter. Sie litten unter Lähmungen, Taubheit, Stimmlosigkeit, Schielen, Sehschwächen verschiedenster Art, krampfartigen Anfällen, Erstarrung, Muskelerschlaffung, Migräne, einseitiger Unempfindlichkeit. Sie konnten sich ärgerlich, tobend, schimpfend, schreiend, ängstlich, depressiv, niedergeschlagen, zornig äußern.

Heute sehen WissenschaftlerInnen[4] in der Hysterie unter anderem einen Protest von Frauen, eine Widerstandsform, mit der sie gegen die ihnen zugeschriebene Frauenrolle rebellierten. Diese Interpretation, Hysterie als Widerstandsform zu sehen, ist plausibel, zumal Hysterie einerseits als eine Krankheit galt und andererseits die Frau der gehobenen Schicht im 19. Jahrhundert ohnehin als krank, schwach, anfällig und zart beschrieben wurde. Der Satz des Arztes Adolph Henke in seinem 1814 erschienenen Werk *Über die Entwicklungen und Entwicklungs-Krankheiten*[5] »Die Frau ist gesundheitsmäßig krank« – hier bezogen auf die Menstruation – hatte durchaus noch Ende des Jahrhunderts seine Gültigkeit. Die Frauen wurden nicht nur als krank definiert, sondern sie wurden auch krank, um einer allgemeinen Erwartungsstruktur zu entsprechen. Esther Fischer-Homberger[6] weist in ihren Schriften nach, daß die Frau im 19. Jahrhundert in die Krankheit sozialisiert wurde. Durch die Analyse einschlägiger wissenschaftlicher Publikationen von Ärzten und Psychologen stellt sie fest, daß die Frau einerseits über ihre Geschlechts-, Gebär- und Mutterfunktionen definiert wurde, andererseits alles, was damit zusammenhängt, also Menstruation, Schwangerschaft, Geburt, Wochenbett, Stillen als pathologische Zustände bezeichnet wurden, die Frau also in ihrer »Bestimmung zum Weibe« prinzipell in einem Krankheitszustand sei.

Aber auch geistig und nervlich ist die Frau schwach und minderwertig, denn wie Paul Julius Möbius in seiner Schrift *Über den physiologischen Schwachsinn des Weibes* (erstmals 1900, 1908 bereits in 9. Auflage erschienen) sagt: »Mütterliche Liebe und Treue will die Natur vom Weibe ... Deshalb ist das Weib kindähnlich, heiter, geduldig und schlichten Geistes... Kraft und Drang ins Weite, Phantasie und Verlangen nach Erkenntnis würden das Weib nur unruhig machen und in ihrem Mutterberufe hindern... Nach alledem ist der weibliche Schwachsinn nicht nur vorhanden, sondern auch notwendig, er ist nicht nur ein physiologisches Faktum, sondern auch ein physiologisches Postulat... Ließe es sich machen, daß die weiblichen Fähigkeiten den männlichen gleich entwickelt würden, so würden die Mutterorgane verkümmern, und wir würden einen häßlichen und nutzlosen Zwitter vor uns haben... Übermäßige Gehirntätigkeit macht das Weib nicht nur verkehrt, sondern auch krank.«[7]

Neigt die Frau also zur Krankheit und ist sie physiologisch schwachsinnig, besitzt sie ein minderwertiges Nervensystem und geringe Geistesfähigkeiten, so entspricht es durchaus ihrer Rolle, krank, schwach und hysterisch zu sein.

Die Krankheit Hysterie nimmt allerdings eine Sonderstellung ein, weil sie sich weitestgehend dem männlichen ärztlichen Zugriff entzog. Gleichzeitig verweigert sich die Frau durch die Krankheit Hysterie ihrer Rolle als Frau. Sie kann ihre Pflichten als Ehefrau, Hausfrau und Mutter nicht mehr erfüllen, sie kann sich dem Mann entziehen, den Anforderungen des Alltags. Sie wird zum Mittelpunkt, wird umsorgt, therapiert, wenn auch vergeblich, sie wird zur Kur geschickt, sie ist auf unabsehbar lange Zeit krank, eine Heilung ist nicht vorauszusehen.

Indem die Frau hysterisch wurde, entsprach sie einerseits dem Bild, das das 19. Jahrhundert von ihr hatte, andererseits entzog sie sich durch die Krankheit den Anforderungen, die ihr aus dem Geschlechtsrollenstereotyp erwuchsen. Es verwundert nicht, daß die Männerwelt mit Ärger, Zorn und Feindseligkeit reagierte. Gleichzeitig muß gesehen werden, daß Hysterie als Widerstandsform eine »List der Ohnmacht«[8] war, um eine Formulierung von Claudia Honegger und Bettina Heintz zu übernehmen. Tatsächlich veränderten die Frauen zwar individuell ihr Schicksal, aber das Individuelle verhinderte den Effekt der Solidarisierung. Hysterie war zwar ein gesellschaftliches Phänomen, aber keine politische Bewegung.

Die hysterische Frau verschaffte sich einerseits durch die Verweigerung einen Freiraum, andererseits engte sie sich in der Verweigerung gleichzeitig auf die ihr ohnehin zugesprochene Rolle als Kranke ein. Der Widerstand gegenüber der ihr zugeschriebenen

Rolle war keine Emanzipation von dieser Rolle. »In verschiedenster Hinsicht kann so die hysterische Frau als Produkt ihrer Kultur und zugleich als Anklage gegen diese Kultur verstanden werden.«[9]

Ich stimme auf dieser Ebene mit der Aussage überein, daß Hysterie als weibliche Widerstandsform zu gelten hat. Meine weitergehende Frage zielt aber darauf hin, nachzuforschen, warum gerade die Frauen des gehobenen Bürgertums in Massen an Hysterie erkrankt waren. Ich gehe davon aus, daß das Leben der Frau aus dem gehobenen Bürgertum durch Monotonie, Widersprüchlichkeit und ständige Selbstbeschränkung gekennzeichnet war. Das Leben der Frauen aus dem weniger wohlhabenden Bürgertum und aus dem niedrigen Bürgertum war zwar auch bestimmt von den idealtypischen Normierungen weiblicher geschlechtsspezifischer Sozialisation. Doch es ist anzunehmen, daß die Bewältigung der drängenden Alltagsprobleme und häufig auch die Erfahrung von Not einen anderen Typus von Frauen hervorbrachte, nämlich Frauen, die mit realistischem Blick die Entzauberung der Ideale täglich erlebten. Damit soll nicht gesagt sein, daß diese Frauen besser oder emanzipierter gelebt hätten. Auch diese Frauen wurden ausgebeutet, und ihre Ausbeutung ist ein eigenes Kapitel innerhalb der Geschichte der Niedertracht.

Das Bedürfnis nach Intimität *und* Öffentlichkeit gilt für Männer und Frauen gleichermaßen. Die bürgerliche Festschreibung der Frau auf das Innen, die Nähe und das häusliche Leben zwang sie zu einer Beschränkung ihres Selbst. Sie nahm nicht teil an der Öffentlichkeit, wohingegen der Mann an beidem teilhatte. Entsprechend der Zuordnung der Frau zum häuslichen Leben sind auch die Bildungs- und Ausbildungskonzepte des 19. Jahrhunderts ausgerichtet. Das charakteristische Merkmal des bürgerlichen häuslichen Lebens mit seinem geregelten Ablauf, der ewigen Wiederkehr des Gleichen, ist die Monotonie. Reizarmut und Monotonie sind nicht geeignet, kognitive Potentiale zu realisieren. Wilhelm von Humboldt wußte schon 1792 in seiner Schrift *Ideen zu einem Versuch, die Grenzen der Wirksamkeit des Staats zu bestimmen*, welche Bedeutung Freiheit und Mannigfaltigkeit der Situationen für den Menschen haben. »Der wahre Zweck des Menschen – nicht der, welchen die wechselnde Neigung, sondern welchen die ewig unveränderliche Vernunft ihm vorschreibt – ist die höchste und proportionierlichste Bildung seiner Kräfte zu einem Ganzen. Zu dieser Bildung ist Freiheit die erste und unerläßliche Bedingung. Allein außer der Freiheit erfordert die Entwicklung der menschlichen Kräfte noch etwas anderes, obgleich mit der Freiheit eng Verbundenes, Mannigfaltigkeit der Situationen. Auch der freiste und unabhängigste Mensch, in einförmige Lagen versetzt, bildet sich minder aus.«[10]

Frauen haben nicht teil an der Bildung und können sich auch nicht durch den ihnen zugeschriebenen Ort »Häuslichkeit« bilden. Die kognitive Unterdrückung der bürgerlichen Frau scheint neben der sexuellen ein Eckpfeiler innerhalb der Unterdrückungsgeschichte der Frau zu sein. Dem widerspricht nicht die Tatsache, daß die meisten bürgerlichen Frauen über eine gewisse literarische, sprachliche und historische Bildung verfügten. Es handelte sich hierbei aber nicht um eine streng wissenschaftlich zu verstehende Bildung, diese war dem Mann vorbehalten, sondern um eine angenehme und gepflegte Salonfähigkeit.

Eindrücklich schildert Fanny Lewald in *Meine Lebensgeschichte* ihren Tagesablauf, nachdem sie mit dreizehneinhalb Jahren die Schule verlassen hatte und sich dann zu Hause mit Hilfe eines von ihrem Vater aufgestellten genauen Stundenplanes beschäftigen mußte: »Aber langweilig wurde dieser Winter mir im höchsten Grade. Fünf Stunden an jedem Tag saß ich in der Wohnstube, an einem bestimmten Platz am Fenster, und erlernte Strümpfe zu stopfen, Wäsche auszubessern, und beim Schneidern und anderen Arbeiten Hand anzulegen. Zwei Stunden brachte ich am Klavier zu, eine Stunde langweilte ich mich mit dem Inhalt meiner alten Schulbücher, den ich damals von A bis Z auswendig konnte, eine andere Stunde schrieb ich Gedichte zur Übung meiner Handschrift ab. Dazwischen ging ich Gänge aus der Küche in die Speisekammer und aus der Wohnstube in die Kinderstube, beaufsichtigte ab und zu die drei jüngsten Geschwister und hatte am Abende das niederschlagende Gefühl, den Tag über nichts Rechtes getan zu haben, und einen brennenden Neid auf meine Brüder, welche ruhig in ihr Gymnasium gingen, ruhig ihre Lektionen machten, und an denen also lange nicht so viel herumerzogen werden konnte als an mir. Ihr ganzes Dasein erschien mir vornehmer als das meine, und mit der Sehnsucht nach der Schule regte sich in mir das Verlangen, womöglich Lehrerin zu werden und so zu einem Lebensberuf zu kommen, bei dem mich nicht immer der Gedanke plagte, daß ich meine Zeit unnütz hinbringen müsse.«[11]

So und ähnlich waren sicherlich die Beschäftigungen bürgerlicher Mädchen im 19. Jahrhundert. Wenn sie in der Regel heirateten, änderte sich der Tagesablauf zwar insofern, als sie mehr Funktionen und Verantwortung für das häusliche Leben übernehmen mußten, der Erfahrungshorizont aber der gleiche blieb.

Arbeiten und Geldverdienen sind die Aufgaben des Mannes. Die Arbeit, die die Frau zu tun hat, ist unsichtbare gesellschaftliche Arbeit. Hausarbeit ist Arbeit aus Liebe, und Liebe nimmt kein Ende, also muß die Frau emsig und betriebsam sein, sie muß das vom Mann Erworbene bewahren. Gleichwohl hat sie auf das Erworbene kein Recht, nicht als Ehefrau und auch nicht als Witwe (im 19. Jahrhundert verwaltete in der Regel nach dem Tod des Ehemannes ein männlicher Verwandter das Vermögen).

Die Frau ist abhängig, also nicht selbständig, sie ist angewiesen auf das Wohlwollen des Mannes. Da es der Frau wegen der ihr zugeschriebenen Gefühlsbetontheit und Emotionalität ohnehin an Rationalität mangelt, muß sie sich den Forderungen des Mannes und ihrer eigenen Bestimmung anpassen. Wichtig in diesem Zusammenhang sind noch die von der Frau erwarteten und ihr auch als wesensgemäß zugeordneten Tugenden. Es handelt sich u. a. um Schamhaftigkeit, Keuschheit, Schicklichkeit, Liebenswürdigkeit und Taktgefühl. Hier treten die Widersprüche, durch die die weibliche Sozialisation gekennzeichnet ist, offen zutage. Einerseits wurde die Frau von ihrer Anatomie her zur Mutterschaft bestimmt, ihre vornehmlichste Aufgabe war, Gebärende zu sein – sie wird auch häufig als »Natur« bezeichnet, wohingegen der Mann die Kultur repräsentiert –, andererseits sollte sie keusch, schamhaft und schicklich sein, also auch keine sexuellen Bedürfnisse haben, obgleich ihre Geschlechtlichkeit ihre Hauptbestimmung ist. Nicht Geist oder Denken bestimmen ihr Leben, sondern asexuelle Geschlechtlichkeit, die auf diese Weise beliebig verfügbar wird, da sie weder mit Wünschen noch Bedürfnissen verbunden ist.

Um ihre Umwelt nicht durch Klagen über die an ihr begangenen Demütigungen und Kränkungen zu peinigen, besitzt die Frau noch zwei schöne Tugenden, nämlich Taktgefühl und Liebenswürdigkeit, die es ihr nicht erlauben, auf diese Demütigungen und Kränkungen aufmerksam zu machen. Die Frau mußte ihr Selbst verleugnen bis zur Selbstlosigkeit, aber auch dies wird ihr zum Teil heute noch als Mangel an Identität vorgeworfen.

Die Widersprüche, in denen sich die Frau befand, sind mannigfaltig. Die wichtigste Aufgabe der Frau wurde, diese Widersprüche zu verbergen und die gesellschaftlichen Anforderungen als Normen zu verinnerlichen, zur zweiten Natur werden zu lassen. Die Frau verbarg in ihrer Expressivität ihre Fähigkeit, instrumentell handeln zu können, in ihrer Gefühlsbetontheit ihr Vermögen, rational planen zu können und zu müssen. Außerdem war »sie sexlos, aber Gefangene ihres Unterleibs, war sie sittlicher als der Mann, aber willensschwächer, war sie vergeistigter als er, doch intellektuell ihm unterlegen«.[12]

Von einer sogenannten gelungenen bürgerlichen Frauensozialisation kann gesprochen werden, wenn diese Widersprüche bis zur Perfektion verinnerlicht wurden, die Frau sich also jeweils ihrer Lebenslage entsprechend zwischen den widersprüchlichen Polen »femme fragile« und »femme fatale« reibungslos zu bewegen lernte. Die Sozialisation war gelungen, wenn die Frau aktiv war und passiv erschien oder aktiv passiv war, sittlich und willensschwach, vergeistigt und unintellektuell war. So gesehen befand sich die bürgerliche Frau in einer permanenten Double-bind-Situation. Sicherlich gab es Frauen, die sich in einer solchen Situation stilisieren und ästhetisieren konnten und ein subjektiv glückliches Leben führten. Diejenigen aber, die dies nicht konnten und unter den Widersprüchen litten, verspürten bei dem Versuch, gegen diese Widersprüche zu protestieren, unweigerlich die Ausweglosigkeit ihrer Situation.

Ein Weg, gegen die Widersprüchlichkeit und Ausweglosigkeit ihres Lebens zu protestieren, war die Hysterie. Die Hysterikerin steht in Opposition zu ihrer Umgebung. Sie setzt ihr Leben als Subjekt aufs Spiel, indem sie Aktionen, Reaktionen, Handlungen, Gefühle und Wahrnehmungen in einer nicht gängigen Sprache, Gestik, Mimik und Motorik präsentiert. Angst und Kreativität herrschen in den Symptomen der Hysterikerin vor. Angst insofern, als sie ihre Konflikte nicht in die gängige Sprache bringen kann, und Kreativität, weil die Darstellung der Symptome in ihrer individuell verschiedenen, wechselhaften und flüchtigen Art eine großartige, sich dem ärztlichen Zugriff verweigernde theatralische Inszenierung ist. Die Nichttherapierbarkeit der Hysterie weist darauf hin, daß sie im schulmedizinischen Sinne keine Krankheit war, sondern ein kommunikativer Versuch, mit dem die Frau auf ihre Situation aufmerksam machte. Die Ratlosigkeit der Ärzte und Psychologen, die Hysterie zu deuten, schlägt nicht in Selbstzweifel um, sondern verschärft noch ihre misogyne Einstellung. Selten kann man so wie bei dem Dichter Theodor Fontane Empathie als soziale Hermeneutik finden, wenn er die hysteriformen Symptome der Effi Briest beschreibt oder das unglückliche Bewußtsein der Cécile zum Thema eines Romans macht.

Versucht man, die Inszenierung der Hysterie zu interpretieren, so vermeint man in ihr das Aufbrechen der Widersprüche und das Auseinanderfallen der Widersprüche in ihre gegensätzlichen Pole zu sehen.

Dies kann am berühmtesten Fall von Hysterie exemplifiziert werden, an Anna O., die mit ihrem realen Namen Bertha Pappenheim in die Geschichte der Frauenbewegung und als Anna O. in die Geschichte der Psychoanalyse als Entdeckerin der »talking cure« und der kathartischen Methode eingegangen ist.[13]

Es geht hier um den Versuch, mit Hilfe folgender Aussagen den Fall Anna O. zu interpretieren:

1) Die weibliche Sozialisation im 19. Jahrhundert ist gekennzeichnet durch einen Zwang, Widersprüchlichkeiten zu verinnerlichen, die in ihre gegensätzlichen Pole auseinanderbrechen, wenn es an der nötigen synthetisierenden psychischen Energie fehlt, und dann das Bild der sogenannten Hysterie vermitteln.

2) Die weibliche Sozialisation im 19. Jahrhundert ist außerdem gekennzeichnet durch eine eklatante kognitive Unterdrückung, die es den Frauen unmöglich machte, ihre Konflikte und Proteste in reale Sprache zu bringen.

Anna O. war einundzwanzig Jahre alt (geboren wurde sie am 27. Februar 1859 in Wien), als der berühmte Wiener Arzt Josef Breuer im Dezember 1880 zu ihr gerufen wurde. Er fand eine ungewöhnliche junge Frau vor, die er folgendermaßen beschreibt: »Anna O. hatte eine bedeutende Intelligenz, war fähig zu erstaunlich scharfsinniger Kombination und scharfsichtiger Intuition; sie hatte einen kräftigen Intellekt, der auch solide geistige Nahrung verdaut hätte und sie brauchte, nach Verlassen der Schule aber nicht erhielt. Sie hatte eine reiche poetische und phantastische Begabung, die durch sehr scharfen und kritischen Verstand kontrolliert war. Sie war völlig unsuggestibel, nur Argumente, nie Behauptungen hatten Einfluß auf sie. Ihr Wille war energisch, zäh und ausdauernd; manchmal zum Eigensinn gesteigert, der sein Ziel nur aus Güte, um anderer willen, aufgab. Anna O. war von überfließender geistiger Vitalität.«[14]

Mit sechzehn Jahren hatte Anna O. die Schule verlassen müssen, und sie lebte seitdem in ihrer »puritanisch gesinnten Familie ein höchst monotones Leben«.[15] Ihre einzige Beschäftigung bestand darin, häusliche Pflichten zu erfüllen. Um der Monotonie zu entrinnen, »pflegte sie systematisch das Wachträumen, das sie ihr Privattheater nannte. Während alle sie anwesend glaubten, lebte sie im Geiste Märchen durch, war aber, angerufen, immer präsent, so daß niemand davon wußte.«[16] Der Mangel an intellektuellen Anreizen trieb Anna O. gleichsam in einen zweiten Bewußtseinszustand, denn für ihre reiche Phantasie und ihre Intelligenz war in der Monotonie und der Langeweile des Alltags kein Platz. Als ihr Vater schwer erkrankte, war es selbstverständlich, daß Anna O. an seinem Bett wachte. Breuer schreibt, daß sie sich mit »der ganzen Energie ihres Wesens der Krankenpflege gewidmet hatte, so daß es niemand Wunder nahm, daß sie selbst dabei allmählich stark herabkam«.[17] Anna O. opferte sich für den Vater auf. Pflegearbeit ist Liebesarbeit und gehört damit zum Aufgabenfeld der Frau.

Sicherlich war Anna O. froh, endlich einen gewichtigen Lebensinhalt zu haben, und hätte sie sich nicht aufgeopfert, hätte sie sich wahrscheinlich ihrem Vater gegenüber mangelnde Liebe vorgeworfen.

Es ist bezeichnend für das, was Frauen zugemutet wird, daß sich in ihrer Familie niemand darüber wunderte, daß sie körperlich sehr herunterkam. Erst als Anna O. selbst bettlägerig wurde, rief man den Arzt Josef Breuer an ihr Krankenlager. Er konstatierte Hysterie.

Hier wird das Drama der Anna O. offenkundig. Ihre Erkrankung ist die Folge ihrer ständigen, übermäßigen Anstrengung, sich an das Frauenideal anzupassen, das Verkümmerung, Passivität, Selbstverleugnung und Bedürfnislosigkeit verlangte. Wegen ihrer psychophysischen Erschöpfung rettet sie sich in die Krankheit, weil sie zum offenen Protest nicht fähig war, ihr aber auch nicht mehr die vollständige Anpassung gelang. In ihrem Zustand brachte sie nicht mehr die psychischen Energien auf, die Widersprüche zwischen ihren Bedürfnissen und den gesellschaftlichen Erwartungen zu synthetisieren. Meiner Meinung nach begann Anna O. mit Hilfe der Sprache der Hysterie, ihre kognitive, emotionale und soziale Unterdrückung auszusprechen.

Ich versuche, dies anhand ihrer Verhaltensweisen und Symptome, die Breuer genau aufgezeichnet hat, darzulegen.

Auffällig erscheint die von Dezember 1880 bis März 1881

andauernde Paraphasie.[18] Darunter ist eine Sprachstörung zu verstehen, bei der Worte, Silben oder Buchstaben verwechselt werden. Bei stärkerer Ausprägung entsteht ein unverständliches Kauderwelsch. Anna O. verlor mehr und mehr die Fähigkeit, ihre Muttersprache Deutsch zu sprechen. Meist verwendete sie nur Infinitive. In der weiteren Entwicklung suchte sie sich beim Sprechen die Worte aus vier oder fünf Sprachen zusammen, bis sie dann ab März 1881 nur mehr Englisch sprach. Hielt Breuer ihr einen italienischen oder französischen Text vor, so las sie ihn erstaunlich fehlerfrei und fließend auf Englisch vor. Anna O. verweigerte sich ihrer ursprünglichen Sprache und somit auch ihrer unmittelbaren Umwelt. Ebenso verweigerte sie sich der Grammatik und der Syntax des Deutschen. Für sie mußte die Logik der gewohnten, realen Sprache die Logik ihrer Unterdrückung sein, die Sprache, in der sich ihre Unterdrückung manifestierte. Sie fand für sich eine neue Sprache bzw. sprach nur noch in einer Fremdsprache, wodurch sie sich und ihre Umwelt verfremdete und Fremdheit signalisierte. Der Gebrauch der Fremdsprachen und das spätere Englischsprechen scheinen außerdem ein Hinweis auf ihre Bildung zu sein. Daß sie so viele Fremdsprachen beherrschte und perfekt simultan übersetzen konnte, war ein Hinweis auf ihre intellektuellen Fähigkeiten, die ja mehr oder weniger brachlagen, weil sie in ihrer Rolle als bürgerliche junge Frau im häuslichen Bereich tätig sein mußte. Ein weiterer Hinweis auf ihren Bildungsbedarf ist die Tatsache, daß sie nicht mehr über ihre Schrift verfügen konnte. Als sie wieder zu schreiben begann, allerdings mit der linken Hand, suchte sie sich Antiqua-Druckbuchstaben aus ihrer Shakespeare-Ausgabe zum Alphabet zusammen. Hier verwendete Anna O. Schrift und Sprache, um auf ihre intellektuelle Unterforderung hinzuweisen. Ihr häufiges Klagen, ihr fehle Zeit, obgleich sie über viel Zeit verfügte, war ein Protest gegen die Monotonie ihres Lebens. Die unausgefüllte Zeit, oder die Zeit, die mit langweiligen und uninteressanten Dingen ausgefüllt ist, ist im eigentlichen Sinne verlorene Zeit. Zeitfülle als Zeitverlust scheint eine typische Erfahrung für die sensibleren und begabteren Frauen gewesen zu sein. Anna O. beneidete ihren jüngeren, weniger begabten Bruder, der studieren durfte, während sie im Elternhaus warten sollte, bis sich ein angemessener Heiratskandidat melden würde.

Breuer berichtet, daß Anna O. zwei Bewußtseinszustände hatte. In dem einen sei sie normal, d. h. traurig, gefügig, heiter, liebenswürdig, fleißig und fügsam. Das sind alles Eigenschaften und Verhaltensweisen, die dem bürgerlichen Frauenbild entsprechen. In dem anderen Bewußtseinszustand, der als ihr Krankheitszustand bezeichnet wurde, war sie launisch, boshaft, zuwider, störrisch, unfügsam, zornig, reizbar, unangenehm, träge, riß Knöpfe ab, schleuderte Polster durchs Zimmer, zerschlug ein Fenster, zerbrach eine Flasche.

In dieser Aufzählung von Eigenschaften und Verhaltensweisen zeigt sich, daß Frauen, wenn sie protestieren, mit ihrem Protest nicht ernst genommen werden. Es handelt sich um Eigenschaften oder Verhaltensweisen, die als ein Verstoß wider die weibliche Rolle gelten. Dieser *Verstoß* ist verwerflich, nicht die Zumutungen und Ansprüche, die an die weibliche Rolle gestellt werden. Es wird nicht nach den Ursachen, die zu diesem Verstoß führen, gefragt, sondern der Protest wird pathologisiert.

Anna O. wird als launisch bezeichnet, wenn sie nicht fügsam ist. Sie ist störrisch, wenn sie versucht, ihren Willen durchzusetzen, oder sich weigert, den Willen eines anderen zu akzeptieren. Sie wird als unangenehm bezeichnet, wenn sie nicht liebenswürdig ist.

Breuer erwähnt mehrmals, daß Anna O., wenn sie nach Sonnenuntergang erwachte – seit den langen Nachtwachen am Bett ihres Vaters hatte sie die Gewohnheit angenommen, nachmittags zu schlafen –, im Infinitiv ausrief: »Quälen, quälen.« Im Infinitiv sind alle möglichen Hinweise enthalten, z. B.: »Alles quält mich.« Je weniger etwas präzisiert ist, um so allgemeiner ist es, um so umfassender und bedrückender ist der Eindruck, den dieses »Quälen, quälen« hervorruft.

Aus den körperlichen Krankheitssymptomen der Anna O., die ihr Unbehagen ausdrücken, kann man sehr deutlich den Ausdruck der Ausweglosigkeit, in der sie sich befand, herauslesen. Es handelte sich um eine Ausweglosigkeit, weil sie einerseits die gesellschaftlichen Normen selbst stark verinnerlicht hatte und andererseits die gesellschaftlichen Normen von außen ständig an sie herangetragen wurden.

Zwischen Psychostruktur und gesellschaftlicher Struktur steht der subjektive Körper, der sozusagen auf die innere und äußere Ausweglosigkeit reagiert und diese darstellt. Bei dem Versuch, Anna O.'s physische Symptome zu interpretieren, fällt auf, daß alle Symptome auf eine Verweigerung der gängigen Kommunikation mit der Umwelt hindeuten.

Der Arzt Josef Breuer wurde zu Anna O. gerufen, weil sie an einem schweren Husten litt. Er diagnostizierte eine Tussis nervosa, einen nervösen Husten, der heftig, bellend und trocken war. Dieser Husten galt als typisch hysterisch. Breuer erfuhr von Anna O., daß dieser Husten zum ersten Mal aufgetreten war, als sie, am Krankenbett ihres Vaters sitzend, aus dem Nebenhaus Tanzmusik vernahm und lieber an der Tanzveranstaltung teilgenommen hätte, als am Krankenlager zu wachen. Sie empfand Schuldgefühle und mußte von nun an husten. Der Husten bedeutet, daß sie die Schuldgefühle hinunterschlucken und sie gleichzeitig ausspucken wollte.

Kranke zu pflegen, den eigenen Körper durch Askese und Erschöpfung aufzuopfern, entspricht dem moralischen Wesen der Frau mehr, als sich einem erotischen Tanzvergnügen hinzugeben. Die weibliche geschlechtsspezifische Sozialisation verwirrt sich im Widerspruch. Einerseits ist die Frau ein vergeistigtes Wesen, andererseits ist sie wegen ihrer Gebärfunktion vom Unterleib bestimmt. Einerseits muß die Frau sich aufopfern, ihre eigenen Sinne und Empfindungen unterdrücken, andererseits kann sie wegen ihres »notwendigen physiologischen Schwachsinns« nichts anderes im Sinn haben, als z. B. ihren Narzißmus und ihre Erotik auch im Tanz zu präsentieren. Die einfache Feststellung, daß Tanzen mehr Spaß macht, als am Krankenlager zu wachen, kommt erst gar nicht in Betracht.

Diese Antithetik konnte von Anna O. nicht ausgesprochen werden. Statt dessen hustete sie und manifestierte damit die Ausweglosigkeit dieser Situation.

Husten behindert die Kommunikation. Die Hustende ist im Sprechen behindert, wird schwer verstanden, die Hustende irritiert den Zuhörenden und erschwert das Zuhören.

Reden und Zuhören werden vom Husten ad absurdum geführt. Gleichzeitig ist der Klang einer menschlichen Stimme als provokative Synthese der Widersprüche zu vernehmen.

Anna O. litt auch an Mutismus, einem völligen Verstummen, das, wie sie später berichtete, zum ersten Mal aufgetreten war, als sie ungerechtfertigt gescholten wurde und dadurch sehr gekränkt war. Hätte sie aufbegehrt und Widerstand geleistet, hätte sie sich gewehrt, dann hätte sie gleichzeitig die der Frau zugesprochenen Tugenden und Eigenschaften wie Taktgefühl, Liebenswürdigkeit, Selbstverleugnung und Ergebung verletzt.

Ähnlich ist es mit dem Glottiskrampf, einem Stimmritzenkrampf, der Atemnot und starke Angstgefühle verursacht. Dem Glottiskrampf war ein unterdrückter Streit vorausgegangen. Anna O. hatte Schuldgefühle, weil sie einen Streitimpuls verspürt hatte; hätte sie ihm nachgegeben, hätte sie ganz massiv die von ihr erwartete Schicklichkeit verletzt.

Die Sprache als Medium der Kommunikation, als Medium der Identitätsstiftung, der Verteidigung gegenüber ungerechtfertigten Angriffen, versagt vollständig. Zu solchen Zwecken darf die bürgerliche Frau die Sprache nicht verwenden. Anna O. war nicht mehr bereit, die Sprache ihrer Sozialisation zu sprechen. Ihr Widerstand dagegen zeigt sich im Verstummen, in Atemnot, im Husten, im Erstickungsanfall und im Sprechen der Fremdsprachen. Sie verschaffte sich dadurch einen Freiraum, weil sie für die altgewohnte Kommunikation, die Kommunikation der Unterdrückung, nicht mehr zugänglich war. Gleichzeitig begab sie sich in die einzige ihr noch zur Verfügung stehende Rolle der Kranken und Leidenden, eine Außenseiterrolle, die außer Schonung, Kur und Pflege nichts bewirkte, aber sie immerhin von anderen Pflichten ihrer weiblichen Rolle befreite.

Eine ähnliche Abwehr von Kommunikation und Realität kann in Anna O.s vielfältigen schweren Sehstörungen gesehen werden. Sie litt unter Einwärtsschielen, unter Doppeltsehen, unter Herabsetzung der allgemeinen Sehschärfe, unter Verzerrtsehen, darunter, daß die Objekte größer gesehen wurden, unter Gesichtsfeldeinschränkung, unter der Ablenkung beider Augen nach rechts.

Es ist ein anderer Blick, den Anna O. auf die Menschen, Objekte, auf ihre Umgebung wirft. Er läßt keine traditionelle Orientierung zu. Er zeigt alles bisher Bekannte fremd, verzerrt, verschwommen, verdoppelt. Der verzerrte Blick hat kein Gegenüber, findet und sucht keine Verständigung, sieht die Welt, wie sie auch sein könnte, oder wie sie für die Frau, die erst hysterisch werden muß, tatsächlich ist. Für die Hysterikerin, die die Widersprüche nicht mehr synthetisiert, gibt es keine Orientierung mehr, ist die Wahrnehmung zerfallen. Anna O.'s Rebellion richtete sich gegen die Welt und gegen sich selbst, ihre Sinne rebellierten. Ihr Körper, ihre Sinne sind die Bühne für das Theater der Unterdrückung.

Nicht anders sind die Lähmungen zu verstehen, unter denen Anna O. litt.

Beide Beine und der rechte Arm waren vollständig und der linke

Arm unvollständig gelähmt. Außerdem klagte sie über Erschlaffung der Nackenmuskulatur, sie konnte den Kopf nicht mehr bewegen.

Dem gelähmten Körper fehlen Funktionen. Der gelähmte Körper ist ein imaginärer Körper, »der sich gerade von den Funktionen oder Lasten des realen Körpers befreit hat, die der reale Körper auf sich nehmen muß«.[19] Eine der Forderungen der gelähmten Hysterikerin könnte vielleicht darin bestehen, von den »natürlichen« Aufgaben des Körpers befreit zu sein, also eine Forderung nach größerer »menschlicher« Freiheit.[20] Interessant ist die Tatsache, daß ihr gelähmter rechter Arm und das gelähmte rechte Bein adduziert, d. h. nach der Mittellinie des Körpers herangeführt, und nach innen rotiert waren. In dieser Körperhaltung drückt sich Abwehr und gleichsam ein Verschließen des Körpers aus.

In der Lähmung kann eine Verweigerung der »natürlichen«, »wesensgemäßen« Aufgaben und Funktionen der Frau gesehen werden. Verweigerung geht aber nicht mit Flucht oder Aus-dem-Felde-Gehen einher, sondern mit Erstarrung. Die an Anna O. gestellten Rollenerwartungen waren für sie nicht mehr zumutbar, aber auch die von ihr gewünschten und erstrebten Aktivitäten, wie z. B. selbstbestimmtes Handeln oder eine intellektuelle Ausbildung, wären auf gesellschaftlichen oder familiären Widerstand gestoßen. Lähmung und Erstarrung sind ein möglicher und eindringlicher Ausdruck für diese Ausweglosigkeit. Der gelähmte Körper wird zur Körperhülle und diese zu einer existentiellen Anklage.

Anna O./Bertha Pappenheim entstammte väterlicherseits einer reichen jüdischen Familie aus dem Wiener Großbürgertum. Die Familie, die Breuer als puritanisch bezeichnete, hing sicherlich noch einem traditionell konservativen Frauenideal an. Das bedeutete, daß für die Frau die Ehe die einzig akzeptable Lebensperspektive blieb. Dem entzog sich Anna O./Bertha Pappenheim dadurch, daß sie noch ungefähr bis in ihr neunundzwanzigstes Lebensjahr krank war und somit das gängige Heiratsalter überschritten hatte.

Der Arzt Josef Breuer, ein Freund Sigmund Freuds, wurde im Dezember 1880, als Anna O. einundzwanzig Jahre alt war, zu ihr gerufen. Als Anna O.s Vater im April 1881 starb, verschlechterte sich zunächst ihr Zustand, der dann mit normaleren Zuständen alternierte, doch eine Reihe von Dauersymptomen blieben bestehen bis Dezember 1881. Im Juni 1882 brach Breuer nach, wie er schreibt, »allmählicher Abwicklung der Zustände und Phänomene«[21] die Behandlung ab und vermittelt in seiner Krankengeschichte in den *Studien über Hysterie* von 1885 den Eindruck, als wäre Anna O. geheilt. Tatsächlich aber ließ Breuer Anna O. ins Sanatorium Bellevue nach Kreuzlingen zu dem Arzt Robert Binswanger überweisen, wo sie noch ein knappes halbes Jahr verweilte.[22] Daran schlossen sich noch drei längere Sanatoriumsaufenthalte in der Nähe Wiens an, bis sie 1888 mit ihrer Mutter, die aus einer Frankfurter Familie stammte, endgültig nach Frankfurt übersiedelte.

Dort betätigte sie sich zunächst ausschließlich literarisch und publizierte unter dem Pseudonym Paul Berthold Märchen und Geschichten, später aber auch Artikel und ein Schauspiel über Frauenrechte, behandelte soziale Fragen und die Probleme der Juden. Bemerkenswert ist vielleicht noch die Tatsache, daß sie 1899 als Paul Berthold das Buch *Vindication of the Rights of Women* von Mary Wollstonecraft ins Deutsche übersetzte.

Aus dem Kreis der mütterlichen Verwandtschaft in Frankfurt erhielt sie Anregungen für ein karitatives Engagement in der jüdischen Gemeinde. Ihr Interesse an Frauenfragen und an der Arbeit der deutschen Frauenbewegung wurde immer größer, und sie begann zunehmend, sich für die Sache der Frauen, insbesondere der jüdischen Frauen, einzusetzen.

1890 half sie in einer Suppenküche für Ostflüchtlinge aus. 1895 übernahm sie die Leitung eines jüdischen Waisenhauses. 1902 gründete sie die *Weibliche Fürsorge* in Frankfurt, einen Verein, der sich um notleidende Familien und Einzelpersonen kümmerte.

1904 rief sie den reichsweiten *Jüdischen Frauenbund* ins Leben, als dessen Vorsitzende und Delegierte sie an zahlreichen internationalen Frauenkongressen teilnahm.

1907 gründete Bertha Pappenheim in Neu-Isenburg bei Frankfurt ein Heim für gefährdete Mädchen und nichteheliche Mütter. Einen Großteil ihres Vermögens spendete sie der Sozialarbeit. Seit 1917 war sie führende Mitarbeiterin der Zentralwohlfahrtsstelle der Juden in Deutschland.

Seit der Jahrhundertwende betrieb Bertha Pappenheim unermüdliche Aufklärungskampagnen über die Lage der Juden in Galizien und unternahm Feldzüge gegen Prostitution und Mädchenhandel. Dies sind, kurz zusammengefaßt, die wichtigsten Stationen der sozialen und feministischen Arbeit Bertha Pappenheims. Die Vorstellungen und Formen sozialer Arbeit, die sie entwickelte, sind aber, über die jüdische Wohlfahrt hinaus, von weittragender Bedeutung für die Sozialarbeit in Deutschland überhaupt. Anna O./ Bertha Pappenheim gehört zur ersten Generation jener Frauen aus dem gehobenen Bürgertum der zweiten Hälfte des 19. Jahrhunderts, die mit der Tradition der »Wohlfahrtsdamen« brachen und versuchten, soziales Engagement organisatorisch wie inhaltlich zu systematisieren und ihm eine spezifische Zielrichtung und eine spezifische Form zu verleihen: Die Form »geistiger« oder »sozialer Mütterlichkeit«, die die deutsche Sozialarbeit fortan geprägt hat.[23]

Im Zentrum des Wirkens von Bertha Pappenheim stand die Idee der »Sozialen Mütterlichkeit«. Das Wesentliche der »Sozialen Mütterlichkeit« ist die Trennung der mütterlichen Funktionen von der Sexualität. »Anders als die leibliche Mutterschaft erlaubt es die soziale Mütterlichkeit, Mütterlichkeit zu praktizieren, ohne Sexualität zu leben.«[24] Bertha Pappenheim war nie verheiratet gewesen und soll auch keine intimen Beziehungen gehabt haben.

Diese intelligente und hochbegabte Frau entschied sich dafür, selbst aktiv zu sein, sich für eine Idee einzusetzen und politische, soziale und sozialkritische Arbeit zu leisten. Nach der fast zehnjährigen leidvollen Erfahrung ihrer hysterischen Erkrankung, nach der Erfahrung, daß das Aussprechen der Widersprüche innerhalb der weiblichen Sozialisation mit Hilfe des Körpers und der Sinne kein Ausweg aus den Widersprüchen war, entschied sie sich, eine innerhalb der weiblichen Sozialisation anerkannte Rolle zu übernehmen und im sozialen Bereich zu wirken. Sie wählte einen Beruf und nicht ein Leben in der Familie, wenngleich ihr Beruf auf Familie, Pflegen, Beschützen und Erziehen zentriert war. Damals wie heute ist es für Frauen immer noch besonders schwer, die gegensätzlichen Anforderungen von Öffentlichkeit und Intimität, von Beruf und Familie zu erfüllen. Um so legitimer kann es für eine Frau sein, zumal der damaligen Zeit, sich für *einen* Bereich, den Beruf zu entscheiden. Allerdings um den Preis, auf Intimität verzichten zu müssen, wie Bertha Pappenheim.

Das Leben von Bertha Pappenheim besteht aus zwei Abschnitten. Der erste umfaßt ihre Kindheit und Jugend in Wien und ihre fast zehnjährige Krankheitsperiode. Der zweite Abschnitt ihres Lebens ist gekennzeichnet von einer leidenschaftlich und vehement durchgeführten feministischen und sozialfürsorgerischen Arbeit.

Motive zur Gründung des *Jüdischen Frauenbundes* sind weitgehend in ihren persönlichen Erfahrungen zu finden. Einerseits geht es ihr um die gesellschaftliche Stellung der Frau Ende des 19. Jahrhunderts, andererseits um das spezifische Schicksal der jüdischen Frau. Ihr ausgeprägtes Empfinden für das Unrecht, das den Frauen ihrer Zeit zugefügt wurde, ließ sie engagiert für die Gleichstellung der Frau eintreten. »Das Echo, das sie bei deutsch-jüdischen Frauen fand, beruhte auf ihrer Fähigkeit, in diesen Frauen Gefühle anzusprechen, die zwar auf isoliert erlebten, aber doch allen gemeinsamen Erfahrungen beruhten.«[25]

Ihr Ärger über die Vorherrschaft des Mannes nahm zu, je länger sie versuchte, die Randstellung der Frau zu überwinden.

Bertha Pappenheim teilte die Ideale des konservativen Flügels der bürgerlichen Frauenbewegung, die die weiblichen Tugenden auch in den Dienst der Öffentlichkeit stellen wollten. Mütterlichkeit sollte nicht nur auf Heim und Familie begrenzt sein. Sie forderte gleiche Ausbildung, gleiche Berufschancen und gleiche politische Rechte für Frauen, damit sie ihrer Familie und ihrer Nation besser dienen könnten. Nach ihrer Auffassung sollten auch alleinstehende Frauen ihre »mütterliche« Rolle wahrnehmen, indem sie Waisen, notleidenden jungen Frauen und Prostituierten halfen. So rechtfertigte der Begriff der sozialen Mütterlichkeit sowohl die Tatsache, daß sie selbst unverheiratet war, als auch ihren sozialen Aktivismus.

Verstand sich Bertha Pappenheim als völlig assimilierte Jüdin, sie war sogar Gegnerin des Zionismus, so sah sie ihre Zusammenarbeit mit Vertreterinnen der bürgerlichen Frauenbewegung teilweise als ein Mittel, den Antisemitismus bei deutschen Frauen zu bekämpfen und Toleranz, Kooperation und Freundschaft zwischen Jüdinnen und Nichtjüdinnen zu fördern. Ihr ganzes Leben lang versuchte Bertha Pappenheim, ihre Identität als Frauenrechtlerin, Jüdin und Deutsche in Einklang zu bringen.

Ihr Kampf gegen den Mädchenhandel war ein anderes Beispiel für ihr soziales Engagement. »Zwischen 1902 und 1930 nahm sie aktiv an jeder jüdischen und überkonfessionellen Konferenz zu diesem Thema teil«,[26] bereiste Galizien, Rußland und die Balkanländer, um sich ein eigenes Bild von den miserablen Verhältnissen zu machen, unter denen es möglich war, den armen ostjüdischen

Familien unter falschen Vorwänden ihre Töchter gleichsam abzukaufen. In einem Artikel von 1901 schreibt sie: »Sie (die Prostitution) ist nur ein furchtbares Symptom dafür, daß es soziale Verhältnisse giebt, die solche antisozialen Folgeerscheinungen hervorbringen und fördern.«[27]

In Alexandria durchstreifte sie, begleitet von einem Polizeioffizier, die einschlägigen Viertel und verschaffte sich mit seiner Hilfe sogar Zugang zu einem Bordell und versuchte, mit den Mädchen ins Gespräch zu kommen.[28]

Die Tatsache, daß diese aus der europäisch jüdischen Aristokratie stammende, streng puritanisch erzogene, verfeinerte und gebildete Bertha Pappenheim Slums, Spelunken und Bordelle besuchte, um sich eine reale Anschauung von Elend und sexueller Ausbeutung zu verschaffen, wirft ein bezeichnendes Licht auf die Kraft ihrer Persönlichkeit. Ihr Bewußtsein und ihr Intellekt konnten sich über die Schranken hinwegsetzen, die ihre Herkunft und Erziehung aufgebaut hatten. Ihre eigenen Leiden machten sie empfänglich für die Leiden anderer.

Bertha Pappenheims Leben war geprägt vom Erbarmen für Waisenkinder, verelendete Mädchen und Frauen. Sie war von ihrer sozialen Arbeit so erfüllt, daß sie die Gefahren des aufkommenden Nationalsozialismus nicht in all seiner Bedrohlichkeit wahrnehmen konnte. Sie war gegen die Auswanderung von Juden, weil sie befürchtete, daß damit Familien auseinandergerissen werden könnten, und war der Ansicht, die Rechte der Juden könnten im nationalsozialistischen Staat verteidigt werden. Diese Naivität verlor sie bald; 1934 brachte sie, in hohem Alter und schon krank, jüdische Waisenkinder nach Glasgow in Sicherheit.

Bertha Pappenheim starb am 28. Mai 1936 in Frankfurt. Das von ihr gegründete Heim in Neu-Isenburg wurde von den Nationalsozialisten 1942 geschlossen. Fast alle der wenigen noch verbliebenen Bewohnerinnen wurden nach Auschwitz deportiert.

In den vielen Würdigungen der Persönlichkeit Bertha Pappenheims[29] wird von widersprüchlichen Charakterzügen berichtet. Sie sei streng, unbeugsam, schroff, herb und männlich im Auftreten gewesen, aber auch, vor allem im Umgang mit Kindern, voller Milde, Nachsicht, Wärme, tiefer Güte und Zärtlichkeit. Als ihr einmal anläßlich ihres Geburtstages ein großer Gabentisch für das Heim in Neu-Isenburg aufgebaut worden war, »konnte sie vor Rührung nicht sprechen und sagte unter Tränen: ›Verzeihen Sie, ich bin Liebe so wenig gewohnt, daß sie mich leicht überwältigt.‹«[30]

Bertha Pappenheim besaß neben Wiener Charme und »bezauberndem Humor« auch »scharfen Witz«[31]: »Wenn es eine Gerechtigkeit im Jenseits gibt, werden drüben die Frauen die Gesetze machen und die Männer die Kinder kriegen.«[32]

Bertha Pappenheim soll nie über den Abschnitt ihres Lebens gesprochen haben, der uns bekannt ist als die von Josef Breuer aufgezeichnete Krankengeschichte »Frl. Anna O.«. Zeit ihres Lebens war sie von einer tiefen Skepsis der Psychoanalyse gegenüber erfüllt, obwohl sie selbst entscheidende Anstöße zu ihrer Entwicklung gegeben hatte.

1909 waren Bertha Pappenheim und Sigmund Freud fast gleichzeitig in Amerika. Sie sprach im Juni in New York auf einem Kongress jüdischer Frauenvereine über Probleme der Unterdrückung von Frauen,[33] er hielt im September Vorlesungen an der Clark-Universität in Worcester, Mass., über die Anfänge und die Entwicklung der Psychoanalyse.[34] In seiner ersten Vorlesung sprach er fast ausschließlich über Anna O.

Anmerkungen

1 Schaps, Regina: *Hysterie und Weiblichkeit. Wissenschaftsmythen über die Frau,* Frankfurt/M., New York 1982, S. 51.

2 Stransky, Erwin: »Über Hysterie«, in: *Wiener Medizinische Wochenschrift,* Nr. 9, 1924, S. 1-12; S. 4.

3 A.a.O.; »Kratzen Sie an der Hysterie und Sie werden die Canaille sehen.«

4 Z.B. Regina Schaps, Christina von Braun, Carroll Smith-Rosenberg, Esther Fischer-Homberger, Claudia Honegger und Bettina Heintz, Lucien Israël – siehe Literaturliste.

5 Zit. nach Fischer-Homberger, Esther: *Krankheit Frau. Zur Geschichte der Einbildungen,* Darmstadt und Neuwied 1984, S. 51 f.

6 Fischer-Homberger: a.a.O.

7 Möbius, Paul Julius: *Über den physiologischen Schwachsinn des Weibes,* München 1977, Faksimiledruck der 8. veränderten Auflage, Halle 1905, S. 41.

8 Honegger, Claudia/Heintz, Bettina (Hg.): *Listen der Ohnmacht. Zur Sozialgeschichte weiblicher Widerstandsformen,* Frankfurt/M. 1981.

9 Smith-Rosenberg, Carroll: »Weibliche Hysterie. Geschlechtsrollen und Rollenkonflikt in der amerikanischen Familie des 19. Jahrhunderts«, in: Honegger/Heintz: a.a.O., S. 294.

10 Humboldt, Wilhelm von: »Ideen zu einem Versuch, die Grenzen der Wirksamkeit des Staats zu bestimmen«, in: *Wilhelm von Humboldt: Schriften zur Anthropologie und Geschichte*, hg. von Andreas Flitner und Klaus Giel, 5 Bde., Bd 1, Stuttgart 1960, S. 56-233, S. 64.

11 Lewald, Fanny: *Meine Lebensgeschichte* (Originalausgabe Berlin 1861-62), hg. von Gisela Brinker-Gabler, Frankfurt/M. 1980, S. 78.

12 Honegger/Heintz: a.a.o., S. 39.

13 Vgl. Lorenzer, Alfred: *Intimität und soziales Leid. Archäologie der Psychoanalyse*, Frankfurt/M. 1984, S. 114 f.

Anna O. fand heraus, daß ein Symptom, unter dem sie litt, vollständig verschwand, sobald sie das erste Auftreten dieses Symptoms schilderte. Sie erkannte den Wert dieses Vorgehens und fuhr fort, Breuer ein Symptom nach dem anderen zu beschreiben. Sie nannte das Verfahren »talking cure« oder »chimney sweeping«. »Talking cure« ist also das hilfreiche Erzählen der Lebensszenen unter Zurückverfolgung der Symptomatik bis zum traumatischen Ausgangspunkt.

Die neue Therapieform war also Heilung durch Gespräch. Ferner kehrte Anna O. die Arzt-Patientinnen-Beziehung um. Sie bestimmte das Thema, sie nahm sich das Recht, ihr Leiden selbst darzustellen. Breuer mußte sich in einen interpretierenden Zuhörer verwandeln.

Sigmund Freud, von Breuer darauf aufmerksam gemacht, erkannte die Bedeutung dieser neuen therapeutischen Konstellation und nahm sie zur Grundlage der psychoanalytischen Methode.

14 Breuer, Josef: »Frl. Anna O.«, in : Sigmund Freud/Josef Breuer: *Studien über Hysterie* (Wien 1895), Frankfurt/M. [8]1981, S. 20 ff.

15 A.a.O., S. 20.

16 A.a.O.

17 Vgl. a.a.O., S. 21.

18 Alle von Josef Breuer verwendeten medizinischen Begriffe habe ich in folgendem Werk nachgeschlagen: *Pschyrembel Klinisches Wörterbuch mit klinischen Syndromen und Nomina Anatomica*. 255., völlig überarbeitete und stark erweiterte Auflage mit 2926 Abbildungen und 214 Tabellen, bearb. von der Wörterbuchredaktion des Verlages unter der Leitung von Christoph Zink, Berlin, New York 1986.

19 Israël, Lucien: *Die unerhörte Botschaft der Hysterie*, München, Basel 1983, S. 32.

20 Vgl. a.a.O.

21 Breuer, Josef: a.a.O., S. 21.

22 Die biographischen Daten und die Daten zur Krankengeschichte von Anna O./Bertha Pappenheim habe ich u. a. aus folgenden Publikationen entnommen: Hirschmüller, Albrecht: »Physiologie und Psycho-

analyse in Leben und Werk Josef Breuers«, in: *Jahrbuch der Psychoanalyse*, Beiheft 4, Bern 1978; Hirschmüller korrigiert einige Fehler in den Werken von Jones, Freeman, De Clerck-Sachße/Sachße. Genauere bibliographische Angaben zu diesen Werken siehe Literaturverzeichnis.

23 De Clerck-Sachße, Rotraut; Sachße, Christoph: »Sozialarbeit und Sexualität. Eine biographische Skizze«, in: *Jahrbuch der Sozialarbeit* 4, hg. von Christoph Sachße/Florian Tennstedt, Reinbek b. Hamburg 1981, S. 348.

24 A.a.O., S. 360.

25 Kaplan, Marion A.: *Die jüdische Frauenbewegung in Deutschland. Organisation und Ziele des Jüdischen Frauenbundes 1904-1938*, Hamburg 1981, S. 77 ff.

26 A.a.O., S. 90.

27 Pappenheim, Bertha: »Die sozialen Grundlagen der Sittlichkeitsfragen«, in: *Die Frau*, 9, 1901/02, S. 129-138.

28 Vgl. Pappenheim, Bertha: *Sisyphus-Arbeit. Reisebriefe aus den Jahren 1911 und 1912*, Leipzig 1924.

29 Vgl. Hirschmüller: a.a.O., S. 164 f.

30 Straus, Rahel: *Wir lebten in Deutschland. Erinnerungen einer deutschen Jüdin 1888-1933*. Hg. u. m. e. Nachwort versehen von Max Kreuzberger, Stuttgart 1961, S. 258.

31 Edinger, Dora: *Bertha Pappenheim. Leben und Schriften*, Frankfurt/M. 1963, S. 15, 26.

32 »>Denkzettel< von Bertha Pappenheim«, in: Jensen, Ellen N.: *Streifzüge durch das Leben von Anna O./Bertha Pappenheim. Ein Fall für die Psychiatrie – Ein Leben für die Philanthropie*, Frankfurt/M. 1984, S. 185.

33 Jensen, Ellen M.: a.a.O., S. 113 f.

34 Vgl. Jones, Ernest: *Das Leben und Werk von Sigmund Freud*, Bd. II, 3. unveränderte Auflage, Bern, Stuttgart, Wien 1982, S. 73 ff.

Literatur

Braun, Christina von: *Nicht Ich: Logik, Lüge, Libido,* Frankfurt/M. 1985

Breuer, Josef: »Frl. Anna O.«, in: Sigmund Freud/Josef Breuer: *Studien über Hysterie,* (Wien 1895), Frankfurt/M. 1981

De Clerck-Sachße, Rotraut; Sachße, Christoph: »Sozialarbeit und Sexualität. Eine biographische Skizze«, in: *Jahrbuch der Sozialarbeit* 4, hg. von Christoph Sachße und Florian Tennstedt, Reinbek b. Hamburg 1981, S. 345-368

Edinger, Dora: *Bertha Pappenheim. Leben und Schriften,* Frankfurt/M. 1963

Fischer-Homberger, Esther: *Krankheit Frau. Zur Geschichte der Einbildungen*, Darmstadt und Neuwied 1984

Freeman, Lucy: *Die Geschichte der Anna O.*, München 1972

Hirschmüller, Albrecht: »Physiologie und Psychoanalyse in Leben und Werk Josef Breuers«, in: *Jahrbuch der Psychoanalyse*, Beiheft 4, Bern 1978

Honegger, Claudia; Heintz, Bettina,(Hg.): *Listen der Ohnmacht. Zur Sozialgeschichte weiblicher Widerstandsformen*, Frankfurt/M. 1981

Humboldt, Wilhelm von: »Ideen zu einem Versuch, die Grenzen der Wirksamkeit des Staats zu bestimmen«, in: *Wilhelm von Humboldt: Schriften zur Anthropologie und Geschichte*, hg. von Andreas Flitner und Klaus Giel, 5 Bde., Stuttgart 1960, Bd. 1, S. 56-233

Israël, Lucien: *Die unerhörte Botschaft der Hysterie*, München, Basel 1983

Jensen, Ellen M.: *Streifzüge durch das Leben von Anna O./Bertha Pappenheim. Ein Fall für die Psychiatrie – Ein Leben für die Philanthropie*, Frankfurt/M. 1984

Jones, Ernest: *Das Leben und Werk von Sigmund Freud*, 3 Bde., Bern, Stuttgart, Wien ³1982

Kaplan, Marion A.: *Die jüdische Frauenbewegung in Deutschland. Organisation und Ziele des Jüdischen Frauenbundes 1904-1938*, Hamburg 1981

Lewald, Fanny: *Meine Lebensgeschichte*, Originalausgabe Berlin 1861-62, hg. von Gisela Brinker-Gabler, Frankfurt/M. 1980

Lorenzer, Alfred: *Intimität und soziales Leid. Archäologie der Psychoanalyse*, Frankfurt/M. 1984

Möbius, Paul Julius: *Über den physiologischen Schwachsinn des Weibes*, München 1977, Faksimiledruck der 8. veränderten Auflage, Halle 1905

Pappenheim, Bertha: »Die sozialen Grundlagen der Sittlichkeitsfragen«, in: *Die Frau*, 9, 1901/02, S. 129-138

Pappenheim, Bertha: *Sisyphus-Arbeit. Reisebriefe aus den Jahren 1911 und 1912*, Leipzig 1924

Pschyrembel Klinisches Wörterbuch mit klinischen Syndromen und Nomina Anatomica. 255., völlig überarbeitete u. stark erweiterte Auflage mit 2926 Abbildungen und 214 Tabellen, bearb. von der Wörterbuchredaktion des Verlages unter der Leitung von Christoph Zink, Berlin, New York 1986

Schaps, Regina: *Hysterie und Weiblichkeit. Wissenschaftsmythen über die Frau*, Frankfurt/M., New York 1982

Smith-Rosenberg, Carroll: »Weibliche Hysterie. Geschlechtsrollen und Rollenkonflikt in der amerikanischen Familie des 19. Jahrhunderts«, in: Claudia Honegger, Bettina Heintz (Hg.): *Listen der Ohnmacht. Zur Sozialgeschichte weiblicher Widerstandsformen*, Frankfurt/M. 1981, S. 276-300

Stransky, Erwin: »Über Hysterie«, in: *Wiener Medizinische Wochenschrift*, Nr. 9, 1924, S. 1-12

Straus, Rahel: *Wir lebten in Deutschland. Erinnerungen einer deutschen Jüdin 1880-1933*, hg. und mit einem Nachwort versehen von Max Kreuzberger, Stuttgart 1961

Camille Claudel
1864-1943

Begegnung mit einer Vergessenen

Von Andrea Schweers

für R. R.

»Ich bin wie ein Kohlkopf, von Raupen zerfressen, sobald ich ein Blatt austreibe, fressen sie es auf.« (Camille Claudel, nach 1907)[1]

Die sensationelle Wiederentdeckung der Bildhauerin Camille Claudel hat in den letzten Jahren in Frankreich, und über die französischen Grenzen hinaus, Aufsehen erregt. Ihre dramatische Lebensgeschichte lieferte den Stoff für einen Bestsellerroman, Ballett- und Theateraufführungen, zuletzt für einen Film, der auch in deutschen Kinos zum Renner wurde.[2] Im Vordergrund stand zunächst nicht die lange überfällige Anerkennung ihres Werkes – immerhin galt sie um 1900 »neben Rodin als eine der stärksten Hoffnungen der französischen Kunst«,[3] wovon in späteren Auflagen der Kunstgeschichten nicht mehr die Rede ist – sondern ihre beeindruckende Persönlichkeit und ihr erschütterndes Schicksal.

Inzwischen wurde auch das Werk in mehreren großen Ausstellungen einem breiten Publikum vorgestellt, jedenfalls soweit es zugänglich ist, denn viele ihrer Plastiken sind noch immer nicht aufgefunden.[4] Eine systematische kunstgeschichtliche Aufarbeitung, die Claudel nicht länger als einen einsamen weiblichen Stern am Himmel der Bildhauerei betrachten würde, sondern ihr den Platz geben könnte, den sie zu Recht innerhalb der Kunst ihrer Zeit immer beansprucht hat, steht allerdings bis heute aus.[5]

Die 1981 einsetzende Popularisierung der Biographie Camille Claudels darf nicht darüber hinwegtäuschen, daß zu ihrer Lebensgeschichte tatsächlich nur wenig Gesichertes, vor allem wenig Authentisches, überliefert ist – eine Handvoll persönlicher Briefe, einige Zeugnisse von ZeitgenossInnen, die wortkarge Kranken-akte aus 30 Jahren Anstaltsleben – das ist alles.[6] Nach einem langen und zunächst energisch geführten Kampf um künstlerische Eigenständigkeit und materielle Unabhängigkeit hatte sie, mit gut 40 Jahren, begonnen, ihre Entwürfe systematisch zu zerstören. Gerade diese Jahre von tiefster Einsamkeit und zunehmender Ver-wahrlosung sind besonders schlecht dokumentiert. Es läßt sich also wenig Genaues sagen über die Entwicklung ihrer Krankheit, über einzelne Anlässe, die sie zu einer »wütenden Verrückten«[7] werden ließen, wie ihr Vater sie bezeichnete. »Paranoider Verfol-gungswahn« lautete die Diagnose, mit der ihre Familie sie schließ-lich in eine Irrenanstalt einliefern ließ.

Grundmotiv ihrer späten, meist in bitter-sarkastischem Tonfall geschriebenen Briefe sind die finanziellen Sorgen und ein tiefes Mißtrauen gegenüber anderen Menschen. Dieses Mißtrauen deu-tet auf eine grundlegende Enttäuschung hin, Ent-Täuschung im wörtlichen Sinne, worin, so scheint mir, der Anstoß für ihre Krankheit zu sehen ist. War ihr Einstieg doch glänzend gewesen: jung, attraktiv und hochbegabt, gefördert zudem von einem be-deutenden Lehrer, hatte sie zunächst alle Gründe gehabt, sich Hoffnungen zu machen. Die Beschränkungen, denen Künstlerin-nen im ausgehenden 19. Jahrhundert unterworfen waren, wurden ihr möglicherweise gar nicht bewußt. Erst nach und nach kamen Brüche in ihr Leben – das Zerwürfnis mit der Familie, Konfronta-tionen mit den Vorurteilen einer Gesellschaft, die das weibliche Genie für eine »Revolte der Natur«[8] hielt und die Bildhauerei als Berufsweg für eine Frau für unmöglich erklärte,[9] zumal wenn sie nicht durch Titel und familiäres Geld anderweitig geschützt war.[10] Claudel muß erkennen, daß sie »nach 15 Jahren Ausstellung im Salon immer noch am selben Ausgangspunkt steht, trotz der fal-schen Versprechungen, die gewisse Leute ihr gemacht haben«.[11] Auf diese Erkenntnis war sie nicht vorbereitet und hätte, um sich von ihr nicht entmutigen zu lassen, anderer Voraussetzungen und Unterstützung bedurft.

Die wichtigsten Jahre ihrer Kindheit verbringt Camille Claudel in Villeneuve-sur-Fère, dem Heimatdorf ihrer Mutter in der Cham-pagne. Auch nach verschiedenen, durch Versetzung des Vaters be-dingten Umzügen kehrt die Familie in den Ferien regelmäßig dort-hin zurück. Die Claudels gelten in dieser dörflichen Umgebung als

»bessere Leute« und sind stolz darauf. Sie haben Haus- und Grund-besitz, können einige Ländereien verpachten und Hausangestellte beschäftigen. Der bescheidene Wohlstand, er kommt vor allem von seiten der Mutter, ermöglicht allerdings kein Leben in Sorglosig-keit. Verschwendung ist den Eltern ein Greuel, Geldfragen bestim-men nicht nur den Weg Camille Claudels, sondern bilden überhaupt ein zentrales Thema der innerfamiliären Korrespondenz (und Strei-tereien).[12]

Camille ist das zweite Kind der Familie. Ein Jahr nach der Ehe-schließung mit dem Finanzbeamten Louis-Prosper Claudel hatte Louise-Athanaïse, geb. Cerveaux, einen Sohn zur Welt gebracht, der wenige Tage nach der Geburt starb. Ein Jahr später, am 8. De-zember 1864, wurde die Tochter Camille geboren, zwei Jahre dar-auf Louise und weitere zwei Jahre später Paul. Pflichtgefühl und moralische Strenge sind wohl die hauptsächlichen Charakterzüge der Mutter. Paul beklagt sich als Erwachsener über fehlende Zärt-lichkeit in der Kindererziehung, und Camille Claudels herzzerrei-ßende Briefe aus der Anstalt werben noch im hohen Alter um Verständnis und Liebe der Mutter. Für die künstlerischen Ambi-tionen ihrer Kinder, der energischen und aus der Rolle fallenden Camille und des einsamen und etwas schüchternen Paul, hat sie wenig Verständnis. Am nächsten steht ihr noch die zweite Tochter. Camille Claudel beschreibt ein Porträt, das sie von ihrer Mutter gemalt hat: »Die großen Augen, in denen ein geheimer Schmerz zu lesen war, das von Resignation geprägte Gesicht, ihre in völliger Entsagung im Schoß gefalteten Hände: alles Ausdruck von Beschei-denheit, von übersteigertem Pflichtgefühl . . .«[13]

Ganz anders der Vater. Louis-Prosper Claudel wird von seinem Sohn als cholerisch, ironisch, leicht erregbar, stolz und ungesellig geschildert, alles Eigenschaften, die ihn seiner ältesten Tochter sehr ähnlich machen und zugleich ihr gespaltenes Verhältnis erklä-ren – es ist geprägt von Liebe und Verständnis, aber auch erschüt-tert durch Verstöße der Tochter gegen die väterliche Autorität.

Überhaupt wird viel gestritten bei den Claudels: »... eine sehr sonderbare, ganz verschlossene Familie; sie lebte in völliger Zu-rückgezogenheit und war wie von einem wilden, grimmigen Stolz besessen. (...) Alle Welt zankte sich in der Familie: mein Vater mit meiner Mutter, die Kinder mit ihren Eltern und die Kinder unter sich.«[14]

Es ist leicht vorstellbar, daß Camille in diesen häuslichen Auseinandersetzungen schon früh die Rolle des schwarzen Schafes zugewiesen bekam, jedenfalls wird es in späteren Jahren noch oft ihretwegen Streit geben zwischen den Eltern. Sie aber hat das ländliche, naturverbundene Leben in Villeneuve sehr genossen. Mit ihrem jüngeren Bruder, der ihr von allen Familienangehörigen am nächsten steht, teilt sie ein Leben lang sehnsüchtige Erinnerungen an diesen Ort ihrer Kindheit, der für sie Ruhe, Frieden und Freiheit symbolisiert.

Über ihren schulischen Werdegang ist wenig bekannt, nach Besuch einer Nonnenschule erhält sie zusammen mit den Geschwistern Privatunterricht bei einem Hauslehrer. Eine weitere Schul- oder gar Berufsausbildung wurde für sie nicht vorgesehen, während Paul mit dem Besuch des Gymnasiums und anschließendem Studium die Grundlagen für seine diplomatische Laufbahn bekam.

Mit 12 (!) Jahren verkündet Camille den Wunsch, Bildhauerin zu werden, und setzt all ihre Energie daran, diesen Traum zu verwirklichen.

»Seit ihrer Kindheit (...) war Fräulein Camille Claudel außerordentlich willensstark und hartnäckig. Das Kennzeichen ihres Wesens ist vielleicht die Unbeirrbarkeit, mit der sie an ihrem Vorsatz, Bildhauerin zu werden, festhält und später alles opfert, was der vollständigen Realisierung dieses Zieles im Wege stünde. (...) In Unkenntnis aller Verfahrensweisen, (...) in Unkenntnis auch der Natur, (...) schafft sie Skulpturen, und ihr Elternhaus, das schnell von ihrer Kunst überschwemmt wird, ist bald nur noch das Nebengebäude eines Ateliers, in dem sich in Ton, Stein und Holz unzählige tragische und fratzenhafte Figuren häufen, die Helden aller Zeiten und aller Völker.«[15]

Auch wenn wir von dieser enthusiastischen Beschreibung einige Abstriche machen müssen (der Kunstkritiker Mathias Morhardt bezog seine Informationen über diesen Lebensabschnitt nicht aus eigener Anschauung), so zeigt sie doch gut die frühe Begabung und den autodidaktischen Eifer, mit denen Camille Claudel zu Werke ging. Der Vater, er hat vielleicht in seinem Inneren die Tochter an die Stelle des verstorbenen Erstgeborenen gesetzt, unterstützt ihre wenig mädchenhaften Ambitionen. Er läßt die ersten Modellierversuche von dem Bildhauer Alfred Boucher begutachten und folgt dessen Rat, ihr offensichtliches Talent zu fördern.

Camille Claudel ist noch keine 18 Jahre alt, als sie ihr erstes großes Ziel erreicht – Paris! Um die Ausbildung seiner Kinder zu fördern, schickt Louis-Prosper Claudel die Familie in die Hauptstadt, er selbst kommt nur am Wochenende zu Besuch. Da weder zur Kunstakademie noch zu den wichtigen, mit Auslandsstipendien verbundenen Preisen Frauen zugelassen werden, bleibt nur die Möglichkeit, in einer der zahlreichen Privatschulen Unterricht zu nehmen, die zum Teil gerade aus der Misere der Frauenausbildung ihren Vorteil zogen.[16] Claudel besucht Kurse in der privaten Schule Colarossi, wichtiger ist aber die Arbeit in einem eigenen kleinen Atelier, das sie mit anderen jungen Bildhauerinnen, darunter der Engländerin Jessie Lipscomb, teilt und wo sie einmal wöchentlich von Alfred Boucher Korrektur bekommen. Die ersten erhaltenen Arbeiten aus dieser Zeit sind vor allem Porträts von Familienangehörigen, besonders ihres Brudes Paul. Herausragend ist die Büste der *alten Helene*, mit den ausgeprägten, fast übertriebenen Lebensspuren im Gesicht der alten Frau. Es ist mehr als ein realistisches Porträt – es ist ein erstes Beispiel für Claudels persönlich geprägten Naturalismus.

Claudel ist also längst keine Anfängerin mehr, als Rodin im folgenden Jahr die Lehrerstelle im Atelier der Bildhauerinnen übernimmt.

Auguste Rodin (1840-1917), fast 24 Jahre älter als sie, im sogenannten »besten Mannesalter«, ist ein bereits bekannter, vor allem aber heftig umstrittener Bildhauer. Mit ihm begegnet Claudel einem Kollegen, der wie kein anderer die Kunstauffassung in der Skulptur seiner Zeit beeinflussen und verändern wird. Seine Karriere ist allerdings begleitet von Skandalen über die »unwürdige« Ausführung von öffentlichen Denkmalsaufträgen,[17] über das angeblich Unfertige, Skizzenhafte seiner Entwürfe und die unverhüllt erotische Ausstrahlung seiner zahlreichen Aktdarstellungen. Erst um 1900 wird Rodin der international berühmte und gefeierte Staatskünstler, dessen – auch finanzieller – Erfolg nur mit dem Picassos im 20. Jahrhundert zu vergleichen ist. An den entscheidenden Jahren seiner öffentlichen Durchsetzung hatte Claudel einen für sie fatalen Anteil.[18]

Rodin ist begreiflicherweise fasziniert von seiner jungen Schülerin, an deren außergewöhnlichem Talent er keinen Zweifel hat – »diese geniale Frau (das Wort ist nicht zu stark)«[19] – und die ihn auch als Persönlichkeit beeindruckt.

»Eine herrliche Stirn über wundervollen Augen, von jenem tiefen Blau, wie man es fast nur in Romanen findet (...), dieser große Mund, mehr stolz als sinnlich, diese mächtige kastanienbraune Mähne, (...) die ihr bis auf die Hüfte fiel. Eine beeindruckende Miene aus Mut, Offenheit, Überlegenheit, Fröhlichkeit. Jemand, der reich beschenkt worden ist.«[20] So beschreibt Paul Claudel seine 20jährige Schwester, während er für den untersetzten, vierschrötigen Rodin weniger schmeichelhafte Worte findet: »Rodin war kurzsichtig, mit diesem hervorquellenden Auge der Wollüstigen. (...) Er hatte die Nase auf dem Modell und auf seinem ›Stück‹. Die Nase? Sagen wir lieber der Rüssel eines Ebers, dahinter versteckte sich eine eiskalte, blaue Pupille.«[21] Er mag ihn nicht, diesen Bildhauer mit seiner legendären Anziehungskraft auf junge Frauen. Daß er auch seine Kunst als »erotische Raserei« verachtete, hat wohl nicht nur mit dem Leid zu tun, das Rodin seiner Schwester zufügte.

Nur kurze Zeit ist Claudel im direkten Sinne Rodins Schülerin. Zwei Jahre nach ihrer Begegnung stellt er sie und Jessie Lipscomb als Werkstattgehilfinnen in seinem Atelier ein. Es ist für ihn die Zeit der ersten großen Staatsaufträge – das *Höllentor* und *Die Bürger von Calais* –, für deren Ausführung er neue Arbeitsräume anmieten und MitarbeiterInnen beschäftigen kann, wobei die Bedingungen des Arbeitsverhältnisses unklar sind. Bis heute wurden keine Belege für eine regelmäßige Bezahlung der beiden jungen Bildhauerinnen gefunden.

Claudel bekommt durch diesen Wechsel großartige Arbeitsmöglichkeiten – Material, Modelle, Anleitung –, sie bezahlt diese Chance mit einer intensiven Vereinnahmung ihrer Person, ihrer Arbeitskraft und ihrer Inspiration für die Projekte Rodins, eine Vereinnahmung, die so weitreichend ist, daß ihr faktischer Anteil am Werk Rodins bis jetzt nicht analysiert werden konnte.[22] Belegt ist, daß sie Entwürfe in Marmor übertrug, für einzelne Figuren Hände und Füße gestaltete, Modell saß und vor allem zur wichtigsten Beraterin avancierte. Es ist nicht verwunderlich, daß ihr eigenes Werk, welches sie in den 10 Jahren der intensiven Zusammenarbeit weiterverfolgte, trotz ihres »schweigsamen und fleißigen« Einsatzes zahlenmäßig relativ klein blieb.[23]

1888 – Claudel wird 24 Jahre alt – erhält sie zum ersten Mal eine öffentliche Anerkennung, die »lobende Erwähnung« beim Salon des Artistes français für ihre Darstellung eines liebenden

Paares, *Sakuntala* oder *Die Hingabe*. Im selben Jahr aber erfährt sie einen ersten Bruch in ihrem bis dahin gradlinigen und erfolgreichen Lebenslauf.

Bisher war es ihr, unter welchen Anstregungen, das wissen wir nicht, gelungen, ihre so unterschiedlichen Lebenswelten voneinander getrennt und in einem sicher prekären Gleichgewicht zu halten. Sie wohnt mit Mutter und Geschwistern in der gutbürgerlichen Umgebung des Boulevard de Port-Royal, tagsüber arbeitet sie in Rodins Atelier. Von der dort herrschenden erotisch aufgeladenen Atmosphäre gibt folgende Schilderung einen kleinen Eindruck: »Er (Rodin) war ein Mann von ungewöhnlicher Vitalität, unaufhörlich vom menschlichen Körper – besonders dem weiblichen – gefesselt. Sein Atelier bot als typisches Schauspiel ein Gewoge nackter Leiber. Rodin bevorzugte im Gegensatz zu anderen Bildhauern, die nur ein Modell beschäftigten, das in starrer Pose auf einem Podium verharrte, eine ganze Schar nackter Gestalten, die frei im Raum umhergingen oder sich ausruhten, während er Skizzen von dieser und jener hinwarf, sobald eine flüchtige Geste sein Interesse erweckte.«[24]

Die Eltern Claudel machten sich keine Vorstellung von dieser Umgebung, in der ihre Tochter sich täglich bewegte, und sie wußten auch nichts Genaues über das Verhältnis zwischen ihr und Rodin. Die Beziehung war von Anfang an spannungsgeladen, schon im Atelier der Bildhauerinnen hatte Camille Claudel eine besondere Stellung eingenommen. Im Namen der Kolleginnen beschwerte sich Jessie Lipscomb über dadurch eintretende Behinderungen der Arbeit bei dem »Cher Monsieur Rodin«: »Es liegt uns nicht daran, unbedingt mit Mademoiselle Camille zusammenzubleiben, wenn Sie das stört, und die Diskussionen, die Sie mit ihr haben, gehen uns nichts an... Sagen Sie uns also ganz offen, was Sie mit uns vorhaben – damit wir wissen, ob wir hierbleiben sollen oder nach England zurückkehren...«[25]

Auch in den folgenden Jahren hatte Jessie Lipscomb die undankbare Rolle einer Vermittlerin. 1886 und 1887, inzwischen nach England zurückgekehrt, lud sie Claudel in ihre Familie nach London ein. An sie richteten sich dann zahlreiche Briefe des offensichtlich schwer verliebten Bildhauers. Er schwankt zwischen Euphorie und Verzweiflung, hofft auf Begegnungen mit »Mademoiselle Camille, notre chère et grande artiste« und unterwirft sich den Launen seiner Angebeteten: »Ich weiß, daß dies alles abhängt von Ihren Verabredungen und von den Kapricen Mlle Camilles.«[26]

Von diesen Verwicklungen ahnen die Eltern Claudel nichts. In ehrerbietiger Dankbarkeit gegenüber dem Lehrer ihrer Tochter laden sie ihn und »seine Frau« (Rose Beuret, seine Lebensgefährtin)[26a] zu sich ein, »der Tag, der Ihnen recht ist, paßt uns auch, egal welcher«[27] und sind dann zutiefst entsetzt, als ihnen die wahren Verhältnisse klarwerden. Noch 30 Jahre später hält Madame Claudel ihrer Tochter die »unwürdige Komödie« vor, die sie vor ihnen aufgeführt habe: »Und ich war naiv genug, den ›großen Mann‹ mit Mme Rodin, seiner Konkubine, nach Villeneuve einzuladen! Und du spieltest das Unschuldslamm, lebtest mit ihm und ließt dich von ihm aushalten. Ich wage nicht, die Worte niederzuschreiben, die mir in den Sinn kommen.«[28]

Mit der Mutter kommt es auf diese Weise zum endgültigen Bruch, der bis zu ihrem Lebensende nicht mehr überwunden wird. Ebenso schwer, oder vielleicht noch schwerer für die psychische Stabilität Camille Claudels wiegt wohl, daß auch der Vater die moralische Entrüstung teilt, zumindest behauptet das Madame Claudel in ihrem anklagenden Brief. Reine-Marie Paris, eine der Biographinnen Claudels, nimmt an, daß Louis-Prosper Claudel seine Tochter infolge dieses Zerwürfnisses aus der elterlichen Wohnung wies.[29] Sie zieht an den Boulevard d'Italie, und Ende des Jahres mietet Rodin in derselben Straße eine romantische, halbverfallene Villa als gemeinsames Atelier.

Durch das Zerwürfnis mit den Eltern verliert Claudel ihren emotionalen – und nicht zuletzt auch materiellen – Schutz und die Illusion, sie könne auf Dauer das Leben einer Tochter aus gutbürgerlichem Haus mit ihrer Arbeit als Bildhauerin vereinbaren. Es ist mehr als symbolisch, daß im selben Jahr ihre Schwester Louise, von deren früherer musikalischen Begabung nie mehr die Rede ist, den traditionellen Frauenweg geht.[30] Sie heiratet Ferdinand de Massary, bringt nach zwei Jahren ihren Sohn Jacques zur Welt und hat dann später, als junge Witwe, alles Mitleid der Mutter auf ihrer Seite. Von den drei begabten Claudel-Kindern kann nur der Sohn, Paul, sein bürgerliches Leben – Ehemann, Vater und hoher Diplomat in Diensten des französischen Staates – mühelos mit seiner künstlerischen Berufung als später berühmter Dichter eines neuerwachten Katholizismus vereinbaren.[31]

Wie lange die enge Arbeits- und Lebensgemeinschaft zwischen Claudel und Rodin dauerte, ist nirgends genau belegt. 1890, 92 bzw. 93 werden als Jahr angegeben, in welchem Claudel das gemeinsame Atelier verläßt. Sie will sich mit Ende Zwanzig künstlerisch selbständig machen, ihre Lehrzeit sozusagen als beendet erklären und eine unabhängige Karriere als Bildhauerin aufbauen. Dies kommt im Schreiben an einen Käufer zum Ausdruck: »...Ich hatte die Ehre, Sie bei M. Rodin, dessen Schülerin ich bin, kennenzulernen. *Ich arbeite jetzt für mich* und wollte Sie bitten..., mein Atelier zu besuchen.«[32]

Für ihre Arbeit erweist sich der emanzipatorische Schritt als außerordentlich fruchtbar. 1892 präsentiert sie die schon vier Jahre vorher fertiggestellte Rodinbüste im Salon, ein Werk, das in seiner bewegten Oberflächenstruktur wie kein anderes von Gestaltungsprinzipien ihres Lehrers inspiriert ist – nicht aus Unfähigkeit der Schülerin, zu einem eigenen Ausdruck zu kommen, sondern als ein Rodinsches Selbstporträt von ihrer Hand. Auf der Salonausstellung des folgenden Jahres macht sie dann eine neue Entwicklung deutlich – der *Walzer*, die extrem ins Asymmetrische gezogene, von wehenden Stoffen umhüllte Darstellung eines tanzenden Paares, und die *Clotho*, halblebensgroßes Aktbild einer ausgemergelten alten Frau, die in ihr langes Haar eingesponnen und verwickelt ist wie in die Fäden des Schicksals. Diese Arbeiten, wie auch die spätere Dreiergruppe *Das reife Alter* – die Gestalt eines alternden Mannes zwischen einer knienden jungen Frau und einer Alten, die ihn von rückwärts umfaßt hält und fortzieht von der Jugend –, bekommen einen symbolischen Gehalt, der über die naturalistische Darstellungsweise Rodins hinausgeht. Auf ihre eigene und sehr bewegende Weise setzt sie sich mit den großen Fragen menschlicher Existenz auseinander – Erotik, Liebe, Alter, Verfall und Tod. Parallel dazu nimmt sie das Thema Porträt wieder auf, besonders in einer Reihe von zarten und ernst blickenden Kinderköpfen, deren Marmorfassungen zeigen, wie exzellent sie die Arbeit in Stein inzwischen beherrscht. Zufrieden schreibt sie an den Bruder: »Ich habe viel Freude bei der Arbeit.« Und sie skizziert ihm ihre neuen Projekte – Alltagsszenen, Beobachtungen nach der Natur, in Miniaturformat wiedergegeben. Ihr Kommentar: »Du siehst, es ist überhaupt nicht mehr Rodin, und sie sind angezogen.«[33]

Einziges erhaltenes Beispiel dieser Werkserie ist die Gruppe *Die Schwätzerinnen*, deren lebensnahe und witzige (!) Thematik und neuartige Einbeziehung des Raumes nicht nur in Claudels Entwicklung, sondern auch für die Bildhauerei ihrer Zeit eine wichtige Veränderung darstellen.

»Niemand vor ihr hatte so etwas gemacht, und seitdem auch niemand mehr«, urteilt später ein Kritiker.[34]

Die fruchtbarsten Jahre ihrer künstlerischen Entwicklung (etwa bis 1897/98) stürzen Camille Claudel allerdings in Wechselbäder aus Hoffnung und Verzweiflung – dem zunehmenden Lob von seiten der Kunstkritik steht materieller Mißerfolg gegenüber, in Aussicht gestellte Aufträge werden wieder zurückgezogen, die Protektion durch Rodin bei der neugegründeten, antiakademischen Kunstgesellschaft bringt ihr offensichtlich Neid und Mißgunst der Künstlerkollegen ein. Hinzu kommt das Scheitern ihrer Liebesbeziehung. Paul Claudel (und nach ihm die meisten anderen) sieht darin den alles entscheidenden Bruch ihres Lebens: »Die Trennung war für den Mann eine Notwendigkeit, für meine Schwester war sie die vollständige, tiefe, endgültige Katastrophe ... Sie hatte alles auf Rodin gesetzt, sie verlor alles mit ihm.«[35]

Er begreift nicht, daß gerade für sie die Trennung notwendig war, wenn sie aus der inzwischen überlebten Rolle einer bewunderten Schülerin und Muse herauskommen und künstlerische Selbständigkeit erlangen wollte.

Rodin hatte sich nicht entscheiden können, sich endgültig von Rose Beuret zu trennen, sei es aus Treue zu der langjährigen Lebensgefährtin[36] oder aus Bequemlichkeit und Gewöhnung.[37] Claudels biestige Eifersucht auf ihre Konkurrentin – »die Vettel« – spiegelt sich wider in drei erstaunlicherweise erhaltenen Karikaturen. Eine stellt den nackten, langbärtigen Rodin als festgeketteten Prometheus in einer Gefängniszelle dar, wo er von Rose Beuret, ebenfalls nackt und mit einem Hexenbesen bewaffnet, gegen jeden Befreiungsversuch verteidigt wird. Doch die Situation läßt sich nicht reduzieren auf den einfachen »Fall« eines enttäuschten Besitzanspruchs, die Untreue Rodins erscheint seit der kürzlichen Publikation eines ganz ungewöhnlichen Dokuments in einem viel weiterreichenden Licht.[38] Vom 12. Oktober 1886 ist ein Schreiben datiert, in dem Claudel und Rodin die jeweiligen Rechte und Pflichten vertragsmäßig festgelegt hatten – Rodin verpflichtete sich u. a., neben Claudel keine anderen SchülerInnen aufzunehmen, sich bei »einflußreichen Freunden« und Ausstellungen für sie einzusetzen, eine sechsmonatige Reise mit ihr anzutreten – »der

Beginn einer unauflösbaren Beziehung, wonach Mlle Camille meine Frau sein wird« – und bis zu diesem Zeitpunkt keine Beziehungen zu anderen Frauen, auch nicht zu Modellen (ausdrücklich extra erwähnt) einzugehen. Claudels Pflichtenliste ist dagegen kurz, sie wird bis Mai in Paris bleiben und ihn viermal im Monat in ihrem Atelier empfangen. Dieser Vertrag, offensichtlich unter dem Schock der Englandreise entstanden, die den verliebten Bildhauer in Verlustängste gestürzt hatte, zeigt, daß sich die Künstlerin ihrer doppelt ungesicherten Lage schon früh bewußt war. Rodin, damals 46 Jahre alt, brauchte sie in dieser ersten Phase ihrer Beziehung als Inspirations- und Energiequelle, mit den schriftlich getroffenen Vereinbarungen über ihr Zusammenleben und -arbeiten versuchte sie, sich für die Zukunft davor zu schützen, ausgenutzt und nach Erfüllung ihrer Funktion »abgelegt« zu werden. Der Vertragsbruch Rodins zerstört dieses Arrangement eines wechselseitigen Gebens und Nehmens und damit, aus der Sicht der Künstlerin, ihr Lebenskonzept. Es ist dann nur logische Konsequenz (und Notwendigkeit), daß sie mit der Gründung ihres eigenen Ateliers zunächst beruflich, später dann auch persönlich die Trennung vollzog. Rodins Schmerz über das Ende der Liebesbeziehung wird von einem Augenzeugen (1894) geschildert, »als das passierte, tauchte bei Marx ein restlos erschütterter Rodin auf, der ihm unter Tränen erklärte, er habe keinerlei Autorität mehr über sie«.[39] Eine Zeitlang versucht er noch, brieflich mit ihr in Verbindung zu bleiben, vermittelt ihr Beziehungen zu Kritikern und Privatkunden, aber als ihr klar wird, daß die fortgesetzte berufliche Nähe zu Rodin ihr mehr schadet als nützt, will sie auch davon nichts mehr wissen. Nach 1898 bricht sie endgültig jeden Kontakt ab.

Seit Auflösung der Ateliergemeinschaft lebt und arbeitet Claudel am Boulevard d'Italie.

»In der Tiefe eines bescheidenen Hofes, der bewacht wird vom Hausmeister, einem Schuhmacher, weit weg vom Pariser Zentrum, bietet ihr bescheidenes Atelier nichts von jenen verspielten Accessoires, die so wichtig sind, um Auftraggeber anzulocken. Eng und vollgestopft mit Sitzgelegenheiten, eingezwängt zwischen einem Schrank voller ausgewählter Entwürfe und einer tief hängenden Decke, von der ein grauer Stoff herabfällt, der die weiter fortgeschrittenen Skizzen verhüllt, erinnert ihr Atelier mehr an einen schmalen Gang als an einen Arbeitsraum.«[40]

Wohl finden einige Kaufinteressenten und Journalisten den Weg in dieses abgelegene Atelier, ab und an kommt auch Paul Claudel mit seinen Freunden zu Besuch,[41] aber Camille Claudels Kontakte zur »Außenwelt« sind doch sehr reduziert. Einladungen zu Empfängen und Ministerbesuchen kann sie nicht wahrnehmen, weil sie nicht die entsprechende Kleidung hat, und überhaupt haßt sie »diese verfluchten Diners mit diesen verfluchten Leuten«.[42]

Das Lob der Kunstkritiker ist vielversprechend – und von Anfang an zwiespältig. Keine der positiven Rezensionen kommt ohne deutlichen Verweis auf ihren Lehrer aus, den Bewunderern Rodins gilt sie als exquisite Schülerin, die die Ideen des Meisters mit »Grazie«, »tiefer Poesie« und »Sinn für das Dekorative« ergänzt. Nur einige gehen soweit, einen Mangel an eigenen Ideen zu vermuten – wogegen sie sich auch heftig zur Wehr setzt:

»Ich lese mit Erstaunen Ihren Bericht vom Salon, in dem Sie mir vorwerfen, ich hätte mich für meine Clotho von einer Zeichnung Rodins inspirieren lassen. Ich könnte Ihnen problemlos nachweisen, daß meine Clotho ein völlig eigenständiges Werk ist; außer der Tatsache, daß ich die Zeichnungen Rodins nicht kenne, möchte ich Sie darauf aufmerksam machen, daß ich meine Werke ausschließlich aus meiner eigenen Inspiration entwickele, zumal ich eher zu viele als zu wenige Ideen habe ...«[43]

Die meisten Kritiker formulieren den Bezug zu ihrem Lehrer subtiler. Besonders Mathias Morhardt, dessen 1898 publizierter umfangreicher Aufsatz die Claudel-Rezeption bis heute entscheidend beeinflußt hat, stellt sie als einzige legitime, wenn auch nicht wirklich gleichwertige Nachfolgerin Rodins vor. Gerade durch solche positiven Kommentare wird sie nicht nur in einer ewigen »Verwandtschaft zu Rodin« gehalten, das Lob für ihr Werk gibt vor allem jedesmal gute Gelegenheit, die einzigartige Qualität des Bildhauers herauszustellen, ihm in seinem Kampf um öffentliche Durchsetzung Argumente zu liefern. Über den Artikel von Morhardt befindet sie dann auch: »Er war darauf ausgerichtet, Wut und Neid auf mich zu ziehen, die ich wirklich nicht gebrauchen kann.«[44]

Und eine Ausstellungsbeteiligung in Prag (wo auch Rodin seine Arbeiten zeigt) lehnt sie ab: »Ich hätte dabei zwar einige Aussicht auf Erfolg, doch dieser würde, da ebenfalls ihm zu verdanken, wiederum auf ihn zurückfallen.«[45]

Für Claudel – im Gegensatz zu ihrem Lehrer – setzt sich das Lob der Kunstkritik nicht um in materielle Erfolge. Erst ein öffentlicher Denkmalsauftrag hätte ihren Namen wirklich bekannt gemacht, doch zweimal wird sie abgelehnt. Mit Ankäufen durch den staatlichen Kulturfonds ergeht es ihr nicht viel besser. Der Inspektor der Kultusbehörde bewundert zwar die »Ausführung von perfekter Virtuosität«[46] des *Walzers*, ein schon zugesagter Ankauf wird aber wieder rückgängig gemacht.

Der Inspektor hatte die »absolute Nacktheit der menschlichen Details« übertrieben gefunden. Für den Gipsentwurf zum *Reifen Alter* soll sie 2500 Francs erhalten – zum Vergleich: Rodin fordert wenige Jahre später von seinen wohlhabenden Privatkunden 40000 Francs für eine Porträtbüste –, doch sie muß vier Jahre lang brieflich protestieren, um für das fertiggestellte Werk bezahlt zu werden. Der in Aussicht gestellte Folgeauftrag für einen Bronzeguß wird – ohne Kommentar – im Juni 1899 zurückgenommen. Da vermutet sie hinter solchen Mißerfolgen bereits die Intrigen Rodins. Und noch mehr erzürnt sie das Schicksal ihrer in Marmor geschlagenen *Clotho*. Eine Gruppe von Künstlern, darunter Rodin, hatten die Arbeit angekauft anläßlich eines Banketts zu Ehren des Malers Puvis de Chavannes (Frauen waren zu dieser Feierlichkeit nicht zugelassen) und wollten sie dem *Musée de Luxembourg* spenden. Da Rodin aber, wie allgemein bekannt war, in heftiger Fehde mit der Museumsleitung lag, nahm diese die Arbeit nicht an, so daß die *Clotho*, wie und wo ist bis heute ungeklärt, im Besitz Rodins verschwand und bis heute als verschollen gelten muß.

Die Verbitterung über diesen »Raub« bedeutet das endgültige Ende der Beziehung zwischen Claudel und Rodin.

1900 – Camille Claudel wird 36 Jahre alt – Paris feiert den Beginn des neuen Jahrhunderts mit einer prächtigen Weltausstellung. Claudel reicht drei Arbeiten ein, zwei werden von der Jury abgelehnt, die dritte zieht sie dann auch zurück. Auguste Rodin setzt sich den Entscheidungen der Jury erst gar nicht aus, er läßt auf eigene Kosten einen Pavillon nur zur Präsentation seiner Werke bauen. Der Erfolg ist überwältigend, die Museen vieler Großstädte kaufen seine Arbeiten, gefolgt von einer Schar wohlhabender Privatleute, die sich fortan bei ihm die Klinke in die Hand geben. Claudels verbitterter Kommentar an den Bruder: »Die Ovationen für diesen berühmten Mann haben mich Unsummen gekostet, und für mich nichts, rein gar nichts.«[47]

Spätestens von diesem Zeitpunkt an gehen ihre beiden Lebenswege in einer Weise auseinander, wie es extremer nicht vorstellbar wäre.

Obwohl die Bildhauerin im selben Jahr Eugène Blot begegnet, einem gegenüber jungen Nachwuchskräften aufgeschlossenen Kunsthändler, der einige ihrer Arbeiten in höheren Auflagen in Bronze gießen läßt, kann diese Ermutigung ihr keinen neuen Auftrieb geben. Die finanziellen Sorgen bedrängen sie immer mehr, mit bitterer Ironie geht sie Blot um Geld an: »Unglücklicher Kunsthändler, zittern Sie beim Anblick dieser verhängnisvollen Handschrift, die Ihnen so viele unangenehme Augenblicke in Erinnerung ruft: Sie denken vielleicht, daß die, die Ihnen schreibt, tot ist: nein, das ist nicht der Fall (obwohl es gut sein könnte) und was noch schlimmer ist, auch ihr Geldbedürfnis ist nicht tot.«[48]

Hinzu kommen gesundheitliche Probleme – sie klagt häufig in ihren Briefen darüber, ohne genauer zu beschreiben, woran sie leidet – und die unerfreulichen Lebensbedingungen in ihrer düsteren Zweizimmerwohnung am Quai Bourbon, ihrem letzten Atelier, das sie 1899 bezogen hatte.

Unter der Notwendigkeit, für den täglichen Lebensunterhalt verdienen zu müssen, leidet auch ihre Kunst. Die Entwicklung der fruchtbaren 90er Jahre findet keine direkte Fortsetzung. Obwohl sie noch einige sehr schöne Arbeiten schafft, wie z. B. die junge *Flötenspielerin* oder die auf ihrem Schicksalsrad tanzende *Fortuna*, zeugt ihre Kunst insgesamt von einer schwankenden Suche, nachdem sie auf dem eingeschlagenen Weg – Überwindung der eigenen durch Rodin geprägten Tradition – nicht weitergehen kann oder will. Sie greift zurück auf einen eher traditionellen, klassizistischen Stil oder schafft, in anderen Arbeiten, eine dekorative Kleinplastik, von der sie hofft, daß sie sich leichter verkaufen läßt. 1905 organisiert Eugène Blot mit 13, vor allem älteren Arbeiten die einzige Einzelausstellung, die zu ihren Lebzeiten stattfand, eine Werkpräsentation, die – wie der Galerist selbst schreibt – zwar »die Kritik begeisterte, ohne jedoch – leider – die Kunstliebhaber aus ihrer Reserve zu locken«.[49]

Warum verhielten sich die privaten KäuferInnen, von einigen Ausnahmen abgesehen, gegenüber der vielgelobten Künstlerin ähnlich zurückhaltend wie die staatlichen Auftraggeber? Das lag möglicherweise an dem Licht, in dem sie von Anfang an in der Öffentlichkeit präsentiert wurde: als Frau eine Ausnahmeerscheinung in ihrem Beruf und von materiellen Problemen verfolgt.

Schon 1895 hatte Octave Mirbeau den Kunstliebhabern vorgeworfen, sie interessierten sich nur für arrivierte KünstlerInnen:

»Dieses junge Mädchen hat mit unvorstellbarer Hartnäckigkeit, Entschlußkraft und Leidenschaft gearbeitet... Ja, aber man muß leben! Und sie lebt nicht von ihrer Kunst, was meinst du wohl. Also packt sie die Verzweiflung und wirft sie zu Boden... Sie denkt daran, ihre Kunst aufzugeben.«[50]

Und im Katalog von 1905 ist die Rede von »schlimmster Not«, »niederdrückendem und gemeinem Elend«.[51] Diese öffentliche Beschreibung Claudels als mißverstandene und notleidende Künstlerin, auch wenn sie vielleicht gut gemeint war, mag auf dem Kunstmarkt eher nachteilige Auswirkungen gehabt haben – wer kauft schon aus Mitleid eine Skulptur? Da wird auch Charles Morice' Beteuerung, die heute »leicht erschwinglichen Werke« würden sicherlich später, in diesem »schmerzhaften Später des Ruhmes«, bedeutende Verkaufspreise erzielen, wenig gefruchtet haben.[52] Claudel war und blieb eine unsichere Investition. Und dies auch, nicht zuletzt, aufgrund ihres Geschlechts.

Die lobenden Kritiken sind zwar voll der Schilderungen ihres Talents, ja ihres Genies, aber dieses Genie wird in der Person einer Frau fast als etwas Monströses betrachtet: »Wir befinden uns hier im Angesicht von etwas Einmaligem, einer Revolte der Natur: einer genialen Frau.«[53]

Und Morhardt beteuert: »Mademoiselle Camille Claudel ist tatsächlich weniger eine Frau, als eine Künstlerin – eine große Künstlerin«,[54] was ja nichts anderes bedeutet als die Unmöglichkeit, beides zugleich zu sein. Auf diesem (Gedanken-)Hintergrund wird verständlich, daß Claudel die Ausführung eines Denkmals nicht zugetraut wurde. Andererseits waren ihre Plastiken als Dekorationsstücke für feine Salons zu ernsthaft und zu beunruhigend.

Nichts deutet darauf hin, daß Camille Claudel versuchte, durch Kontakte mit anderen Künstlerinnen diese persönlichen Erfahrungen zu relativieren. Obwohl die *Vereinigung von Malerinnen und Bildhauerinnen* in Paris seit 1881 regelmäßig Ausstellungen organisierte[55] (die es allerdings schwer hatten, den Vorbehalt des Dilettantismus zu überwinden), wurde zum ersten Mal 1934 eine ihrer Arbeiten in einem solchen Frauenzusammenhang gezeigt, sicher ohne ihr Wissen, denn zu dieser Zeit war sie bereits 21 Jahre in der Anstalt. Auch mit dieser Erfahrung, als Frau in ihrem Beruf nicht wirklich ernst genommen zu werden, muß sich Claudel sehr allein gefühlt haben.

Entmutigt fragt sie sich schließlich, ob sie überhaupt den richtigen Lebensweg gewählt hat: »Ich hätte besser daran getan, mir schöne Kleider und schöne Hüte zu kaufen, die meine natürlichen Vorzüge zur Geltung bringen, als mich meiner Leidenschaft für zweifelhafte Kunstwerke und mehr oder minder abstoßende Gruppen hinzugeben. Diese unselige Kunst ist eher für die großen Bärte und gräßlichen Dummköpfe gemacht als für eine Frau, die von der Natur relativ gut ausgestattet wurde.«[56]

Aus den letzten Jahren in Freiheit ist kaum noch etwas bekannt. 1905 macht Claudel mit ihrem Bruder und zwei befreundeten Ehepaaren eine Reise in die Pyrenäen. Ihr Zustand ist bereits so alarmierend, daß Paul sich fragt, ob sie noch lange leben wird. Henry Asselin, ein Journalist, der sie in ihrem Atelier mehrfach besucht, beschreibt die etwa 40jährige: »Das Leben hatte sie gezeichnet, gnadenlos entstellt. Die extreme Vernachlässigung ihrer Kleidung und ihres Auftretens, das völlige Fehlen von Eitelkeit, ein matter, welker Teint, vorzeitige Falten, unterstrichen eine Art von physischem Verfall . . .«[57]

Zum ersten Mal fällt in diesem Bericht der Begriff »Verfolgungswahn«. Ihr Mißtrauen – zunächst gerichtet gegen eine allgemeine Öffentlichkeit – hatte sich ganz zugespitzt auf Rodin.

»In einem anderen Jahr hatte ich einen Jungen, der mir Holz brachte, da sah er eine Skizze, an der ich gerade arbeitete, ›eine Frau mit einem Reh‹ . . . Jeden Sonntag zog er hinaus nach Meudon, um dem ehrenwerten Rodin zu berichten, was er gesehen hatte: und allein in diesem Jahr sah man auf dem Salon 3 Frauen mit Reh, wortwörtlich der meinen nachmodelliert und lebensgroß: Gewinn, niedrig geschätzt: 100000 F«,[58] schreibt sie an den Bruder.

Durch derartige Vorwürfe macht sie sich überall unbeliebt, sie schreibt unflätige Briefe an die Kulturbehörde (»mit stinkendem Inhalt«), überwirft sich mit privaten Käufern und Käuferinnen. In zwei unbekannten Männern, die sie in ihrem Atelier überfallen wollten, meint sie Modelle Rodins zu erkennen.

Louis-Prosper Claudel macht sich große Sorgen um seine Tochter. Er beantwortet ihre Hilferufe mit Geldsendungen für Miete und Lebensmittelrechnungen. Aber es gelingt ihm nicht, den familiären Frieden wiederherzustellen: »Ich möchte gern, daß Camille uns ab und an besucht. Aber deine Mutter will nichts davon hören, ich frage mich, ob das nicht ein Mittel wäre, diese wütende Verrückte zu beruhigen oder gar zu heilen.« (An Paul, 1909)[59]

In einem letzten Akt der Zerstörung richtet sich Claudels Wut schließlich auch gegen ihr Werk und damit gegen sie selbst.

»Von diesem Moment an (1905) zertrümmerte Camille jeden Sommer systematisch mit gezielten Hammerschlägen alles, was sie im Laufe des Jahres geschaffen hatte. Ihre beiden Atelierräume boten dann einen beklagenswerten Anblick, nichts als Trümmer und Verwüstung. Anschließend ließ sie einen Fuhrknecht kommen, dem sie es überließ, diese formlosen und schaurigen Überreste irgendwo bei den Befestigungsanlagen zu verscharren. Danach legte sie ihre Schlüssel unter die Fußmatte und verschwand für Monate, ohne eine Adresse zu hinterlassen.«[60]

Am 2. März 1913 stirbt, 86jährig, Louis-Prosper Claudel, ohne daß die Tochter von seinem Tod benachrichtigt wird. Eine Woche später läßt Paul, auf Veranlassung der Mutter, sie in eine Irrenanstalt einweisen. Dort, in Montdevergues in der Nähe von Avignon, verbringt sie noch 30 Jahre, ohne je wieder zu zeichnen oder zu modellieren. Sie stirbt 1943, mit 79 Jahren, an Altersgebrechen und Folgen der kriegsbedingten schlechten Versorgung und wird auf dem anonymen Gräberfeld der Anstalt beerdigt. Nicht einmal ein Grabstein bleibt von ihr und auch keinerlei persönlicher Nachlaß.

Paul faßt das Schicksal seiner Schwester lakonisch zusammen: »Ihre Berufung unterscheidet sich deutlich von der meinigen: Ich selber habe es zu etwas gebracht, sie zu nichts.«[61]

In einem 1951 publizierten Porträt seiner Schwester beschreibt Paul Claudel die Einweisung:

». . . die Mieter des alten Hauses am Quai Bourbon beschwerten sich. Was war los mit dieser Wohnung im Erdgeschoß, mit den immer verschlossenen Läden? Was war los mit dieser verstörten und scheuen Person, die man nur sah, wie sie morgens aus dem Haus ging, um sich für ihre kümmerliche Nahrung das Nötige zusammenzusuchen? Eines Tages drangen die Krankenhausbediensteten von hinten in das Zimmer ein und ergriffen die erschrockene Bewohnerin . . . Die Unordnung und der Schmutz waren, wie es heißt, unbeschreiblich . . . Draußen wartete der Krankenwagen. Und damit war es aus für 30 Jahre!«[62]

Was hier wie unausweichliches Schicksal klingt, war die bewußte Entscheidung von Mutter und Bruder, die aufgrund eines Gesetzes von 1838 die legale Möglichkeit hatten, eine Einweisung (mit ärztlichem Attest) zu verfügen. Grausamkeit einer Familie, die sich auf diese Weise einer unbequemen Tochter entledigen wollte, oder die zumindest medizinisch gerechtfertigte Internierung einer Kranken, die »für sich und andere eine Gefahr darstellte«?[63] Diese Frage löste nicht erst jetzt bei der »Wiederentdeckung« Claudels, sondern schon in der aktuellen Situation heftige Debatten aus. Ab September 1913 brach eine Zeitungskampagne los, in der massive Vorwürfe gegen die Claudels erhoben wurden. Vor allem Angehörige der *Liga zur Verteidigung der Menschenrechte* protestierten gegen die Einweisung, Claudel sei »im vollen Besitz ihres schönen Talents und all ihrer intellektuellen Fähigkeiten« für verrückt erklärt worden, wie es, auf Grundlage des Gesetzes von 1838, wohl häufiger geschah. »So sperrt man jedes Jahr in Frankreich sicherlich 4-500 geistig und körperlich völlig gesunde Menschen ein, aus Rache oder um sich ihres Vermögens zu bemächtigen.«[64]

Die in der Presse vorgetragenen Angriffe lösten bei Madame Claudel und ihrem Sohn keinen Zweifel an der Richtigkeit ihrer Entscheidung aus. Paul reagiert gelassen, in »christlicher Demut«, die Mutter mit panischer Angst vor dem Skandal. Als Konsequenz läßt sie ihrer Tochter jeglichen Außenkontakt, auch brieflichen, verbieten, damit keine neuen Informationen an die Öffentlichkeit dringen können.

Camille Claudels »paranoider Verfolgungswahn«, eine im übrigen als typisch für Frauen geltende psychische Krankheit,[65] stellt sich dar als eine Zuspitzung ihrer Lebenserfahrungen. Sie hatte erlebt, wie ihre Ideen, ihre Arbeitskraft spurlos eingingen in Rodins Werk, nun wirft sie ihm, »dem Monster«, dem »Schuft« vor, sie beraubt und betrogen zu haben. Ihr hatte man angelastet, Rodins künstlerischen Ausdruck zu imitieren, nun klagt sie ihn umgekehrt an, er habe keine eigenen Ideen, müsse sich ihrer Arbeiten bemächtigen, um darauf seinen Ruhm aufzubauen. Um sie wehrlos zu machen, versuche er, sie zu vergiften. Deshalb lehnt sie lange Zeit die Anstaltskost ab und ernährt sich fast vollständig aus Paketsendungen ihrer Familie. Nach Rodins Tod (1917) überträgt sie dieselben Ängste auf andere, Kollegen, Freunde aus seinem Kreis. »All das entspringt im Grunde Rodins teuflischem Gehirn.

Er hatte nur den einen Gedanken, ich könnte nach seinem Tod als Künstlerin Erfolg haben und größer werden als er; er mußte mich einfach in seinen Klauen halten, nach seinem Tode wie zu seinen Lebzeiten. Ich sollte unglücklich sein, ob er nun tot war oder lebte. Das ist ihm in jeder Hinsicht gelungen, denn unglücklich bin ich wirklich!«[66]

In allen Vorwürfen geht es um eine Ausbeutung ihrer Person in bezug auf ihre Kreativität, worauf sie auch mit der totalen Verweigerung jeder künstlerischen Betätigung reagiert: »Man wollte mich hier doch tatsächlich zwingen, zu bildhauern, da sie aber gemerkt haben, daß sie mich nicht rumkriegen, machen sie mir allerlei Schwierigkeiten.«[67]

Ihre Enttäuschung über die gescheiterte Liebesbeziehung bringt sie nur einmal – in einem Seitenhieb auf Rose Beuret – zum Ausdruck. Hat sie die Liebesenttäuschung so weit wie möglich verdrängt, überlagert, da sie in diesem Zusammenhang ja auf keinerlei moralische Unterstützung der Familie hoffen kann? Oder erfaßt die verbreitete Darstellung Claudels als einer tragisch Liebenden nicht die Komplexität ihrer psychischen Situation? Vielleicht ist die Vorstellung, eine Frau könne ihre Arbeit, ihr Werk ins Zentrum ihres Lebens stellen, auch heute noch nicht nachvollziehbar?

Ein weiteres, sehr viel weniger beachtetes Thema ihrer Verfolgungsideen dreht sich um die Erbschaft. Sie wirft der Schwester vor, sich ihres Erbes bemächtigt zu haben. Ein Gedanke, der nicht ganz von der Hand zu weisen ist, zumal sich auch Paul in ähnlicher Weise von der Mutter benachteiligt fühlt. Hinter diesen (realen) Erbstreitigkeiten kann wohl eine andere, emotionale Ebene vermutet werden – die tiefe Sehnsucht nach der verweigerten Liebe der Mutter. Ihr einziger Traum vom Glück, den sie in den 30 Anstaltsjahren entwickelt, verknüpft sich mit Erinnerungen an die Kindheit in Villeneuve. Dorthin sehnt sie sich mit aller Kraft zurück. Ihre Briefe klingen wie kindliche Beteuerungen an die erboste Mutter, sie wolle nun wieder »artig« sein: »...mir ein Heim in Villeneuve zu verweigern. Ich werde keinen Skandal machen, wie Du glaubst. Ich wäre viel zu glücklich, wieder ein normales Lebes zu führen, um irgend etwas anzustellen. Ich würde es nicht wagen, mich zu rühren, so sehr habe ich gelitten.«[68]

Claudels Krankheitssymptome sind nicht zu bestreiten, die Frage ist vielmehr, ob sie eine Internierung rechtfertigten, bzw. inwieweit der Kranken damit geholfen war. In der von den Ärzten geführten Akte wird sie durchgängig als zumindest nicht körperlich aggressiv beschrieben, später sogar als »liebenswürdig« und »wohl erzogen«. Hinweise auf eine Behandlung sind den Unterlagen nicht zu entnehmen, sie wird in der Abteilung der »ruhigen PatientInnen lediglich verwahrt, zumal sie jede Beschäftigung ablehnt. Die Hoffnung der Ärzte richtet sich auf einen allmählichen Rückgang ihrer Verfolgungsideen, was auch tatsächlich eintritt.

Mitte 1920, also nach 7 Jahren, hat sich ihr Zustand so weit verbessert, daß die Ärzte eine versuchsweise Entlassung empfehlen, d.h. die einzige Alternative zum Anstaltsaufenthalt – ein Leben bei oder in der Nähe der Familie. Madame Claudel aber hat keinerlei Vertrauen in eine »Besserung« ihrer Tochter: »Ich bin 75 Jahre alt, ich kann mich nicht mit einer Tochter belasten, die die verrücktesten Ideen hat, die voller übler Absichten in bezug auf uns steckt, die uns verabscheut und nur darauf wartet, uns alles Übel anzutun, das sie kann. Wenn es nötig ist, den Preis ihrer Pension zu erhöhen, damit sie mehr Komfort hat, dazu bin ich gern bereit, aber ich flehe Sie an, behalten Sie sie«,[69] schreibt sie an den Direktor und bittet im selben Brief, noch genauer auf Einhaltung der Kontaktsperre zu achten. Sie lehnt es auch ab, die Tochter in eine Anstalt näher bei Paris zu verlegen, wo sie mehr Besuche hätte bekommen können. Weder Mutter noch Schwester besuchen sie ein einziges Mal in all den Jahren, obwohl sie – und in ihrem Namen der Arzt – immer wieder darum bittet.

In materieller Hinsicht tut Madame Claudel alles Nötige, den emotionalen Bruch mit dieser so fremden Tochter kann sie aber nicht überwinden.

Nach ihrem Tod (1929) ändert sich allerdings auch nichts an dieser Situation. Louise übernimmt Pflichten und moralische Position der Mutter, auch Paul behält seine ambivalente Haltung bei. Er besucht die Schwester bei seinen Frankreichaufenthalten zwar regelmäßig (insgesamt 15mal in 30 Jahren), zeigt sich tief erschüttert über ihren körperlichen Verfall, kann sich aber offensichtlich auch keine andere Lösung als das Irrenhaus vorstellen.[70]

Die scharfzüngigen Briefe Camille Claudels zeigen deutlich, daß ihr Verstand, abgesehen von den »fixen Ideen«, durchaus klar geblieben ist. Mit spitzer Feder beschreibt sie die Zustände in Montdevergues: »Das Essen besteht im wesentlichen aus folgendem: Suppe (das heißt Brühe von halbgarem Gemüse, immer ohne Fleisch), ein altes Rinderragout in einer schwarzen, öligen, bitteren Soße, und das jahrein, jahraus, alte Makkaroni, die in fettiger Schmiere schwimmen... als Vorspeise ein winziges Stückchen roher Schinken, zum Nachtisch alte Datteln oder drei vertrocknete Feigen oder drei alte Kekse oder ein altes Stück Ziegenkäse; das gibt es für Eure zwanzig Francs pro Tag; der Wein ist Essig, der Kaffee Muckefuck.«[71]

Die Darstellung, wenn auch vielleicht übertrieben, trifft durchaus die Verhältnisse. Zwar war Montdevergues eine moderne Einrichtung, allerdings gebaut für 600 Personen und belegt mit 2000, ohne daß das Personal entsprechend aufgestockt wurde. Die Essensversorgung war, besonders in den unteren Klassen, miserabel. Hinzu kamen mit dem 2. Weltkrieg echte Versorgungsprobleme, so daß mehr und mehr PatientInnen an Hungersymptomen erkrankten und starben.

Besonders leidet Claudel unter der Gegenwart der anderen Kranken: »Zum Schreiben kann ich mich nicht in den Saal setzen, wo alle sich aufhalten und wo ein armseliges kleines Feuer brennt, denn dort herrscht ein Höllenlärm.«[71] Sie fühlt sich nicht dazugehörig, revoltiert gegen ihre Unterbringung in einer Irrenanstalt: »Man darf in einem Irrenhaus nicht auf Veränderung hoffen. Das Reglement ist notwendig für all diese ›aufgeregten, gewalttätigen, kreischenden, bedrohlichen Geschöpfe‹, die so unangenehm und lästig sind, daß ihre Verwandten sie nicht ertragen können. Und wie kommt es, daß ich gezwungen bin, sie zu ertragen?«[72]

»Ich gehöre nicht hierher in dieses Milieu, man soll mich herausholen, nach vierzehn Jahren eines solchen Lebens fordere ich lautstark die Freiheit.«[73]

Aber trotz ihrer Auflehnung und der flehenden Bitten an Mutter und Bruder – »laß mich hier nicht ganz allein zurück«, schreibt sie 1932 an Paul –, kann sie sich doch nicht in voller Härte eingestehen, daß die Mutter und gerade auch der geliebte Bruder verantwortlich sind für ihre Situation. Zwar klingt die grausame Erkenntnis immer wieder an – »Ich weiß nicht, ob Du die Absicht hast, mich hierzulassen, aber es ist sehr hart für mich!« –, aber letztendlich sieht sie in der Familie und den Ärzten nur gutgläubig Betrogene, die auf das Intrigenspiel Rodins hereingefallen sind. Im März 1930 erinnert sie den Bruder: »17 Jahre ist es her, daß Rodin und die Kunsthändler mich zur Buße in die Irrenhäuser geschickt haben.«[74]

Und sie spürt ganz deutlich, daß sie die Anstalt nicht mehr

lebend verlassen wird: »Ich würde gern in Villeneuve am Kamin sitzen, aber leider glaube ich nicht, daß ich je wieder aus Montdevergues herauskomme, so wie die Dinge stehen! Es sieht nicht gut aus!«[75]

Camille Claudels Geschichte ist die einer Frau, die mit Mut und Eigensinn die Chancen einer Künstlerin ihrer Zeit genutzt hat, soweit die Bedingungen es ermöglichten und ihre Kraft sie trug. Es ist aber auch die Geschichte eines doppelten Vergessens – ihrer Person in einer Irrenanstalt und ihres Werkes auf den leerbleibenden Seiten einer an Frauen wenig interessierten Kunstgeschichtsschreibung. Die derzeitige Rekonstruktion ihrer nur in Bruchstücken überlieferten Biographie kann lediglich der Anfang sein.

Anmerkungen

1 Brief an Paul Claudel, undatiert, R.-M. Paris (1989), S. 113.

2 Das Theaterstück der Pariser Regisseurin Anne Delbée, 1981 unter dem Titel »Une femme« aufgeführt, und die gleichnamige Romanbiographie, 1982 erschienen, lösten die Wiederentdeckung aus. Der BesucherInnenandrang bei der großen Claudel-Retrospektive im Musée Rodin 1984 überwältigte die Museumsleitung (vgl. Bruno Gaudiochon: »Réception d'un portrait«, in: *L'Age mûr*, 1988, S. 74/75). Die Pariser Uraufführung des Filmes (mit Isabelle Adjani) im Winter 1988 wurde dann zum Anlaß genommen, im Musée Rodin einen Claudel-Saal einzurichten.

3 Thieme, U./Becker, F.: *Allgemeines Lexikon der Bildenden Künstler von der Antike bis zur Gegenwart,* Leipzig 1912, S. 59.

4 Claudel-Retrospektiven u. a.: 1984 Musée Rodin, Paris; 1984 Musée Sainte Croix, Poitiers; 1985 Kunstmuseum Bern; 1987 Ausstellungen in mehreren japanischen Städten; 1988 Frauenkunstmuseum Washington; 1990 BATIG Kunstfoyer Hamburg; 1991 Fondation Pierre Gianadda, Martigny (Wallis/Schweiz).

5 Die Neuerscheinung Paris/Chapelle (1990) konnte für diesen Aufsatz nicht mehr berücksichtigt werden; die geplante Dissertation der Berliner Kunsthistorikerin Renate Flagmeier über Claudel ist meines Wissens noch nicht erschienen.

6 Angesichts der Lebensgeschichte C. C.s ist es nicht verwunderlich, daß außer dem Briefwechsel der Anstaltsjahre kaum an sie gerichtete Korrespondenz erhalten ist. Merkwürdig ist allerdings das Verschwinden

auf der »anderen Seite«. Kein Brief an den Vater, nur drei Briefe an den Bruder (vgl. R.-M. Paris, 1989) aus der Zeit vor 1913 wurden aufgefunden bzw. veröffentlicht. Bei R.-M. Paris, die als Enkelin Paul Claudels den direktesten Zugang zu Familienunterlagen hat, bleibt allerdings unklar, ob sie eine Auswahl aus den zur Verfügung stehenden Quellen getroffen hat und wenn ja, nach welchem Kriterium. Cassar (1987) bringt insgesamt 7 Briefe von C. C. an Rodin, darunter drei, die andeutungsweise Bezug nehmen auf ihr persönliches Verhältnis. Die Krankenakte und der Briefwechsel aus der Anstaltszeit sind abgedruckt bei R.-M. Paris (1989).

7 Louis-Prosper Claudel an Paul Claudel, August 1909, in: Jacques Cassar (1987), S. 209.

8 Octave Mirbeau: »Ça et là«, in: *Le Journal,* 12. 5. 1895, zit. n. Cassar (1987), S. 114.

9 »Der Beruf des Bildhauers ist für einen Mann eine Art ständiger Herausforderung im positiven Sinne, er ist für eine alleinstehende Frau und eine Frau mit dem Temperament meiner Schwester eine schiere Unmöglichkeit.« Paul Claudel: »Ma Sœur Camille«, Vorwort zum Ausstellungskatalog 1951, zit. n. Cassar (1987), S. 435.

10 Eine Vorgängerin C. C.s, die Bildhauerin »Marcello«, Duchesse Castiglione Colonna (1836-1879), hatte es da viel leichter. Als wohlhabende 20jährige Herzogswitwe kam sie nach Paris und hatte dort Zugang zu den höchsten Adelskreisen.

11 C. C. an den Käufer Maurice Fenaille, o. D., zit. n. Cassar (1987), S. 179.

12 Vgl. besonders die Korrespondenz zwischen Louise-Athanaïse und Paul Claudel und nach dem Tod der Mutter zwischen Paul und seiner Schweser Louise, Cassar (1987).

13 C. C. an Paul Claudel, 1938 oder 39, R.-M. Paris (1989), S. 145.

14 Jean Amrouche (1958), S. 14.

15 Mathias Morhardt: »Mlle Camille Claudel«, in: *Mercure de France,* mars 1898, S. 709-755, zit. n. Katalog Bern (1985), S. 25.

16 Renate Berger (1982) beschreibt eindringlich die im letzten Drittel des 19. Jahrhunderts heftig geführten Debatten über die Zulassung von Frauen zum Aktstudium. Auch in den Privatschulen, die immerhin bereitwilliger Frauen aufnahmen als die Akademien, wurden die Kunststudentinnen in separaten »Damenklassen« unterrichtet, häufig in extrem beengten Verhältnissen und belächelt von den männlichen Kollegen, die zugleich die Konkurrenz fürchteten, wenn sich die »Dilettantinnen« zu ernsthaften Künstlerinnen entwickelten. Die russische Malerin Marie Bashkirtseff schildert die »Verachtung« des Männerateliers gegenüber den Arbeiten der Frauen. Sie studierte um 1880 in der Privatschule Julian in Paris, die, wie auch die Académie Colarossi, einen relativ guten Ruf hatte (vgl. Renate Berger, 1987).

17 Den heftigsten Skandal löste die Balzac-Figur aus. Rodin erhielt den

Auftrag 1891, lieferte dann 1898 seinen als Verhöhnung des Dichters empfundenen Entwurf ab, woraufhin ihm der Auftrag wieder entzogen und seinem Hauptkonkurrenten, Falguière, zugesprochen wurde. Die Balzac-Affäre spaltete über Jahre die Pariser Kulturwelt in zwei verfeindete Lager.

18 Renate Flagmeier (1988) weist ausführlich nach, wie die Presseartikel über C. C., besonders der Aufsatz von Mathias Morhardt, und der Ankauf der »Clotho« durch eine Gruppe von Künstlern v. a. dazu dienten, Rodins Partei in den öffentlichen Auseinandersetzungen zu unterstützen. Ich übernehme zu diesem Gesichtspunkt im wesentlichen ihre Argumentation.

19 Auguste Rodin an Gabriel Mourey, Mai 1895 (?), zit. n. Katalog Bern, S. 119.

20 Paul Claudel (1951), zit. n. Cassar (1987), S. 431/432.

21 Ebd., S. 434.

22 Während der Zeit engster Zusammenarbeit ließ Claudel es offensichtlich zu, daß Rodin einzelne ihrer Arbeiten mit seinem Namenszug versah. Aus dem Stolz der Schülerin über das Signet des Meisters wurde dann später das erbitterte Gefühl, von ihm beraubt worden zu sein. Wie viele Claudel-Werke auf diese Weise zu »Rodins« wurden, ist bis heute ungeklärt.
Ein eklatantes Beispiel ist der »Giganti« oder »Kopf eines Räubers«. Die Kunsthalle Bremen kaufte 1960 einen Bronzeguß dieser Claudel-Arbeit (von 1885) an – als einen authentischen Rodin, signiert »A. Rodin«. 1967 wurde der Irrtum aufgedeckt. Die Kunsthalle Bremen ist damit das einzige deutsche Museum, das ein Werk Camille Claudels besitzt (vgl. Andrea Schweers, 1990).

23 Mathias Morhardt (1898) beschreibt ausführlich die ernsthafte Arbeitshaltung und den unermüdlichen Einsatz Claudels im Rodin-Atelier, vgl. Cassar (1987), S. 455 ff.

24 William Harlan Hale (1972).

25 Cassar (1987), S. 71.

26 Ebd., S. 389.

26a Rose Beuret (1844-1917) war Rodins Lebensgefährtin aus den entbehrungsreichen Anfangsjahren, 1866 brachte sie ihren gemeinsamen Sohn, Auguste-Eugène Beuret, zur Welt, den Rodin allerdings nie anerkannte. Fotografien und Porträts, die Rodin von ihr anfertigte, zeigen sie als früh gealterte und verhärmte Frau, die über die Affären und im Alter immer zahlreicher werdenden Eskapaden Rodins ebensolche Verbitterung empfand wie Claudel. Ab 1894 brachte er sie in seinem neuen Wohnsitz in Meudon, fernab von Paris und seinen Ateliers, unter. 1917, zwei Wochen vor dem Tod der 72jährigen, heiratete Rodin sie noch, so daß sie als »Madame Rodin« mit ihm zusammen in Meudon begraben wurde.

27 Louis-Prosper Claudel an Auguste Rodin, Cassar (1987), S. 81.

28 Louise Claudel an C. C., undat., zit. n. R.-M. Paris (1989), S. 122.

29 Vgl. R.-M. Paris (1989), S. 101.

30 »...sie selbst (C. C.) wollte sich bildhauerisch betätigen, ich schien schriftstellerisch, meine zweite Schwester musikalisch veranlagt zu sein...« – Paul Claudel, in: Jean Amrouche (1958), S. 15.

31 Paul Claudel tritt mit 25 Jahren seinen ersten Auslandsposten als Vizekonsul in New York an. Seine diplomatische Karriere führt ihn u. a. nach China, Prag, Frankfurt, Hamburg, Rio de Janeiro, Kopenhagen, Tokio (Botschafter), Brüssel. Für sein tägliches Leben schafft er sich eine strenge Aufteilung in Gottesdienst, schriftstellerische Arbeit, Erfüllung seiner diplomatischen Aufgaben, Familienleben.

32 C. C. an Maurice Fenaille, Cassar (1987), S. 110.

33 C. C. an Paul Claudel, wahrscheinlich 1894, Cassar (1987), S. 107.

34 Charles Morice: »Art moderne: expositions Camille Claudel et Bernard Hoetger«, in: *Mercure de France*, 15. 12. 1905, zit. n. Katalog Paris/Poitiers (1984), S. 72.

35 Paul Claudel (1951), zit. n. Cassar (1987), S. 435.

36 Vgl. Judith Claudel (1936), S. 227.

37 Vgl. Paul Claudel (1951), in: Cassar (1987), S. 435.

38 Der Vertrag von 1886 und drei undatierte Briefe (vermutlich von 1894/ 95) von Rodin an Claudel stammen aus dem Pariser Rodin-Archiv und wurden erstmalig im Herbst 1990 im Hamburger Ausstellungskatalog publiziert, ohne Erklärung allerdings über ihr plötzliches Auftauchen. Im ersten der drei Briefe (Mai 1894?) beschwört Rodin seine leidenschaftliche Liebe und fleht sie an, ihm noch einen Funken Hoffnung auf Wiederaufnahme ihrer Beziehung zu lassen. Falls nicht, fürchtet er entsetzlichen Wahnsinn und Unfähigkeit, jemals wieder zu arbeiten. In allen drei Briefen spricht er von seinem schweren »Fehler« ihr gegenüber, für den er nun büßen müsse, und hofft auf ihre Großmut und ihr Verzeihen. Als Wiedergutmachung bietet er an, sie mit verschiedenen bedeutenden Persönlichkeiten in Kontakt zu bringen und ihr Werk weiterhin zu protegieren.

39 Ebd., S. 104.

40 Henry de Braisne: »Camille Claudel«, in: *Revue idéaliste*, 1. 10. 1897, zit. n. Cassar (1987), S. 408.

41 Paul Claudel, sicherlich eine im emotionalen Sinne wichtige Bezugsperson für C. C., hat an ihrem konkreten Leben lange Zeit nur geringen Anteil: Er kommt lediglich im Frühjahr 1895, zu Beginn des Jahres 1900 und 1905 zu längeren Aufenthalten nach Frankreich.

42 C. C. an Auguste Rodin, o. D., Cassar (1987), S. 149.

43 Leserinnenbrief an: *L'Europe artiste*, 28. 5. 1899, Archives du Musée Rodin.

44 C. C. an Auguste Rodin, o. D., zit. n. Cassar (1987), S. 151.

45 C. C. an den Veranstalter der Prager Ausstellung, zit. n. Paris (1989), S. 76.
46 Katalog Paris/Poitiers (1984), S. 50.
47 C. C. an Paul Claudel, o. D., Paris (1989), S. 112.
48 C. C. an Eugène Blot, zit. n. Cassar (1987), S. 414.
49 Eugène Blot an C. C., 3. 9. 1932, zit. n. Paris (1989), S. 143.
50 Octave Mirbeau (1895), zit. n. Cassar (1987), S. 115.
51 Vgl. Anne Rivière (1986), S. 54.
52 Charles Morice (1905), zit. n. Cassar (1987), S. 201.
    Die Prophezeiung von Morice wurde erst sehr spät Wirklichkeit, seit der Wiederentdeckung Claudels schnellen die Preise tatsächlich in die Höhe. 1986 wurde z. B. in Paris ein Bronzeguß des »Walzers« für 311 000 Francs verkauft, während noch einige Jahre vorher eine Kinderbüste »eines gewissen Claudel« für 100 Francs versteigert wurde.
53 Octave Mirbeau (1895), zit. n. Cassar (1987), S. 114.
54 Mathias Morhardt (1898), zit. n. Cassar (1987), S. 455.
55 Vgl. Germaine Greer (1980), S. 362.
56 C. C. an Eugène Blot, Cassar (1987), S. 415.
57 Henry Asselin: »La vie douloureuse de Camille Claudel, sculpteur«, 1956, in: Cassar (1987), S. 442.
58 C. C. an Paul Claudel, R.-M. Paris (1989), S. 112.
59 Louis-Prosper Claudel an Paul Claudel, August 1909, Cassar (1987), S. 209.
60 Henry Asselin, zit. n. Paris (1989), S. 77.
61 Paul Claudel, in: Jean Amrouche (1958), S. 274.
62 Paul Claudel (1951), zit. n. Anne Rivière (1986), S. 62.
63 Vgl. R.-M. Paris, S. 156.
64 Le Grand National, Pariser Tageszeitung, zit. n. Cassar (1987), S. 244.
65 Vgl. Chesler (1974), S. 39.
66 C. C. an Paul Claudel, 3. 3. 1930, zit. n. Anne Rivière (1986), S. 74.
    Diese Briefstelle klingt wie eine merkwürdige, späte Resonanz auf die Beteuerungen Rodins, mit denen er in dem erwähnten Brief (wahrscheinlich Juni 1895) versuchte, sie in ihrem Zorn auf ihn zu beschwichtigen:
    »Hoffen Sie von Tag zu Tag, (...) haben Sie immer Vertrauen, denn nach dieser Anstrengung wird Ihre Position so gut wie meine sein, später aber besser, so wie Sie es verdienen.« (Rodin an C. C., Hamburger Katalog, S. 122)
    Auch dies eine der von Claudel so bitter vermerkten leeren Versprechungen!
67 C. C. an Paul Claudel, 1938 oder 1939, zit. n. Paris (1989), S. 144.
68 C. C. an Louise Claudel, 2. 2. 1927, zit. n. Anne Rivière (1986), S. 70.
69 Louise Claudel an den Direktor der Anstalt, 20. 10. 1915, zit. n. Paris (1989), S. 124.

70 Aus ganz anderen Gründen als die Mutter empfindet auch Paul Claudel das Schicksal seiner Schwester als persönliche Bedrohung – hinter
seinem schlechten Gewissen, vielleicht doch nicht genug für sie getan
zu haben, verbirgt sich eine tiefsitzende Angst. »Eine Künstlerberufung
ist etwas äußerst Gefährliches, nur die wenigsten Menschen vermögen
ihr standzuhalten«, sagt er als alter Mann in seinen Lebenserinnerungen (vgl. Amrouche, 1958, S. 274/275) und deutet damit an, was ihn
bewegt: eine unausgesprochene Erleichterung, daß er selbst dem
»Wahnsinn der Claudels« entgangen ist.

71 C. C. an Louise Claudel, 2. 2. 1927, zit. n. Anne Rivière (1986), S. 68.

72 C. C. an Paul Claudel, 3. 3. 1927, zit. n. Rivière (1986), S. 70.

73 Ebd.

74 C. C. an Paul Claudel, 3. 3. 1930, zit. n. Paris (1989), S. 139.

75 C. C. an Paul Claudel, 4. 4. 1932, zit. n. Rivière (1986), S. 76.

Literatur

Amrouche, Jean: *Gespräche mit Paul Claudel*, Heidelberg 1958

Berger, Renate: *Malerinnen auf dem Weg ins 20. Jahrhundert – Kunstge-
schichte als Sozialgeschichte*, Köln 1982

Dies. (Hg.): *»Und ich sehe nichts, nichts als die Malerei« – Autobiographische Texte von Künstlerinnen des 18.-20. Jahrhunderts*, Frankfurt/M.
1987

Blasius, Dirk: *Der verwaltete Wahnsinn – Eine Sozialgeschichte des Irrenhauses*, Frankfurt/M. 1980

Cassar, Jacques: *Dossier Camille Claudel*, Paris 1987

Chesler, Phyllis: *Frauen – das verrückte Geschlecht?*, Reinbek b. Hamburg
1974

Cladel, Judith: *Rodin – sa vie glorieuse et inconnue*, Paris 1936

Claudel, Louis-Prosper: »Lettres à son fils«, in: *Cahiers Paul Claudel I*,
Paris 1959

Claudel, Paul: *Journal I (1904-1932), Journal II (1933-1955)*, Paris 1968
und 1969

Delbée, Anne: *Der Kuß – Kunst und Leben der Camille Claudel*. Aus dem
Französischen von Helmut Kossodo, Titel der französischen Originalausgabe: *Une femme*, München 1988

Flagmeier, Renate: »Camille Claudel, Bildhauerin«, in: *Kritische Berichte*,
Jg. 16, 1/1988, S. 36-45

Greer, Germaine: *Das unterdrückte Talent – Die Rolle der Frauen in der
bildenden Kunst*, Frankfurt/M., Berlin, Wien 1980

Hale, William Harlan: »Rodin und seine Zeit«, in: *Time-Life International*, 1972

Morhardt, Mathias: »Mlle Camille Claudel«, in: *Mercure de France,* März 1898

Paris, Reine-Marie: *Camille Claudel,* deutsch von Annette Lallemand, Frankfurt/M. 1989

Paris, Reine-Marie/Chapelle, Arnaud de la: *L'Œuvre de Camille Claudel,* Paris 1990

Pingeot, Anne: »Le chef-d'œuvre de Camille Claudel: L'Age mûr«, in: *Revue du Louvre et des Musées de France* Nr. 4, 1982, S. 287-295

Proudhon, P.-J.: *La pornocratie ou les femmes dans les temps modernes,* Paris 1875

Pulver, Corinne: »Gertrud P. – Das Drama einer begabten Frau«, Kreuzlingen 1988 (Vergleich der Schicksale von Gertrud P. und C.)

Rivière, Anne: *Camille Claudel – Die Verbannte.* Aus dem Französischen von Ulrike Schubert, Frankfurt/M. 1986

Schmoll gen. Eisenwerth, J. A.: *Rodin-Studien,* München 1983

Schweers, Andrea: *Der verräterische »Räuberkopf« – Betrachtung eines Werkes in der Kunsthalle zum 125. Geburtstag von Camille Claudel,* in: *Weser-Kurier* vom 9. 12. 1989

Uzanne, Octave: *La Femme à Paris,* Paris 1894

Kataloge

Camille Claudel – Musée Rodin, Paris (15. 2.-11. 6. 1984) und Musée Sainte-Croix, Poitiers (26. 6.-15. 9. 1984), Hg.: Monique Laurent, Bruno Gaudichon

Camille Claudel – Auguste Rodin, Künstlerpaare – Künstlerfreunde, Kunstmuseum Bern 1985

»L'Age mûr« de Camille Claudel – Les dossiers du Musée d'Orsay, Paris 1988, Hg.: Anne Pingeot u. a.

Camille Claudel – Skulpturen–Gemälde–Zeichnungen. Hg. von Renate Berger, Edition Stadtbaukunst Berlin/Hamburg 1990, Katalog zur Ausstellung im BATIG Kunstfoyer, Hamburg, 7. 9.-2. 11. 1990

Virginia Woolf
1882-1941

»Gleichmut – üben Sie sich in Gleichmut, Mrs. Woolf!«[1]

Von Susanne Amrain

Am 28. März 1941, einem klaren, kalten und sonnigen Tag, war Louie Mayer, die Zugehfrau, eben damit beschäftigt, Leonard Woolfs Arbeitszimmer aufzuräumen, als er mit seiner Frau Virginia hereinkam. Er sagte: »Louie, geben Sie Mrs. Woolf bitte ein Staubtuch, damit sie Ihnen beim Saubermachen helfen kann.« Louie war verwundert. »Ich gab ihr ein Staubtuch, aber das schien mir sehr sonderbar. Es war bis dahin noch niemals vorgekommen, daß sie irgendwelche Hausarbeit mit mir machen wollte. Nach einer Weile legte Mrs. Woolf das Staubtuch hin und ging hinaus. Ich dachte mir, daß sie wahrscheinlich keine Lust hatte, das Arbeitszimmer sauberzumachen, und beschlossen hatte, etwas anderes zu tun.«[2]

Virginia Woolf ging in ihr Gartenhaus, schrieb etwas, kehrte zurück ins Haus und stellte dort zwei Briefe auf das Kaminsims, einen an Leonard und einen an ihre Schwester Vanessa. Dann, es war ungefähr halb zwölf, zog sie ihren Mantel an, nahm ihren Spazierstock und lief eilig durch den Garten davon, die Hangwiesen hinunter zum Ufer der Ouse, steckte ein paar schwere Steine in die Taschen ihres Mantels und stieg ins Wasser.

Als sie um ein Uhr nicht zum Mittagessen erschien, suchte ihr Mann sie im Haus, las die Briefe und rannte zum Fluß. Doch er fand nur ihren Spazierstock, der im Morast des Ufers steckte. »Drei Wochen später kam ein Polizist ins Haus und sagte Mr. Woolf, daß man ihre Leiche gefunden hatte. Kinder, die von Lewes her am Fluß entlanggingen, hatten ihre Leiche gesehen, die seitlich unter die Uferböschung geschwemmt worden war.«[3]

In ihrem Abschiedsbrief, der auch bei der gerichtlichen Untersuchung zur Feststellung der Todesursache vorgelegt wurde, hatte Virginia an Leonard geschrieben: »Liebster, ich möchte Dir sagen, daß Du mir vollkommenes Glück geschenkt hast. Niemand hätte mehr tun können, als Du getan hast. Bitte glaube das. Aber ich weiß, daß ich niemals über dies hier hinwegkommen werde: und ich ruiniere Dein Leben. Es ist dieser Wahnsinn. Nichts, was irgend jemand sagt, kann mich umstimmen. Du kannst arbeiten, und es wird Dir ohne mich viel besser gehen. Du siehst, ich kann nicht einmal dies hier richtig schreiben, was zeigt, daß ich recht habe. Alles was ich sagen will ist, daß wir vollkommen glücklich waren, bis diese Krankheit auftrat. Es war alles Dir zu verdanken. Niemand hätte so gut sein können, wie Du es gewesen bist, vom allerersten Tag an bis jetzt. V.«[4]

Der mit diesem Todesfall betraute Untersuchungsrichter faßte sein abschließendes Urteil in die taktvolle Formulierung, die neunundfünfzigjährige Mrs. Woolf habe Selbstmord begangen, »während ihr geistiges Gleichgewicht gestört war«.[5] Überhaupt schien niemand daran zu zweifeln, daß ein neuerlicher Ausbruch jener Geisteskrankheit, die sie seit ihrer frühen Jugend gefährdete, sie dazu gebracht hatte, sich zu töten.

Virginia Woolfs Ende kam nicht ganz überraschend. Sie hatte schon seit Monaten gegen eine tiefe Depression, gegen das Gefühl äußerster Verzweiflung angekämpft, deren Ursachen sie nicht recht benennen konnte. Es gab allerdings mehr als genug plausible äußere Gründe, die zu ihrem Zustand beigetragen haben mochten: Seit dem Sommer 1940 tobte der Luftkrieg über England. Deutsche Bomber flogen auf ihrem Weg nach London bei Tag und Nacht über das Haus der Woolfs hinweg, das in Rodmell, unweit von Brighton an der englischen Südküste, lag, und immer häufiger fielen auch in der nächsten Umgebung Bomben. ›Monks House‹, eigentlich nur als Ferienhaus gedacht, war jetzt der einzige Zufluchtsort der Woolfs, seit ihre Londoner Wohnung im September 1940 einem deutschen Luftangriff zum Opfer gefallen war. Es war bitter kalt, und die Ernährungslage wurde immer schlechter.

Virginia fühlte sich vereinsamt, isoliert in einer dörflichen Umgebung, die ihr kaum geistige Anregungen bot. Sie vermißte die früher so häufigen Besuche ihrer Freunde, die Gesellschaften, die

Gespräche. Sie vermißte die Atmosphäre Londons, der Stadt, die sie liebte und deren Zerstörung ihr das Herz brach. Und es fehlte ihr in dieser Kriegszeit das Publikum für ihre Bücher, die Resonanz der Leser, das Echo, das ihr in einem besonderen Maß lebensnotwendig war.

Zudem rechnete man stündlich mit der Invasion Englands durch Hitler (sie war wirklich geplant und würde ganz in der Nähe Rodmells stattgefunden haben), die für die Woolfs eine doppelte Bedrohung bedeutete: Leonard war Jude, und er wußte, was ihm, ebenso wie Virginia, im Falle einer Gefangennahme bevorstand. Schon im Mai 1940 hatte er beschlossen, sich gemeinsam mit Virginia in der Garage durch Autoabgase zu vergiften, sobald die Deutschen englischen Boden beträten. Er hortete zu diesem Zweck einige Kanister des streng rationierten Benzins. Später erhielten sie von Virginias Bruder Adrian, der Arzt war, eine für beide ausreichende Dosis Morphium, mit der sie sich im Notfall töten wollten.

Es war eine trübe, angespannte und bedrückende Zeit. Und doch ertrug Virginia alle äußeren Schrecken mit großer Fassung, manchmal sogar mit Heiterkeit, und arbeitete trotz all dieser Widrigkeiten mit ungeheurem Fleiß. Im November 1940 beendete sie einen Roman und begann sofort mit den Vorarbeiten zu einem neuen Buch.

Bei alledem muß es aber schon seit längerer Zeit etwas gegeben haben – ihre Tagebucheintragungen lassen es erkennen –, das nichts mit den gegenwärtigen Ereignissen zu tun hatte, das sie jedoch unablässig beschäftigte und mehr und mehr verstörte. Etwas, worüber sie nicht einmal mit Leonard so recht sprechen konnte.

Dr. Octavia Wilberforce, eine befreundete Ärztin, die in Brighton praktizierte und mit Virginia weitläufig verwandt war, kam in jener Zeit häufiger zum Tee. Unter anderem auch, weil der beunruhigte Leonard sie gebeten hatte, sich bei ihren Besuchen unauffällig ein Bild von Virginias seelischer und geistiger Verfassung zu machen. Octavia Wilberforce schrieb in Briefen an ihre Freundin Elizabeth Robins nieder, welchen Eindruck sie von Virginia gewonnen und worüber sie gesprochen hatten. Bei ihrem ersten Besuch am 9. Dezember 1940 bemerkte sie, Virginia habe »fast verängstigt« ausgesehen.[6] Am 23. Dezember führten sie, offenbar ohne Leonards Beisein, ein langes Gespräch, in dem Virginia einiges von dem offenbarte, was sie so tief bewegte. Sie sprach von den großen Schwierigkeiten, die sie mit einem ihrer letzten Bücher gehabt habe, von verletzender Kritik, die ihr begegnet sei, und dann: »Sie habe Papiere sortiert. Liebesbriefe ihres Vater an ihre Mutter. Sei von ihnen hingerissen gewesen. ›Der arme Leonard hat mein Interesse an meiner Familie und alles, was es wieder herauf-beschwört, so satt.‹ Sie liebte und haßte ihren Vater gleichzeitig ganz vehement. Hielt es für einen hilfreichen Beitrag, daß Psychologen erklärt hätten, dies sei möglich.« Und Virginias Hände waren kalt, »schlimmer als Eiszapfen«.[7]

Auch bei späteren Besuchen Octavias war die sonst außerordentlich zurückhaltende Virginia erstaunlich mitteilsam. Der Wiedergabe des Gesprächs vom 12. März 1941 kann man entnehmen, wie tief sie inzwischen in ihre Erinnerungen versunken war und um was ihre Gedanken, trotz Leonards Widerwillen, immer unablässiger kreisten. »Sie gestand, daß sie ›verzweifelt gewesen war – bis in tiefste Tiefen deprimiert‹, hatte gerade eine Geschichte beendet.[8] ›Fühlte sich immer so – aber jetzt besonders nutzlos.‹«[9] »Virginia sagte, sie habe beim Tod ihrer Mutter und ihrer Halbschwester Stella ›irreparable Schläge‹ erhalten; daß ihr Vater ›zu große emotionale Forderungen an uns stellte, und das ist, glaube ich, für vieles verantwortlich, was in meinem Leben falsch verlaufen ist ... ich kann mich nicht erinnern, jemals Freude an meinem Körper gehabt zu haben.‹«[10] Sie sprach auch davon, daß ihr Halbbruder George (der sieben Jahre zuvor gestorben war) sie verfolge, den sie, so glaubte Octavia, »offensichtlich angebetet« habe.[11]

Bei ihrem letzten Teegespräch am 21. März wurde Octavia schließlich unwirsch und fand es angemessen, Virginias exzessiven Erinnerungskult ad absurdum zu führen. »Ich sagte ihr, ich hielte diesen ganzen Familienkram für kompletten Unsinn, dieses Blut-dicker-als-Wasser für Quatsch. Verblüffte sie jedenfalls.«[12] Das tat es sicher. Es machte ihr schlagartig klar, daß Octavia, der sie sich anzuvertrauen versuchte, ihrer Geschichten ebenso überdrüssig war wie Leonard.

Eine Woche später war Virginia Woolf tot. Was hatte sie so weit gebracht? War es wirklich ein unerklärlich plötzlicher Anfall von Geisteskrankheit, wie ihr Abschiedsbrief erklärt und das Urteil des Untersuchungsrichters bekräftigt? Es ist wahr, sie litt schon als Kind unter etwas, das sie im Laufe ihres Lebens mehrmals über die Grenzen dessen hinaustrieb, was wir gemeinhin als geistige Normalität bezeichnen. Aber warum war sie am Ende von den Bildern ihrer Vergangenheit so quälend heimgesucht und besessen, daß sie keinen anderen Ausweg mehr sah, als sich zu töten? Schließlich ist es nichts Ungewöhnliches, wenn sich eine fast sechzigjährige Frau intensiv, mit Rührung und auch mit Zorn, ihrer Kindheit und Jugend erinnert.

Hier jedoch geschieht offenbar etwas anderes: Hier gerät eine der großen Schriftstellerinnen der Moderne, eine Sprachkünstlerin, die noch den subtilsten Regungen vollkommenen Ausdruck verleihen konnte, in den Sog ihrer Vergangenheit und kommt darin um, weil in dieser Vergangenheit Unsägliches enthalten ist, das nicht einmal sie mit Worten zu bannen vermag, Unaussprechliches, dessen Bedeutung sie lange vor sich selbst hatte verbergen können, und das nun mit eruptiver Gewalt ausbricht.

Solche Katastrophen haben immer alte und tiefe lebensgeschichtliche Wurzeln, und man kann nur versuchen, ihnen in Virginia Woolfs Biographie und ihren Selbstäußerungen nachzuspüren, um vielleicht zu begreifen, wie jenes Unsägliche und jener ›Wahnsinn‹ beschaffen waren, denen sie schließlich nur mehr im Tod entkommen konnte.

Virginia kam am 25. Januar 1882 in Hyde Park Gate No. 22, im vornehmen Londoner Stadtteil Kensington, zur Welt. Sie wurde in eine relativ wohlhabende und sehr intellektuelle Familie der oberen Mittelschicht hineingeboren – und in eine reichlich verwirrende Familienkonstellation: Ihr Vater, der angesehene Gelehrte Leslie Stephen, war bei ihrer Geburt fünfzig Jahre alt, ihre Mutter Julia sechsunddreißig. Beide Eltern waren bereits einmal verheiratet gewesen und verwitwet. Leslies erste Frau Minny, die Tochter des Romanautors Thackeray, war 1875, hochschwanger, ganz plötzlich gestorben. Aus dieser Ehe stammte die zwölfjährige Laura, ein schwer gestörtes Kind, das mit einer eigenen Nurse ein abgelegenes Kinderzimmer bewohnte.

Virginias Mutter war in erster Ehe mit dem Rechtsanwalt Herbert Duckworth verheiratet gewesen, den sie leidenschaftlich liebte und nach dessen unerwartetem Tod sie in einen Abgrund der Verzweiflung fiel. Man sagte, sie habe oft stundenlang auf seinem Grab gelegen. Ihre Lebensfreude wich einer düsteren Melancholie, die sie auch in ihrer zweiten Ehe mit Leslie, einer nur sehr zögernd eingegangenen Verbindung, nie ganz verlor. Sie hatte in ihrer Trauerzeit damit begonnen, Kranke zu pflegen und die Angehörigen Verstorbener zu trösten, um nicht ganz in depressive Erstarrung zu versinken. Aus ihrer ersten Ehe brachte sie drei Kinder mit, den zum Zeitpunkt von Virginias Geburt vierzehnjährigen George, die dreizehnjährige Stella und den zwölfjährigen Gerald. Aus der Ehe mit Leslie waren bereits die dreijährige Vanessa und der zweijährige Thoby hervorgegangen. Nach seiner Geburt hatten die Eltern beschlossen, ihre Familie nicht weiter zu vergrößern, doch die Verhütungsmethoden der Zeit waren wenig verläßlich, und Virginia wurde geboren. Ihre Mutter war zu jener Zeit so erschöpft, daß sie sie schon mit zehn Wochen abstillen und einem der Kindermädchen überlassen mußte, das sie mit der Flasche aufzog. Gut ein Jahr später traf auch noch der gar nicht mehr erwünschte Adrian ein, und er wurde unter den kleinen Stephens das Lieblingskind seiner Mutter, das sie fast zwölf Monate lang stillte.

Mit den so sehr viel älteren Stiefbrüdern Duckworth hatten die vier Kleinen in den ersten Jahren wenig Kontakt. George und Gerald gingen damals bereits auf ihre Internatsschulen. Stella allerdings war zu Hause und fungierte als Helferin ihrer Mutter. Die vier jüngsten Kinder bildeten eine verschworene kleine Gemeinschaft, in der es jedoch nicht immer ohne Konflikte abging. Vanessa und Thoby liebten sich zärtlich, und Virginia hätte sich mit ähnlicher Innigkeit dem kleineren Bruder Adrian zuwenden können, aber das tat sie nicht. Vermutlich deshalb nicht, weil er von der Mutter, auf die sie so früh hatte verzichten müssen, so übermäßig bevorzugt wurde. Sie schloß sich den etwas älteren Geschwistern an und hatte es dabei nicht leicht, weil diese das zunächst keineswegs wünschten. Also drängte sie sich mit allen Mitteln zwischen sie, buhlte um beider Gunst und war sehr verbittert, wenn die beiden, wie es manchmal geschah, gegen sie Front machten und sie, wahrscheinlich indem sie sie verlachten, in einen solch ohnmächtigen Wutanfall hineintrieben, daß ihr Gesicht dunkelrot wurde und sie vor Demütigung und Zorn fast zersprang.

Schließlich aber erreichte sie ihr Ziel, Vanessas und Thobys Liebe, und sie erreichte es nicht zuletzt durch ihre herausragende Begabung für Worte: Jeden Abend, wenn die Kinder im Bett lagen, erzählte sie in Fortsetzungen spannende Geschichten, die alle von der benachbarten Familie Dilke handelten, und unter anderem davon, wie diese unter ihren Dielenbrettern Säcke voll Gold fanden.

Das Leben dieser Kinder verlief nach äußerst strikten Regeln – feste Unterrichtsstunden, unbedingte Pünktlichkeit bei den Mahlzeiten, zweimal täglich bei jedem Wetter lange Spaziergänge in den Kensington Gardens –, aber sie lebten glücklicher als viele andere Kinder, die in vergleichbaren Familien jener Zeit fast ausschließlich von ihren Kindermädchen und Gouvernanten großgezogen wurden. Leslie und Julia Stephen waren einander sehr zugetan und begegneten ihren gemeinsamen Kindern, die die Schönheit ihrer Mutter geerbt hatten, mit Zuneigung und Interesse. Der Vater nahm sie mit auf seine Spaziergänge, unterhielt sich ernsthaft mit ihnen, las ihnen jeden Abend vor und zeichnete ihnen zu ihrer Belustigung alle Arten von Tieren. Allerdings irritierte es ihn enorm, wenn sie, wie er fand, zuviel Lärm machten. Und als er ihnen, abwechselnd mit Julia, den ersten Unterricht erteilte, geriet er sehr schnell außer Fassung, wenn sie sich seiner Meinung nach ungelehrig zeigten und nicht schnell genug verstanden, was er ihnen beizubringen versuchte.

Leslie hatte zwar ebenso wie seine Frau dem Christentum abgeschworen, aber aus seiner puritanischen Herkunft haftete ihm noch immer vieles an, was er unvermindert in die Erziehung seiner Kinder einfließen ließ: Er hatte ausnehmend strenge Moralvorstellungen, die unbedingte Wahrhaftigkeit verlangten und jede Trägheit und Faulheit als größte Sünde brandmarkten. Vor allem aber war er zutiefst durchdrungen von der Idee der sexuellen ›Reinheit‹ und Schamhaftigkeit, die freilich, ganz viktorianisch, in der Erziehung der Kinder nur als forcierte Unwissenheit und Unaufgeklärtheit zur Wirkung kam.

Ein sehr beunruhigendes Element für die kleinen Stephens muß die behinderte Laura gewesen sein. Virginia nennt sie in ihren Erinnerungen nicht ›Schwester‹, sondern »Thackerays Enkelin, ein Mädchen mit leeren Augen, dessen Schwachsinn täglich offenkundiger wurde, das kaum lesen konnte, das Scheren ins Feuer warf, das eine Zungenlähmung hatte und stammelte und doch mit uns anderen bei Tisch zu erscheinen hatte«[13] – wo sie dann oft klagte, daß sie am Essen zu ersticken fürchtete. Und es muß für sie auch erschreckend gewesen sein, mit anzusehen und zu hören, wie ihr Vater dieses arme Kind mit rigiden Methoden zu unterrichten versuchte und es oft grausam bestrafte, weil er es ablehnte zu erkennen, daß Laura ernsthaft gestört war, und ihr vorwarf, sie weigere sich nur aus bösartiger Verstocktheit, etwas zu lernen.

Meist aber ging es in dem dunklen, schmalbrüstigen Haus, das irgendwann einfach um zwei Etagen aufgestockt wurde, um den nötigen Platz zu schaffen, munter und lebhaft, um nicht zu sagen turbulent zu: Acht Kinder, die Eltern, sieben Dienstboten und ein Hund drängten sich hier zusammen. Dazu kamen die vielen Besucher, zahlreiche Verwandte und Freunde, unter ihnen so illustre Gäste wie der Romanautor Henry James.

Im Zentrum dieses hektischen Hauswesens stand Julia Stephen. Sie organisierte die komplizierten täglichen Abläufe, dirigierte die Dienstboten, machte viele Arbeiten selbst, wenn ihr etwas nicht schnell genug ging, unterrichtete die Kinder und schlichtete ihre Streitigkeiten, präsidierte am Teetisch, lenkte die Gespräche der Gäste und unterhielt eine ausgedehnte Korrespondenz.

Vor allem aber war sie die Stütze ihres immens anspruchsvollen Ehemannes. Leslie Stephen war ein kränkliches, überzartes Kind gewesen, dessen besorgte Mutter jeder seiner Launen nachgab. Er blieb darum lebenslang überzeugt, Frauen seien vor allem auf der Welt, um sich um ihn zu kümmern. Julia war ihm auch hierin die ideale Gefährtin, weil sie unerschütterlich der Ansicht war, alle Männer bedürften endloser Fürsorge und Nachsicht. Sie tröstete und umsorgte Leslie, wenn ihn eine seiner häufigen düsteren Stimmungen überkam. Sie hob sein Selbstbewußtsein, wenn er sich als Versager empfand, und sie pflegte ihn, wenn er sich körperlich nicht recht wohl fühlte oder nachts schlecht schlief. Er genoß das so sehr, daß er ihr sogar manchmal vorspiegelte, es gehe ihm nicht gut, um sich ihrer liebenden Sorge zu versichern. Mit diesem infantilen Verhalten war Leslie Stephen der Rivale seiner Kinder im Kampf um Julias Zuwendung und Aufmerksamkeit – und er gewann ihn immer.

Doch auch er mußte, wie die Kinder, Julia oft lange Zeit gänzlich entbehren. Sie hatte Leslie vor der Eheschließung die Bedingung gestellt, jederzeit verreisen zu dürfen, um Kranke zu pflegen, Bedürftigen zu helfen, oder sich um ihre alte – immer kränkliche und sehr hypochondrische – Mutter zu kümmern. Gutes zu tun, sich aufzuopfern, war ihr zu einer Art unstillbaren Leidenschaft geworden. Das ist unter den gegebenen Umständen bedenkenswert, denn es bedeutete, daß sie ihre Kinder nicht nur zugunsten ihres Mannes hintanstellte, sondern auch zugunsten Fremder, und das sogar zu Zeiten, in denen die Kinder krank waren und sie nötig gehabt hätten.

Julia Stephen wurde nach ihrem frühen Tod von ihrem Mann zu einer Heiligen, einer Madonnengestalt, stilisiert. Als Virginia viele Jahre später versuchte, sich ihre Mutter wieder ins Gedächtnis zu rufen, erinnerte sie sich auch an einen Charakterzug, der in dieses Bild gar nicht hineinpaßte: Julia konnte außerordentlich hart sein, und sie war es besonders gegen Stella, ihre Tochter aus erster Ehe. Stella war ein schönes, blasses und stilles Mädchen, das seine früheste Kindheit während der düstersten Trauerzeit der Mutter erlebt hatte. Seitdem hing sie mit demütiger Ergebenheit an Julia und lebte einzig, um ihr zu helfen, sie zu entlasten, wo sie nur konnte. »Meine Mutter war streng mit ihr. Ihre ganze Liebe galt George, der seinem Vater ähnelte, und dem nach seines Vaters Tod geborenen und sehr zarten Gerald. Stella behandelte sie mit Schärfe; so sehr, daß mein Vater es vor der Eheschließung wagte, dagegen zu protestieren. Sie antwortete, daß das wahr sein mochte; sie sei hart gegen Stella, weil sie Stella ›als Teil meiner selbst‹ betrachte.«[14]

Virginia beschreibt ihre Mutter so: »Sehr rasch, sehr entschieden, sehr aufrecht; und hinter der Aktivität das Traurige, das Schweigen. Und natürlich war sie zentral. Ich vermute, das Wort ›zentral‹ kommt meinem allgemeinen Gefühl am nächsten: so vollständig in ihrer Atmosphäre zu leben, daß man sich nie weit genug von ihr entfernen konnte, um sie als Einzelwesen zu sehen. Sie war das Ganze; Talland House war erfüllt von ihr, Hyde Park Gate war erfüllt von ihr. (...) Kann ich mich daran erinnern, jemals mehr als ein paar Minuten mit ihr allein gewesen zu sein? Irgend jemand kam immer dazwischen. (...) ...man neckt mich, ich sage etwas Komisches, sie lacht, ich freue mich, ich erröte schrecklich, sie bemerkt es...«[15]

Es ist nicht schwer zu erkennen, daß Virginia dieser Mutter niemals wirklich ›habhaft‹ gewesen ist, daß Julia sich immer entzog – und gerade deshalb der Gegenstand ihrer lebenslangen Sehnsucht blieb. Julia Stephen war keine ›heimelige‹ Mutter, an der sich die hochempfindsame, nervöse Virginia hätte beruhigen und wärmen, in der sie sich positiv und vergewissernd hätte spiegeln können. Julia, deren außerordentliche und dabei abweisend strenge Schönheit auf vielen Fotografien ihrer Tante Julia Margaret Cameron überliefert ist, war eine Frau der Distanz.

Virginia betete sie an, betrachtete sie mit fast ehrfürchtiger Scheu und hoffte gewiß, wie jedes Kind in einer solchen Situation, daß es ihr eines Tages doch noch gelingen werde, sich diese so schwer faßbare Mutter zu eigen zu machen. Aber Julia starb, als Virginia dreizehn Jahre alt war.

Gegen Ende ihres eigenen Lebens begann Virginia, ihre Autobiographie zu schreiben, und spricht darin über Julia: »Bis in meine Vierzigerjahre hinein (…) verfolgte mich die Gegenwart meiner Mutter. Ich konnte ihre Stimme hören, mir vorstellen, was sie tat oder sagte, während ich meinen täglichen Beschäftigungen nachging.«[16] Dann schrieb Virginia Woolf den Roman ›Die Fahrt zum Leuchtturm‹, in dem ihre Eltern als Mr. und Mrs. Ramsay dargestellt sind. »Ich schrieb das Buch sehr schnell, und als es geschrieben war, verfolgte mich meine Mutter nicht mehr. Ich höre ihre Stimme nicht mehr, ich sehe sie nicht. Ich vermute, ich habe für mich selbst getan, was Psychoanalytiker für ihre Patienten tun. Ich gab einer lange und tief gefühlten Empfindung Ausdruck, und indem ich ihr Ausdruck gab, erklärte ich sie und bettete sie dann zur Ruhe.«[17]

Der Roman, in dem Virginia ihre Eltern und ihre eigenen widerstreitenden Gefühle für sie beschreibt, ist eines ihrer besten Werke und ein Akt der Bewältigung, indem er die Vergangenheit in Sprache faßt und sie damit, nach Virginias Verständnis, überhaupt erst ›real‹ macht. Er spielt in St. Ives, einem Fischerdorf in Cornwall, wo die Stephens seit Virginias Geburtsjahr eine Sommervilla, ›Talland House‹, gepachtet hatten, in welchem die Familie jedes Jahr mehrere Monate verbrachte.

St. Ives war das Paradies der Kindheit, an das sich Virginia immer mit Dankbarkeit erinnerte. Die Kinder waren hier von der strikten Disziplin des Londoner Lebens weitgehend befreit. Sie schwammen im Meer, wanderten, fingen Nachtfalter und spielten Kricket in dem großen Garten. Auch hier waren immer etliche Hausgäste anwesend, aber es ging weit weniger formell zu als in Hyde Park Gate. Zwar folgte Julia Stephen auch in St. Ives ihren karitativen Neigungen und half, wenn in den Fischerhütten jemand krank lag, aber sie war ihren Kindern doch näher und zugänglicher als in London, denn hier spielte sich das Leben meist im Freien ab, und sie war da, in Sichtweite. »Ich sehe sie auf der Verandatreppe sitzen und stricken, während wir Kricket spielten.«[18]

Hier in St. Ives erlebte Virginia Augenblicke vollkommenen Glücks und reiner Seligkeit, die sie nie vergaß und den ›Augenblikken des Seins‹, den wenigen ganz und gar wirklichen Momenten ihres Lebens zurechnete. »Die nächste Erinnerung – all diese Farb- und Klangerinnerungen hängen in St. Ives zusammen – war (…) in hohem Maße sinnlich. (…) Mir wird jetzt noch warm davon, als ob alles reif wäre, summend, sonnig, als röche ich all diese Gerüche auf einmal, und alles bildet ein Ganzes, das mich sogar jetzt noch innehalten läßt – wie ich damals innehielt auf meinem Weg zum Strand. Ich blieb oben stehen, um in die Gärten hinunterzuschauen. Sie lagen tiefer als die Straße. Die Äpfel waren auf einer Höhe mit dem Kopf. Aus den Gärten stieg Bienengesumm auf, die Äpfel waren rot und golden; es gab auch rosa Blumen und grau und silberne Blätter. Das Summen, das Singen, der Geruch – alles schien sich wollüstig gegen eine Membran zu pressen, nicht, um sie zu durchstoßen, sondern um einen mit einem solchen Taumel von Freude zu umsummen, daß ich stehenblieb, roch, schaute.«[19] Das Bild, das sie hier verwendet, die Metapher der Defloration, erscheint in diesem Kontext zunächst befremdlich.

Doch gleich darauf wird jenes Bild erklärlich. Virginia berichtet von drei verschiedenen Episoden, deren inneren Zusammenhang sie zwar erkennt, deren Bedeutung ihr jedoch nicht vollkommen zugänglich wird. Und das erstaunt nicht, denn im Gedächtnis der Achtundfünfzigjährigen steigt hier, sehr wahrscheinlich zum ersten Mal, ein bis dahin tief verdrängtes Ereignis wieder auf, das zu den Katastrophen ihres Lebens gehört:

»Im Vorraum von Talland House gab es einen kleinen Spiegel. Er hatte, erinnere ich mich, ein vorspringendes Sims mit einer Kleiderbürste darauf. Wenn ich auf Zehenspitzen stand, konnte ich mein Gesicht im Spiegel sehen. Als ich vielleicht sechs oder sieben war, gewöhnte ich mir an, mein Gesicht im Spiegel zu betrachten. Aber ich tat das nur, wenn ich sicher war, allein zu sein. Ich schämte mich dabei. Ein starkes Schuldgefühl schien unmittelbar damit verbunden zu sein. Doch warum war das so? (...) Jedenfalls hat sich die Spiegelscham mein ganzes Leben lang erhalten (...). Ich kann mir bis heute nicht in der Öffentlichkeit die Nase pudern. Alles was mit Kleidern zu tun hat – Anproben bei der Schneiderin – in einem neuen Kleid einen Raum betreten –, macht mir immer noch angst, macht mich zumindest schüchtern, befangen, verlegen. ›Oh, so in einem neuen Kleid durch den ganzen Garten laufen zu können wie Julian Morell‹ [i. e. die Tochter von Virginias Freundin Ottoline Morell], dachte ich noch vor wenigen Jahren in Garsington, als Julian ein Paket öffnete, ein neues Kleid anzog und immer wieder im Kreis umhersprang wie ein Hase. (...) Ich (...) entdecke noch ein weiteres Element in der Scham, die ich empfand, wenn man mich dabei ertappte, wie ich mich im Spiegel im Vorraum betrachtete. Ich muß mich meines Körpers geschämt, oder mich vor ihm gefürchtet haben. Eine andere Erinnerung, auch an den Vorraum, mag helfen, das zu erklären. Außen neben der Eßzimmertür gab es eine Steinplatte zum Abstellen von Geschirr. Einmal, als ich sehr klein war, hob Gerald Duckworth mich da hinauf, und als ich dort saß, begann er, meinen Körper zu erforschen. Ich kann mich daran erinnern, wie es sich anfühlte, als seine Hand sich unter meine Kleider schob, sich entschlossen und stetig tiefer und tiefer schob. Ich erinnere mich, wie ich hoffte, daß er aufhören würde, wie ich mich steif machte und mich wand, als seine Hand sich meinen Geschlechtsteilen näherte. Aber er hörte nicht auf. Seine Hand erforschte auch meine Geschlechtsteile. Ich erinnere mich, daß ich Groll empfand, Widerwillen – was ist das Wort für ein so stummes und wirres Gefühl? Es muß stark gewesen sein, da es mir noch im Gedächtnis ist. (...) Ich möchte einen Traum hinzufügen, denn er hat vielleicht eine Beziehung zu dem Vorfall mit dem Spiegel. Ich träumte, ich sähe in den Spiegel, als ein grauenhaftes Gesicht – das Gesicht eines Tieres – sich plötzlich über meiner Schulter zeigte. Ich bin nicht sicher, ob das ein Traum war, oder ob es wirklich geschah. Sah ich eines Tages in den Spiegel, als sich im Hintergrund etwas bewegte und mir lebendig schien? Ich bin nicht sicher. Aber das andere Gesicht ist mir immer in Erinnerung geblieben, und daß es mich erschreckte.«[20]

Virginia war höchstens sechs Jahre alt, als ihr das widerfuhr. Man muß sich die gesamte Situation vergegenwärtigen, um annähernd zu begreifen, was da stattfindet: All das geschieht inmitten einer hochkultivierten, über jeden moralischen Verdacht erhabenen Familie. Gerald, der jüngere der Duckworth-Stiefbrüder, ist ein junger Mann von achtzehn Jahren, ein ›großer Bruder‹, in den die kleinen Kinder Vertrauen setzen, der naturgemäß die Rolle des Beschützers hat und seine Schulferien mit den anderen in Talland House verbringt.

Er findet die niedliche kleine Schwester in der Eingangshalle vor, die der vielbenutzte Durchgangsraum für alle Zimmer ist und von der aus die Treppe in die oberen Stockwerke führt. Gerald scheint jedoch sicher zu sein, oder sich vergewissert zu haben, daß er von niemandem überrascht werden wird. Er nimmt das Kind, hebt es auf das Sims, in eine für ihn bequeme Höhe, und betastet es, Auge in Auge mit ihm. Obwohl Virginia versucht, sich zu entziehen, und er an ihrem Gesicht ablesen kann, was in ihr vorgeht, läßt er nicht von ihr ab und ›erforscht‹ auch ihre Geschlechtsteile. Er traktiert sie wie ein Ding, wie eine Puppe.

Und Virginia erstarrt. Sie kann nichts tun. Sie kann nicht schreien, sie kann sich nicht zur Wehr setzen. Sie empfindet Groll, Widerwillen – und Scham. Als wäre sie es, die etwas Beschämendes tut, und nicht Gerald.

Die sexuelle Belästigung, der Mißbrauch von Mädchen durch ihre Väter, Brüder oder andere männliche Verwandte, war bis vor wenigen Jahren ein absolutes gesellschaftliches Tabu, »das bestgehütete Geheimnis«,[21] das selbst von den betroffenen Kindern auch heute noch so streng gewahrt wird, wie Virginia es wahrte. Aber in den wenigen inzwischen zugänglichen Schilderungen beschreiben alle mißbrauchten Mädchen dieselben Gefühle, die Virginia 1888 empfand: Groll, Widerwillen, Ohnmacht, Scham, Entwürdigung – und Schuld. Weil ihnen etwas geschehen ist, von dem sie wissen, daß es nicht geschehen durfte und nach allem, was man sie über die Funktionen ihrer Väter, Brüder, Großväter und Onkel gelehrt hat, auch gar nicht geschehen konnte. Denn diese waren ja in der Familie deswegen bestimmend, weil sie deren schwächere Mitglieder, also die Frauen und Mädchen, mit ihrer Kraft und Macht gegen jede Unbill zu schützen versprachen.

Die kleinen Mädchen sind mit ihrem Erlebnis folglich völlig allein. Wohin sollen sie sich wenden? Es ist bekannt, daß Mädchen, die versuchen, ihren Müttern zu erzählen, was geschehen ist, oft der Lüge und der schmutzigen Phantasie bezichtigt werden. Die Mütter beschuldigen sie, erotische Signale ausgesandt zu haben, denn ein ›wirklich unschuldiges Kind‹ kann gar nichts ausstrahlen, was von Männern als ›Aufforderung‹ verstanden werden könnte.

Und genau so gerät Virginia in das Verhängnis, dem sie nicht entrinnen kann: Auch sie weiß – denn natürlich hat sie wie jedes Kind sexuelle Gefühle und kennt Erregungen –, daß Gerald mit ihr Sexuelles tut und damit Verbotenes. Wie kann sie zu ihrer Mutter gehen und ihr erzählen, was vorgefallen ist? Sie hat (in einem Haus, das von Sprache lebt!) keine Sprache erhalten, in der sie es ausdrücken könnte. Sie würde, wenn sie es dennoch versuchte, offenbaren, daß sie Geralds Handlungen als sexuelle Handlungen erkannt hat, und sie würde ihn, den geliebten Sohn ihrer Mutter, einer ungeheuerlichen Tat beschuldigen, die für die so vielbeschworene Harmonie der Familie zerstörerische Konsequenzen hätte. Und damit ist Virginia, wie alle Inzestopfer, in eine quälende, widerwärtige und unauflösliche Komplizenschaft mit dem Aggressor gedrängt.

Es bleibt ihr nur übrig, das Geschehene zu verdrängen, sich selbst einzureden, daß ›in Wirklichkeit‹ nicht gewesen ist, was nicht sein durfte. Und das heißt, sie ist um des Überlebens willen gezwungen, die Realität zu leugnen, ihre Gefühle zu leugnen, ihren Körper zu leugnen, mitsamt seiner Sexualität. Dieser ihr enteignete Körper ist schmutzig; sie muß sich von ihm trennen, ihr ›wahres Selbst‹ von diesem Körper ablösen.

Florence Rushs Äußerungen über die Folgen sexuellen Kindesmißbrauchs seien hierhergesetzt, weil sie genau das beschreiben, was sich auch in Virginia Woolfs späterem Leben manifestiert: »... das Geheimnis wird tiefer und tiefer verborgen, es bleibt die Scham, das Schuldgefühl, das im späteren Leben explodieren wird. Die Lebensfähigkeit dieser Mädchen ist furchtbar beeinträchtigt. (...) Das Mädchen hat keinen Kontakt mehr zu ihren Gefühlen, sie meint, die seien nicht so wichtig und irreführend, sie sollten anders sein als sie sind. (...) Das Kind wird versuchen, sich seine Wahrnehmungen auszureden. Dieses Kind ist dann in einem ständigen Kampf mit sich selbst, es kann sich nicht gänzlich ausdrücken, es verliert den Sinn für Freiheit und Spontaneität, es beobachtet sich ständig, fürchtet das Versagen und kann auch leicht zum Versager werden.«[22]

Virginia versucht heimlich, sich mit Hilfe des Spiegels zu vergewissern, daß sie noch da ist, doch sie schämt sich dabei, sie fürchtet sich und hat Schuldgefühle. Es ist der innere Vorwurf: »Du kannst dir doch selbst nicht mehr in die Augen sehen, nach dem, was geschehen ist!« Und die Tierfratze, die sie über ihrer Schulter erscheinen sieht, ist das Konglomerat all dieses Elends – es ist das Gesicht der verpönten, ›animalischen‹ Lust, es ist der ›Kinderschreck‹ in seiner wahren Gestalt, und es ist das Gesicht des Bruders, das sie vor sich sah, als er sich an ihr, dem erstarrten, verstummten Kind erregte, das da exponiert und bloßgestellt auf jenem Sims stand.

Nach einem solchen Erlebnis ist die Welt aus den Fugen. Überall lauert Bedrohung. Nichts ist mehr unbezweifelbar wirklich, nichts mehr gewiß – außer einem unüberwindlichen Gefühl der Ohnmacht, des Identitätsverlusts und der Körperlosigkeit. Virginia erzählt in verschiedenen Episoden, die sie alle jenen richtungweisenden ›Augenblicken des Seins‹ zurechnet, davon: »Ich kämpfte mit Thoby auf dem Rasen. Wir schlugen mit Fäusten aufeinander ein. Gerade als ich die Faust hob, um ihn zu schlagen, fühlte ich:

Warum einem anderen Menschen weh tun? Ich ließ meine Hand sofort herabsinken und ließ ihn mich schlagen. Ich erinnere mich an das Gefühl. Es war ein Gefühl hoffnungsloser Traurigkeit. Es war, als würde mir etwas Schreckliches bewußt, und meine eigene Ohnmacht. Ich schlich mich alleine davon und fühlte mich entsetzlich deprimiert.«[23] »Da war der Augenblick der Pfütze auf dem Weg, als, ohne daß ich einen Grund dafür entdecken konnte, alles plötzlich unwirklich wurde; ich hing in der Schwebe, ich konnte nicht über die Pfütze hinwegsteigen; ich versuchte, irgend etwas zu berühren... die ganze Welt wurde unwirklich. Dann der andere Augenblick, als der schwachsinnige Junge aufsprang, mit ausgestreckten Händen, miauend, schlitzäugig, mit rotgeränderten Augen; und ohne ein Wort zu sagen, mit einem Gefühl des Grauens in mir, schüttete ich eine Tüte russische Toffees in seine Hand. Aber es war nicht vorbei, denn an jenem Abend im Bad überkam mich das stumme Grauen. Wieder hatte ich diese hoffnungslose Traurigkeit, den Zusammenbruch (...) – als wäre ich wehrlos dem Schlag eines Holzhammers ausgeliefert, einer ganzen Bedeutungslawine ausgesetzt, die sich angehäuft hatte und sich nun über mich ergoß, die ich ungeschützt war, nichts hatte, um sie abzuwehren, so daß ich mich an meinem Ende der Badewanne zusammenkauerte, bewegungslos. Ich konnte es nicht erklären; ich sagte nicht einmal zu Nessa etwas, die sich am anderen Ende der Wanne abseifte.«[24]

Virginia Woolf analysiert in ihren Erinnerungen, wie sie mit solchen Schockerlebnissen umgeht, und erläutert dabei vieles von dem, was sie zur Schriftstellerin macht. Aber aus ihren Sätzen wird noch etwas anderes ganz deutlich: Das Schreiben ist für sie der immerwährende Versuch der Selbstheilung, der Wiederherstellung des dissoziierten Selbst. Das Wort gewinnt die Oberhand über den Schrecken. Der Text tritt an die Stelle des ihr enteigneten Körpers, über den sie keine Gewalt hat; das Buch stellt sie dar. Sie schreibt um ihr Leben:

»Ich weiß nur, daß viele dieser außergewöhnlichen Momente ein seltsames Grauen mit sich brachten und einen körperlichen Kollaps; sie schienen beherrschend, ich passiv. Daraus kann man schließen, daß man mit zunehmendem Alter eine größere Fähigkeit hat, mit Hilfe des Verstandes eine Erklärung bereitzustellen, und daß diese Erklärung die Holzhammerwucht des Schlages abschwächt. Ich glaube, das ist wahr, denn obwohl ich noch immer die Eigenart habe, diese plötzlichen Schocks zu empfangen, sind sie mir jetzt immer willkommen; nach der ersten Bestürzung empfinde ich immer sofort, daß sie besonders wertvoll sind. Und ich bin weiterhin der Ansicht, daß es diese Fähigkeit ist, Schocks zu empfangen, die mich zur Schriftstellerin macht. Ich wage die Deutung, daß ein Schock in meinem Fall augenblicklich von dem Wunsch gefolgt ist, ihn zu erklären. Ich fühle, daß ich einen Schlag erhalten habe, aber es ist nicht, wie ich als Kind dachte, einfach ein Schlag von einem Feind, der sich hinter der Watte des alltäglichen Lebens verbirgt; es ist, oder wird, eine Offenbarung irgendeiner Art; es ist der Beweis für etwas Wirkliches hinter den Erscheinungen; und ich mache es wirklich, indem ich es in Worte fasse. Nur dadurch, daß ich es in Worte fasse, mache ich es ganz; diese Ganzheit bedeutet, daß es seine Macht verloren hat, mich zu verletzen; es bereitet mir – vielleicht, weil ich den Schmerz eliminiere, indem ich das tue – großes Entzücken, die getrennten Teile zusammenzufügen. Vielleicht ist das die größte Freude, die ich kenne.«[25]

Das Schreiben, die Arbeit, war lebenslang ihr einziges und nahezu suchtartig angewendetes Heilmittel. Und manchmal wurde ihr sogar fast bewußt, wozu sie es einsetzte: »Nebenbei frage ich mich, ob nicht auch ich offenkundig mit Autobiographie Handel treibe & sie Fiktion nenne.«[26] »Sobald ich nicht arbeite, oder das Ende in Sicht ist, beginnt das Nichts.«[27] Und es ist faszinierend zu sehen, wie und um wieviel expliziter ihre traumatischen Kinderszenen in ihren Romanen wieder auftauchen, weil sie sie hier als erdichtete Erlebnisse erdichteter Charaktere darstellen kann: »Und in der Mitte lag auch, leichenhaft, furchtbar, die graue Pfütze im Hof, als ich, einen Umschlag in der Hand, eine Nachricht überbrachte. Ich kam zu der Pfütze. Ich konnte nicht hinüber. Meine Identität verließ mich. Wir sind nichts, sagte ich, und fiel. Ich wurde weggeblasen wie eine Feder, ich wurde in Tunnel hinabgeweht. Dann schob ich, sehr zaghaft, meinen Fuß hinüber. Ich lehnte mich mit der Hand an eine Ziegelmauer. Ich kehrte sehr schmerzhaft zurück, zog mich wieder in meinen Körper hinein, über die graue, leichenhafte Leere der Pfütze hinweg. Das also ist das Leben, an das ich gebunden bin.«[28] Diese Pfütze ist mit dem beängstigenden Spiegel identisch: »Deswegen hasse ich Spiegel, die mir mein wahres Gesicht zeigen. Wenn ich allein bin, falle ich oft ins Nichts hinab. Ich muß meinen Fuß verstohlen voranschieben, damit ich nicht über den Rand der Welt ins Nichts falle. Ich muß meine Hand gegen eine harte Tür schlagen, um mich in meinen Körper zurückzurufen.«[29]

Virginia begann sehr früh mit dem Schreiben – ihrer Methode, sich das Leben faßbar zu machen, die Wirklichkeit der Worte an die Stelle ihres Selbst zu setzen. Es waren zunächst spielerische Versuche – kurze Geschichten und eine kleine Hauszeitung, die sie zwischen ihrem neunten und dreizehnten Jahr wöchentlich verfaßte. Von Beginn an zeigte Virginia eine hochgespannte Empfänglichkeit für Reaktionen auf ihre Arbeit, und natürlich bedeutete ihr das Urteil der Mutter alles. »Nichts konnte einen so stolz machen, als wenn man etwas gesagt hatte, was sie amüsierte oder das sie für sehr bemerkenswert hielt. Wie aufgeregt war ich immer, wenn ihr am Montagmorgen die ›Hyde Park Gate News‹ auf den Teller gelegt wurde und ihr etwas gefiel, das ich geschrieben hatte! Niemals werde ich meine grenzenlose Freude vergessen – es war, als wäre man eine Geige und jemand spielte darauf –, als ich herausfand, daß sie eine meiner Geschichten an Madge Symonds geschickt hatte; sie sei so phantasievoll, sagte sie. Sie handelte von Seelen, die umherflogen und sich Körper aussuchten, um in sie hineingeboren zu werden.«[30] – Julia Stephen ahnte wohl kaum, daß auch ihre Tochter sich einen anderen, einen unbeschädigten Körper wünschte, in dem ihre Seele wohnen konnte.

Und doch war Julia die einzige, die in dieser Familie Glück bedeutete, die man liebte, so sehr sie sich auch entzog, die das ›Schutzschild des Lebens‹ über sie alle hielt. Aber Julia Stephen war von ihrer endlosen und rastlosen Arbeit schließlich so ausgelaugt und erschöpft, daß sie, nur neunundvierzig Jahre alt, an den Nachwirkungen einer Grippe starb.

Für die dreizehnjährige Virginia war dieser Tod am 5. Mai 1895 eine Tragödie. Sie stand eben am Beginn der Pubertät und hätte ihre Mutter nötiger gebraucht denn je. Sie wußte, daß ihr nun auch die letzte Sicherheit genommen war. Und natürlich stürzte sie dieser Tod in ungeheure seelische Konflikte, denn dieses letzte, unwiderrufliche Sichentziehen der Mutter löste in Virginia nicht nur Schmerz aus, sondern auch Wut und Haß.

Dieses Chaos widerstreitender Empfindungen war nicht zu ertragen, und Virginia griff zu einem Mittel, dessen Wirksamkeit sie sicher schon beim Versuch der Bewältigung ihrer Kindheitsschrekken erfahren hatte, das aber von nun an ihr ganzes psychisches Leben verhängnisvoll bestimmen sollte: sie hörte auf, zu fühlen.

»Am Morgen, als sie starb, lehnte ich mich aus dem Kinderzimmerfenster. Es war ungefähr sechs Uhr, glaube ich. Ich sah Dr. Seton mit gesenktem Kopf die Straße hinaufgehen, die Hände hinter dem Rücken verschränkt. Ich sah die Tauben gleiten und sich niederlassen. Ein Gefühl von Ruhe, Traurigkeit und Endgültigkeit überkam mich. Es war ein schöner blauer Frühlingsmorgen, und das läßt das Gefühl wiederkehren, daß alles zu Ende war.«[31]

»George brachte uns nach unten, um ihr Adieu zu sagen. Mein Vater taumelte aus dem Schlafzimmer, als wir kamen. Ich streckte meine Arme aus, um ihn aufzuhalten, aber er stürzte an mir vorbei und schrie etwas, das ich nicht verstand, verstört. (...) Ich erinnere mich sehr deutlich, wie ich, sogar während ich an das Bett geführt wurde, bemerkte, daß eine der Pflegerinnen schluchzte, und mich überkam das Bedürfnis zu lachen, und ich sagte zu mir selbst, wie ich es seither in Augenblicken der Krise oft getan habe: ›Ich fühle überhaupt nichts.‹ Dann beugte ich mich hinunter und küßte das Gesicht meiner Mutter. Es war noch warm.«[32]

Mit Julias Tod begann für die Kinder eine schlimme Zeit. Der Vater, dem sie insgeheim und sehr zu Recht vorwarfen, daß er mit seinen grenzenlosen Ansprüchen und seiner Blindheit für ihren gesundheitlichen Zustand Julias Tod mitverschuldet habe, teilte seine Trauer nicht mit ihnen, sondern okkupierte sie ganz für sich allein. Bei Tisch saß er stöhnend da, brach schließlich weinend zusammen und schrie, daß er sterben wolle, während die Kinder wie gelähmt und in unbehaglichem Schweigen verharrten. Leslie Stephen gab Vorstellungen von seiner Trauer, die eines Schmierenkomödianten würdig gewesen wären, und sie verachteten ihn heimlich dafür.

»Die Tragödie ihres Todes war nicht, daß er einen – hin und wieder und sehr tief – unglücklich machte. Er machte sie unwirklich; und uns feierlich und befangen. Wir mußten Rollen spielen, die wir nicht empfanden, und nach Worten suchen, die uns unbekannt waren. (...) Es machte einen heuchlerisch und verlegen und verstrickte einen in die Konventionen des Kummers.«[33]

Jetzt, wo alles zu Ende war, muß Virginia nicht nur ihre Mutter unwirklich erschienen sein, sondern das gesamte frühere Familienleben muß sich ihr als ein brüchiges, illusionäres Glück dargestellt haben. Einzig die Halbschwester Stella, sechsundzwanzig Jahre alt, brachte ein wenig Licht in dieses dumpfe, stickige Trauerhaus. Sie übernahm, was Leslie ganz selbstverständlich fand, Julias sämtliche Hausfrauenpflichten und vertrat Mutterstelle an den jüngeren Geschwistern. Trotzdem erlitt Virginia in dem Sommer, der auf den Tod der Mutter folgte, ihren ersten Zusammenbruch. Sie hörte Stimmen, hatte schreckliche Kopfschmerzen, »ihr Puls raste – er raste so schnell, daß es fast nicht auszuhalten war. Sie wurde quälend erregbar und nervös, und dann unerträglich deprimiert. Sie bekam schreckliche Angst vor Menschen, wurde dunkelrot, wenn man sie ansprach, und war außerstande, auf der Straße einem Fremden ins Gesicht zu sehen.«[34] Der Hausarzt verbot jeglichen Unterricht und verordnete viel Bewegung an frischer Luft. Stella ging jeden Tag vier Stunden mit Virginia aus und beruhigte und streichelte sie, wenn die furchtbare Unruhe sie überkam. »Sie las fieberhaft und ständig. Sie durchlief eine Periode morbider Selbstkritik, klagte sich an, eitel und egoistisch zu sein, verglich sich zu ihrem Nachteil mit Vanessa, und war gleichzeitig ungeheuer gereizt.«[35]

Virginias Zustand, der lange anhielt, mag neben anderem, über das noch zu sprechen sein wird, durch eine verwirrende Wahrnehmung bedingt gewesen sein, die sie sich selbst kaum einzugestehen wagte: Nach dem Tod Julias hegte der Vater seiner ihr so ähnlich sehenden Stieftochter gegenüber konfuse, ihm selbst kaum bewußte, aber offenkundig nicht ausschließlich väterliche Gefühle, und Virginia verübelte das ungerechterweise nicht ihm, sondern ihrer armen Halbschwester.[36]

Im Sommer 1896 verlobte sich Stella mit Jack Hills – sehr zum Unwillen von Leslie Stephen, der sich beraubt fühlte. Virginia erlebte die Verlobungszeit von Stella und Jack leidenschaftlich mit. »... durch diese Verlobung hatte ich meine erste Vision – so heftig, so aufregend, so hinreißend war es, daß das Wort Vision zutrifft –, meine erste Vision also von der Liebe zwischen Mann und Frau. Sie war für mich wie ein Rubin (...) glühend, rot, durchscheinend, intensiv: (...) Diese Farbe, diese Glut waren in Stellas ganzem Körper. (...) ... die Ekstase, die ich empfand, in meinem Versteck hinter den Falttüren im Salon von Hyde Park Gate. Ich saß da, verborgen, halb verrückt vor Schüchternheit und Nervosität, las Fanny Burneys Tagebuch, und fühlte, wie in Abständen Wellen starker Erregungen über mich kamen – Wut manchmal; wie oft war ich damals wütend auf Vater! –, Liebe, oder auch ihre Widerspiegelung.«[37]

Das sind höchst sinnliche Wahrnehmungen. Diese Liebe eines

jungen Paares, welche Virginia da mit ansah, mitempfand, hätte ihr sicher gutgetan, ihr die Möglichkeit gegeben, sich mit Stella zu identifizieren, Sensualität und Sexualität nicht mehr ausschließlich als etwas Erschreckendes zu erfahren. Aber es sollte nicht sein.

Stellas Hochzeit fand, nach einer von Leslie Stephen erzwungenen unsinnig langen Wartezeit, im April 1897 endlich statt. Von der Hochzeitsreise kehrte Stella krank zurück. Sie schien sich wieder zu erholen; man stellte fest, daß sie schwanger war. Dann erlitt sie einen Rückfall und starb am 27. Juli 1897.

»Welcher Art Stellas Erkrankung war, blieb ungewiß; zunächst sprach man von einer ›gastrischen Erkältung‹ und diagnostizierte dann Bauchfellentzündung. Man nannte auch ›Blinddarmentzündung‹, aber eine von Stellas Pflegerinnen glaubte, daß man diese Bezeichnung nur gebraucht hätte, um die wahre Natur von Stellas Krankheit zu verhehlen. 1942 (...) gab Violet Dickinson die Interpretation (...) der Pflegerin an Vanessa Bell weiter und berichtete ihr, Stella sei von Jack während der Flitterwochen verletzt worden. (...) Stella habe irgendeine innere Mißbildung gehabt, die den Geschlechtsverkehr schwierig machte. (...) Zumindest, betonte Violet, sei Jack ein ›ermüdender Liebhaber‹ gewesen.«[38]

Virginia wußte davon nichts. Aber sie hatte in Stellas letzten Lebensmonaten innigen Kontakt mit ihr, war häufig in ihrem Haus, und es scheint durchaus möglich, daß sich ihr atmosphärisch mitteilte, was vorging, wenn die Ärzte und Pflegerinnen immer wieder ratlos und in verlegenem Schweigen aus dem Krankenzimmer traten.

Mit Stellas Tod endete jede Hoffnung auf Glück oder Geborgenheit. Virginia schrieb später, ihre chronische psychische Anfälligkeit habe mit jenem Sommer 1897 ihren Anfang genommen. »Der Tod ihrer Mutter, sagte sie, sei ein latenter, nicht gänzlich empfundener Schmerz gewesen. Doch Stellas Tod zwei Jahre darauf ›traf auf eine gänzlich andere Materie – auf dieses ganze außergewöhnliche, ungeschützte, ungeformte, ungepanzerte und doch wahrnehmende, erwartungsvolle Gebilde‹ eines erwachenden Bewußtseins. Es muß in Virginia eine seltsame Distanziertheit gegeben haben, als Julia starb. Aber 1897 (...) wurden ihre Empfindungen hervor›gezwungen‹: ›Ich weiß noch, wie ich zu mir selbst sagte – dieses Unmögliche ist geschehen: – als wäre es ... gegen das Gesetz, furchtbar, ein Verrat, ein Betrug – die Tatsache des Todes. Der Schlag, der zweite Schlag des Todes traf mich, als ich zitternd, verfaltet, mit noch verklebten Flügeln auf der zerbrochenen Larvenhülle saß.‹«[39]

In der folgenden Zeit schloß sich Virginia noch enger als zuvor an ihre Schwester Vanessa an, die in dieser Situation der einzige Halt war, eine eher wortkarge, zurückhaltende, aber sehr entschiedene junge Frau von achtzehn Jahren. »Nessa predigt, daß unsere Bestimmung in uns selbst liegt«, schreibt Virginia in ihrem frühen Tagebuch und beschließt, sich diese Haltung zu eigen zu machen. Sie in die Tat umzusetzen war allerdings alles andere als leicht, denn das Leben im väterlichen Haus stand ihr völlig entgegen.

Vanessa war nach Stellas Tod als nun ältestes weibliches Familienmitglied für den gewohnten Ablauf des Alltags verantwortlich, und Leslie Stephen machte ihr das Leben ebenso zur Hölle wie ihren Vorgängerinnen. »Über der ganzen Woche (...) lag brütend der Schrecken des Mittwoch. An jenem Tag wurden ihm die wöchentlichen Abrechnungen gezeigt. Wenn sie über elf Pfund lagen, war der Lunch eine Tortur. Die Bücher wurden vorgelegt. Schweigen. Er setzte seine Brille auf. Er hatte die Zahlen gelesen. Seine Faust krachte auf das Haushaltsbuch. Er brüllte. Seine Stirnader schwoll an. Sein Gesicht rötete sich. Dann schrie er: ›Ich bin ruiniert.‹ Dann schlug er sich an die Brust. (...) Vanessa stand vollkommen stumm neben ihm. (...) Mit einem tiefen Stöhnen nahm er die Feder und schrieb mit ostentativ zitternder Hand den Scheck aus. Der wurde Vanessa dann müde hingeworfen. Langsam und unter Stöhnen wurden Feder und Kontobuch versorgt. Dann sank er in seinem Stuhl nach hinten und saß mit auf die Brust gesenktem Kopf da. Und dann schließlich (...) blickte er auf und sagte halb klagend: ›Und was machst du heute nachmittag, Ginny?‹ Niemals habe ich solche Wut und solche Ohnmacht empfunden. Denn kein Wort von dem, was ich fühlte, durfte geäußert werden.«[40] Solche Szenen blieben jedoch ausschließlich den Frauen in seinem Hauswesen vorbehalten. Kein Mann, der Leslie Stephen kannte, hätte seinen Töchtern geglaubt, wenn sie davon erzählt hätten, denn seinen Geschlechtsgenossen gegenüber verhielt er sich stets rational, verhalten und zivilisiert.

Das Leben in Hyde Park Gate ging weiterhin seinen streng geregelten Gang. Um acht Uhr dreißig frühstückte man gemeinsam, dann zog sich der Vater in sein Arbeitszimmer zurück. Vanessa, die künftige Malerin, gab der Köchin die nötigen Anweisungen für den Tag, bevor sie in die Kunstakademie radelte. Die Stiefbrüder verließen das Haus, um ihren Beschäftigungen nachzugehen. Adrian ging zur Schule, Thoby studierte in Cambridge, und Virginia begab sich auf ihr Zimmer, um dort von zehn bis ein Uhr zu arbeiten. Sie lernte aus eigenem Antrieb Latein und Griechisch und erhielt zweimal in der Woche Unterricht von Janet Case. Mittags folgte der Lunch und danach oft ein Spaziergang mit dem Vater.

»Ungefähr von 4 Uhr 30 an übte die viktorianische Gesellschaft ihren Druck aus. Dann mußten wir ›zu Hause‹ sein. Denn um 5 mußte Vater seinen Tee bekommen. Und wir mußten besser angezogen und ordentlicher sein«,[41] denn es kamen immer viele Gäste. Vanessa und Virginia, die abwechselnd die ›Dame des Hauses‹ darzustellen hatten, lernten hier ihre ›Teetischmanieren‹, die darin bestanden, zu allen Anwesenden liebenswürdig und aufmerksam zu sein, darauf zu achten, daß der inzwischen fast völlig ertaubte Vater vermittels seines Hörrohrs dennoch in die Konversation einbezogen wurde, und seine vernehmlichen Mißfallenskundgebungen über den einen oder anderen Gast mit Charme und Geschick zu überspielen. »Solange Tageslicht herrschte, (...) war da die Kunstschule für Nessa, mein Liddell und Scott und die griechischen Chöre für mich. Aber am Abend setzte sich die Gesellschaft durch. Um 7 Uhr 30 gingen wir nach oben, um uns umzukleiden. Wie kalt oder nebelig es auch sein mochte, wir schlüpften aus unseren Tageskleidern und standen fröstelnd vor Waschschüsseln. Hals und Arme mußten geschrubbt werden, denn wir hatten um 8 Uhr im Salon zu erscheinen, Arme und Hals unbedeckt. Kleidung und Frisur wurden weit wichtiger als Bilder und Griechisch.«[42]

Besonders George Duckworth, der ältere Halbbruder, jetzt ein junger Mann Anfang Dreißig, ließ sich die äußere Erscheinung seiner Schwestern angelegen sein. – George war ihnen schon vor dem Tod der Mutter ein musterhafter Bruder gewesen, der sie zu Vergnügungen ausführte, ihnen vorlas, wenn sie krank waren, ihnen Geschenke machte und ihnen mit nimmermüder Geduld das Kricketspielen beibrachte. Jetzt trat er praktisch in die Funktion des Familienoberhaupts ein, der sich Leslie Stephen mehr und mehr entzog.

George war sehr darauf bedacht, eine gesellschaftliche Karriere zu machen, und seine schönen Schwestern sollten ihm darin nacheifern. Verwandte und Freunde bestärkten ihn in allen seinen

Vorhaben. »Man sagte gewöhnlich, daß er Vater und Mutter, Schwester und Bruder in einem sei – und alle die alten Damen von Kensington und Mayfair fügten unisono hinzu, daß der Himmel die armen Stephen-Mädchen über alle Maßen gesegnet habe, und es nun an ihnen sei, sich solcher Liebe würdig zu erweisen.«[43]

George also nahm es auf sich, seine Schwestern in die Gesellschaft einzuführen – zunächst Vanessa, mit der er jedoch bald unzufrieden war, weil die Abende in den Häusern des Großbürgertums und Adels sie langweilten und sie sich seinen Plänen widersetzte. »›Aber wenn ich Feste doch hasse, warum sollte ich hingehen?‹ Darauf legte er sein Gesicht in mitleiderregende Falten. ›Du bist zu jung, um eine eigene Meinung zu haben. Außerdem liebe ich dich. Ich hasse es, allein zu gehen. Ich muß dich bei mir haben.‹ An dieser Stelle riß er Vanessa gewöhnlich in seine Arme. Pflicht und Gefühl waren ununterscheidbar miteinander verquickt. Und die Geister von Stella und Mutter beherrschten diese Szenen.«[44]

Schließlich jedoch weigerte sich Vanessa standhaft, George weiterhin zu begleiten, und so wandte er sich Virginia zu, die nun mehrmals wöchentlich mit ihm zu festlichen Diners oder Bällen zu gehen hatte. Damit wurde die Frage ihres Aussehens, ihrer Kleidung immens wichtig. George kontrollierte sie, selbst wenn sie sich nur zum häuslichen Abendessen umgezogen hatte, mit unerbittlicher Strenge.

Einmal hatte sie – ihr Kleiderbudget reichte nicht sehr weit – einen billigen grünen Möbelstoff gekauft und sich daraus von der Hausschneiderin ein Kleid machen lassen. »Ich kam also herunter, in meinem grünen Abendkleid; alle Lampen brannten im Salon, und da saß George, mit schwarzer Krawatte, im Abendanzug, in einem Sessel neben dem Kamin. Er heftete diesen außerordentlich wachsamen Blick auf mich, mit dem er Kleider immer inspizierte. Er betrachtete mich von oben bis unten, als wäre ich ein Pferd, das man in den Führring bringt. Dann nahm er diesen mürrischen Ausdruck an, einen Ausdruck, in dem man nicht nur ästhetisches Mißfallen wahrnahm, sondern etwas Tiefergehendes. Er witterte eine moralische und gesellschaftliche Rebellion, eine Mißachtung gesellschaftlicher Standards. Ich wurde nach weit mehr Gesichtspunkten verurteilt, als ich analysieren kann – während ich da stand, im Bewußtsein dieser Kritik, und im Bewußtsein von Furcht, Scham und Verzweiflung. ›Geh und zerreiß es‹, sagte er schließlich mit jener merkwürdig schnarrenden, grämlichen Stimme, die sein tiefes Mißfallen über dieses Vergehen gegen einen Kodex ausdrückte, der ihm mehr bedeutete, als er zugeben mochte.«[45]

George handelte nicht einmal bewußt grausam. Er war von den Konventionen der Gesellschaft so durchdrungen, von ihrer absoluten Gültigkeit so überzeugt, daß er sein Bestes zu tun meinte, als er Virginia unter ihr Diktat stellte. Er selbst war ein absolut vollkommenes Mitglied dieser spätviktorianischen Gesellschaft, die ihn deshalb stets mit offenen Armen empfing: Er war Absolvent von Eton, war wohlhabend, immer von makelloser Erscheinung und Manieren, großgewachsen und galt allgemein als sehr gutaussehend, obwohl er, wie Virginia schrieb, ›zum Fettansatz neigte, ein spitzes und ein rundes Ohr und kleine Schweinsaugen hatte‹. Zudem war er ›abnorm dumm‹, aber das schadete ihm innerhalb dieser Kaste keineswegs, denn seine Erziehung hatte ihn so modellhaft geformt, daß er niemals und nirgendwo auf Ablehnung stieß. Und er wäre ebensowenig wie irgendein anderes Mitglied dieser Gesellschaftsschicht jemals darauf gekommen, in seinen Schwestern Individuen zu sehen. – Sie waren Frauen, und das hieß, sie waren dazu bestimmt, möglichst vorteilhafte Ehen zu schließen. Nichts anderes konnte daher, nach Georges tiefer Überzeugung, auch ihr eigener Wunsch sein. Nur deshalb bestand er so rigoros darauf, daß sie das Beste aus sich machten und damit ihre Heiratschancen erhöhten.

Virginia konnte sich nicht wehren, denn neben seinem Alter und seiner unantastbaren Autorität innerhalb der Familie gab es noch etwas an George, das es unmöglich machte, sich seinen Wünschen zu entziehen oder sich mit ihm auseinanderzusetzen – seine überwältigenden Gefühlsausbrüche. »... wenn man ihn bedrängte, riß er einen in seine Arme und rief aus, daß er sich weigere, mit denen zu streiten, die er liebte. ›Küsse mich, küsse mich, du geliebtes Wesen‹, schrie er dann, und der Streit wurde in Küssen ertränkt. Er lebte im dicksten emotionalen Dunst.«[46]

Es war nicht zu ändern. Und so ging Virginia, sehr groß und schmal und entsetzlich befangen in ihrem weißen Kleid, mit George. Sie wußte sich nicht zu bewegen, sie sagte meist das Falsche, sie tanzte schlecht. »Ich erinnere mich an die Demütigung, an der Wand zu stehen und nicht aufgefordert zu werden.«[47] Manchmal mußte sie mit George bis zu drei verschiedene Gesellschaften besuchen und war danach, in der Kutsche, seiner Manöverkritik ausgesetzt: »Du hast hübsch ausgesehen.« »Du hast sehr unscheinbar ausgesehen.« »Du mußt wirklich lernen, dich gut zu frisieren.« »Versuche doch bitte, beim Tanzen nicht so gelangweilt auszusehen.« »Du hast eine Eroberung gemacht.« »Heute hast du völlig versagt.«[48]

Eine Tortur, der Virginia da unterworfen wurde. Und das alles einer Gesellschaftsschicht zuliebe, deren Hohlheit und mangelnde Intelligenz sie ebenso durchschaute wie die doppelte Moral, in der all diese feinen, makellosen Menschen lebten. – Eines Abends nahm George sie mit zur Gräfin Carnarvon und ihrer Schwester, die er ihr einfühlend als zwei höchst vornehme und tieftrauernde Witwen beschrieb, und die sich dann als zwei ziemlich gewöhnlich wirkende ältere Frauen erwiesen. Die Achtzehnjährige stürzte sich bei Tisch mit dem Mut der Verzweiflung in einen flammenden Vortrag über Platos Dialoge. – Es war das falsche Thema, und auf Georges Zügen malte sich Entsetzen. »Und dann sah ich, wie er sich mit Lady Carnarvon in der Halle hinter eine Säule zurückzog, als wollte er sich für meine schlechte Erziehung entschuldigen, und obwohl Mrs. Popham versuchte, meine Aufmerksamkeit auf eine schöne maurische Metallarbeit zu lenken, die an der Wand hing, hörten wir doch beide ganz deutlich, wie sie sich küßten.«[49]

Darauf besuchte man gemeinsam eine französische Komödie, doch bei der Wahl dieses Stückes hatte George eine unglückliche Hand bewiesen, denn es kam darin eine Szene vor, in welcher sich ein Herr und eine Dame durchs Zimmer jagten, und als die Dame schließlich erschöpft auf ein Sofa sank, warf sich der Herr grunzend auf sie, wobei er in unmißverständlicher Weise seine Kleidung lockerte. Entsetzt und wortlos geleitete man Virginia schleunigst hinaus, und die beiden Damen verabschiedeten sich betreten. Danach war jedoch noch eine weitere Abendgesellschaft zu besuchen.

Endlich war es überstanden. »Der Schlaf hatte mich schon fast überkommen. Das Zimmer war dunkel. Das Haus war still. Dann öffnete sich, verstohlen knarrend, die Tür. Behutsam auftretend kam jemand herein. ›Wer?‹ schrie ich. ›Hab keine Angst‹, flüsterte George. ›Und mach kein Licht, oh Geliebtes, Geliebtes –‹, und er warf sich auf mein Bett und nahm mich in die Arme. Ja, die alten Damen von Kensington und Mayfair haben nie gewußt, daß George Duckworth den armen Stephen-Mädchen nicht nur Vater und Mutter, Schwester und Bruder war, sondern auch ihr Liebhaber.«[50]

Was Virginia hier erzählt, war kein einmaliges Erlebnis. Es ist möglich, daß Georges sexuelle Übergriffe, die zeitweilig auch Vanessa betrafen, schon bald nach dem Tod der Mutter begannen, und sie endeten erst 1905, mit Georges Heirat.[51] »Darauf trainiert, im Zustand unwissender Reinheit zu verharren, wird ihnen zunächst nicht bewußt gewesen sein, daß sich hier Zuneigung in Lüsternheit verwandelte, und erst ihr zunehmendes Ekelgefühl wies sie darauf hin.«[52] Wiederum war niemand da, der ihnen half. Sie mußten im Gegenteil noch in die Lobeshymnen einstimmen, die alle Welt auf diesen ›aufopferungsvollen Bruder‹ sang, dem sie ›unendliche Dankbarkeit‹ schuldeten.

Virginia war zwanzig Jahre alt, als ihr Vater 1902 schwer erkrankte. Im Jahr darauf war es offenkundig, daß er nicht mehr lange zu leben hatte. Trotz aller Ressentiments, die sie wie alle ihre Geschwister gegen ihn hegte, kam ihm Virginia in dieser Situation doch wieder näher. Sie war ihm ähnlich, von ihm hatte sie die Liebe zur Literatur geerbt, er hatte sie zum Schreiben ermutigt. In seinem Leiden war er nun nicht mehr der Tyrann, dem sie in ohnmächtiger Wut ausgeliefert war, sondern ein einsamer, tauber alter Mann, der ihr für jede Freundlichkeit dankte, die sie ihm erwies. Sie pflegte ihn monatelang. Er schenkte ihr einen Ring und sagte, sie sei ›eine gute Tochter‹.

Er starb langsam und schwer, und Virginia war innerlich zerrissen von Empfindungen leidenschaftlichen Hasses und tiefer Zuneigung. In seiner letzten Lebenszeit versuchte sie, mit der ständigen, beschwörenden Wiederholung des Satzes ›Es gibt keinen liebenswerteren Menschen als ihn‹ alle Demütigungen zu überdecken, denen er sie ausgesetzt hatte, und sich die Tatsache zu verbergen, daß dieser blinde Egozentriker sie niemals wirklich wahrgenommen und sie niemals beschützt hatte.

Trotz der anstrengenden Krankenpflege hatte sie George weiterhin zu begleiten, und die Abende waren lang. »Es war lange nach Mitternacht, als ich endlich zu Bett ging und noch ein oder zwei Seiten von *Marius, der Epikuräer* las, für den ich damals eine Leidenschaft hatte. Und dann klopfte es gewöhnlich leise an die Tür, das Licht wurde gelöscht, und George warf sich auf mein Bett, hätschelte und küßte mich und umarmte mich auch auf andere Weise, um mich, wie er Dr. Savage später erzählte, über die tödliche Krankheit meines Vaters hinwegzutrösten, der drei oder vier Stockwerke tiefer an Krebs starb.«[53] »Und so erlaubte er sich, unter dem Deckmantel der Selbstlosigkeit Handlungen zu begehen, die ein klügerer Mann als tyrannisch erkannt haben würde; und während er zutiefst an die Reinheit seiner Liebe glaubte, benahm er sich nicht viel besser als ein Vieh.«[54]

Virginia kam niemals über das hinweg, was sie da jahrelang hilflos, gelähmt und stumm über sich hatte ergehen lassen müssen. Ihr Kindheitserlebnis mit Gerald hatte sie ›vergessen‹, in ihrer Not ins Unterbewußte verdrängt, bis es ihr kurz vor ihrem Tod schockartig wieder ins Gedächtnis kam. Die Szenen mit George versuchte sie lebenslang aus ihrem Bewußtsein zu vertreiben, sie zu rationalisieren, sie zu ironisieren, aber es gelang ihr nie mehr, in ihrem mißbrauchten, enteigneten, beschmutzten Körper heimisch zu werden.

Der Vater starb im Februar 1904. Nach der Beerdigung reisten die Geschwister nach Frankreich, dann nach Italien. Am 9. Mai kehrten Virginia und Vanessa, nur von George Duckworth begleitet, nach Hyde Park Gate zurück, und am Tag darauf brach die zweiundzwanzigjährige Virginia zusammen. Genauer: Sie brach aus. Die Qual, der ungeheure Druck all dessen, was sich nicht sagen ließ, trat in einer Eruption zutage und fand in der Verfremdung des Wahns endlich einen Ausdruck. Auch ihre ganze aufgestaute Wut brach sich Bahn, und sie wendete sich nicht nur ›gegen alle Männer‹, sondern auch gegen ihre Schwester Vanessa, die sie zwang, sich der verordneten Behandlung zu unterwerfen, und gegen die Pflegerinnen, die sie unter ständiger Beobachtung hielten. Vor allem aber wütete sie gegen sich selbst.

Die aus jener Zeit überlieferten Symptome sind bis vor kurzem ausschließlich als Beweise für Virginias völlige geistige Zerrüttung herangezogen und als abstruse Hervorbringungen eines erkrankten Gehirns interpretiert worden. Wenn man sie jedoch näher betrachtet, sind sie nichts anderes als die kaum verhüllten Offenbarungen der schrecklichen Wahrheit.

»Sie hörte Stimmen, die sie drängten, törichte Handlungen zu begehen; sie glaubte, sie kämen von zu vielem Essen, und sie müsse deshalb hungern.«[55] Natürlich drängt sich hier der Bezug zur Magersucht auf. Virginia erträgt ihren Körper, seine Weiblichkeit und Sexualität nicht mehr und versucht, ihn durch exzessives Hungern ›unsichtbar‹ und unattraktiv zu machen. Aber dieser Zwang zu hungern, der auch in späteren Krisen Virginias immer eine zentrale Rolle spielte, hat noch einen anderen Ursprung. Als sie 1934 während einer Reise in Irland die Nachricht von Georges Tod in der Zeitung las, schrieb sie an ihre Schwester: »Tatsächlich glaube ich, daß er eine halb geisteskranke Anlage hatte – ich kann es nicht näher bestimmen –, was die Familie betraf, und das Essen, und so weiter.«[56]

George hatte immer viel und gierig gegessen und wurde im Lauf der Zeit sehr dick. Virginia mußte ihm oft bei seinem ausgedehnten Frühstück Gesellschaft leisten – und behielt ihr Leben lang einen Ekel vor Menschen, die ihr Essen allzu genüßlich und geräuschvoll zu sich nahmen. Sie beschreibt Georges Augen als die eines ›Schweins, dumm, gierig und eigensinnig‹, »als wühlte das Schwein mit seiner Schnauze nach Trüffeln«.[57] Dem korrespondiert eine andere Äußerung: »Die Natur (...) hatte ihn im Überfluß mit animalischer Vitalität ausgestattet, aber sie hatte es versäumt, sie unter die Kontrolle eines gut funktionierenden Gehirns zu stellen.«[58] Es ist deutlich: In ihrer Assoziationskette sieht sie George, der sich vor Befriedigung grunzend seine Mahlzeit einverleibt, und das bringt das Bild des ›Viehs‹ hervor, das sich ebenso gierig und gedankenlos ihres Körpers bemächtigte, ihn annektierte. Auch deshalb muß sie hungern, denn es gibt niemanden auf der Welt, dem sie unähnlicher sein möchte als George Duckworth.

Vanessa war von der Situation, in die Virginias Wahnausbrüche sie stellten, schließlich überfordert. Und so kam ihr eine ältere Freundin der Familie zu Hilfe, Violet Dickinson, die Virginia innig liebte. Sie holte sie in ihr Haus in Burnham Wood. Dort versuchte Virginia zum ersten Mal, sich das Leben zu nehmen; sie warf sich aus einem Fenster, das aber glücklicherweise nicht sehr hoch über der Erde lag, und sie tat sich keinen größeren Schaden.

Sie lag im Bett und »glaubte, die Vögel sängen griechische Chöre, und König Edward führte inmitten von Ozzie Dickinsons Azaleen die obszönsten Reden, die man sich vorstellen kann«.[59] Das klingt in der Tat unsinnig. Doch diese befremdlichen Visionen haben durchaus ihre Logik. Sie gehören zu jenen »Metaphern einer ›Paranoia‹«, die man als ›poetischen Protest gegen die Invasion der Familie und der übrigen Umwelt‹[60] deuten kann: Die griechische Literatur, in der all ihre männlichen Verwandten aufs gründlichste unterrichtet wurden, war für Virginia immer ein Ideal gewesen, dem sie sich zu nähern versuchte, indem sie die Sprache in Privatstunden und Selbstunterricht erlernte. Sieben Jahre nach ihrem Wahnausbruch findet sich in einem Brief an ihre

Schwester Vanessa der deutliche Verweis auf den Urgrund jener ›Metapher einer Paranoia‹. Sie schreibt, sie sei gerade vom Lande zurückgekommen, wo sie ein Wochenende mit Janet Case, ihrer ehemaligen Griechischlehrerin, verbracht hatte. »Wir sprachen unablässig miteinander. (...) Sie hat ein gelassenes Interesse am Beischlaf (...), und das brachte uns zur Enthüllung aller Missetaten Georges. Zu meiner Überraschung hat sie stets eine tiefe Abneigung gegen ihn gehabt und sagte immer zu sich selbst, ›Igitt – du widerliches Geschöpf‹, wenn er hereinkam und anfing, mich zu tätscheln, während ich über meinem Griechisch saß. Als ich zu den Schlafzimmerszenen kam, ließ sie ihre Handarbeit sinken und schnappte nach Luft. (...) Zur Schlafenszeit sagte sie, ihr sei ziemlich schlecht, und ging wirklich zum WC. (...)«[61]

Die griechisch singenden Vögel weisen noch auf eine andere Verbindung hin. Virginia kannte, unter anderem aus Ovids ›Metamorphosen‹, die Geschichte der Philomele. Diese attische Königstochter wurde von Tereus, dem Gemahl ihrer Schwester Prokne, vergewaltigt. Er schnitt ihr die Zunge heraus, um das Geheimnis zu ersticken, aber sie verriet es dennoch, indem sie es mit Purpurfäden in ein weißes Gewand einstickte, das sie ihrer Schwester sandte. Prokne setzte dem Gemahl zur Vergeltung den eigenen Sohn Itys zum Mahl vor. Als Tereus die Frauen verfolgte, um sich zu rächen, wurden auf ihr Flehen Philomele von den Göttern in eine Nachtigall, Prokne in eine Schwalbe verwandelt.[62] Und beide singen nun, auf ewig unverstanden, ihre Klage.

Auch ›König Edwards obszöne Reden‹, von denen Virginia phantasiert, ergeben durchaus einen Sinn. Sie spricht von dem seit 1901 regierenden König Edward VII., der schon als Thronfolger im Mittelpunkt wüster Skandale gestanden hatte, über die, trotz massiver Unterdrückung durch den englischen Hof, doch einiges an die Öffentlichkeit gedrungen war. Edward war unter anderem ein nimmermüder und immer gern gesehener Gast in sämtlichen berühmten Bordellen Europas, besaß auch eine besondere Vorliebe für sehr junge Mädchen, die er um sich scharte und die als ›die Jungfrauenbande Seiner Königlichen Hoheit‹ bekannt waren. Und er aß unmäßig – bis zu zwölf Gänge zu jeder Mahlzeit. Bei alledem legte er jedoch ungeheuren Wert auf Kleidung, auf untadeliges öffentliches Auftreten und makelloses Dekorum. Damit kam er in vielem den Idealen von George, der ja auch einen Königsnamen trug, sehr nahe.

Die Parallele, welche Virginia da herstellt, ist eine wahrhaft instruktive Metapher, deren Bedeutung jedoch für niemanden zu erschließen war, weil man sich selbstverständlich weigerte, den Äußerungen einer für geisteskrank erklärten jungen Frau irgendeinen Sinn zu entnehmen. Und das, obwohl Vanessa ihre tiefe Scheu überwand und Dr. Savage, Virginias behandelnden Arzt, über Georges sexuelle Handlungen informierte, weil sie wußte, daß sie Virginias Zusammenbruch hauptsächlich verschuldet hatten.

Dr. Savage bestellte George zu sich und konfrontierte ihn mit diesen Vorwürfen. Der aber verteidigte sich mit der schon erwähnten Bemerkung, er habe Virginia lediglich über das Sterben ihres Vaters hinwegtrösten wollen, und wurde mit einem milden Verweis wieder entlassen.

Virginia erholte sich schließlich. Nicht zuletzt deswegen, weil Violet Dickinson mit großem Verständnis auf sie einging, sie ihrer Liebe versicherte und Mitgefühl für sie zeigte. Im September konnte Virginia mit den Geschwistern in die Ferien fahren. Im Oktober schickte man sie zu Verwandten, denn man hatte inzwischen beschlossen, das von so vielen düsteren Erinnerungen erfüllte Hyde Park Gate aufzugeben und in ein anderes Haus in Bloomsbury zu ziehen, und wollte der immer noch geschwächten Virginia die Strapazen des Umzugs ersparen. Vanessa erledigte alles Nötige mit großer Energie, und für Virginia begann ihre Karriere als Schriftstellerin. Während des Aufenthalts bei den Verwandten hatte sie das Haus der Geschwister Brontë besucht und darüber einen Artikel geschrieben, der vom renommierten ›Guardian‹ angenommen wurde, in dem fortan viele ihrer Texte erschienen.

Als Virginia im Januar 1905 endgültig nach London zurückkehrte, begann ein wahrhaft neues Leben. Zwar hatten sämtliche Verwandten gegen den Umzug in einen so wenig respektablen Stadtteil wie Bloomsbury protestiert, doch die Geschwister setzten sich gegen alle Widerstände durch. Gerald Duckworth bezog eine eigene Wohnung, und George, der zunächst sehr gegen ihren Willen darauf bestanden hatte, mit ihnen in das neue Haus einzuziehen, heiratete Anfang des Jahres. Damit waren die Stephen-Kinder endlich unter sich.

Die nun folgende Epoche in Virginias Leben ist so bekannt, daß sie hier in kurzer Form ins Gedächtnis gerufen werden kann: Thoby brachte seine hochintellektuellen Freunde aus der Universitätszeit in das neue Haus, und daraus entstanden bald die regelmäßigen Donnerstagabende, an denen auch Virginia und Vanessa teilnahmen. Sie sprachen mit diesen meist nachlässig gekleideten und ungelenken jungen Männern nächtelang über Philosophie, Kunst und Literatur, und besonders Virginia empfand diese Form der Kommunikation, in die niemals auch nur die leiseste Andeutung von Galanterie gegenüber den anwesenden jungen Frauen einfloß, als ungeheuer anregend und befreiend. Sie hätte gern ewig so weitergelebt – mit Vanessa, die sie immer inniger liebte, mit dem bewunderten Bruder Thoby, der jetzt seine Ausbildung zum Rechtsanwalt durchlief, und mit Adrian, der zwar schwierig war, aber auch seine liebenswerten Seiten hatte. Virginia schrieb jeden Tag mit strenger Regelmäßigkeit; sie las, sie diskutierte, sie machte mit den Geschwistern viele Reisen und unterrichtete nebenbei an einem Arbeitercollege. Sie war glücklich.

Doch eines Tages sprach Vanessa aus, was sie insgeheim fürchtete: »Natürlich sehe ich voraus, daß wir alle heiraten werden. Das wird zwangsläufig passieren. – Und als sie es sagte, fühlte ich eine schreckliche Notwendigkeit über uns hängen; eine Schicksalsgöttin würde herabsteigen und uns auseinanderreißen, wo wir gerade Freiheit und Glück errungen hatten.«[63]

Im Frühherbst 1906 fuhren die vier Stephens in Begleitung von Violet Dickinson nach Griechenland. Vanessa wurde unterwegs krank. Thoby mußte vorzeitig nach London zurückkehren. Als die anderen mit der hinfälligen Vanessa am 1. November ebenfalls wieder zu Hause eintrafen, lag Thoby mit hohem Fieber im Bett. Die Ärzte waren ratlos und behandelten auf Malaria. Endlich erkannte man, daß er Typhus hatte, aber es war zu spät. Thoby starb am 20. November, sechsundzwanzig Jahre alt. Um Violet Dickinson, die nach ihrer Rückkehr selbst schwer an Typhus erkrankt war, den Schock der Todesnachricht zu ersparen, hielt Virginia in ihren täglichen Briefen an Violet Thoby noch fast einen Monat lang ›am Leben‹, wohl auch, um sich selbst vor der grausamen Wahrheit dieses neuerlichen Schlages zu retten.

Zwei Tage nach Thobys Tod nahm Vanessa den Heiratsantrag Clive Bells an, der Thobys Freund gewesen war. Virginia sah zwar, daß ihre Schwester glücklich war, aber sie wollte sie nicht auch noch verlieren. Und zudem fand sie Clive, den Sprößling einer wenig intellektuellen Familie, die sich vornehmlich mit Pferden und Fuchsjagden beschäftigte, nicht gut genug für Vanessa.

Vanessa und Clive behielten nach ihrer Eheschließung das Haus am Gordon Square. Virginia und Adrian zogen an den Fitzroy Square, begleitet von der Familienköchin Sophy Farrell. Sophy, die sehr beleibt war, äußerte bei dieser Gelegenheit: »›Ich sollte mich in Stücke schneiden und unter euch allen aufteilen‹, und fügte ernster hinzu: ›Aber es muß Miß Virginia sein. Sie ist ein so fahriges Ding, daß sie es noch nicht mal merken würde, wenn man sie verkaufte. Sie weiß noch nicht mal, was sie auf ihrem Teller hat.‹«[64]

Virginia und Adrian fanden es etwas mühsam, miteinander auszukommen. Sie stritten sich, und oft endeten ihre Auseinandersetzungen damit, daß ihnen die Argumente ausgingen. Dann bewarfen sie sich statt dessen am Teetisch mit Butterstückchen. Virginia vermißte Vanessa sehr, und nur die Tatsache, daß ihr die Schwester auch nach der Heirat sehr zugewandt blieb und sie häufig besuchte, tröstete sie etwas, aber dennoch fühlte sie sich einsam. Alle redeten ihr zu, sie solle ebenfalls heiraten; dazu jedoch verspürte sie wenig Neigung.

Virginia und Adrian nahmen die Donnerstagabende schließlich wieder auf, Thobys alte Freunde versammelten sich in Fitzroy Square, und man sprach wie vordem über höchst abstrakte Dinge, war distanziert und gab sich unpersönlich – bis Lytton Strachey den Bann der anerzogenen Prüderie brach, als er eines Abends in den Salon trat, mit dem Finger auf einen Fleck auf Vanessas weißem Kleid deutete und fragte: »Sperma?« »Kann man das wirklich sagen? dachte ich & wir brachen in Gelächter aus: Mit diesem einen Wort fielen alle Barrieren der Verschwiegenheit und Zurückhaltung. (...) Sex durchtränkte unsere Konversation. Das Wort Sodomit ging uns leicht von den Lippen. Wir diskutierten den Beischlaf mit derselben Offenheit und Begeisterung, mit der wir das Wesen des Guten diskutiert hatten. Es ist seltsam, sich vorzustellen, wie verschwiegen und zurückhaltend wir gewesen waren, und wie lange.«[65]

Gewiß war das eine Offenbarung, aber man muß hier festhalten, daß diese Gespräche hauptsächlich von männlicher Homosexualität handelten. Viele Mitglieder der sogenannten *Bloomsbury Group* waren homosexuell, und Lytton Strachey hieß allgemein der »Erzsodomit von Bloomsbury«. So wurde Virginia zwar fortan in alle die verwirrenden Affären und Leidenschaften ihrer Freunde eingeweiht, aber es scheint mehr als zweifelhaft, ob sie daraus viel Aufklärung über ihre eigenen sexuellen Empfindungen und Ängste ziehen konnte.

1907 begann die fünfundzwanzigjährige Virginia ihren ersten Roman, *Melymbrosia*, den sie erst 1913 unter dem Titel *The Voyage Out* beendete. Es war Clive Bell, der sie hierbei immer wieder ermutigte. Er glaubte fest an Virginias Genie und erwarb sich damit ihre Zuneigung. Clive fühlte sich erotisch sehr zu Virginia hingezogen. Als Vanessa 1908 ihr erstes Kind gebar, waren Clive und Virginia beide eifersüchtig auf dieses Baby, das die Liebe seiner Mutter so vollkommen zu absorbieren schien, und begannen einen heftigen Flirt miteinander, der Jahre andauern sollte. Vanessa litt sehr unter diesem doppelten Betrug, äußerte sich jedoch niemals dazu. Virginia befand sich in einer Konfusion der Gefühle; sie genoß Clives weltmännische Galanterie und Bewunderung, aber im Grunde meinte sie gar nicht ihn, sondern ihre Schwester, für die sie lebenslang eine Leidenschaft hatte. Virginias Flirt mit Clive ist ein dunkles Kapitel, das letztlich allen Beteiligten nur Schmerzen bereitete.

Ihre Umgebung drängte Virginia, endlich zu heiraten. Sie erhielt mehrere Anträge, konnte sich jedoch keinen dieser jungen Männer, die sie ihr machten, als ihren Ehemann vorstellen. Der einzige, der ihrem Ideal nahekam, war Lytton Strachey, dem sie sich geistig eng verbunden fühlte und mit dem sie unendlich gern redete. 1909 machte er ihr wirklich einen Antrag, erschrak aber gleich vor seiner eigenen Kühnheit, und sie entband ihn von seinem Wort. Darauf schrieb Lytton an seinen Studienfreund Leonard Woolf, der in Ceylon im britischen Kolonialdienst arbeitete und Virginia flüchtig kannte: »Du mußt Virginia heiraten. Sie sitzt da und wartet auf Dich...«[66] Leonard war augenblicklich einverstanden und bat Lytton, ihm zu telegrafieren, wenn auch Virginia einwilligte. Sie hielt das Ganze für einen sonderbaren Scherz und reagierte nicht.

1910, zu einem Zeitpunkt, da sie ihren Roman beendet glaubte, wurde Virginia krank. Sie stand vor einem psychischen Zusammenbruch und ging zum ersten Mal nach Twickenham, in ein privates Pflegeheim für weibliche Geistesgestörte. Sie blieb sechs Wochen dort und fand es abscheulich. Das Haus wurde streng christlich geführt, und Virginias Behandlung bestand darin, daß sie in einem verdunkelten Zimmer liegen, stündlich warme Milch mit geschlagenem Ei trinken und große Mahlzeiten essen mußte. Es war ihr untersagt, zu schreiben, zu lesen oder Besucher zu empfangen. Gegen ihre quälende Schlaflosigkeit gab man ihr

Veronal und Chloral, Mittel, mit denen sie von nun an ständig behandelt wurde und von denen man heute weiß, daß sie ein gefährliches Suchtpotential bergen und höchst bedenkliche Nebenwirkungen haben.

Im darauffolgenden Jahr war sie oft melancholisch und deprimiert. Sie war weiterhin mit ihrem Roman beschäftigt, arbeitete ihn immer wieder um und zweifelte oft an ihren Fähigkeiten und ihrer Person. »Ich konnte nicht schreiben, und alle Teufel kamen wieder hervor – haarige, schwarze. 29 Jahre alt zu sein, und unverheiratet – eine Versagerin zu sein – kinderlos – und geisteskrank dazu, keine Schriftstellerin.«[67] Sie fühlte sich zunehmend einsam. Das Zusammenleben mit Adrian war für beide schwer zu ertragen, und so faßten sie schließlich einen revolutionären Entschluß: Sie mieteten ein großes Haus am Brunswick Square und teilten es mit einigen Freunden. Maynard Keynes und Duncan Grant zogen bei ihnen ein. George war moralisch entrüstet, als er erfuhr, daß seine Halbschwester Virginia mit wildfremden jungen Männern unter einem Dach wohnte, und machte sich wohl Gedanken über mögliche Folgen, und Vanessa trug nicht zu seiner Beruhigung bei, als sie ihm gegenüber bemerkte: »Oh, das geht schon in Ordnung, George. Weißt du, das Findelhaus ist ja ganz in der Nähe.«[68]

Im Dezember zog auch Leonard Woolf in das Haus am Brunswick Square ein. Er war im Herbst auf Urlaub gekommen, nach sieben Jahren Kolonialdienst im Dschungel. Er hatte in dieser Zeit mit großem Erfolg strikteste Verwaltungsdisziplin eingeführt, wobei es auch zu seinen Pflichten gehörte, unbotmäßige Eingeborene zu schlagen, Todesurteile zu verhängen und den Hinrichtungen beizuwohnen.

Leonard war eines von neun Kindern einer durch den frühen Tod des Vaters verarmten jüdischen Familie. Er hatte immer hart für Stipendien arbeiten müssen, um die Privatschule und die Universität besuchen zu können. In Cambridge war er Lyttons bester Freund gewesen, und sie hatten sich während Leonards Kolonialzeit regelmäßig geschrieben. Leonard berichtete dem Freund in seinen Briefen auch über seine verschiedenen Liebschaften und seine wachsende Verachtung für die Sexualität. »Ich beginne zu glauben, daß es immer entwürdigend ist, verliebt zu sein; schließlich ist es in 99 von 100 Fällen immer der Wunsch, zu kopulieren, sonst ist es nur ein Schatten seiner selbst, und ein spezieller

Wunsch, zu kopulieren, scheint mir nicht weniger entwürdigend zu sein als ein allgemeiner.«[69]

Leonard war ein schwieriger Mensch, und er wußte es. Er war oft launisch und neigte zu düsteren Stimmungen. Er war ungeheuer pedantisch und legte über alles Listen an. Zum Beispiel notierte er jeden Tag, wie viele Worte er geschrieben hatte, und errechnete die jeweilige Endsumme. Er war rechthaberisch. Er war ein eingefleischter Rationalist, der jedes Sentiment verabscheute. Und in seiner Selbstbeschreibung finden sich nahezu schizoide Züge: »... wer (...) von Natur aus der Selbstbeobachtung verfallen ist, gewöhnt sich im Alter von fünfzehn oder sechzehn Jahren an, sich selbst sehr intensiv als ›Ich‹ und gleichzeitig aus dem Augenwinkel heraus als ›Nicht-Ich‹ zu empfinden, als einen Fremden, der auf der Bühne eine Rolle spielt.«[70]

Diesen komplizierten, dunklen, hageren Mann mit seinem chronischen Händezittern, der ein Freund Thobys gewesen war, lernte Virginia nun näher kennen. Sie lud ihn mit anderen in ihr kleines Landhaus ein und fand, daß er ein guter Begleiter auf ihren Wanderungen war und daß sie wunderbar mit ihm sprechen konnte, nächtelang. Daraufhin hatte Virginia ihm angeboten, in ihrem Haus am Brunswick Square eine Wohnung zu beziehen. Sie sahen sich nun täglich, und Leonard verliebte sich leidenschaftlich in sie. Im Januar 1912 machte er ihr einen Heiratsantrag. Sie reagierte unentschlossen, wich aus und bat Leonard, ihr Zeit zu lassen. Er gab sich Mühe, sie nicht zu drängen, aber Virginia fühlte sich von dem Zwang zur Entscheidung dennoch sehr unter Druck gesetzt. Sie wollte zwar heiraten, aber sie wußte nicht, ob sie es ertragen würde. Im Januar begannen die Kopfschmerzen, mit denen sich eine Krise immer ankündigte, und im Februar mußte sie für zwölf Tage nach Twickenham.

Leonard besuchte zu jener Zeit ohne ihr Wissen Dr. Savage, den Arzt, der Virginia seit vielen Jahren kannte. »Ich ging sehr früh im Jahr 1912 zu ihm, und er besprach als Arzt und guter Freund Virginias Gesundheit mit mir. Er war sehr freundlich zu mir, beeindruckte mich aber mehr als Mann von Welt denn als Arzt. Während der nächsten Monate wurde ich wegen einer Sache immer unruhiger. Wir wollten beide Kinder haben, aber je mehr ich sah, welch gefährliche Wirkung jede Anspannung oder Belastung auf sie hatte, desto mehr begann ich daran zu zweifeln, ob sie die Anspannung und Belastung des Gebärens aushalten würde. Ich konsultierte Sir George Savage, und er schob meine Bedenken beiseite. Doch nun kamen zu meinen Zweifeln über Virginias Gesundheit auch meine Zweifel über Sir George Savage. Aus seiner Ansicht schien mir mehr der Mann von Welt zu sprechen (›Würde ihr unendlich guttun, mein Lieber, würde ihr unendlich guttun!‹), als der Facharzt für Geisteskrankheiten. Darum machte ich mich auf und konsultierte zwei andere bekannte Ärzte (...) und auch die Dame, die das Pflegeheim leitete, in dem Virginia schon mehrfach gewesen war. Sie bestätigten meine Befürchtungen und waren strikt dagegen, daß sie Kinder haben sollte.«[71] Offenbar teilte er Virginia jedoch vorerst nichts über seine Entscheidung zu einer kinderlosen Ehe mit, und dafür gab es gute Gründe: Sie wünschte sich sehnlichst Kinder, und sie hätte Leonard wohl kaum geheiratet, wenn sie gewußt hätte, daß er sie ihr versagen würde.

Auf einen leidenschaftlichen Brief Leonards antwortete Virginia am 1. Mai 1912 mit bewunderungswürdiger Offenheit: »Mir scheint, daß ich Dir viel Kummer bereite (...), und deshalb sollte ich so ehrlich mit Dir sein wie möglich. (...) Ich sage mir: Immerhin, Du wirst ganz glücklich mit ihm sein, er wird dir Gesellschaft leisten, dir Kinder geben und ein ereignisreiches Leben. (...) Dann natürlich bin ich manchmal ärgerlich über die Stärke Deines Begehrens. Möglicherweise spielt hierbei auch eine Rolle, daß Du Jude bist. Du wirkst so fremdartig. Und dann bin ich furchtbar unbeständig. Ich wechsle im Handumdrehen von heiß zu kalt, ohne jeden Grund, außer daß ich glaube, körperliche Anstrengung und Erschöpfung beeinflussen mich. Alles was ich sagen kann, ist, daß es trotz dieser Gefühle, die einander jagen, wenn ich mit Dir zusammen bin, noch ein Gefühl gibt, das dauerhaft ist und wächst. Du willst natürlich wissen, ob es mich jemals dazu bringen wird, Dich zu heiraten. Wie kann ich das sagen? Ich glaube, ja, (...) aber ich weiß nicht, was die Zukunft bringen wird. Halb habe ich Angst vor mir selbst. Ich empfinde manchmal, daß niemals jemand etwas geteilt hat oder teilen kann. – Es ist das, was Dich dazu bringt, mich einen Hügel zu nennen, oder einen Felsen. Noch einmal: ich will alles – Liebe, Kinder, Abenteuer, Intimität, Arbeit (...). Und so bewege ich mich zwischen einem Halbverliebtsein, dem Wunsch, daß Du immer bei mir wärst und alles über mich wüßtest und dem Extrem von Freiheitsdurst und Ferne hin und her. Manchmal denke ich, wenn ich Dich heiratete, könnte ich alles haben – und dann – ist es die sexuelle Seite der Sache, die da zwischen uns kommt? Wie ich Dir neulich brutal sagte, übst Du keine körperliche Anziehung auf mich aus. Es gibt Augenblicke – als Du mich neulich küßtest, war ein solcher –, in denen ich nicht mehr empfinde als ein Fels. Und doch überwältigt es mich fast, daß Du mich so gern hast. Es ist so wirklich und so seltsam. Warum solltest Du? (...) Ich fühle, daß ich Dir alles geben muß; und wenn ich das nicht kann, nun, dann ist die Ehe für Dich wie für mich nur das Zweitbeste.«[72]

Ihre frühe Vision von der Liebe zwischen Mann und Frau, die wie ein Rubin glüht, findet sich hierin nicht wieder. Sie wünscht sich nur mehr einen Menschen, der ihr zugetan ist, der ihr die ersehnten Kinder schenkt, mit dem sie ihren Interessen und ihrer Arbeit leben kann. So mancher andere Mann hätte diesen Brief zum Anlaß genommen, seine Werbung aufzugeben. Nicht so Leonard. Virginias Brief bewog ihn dazu, um seine Entlassung aus dem Kolonialdienst nachzusuchen, damit er in London bleiben konnte. Er gab damit eine vielversprechende Verwaltungskarriere und seine einzige Einkommensquelle auf und beschloß, künftig vom Schreiben zu leben.

In den folgenden Wochen waren Virginia und Leonard einander sehr nah. Morgens schrieben sie, und den Rest des Tages sprachen sie miteinander. Virginia fühlte sich in seiner Gesellschaft zunehmend wohl, und Ende Mai sagte sie ihm, daß sie ihn liebe und ihn heiraten wolle.

Die Eheschließung fand am 10. August auf dem Standesamt St. Pancras statt. Danach fuhren sie auf zwei Tage in Virginias Wochenendhaus in Asheham, darauf eine Woche nach Somerset, ins ›Plough Inn‹, das für seine üppigen und köstlichen Mahlzeiten bekannt war, und schließlich über Frankreich nach Spanien und Italien. Von Saragossa aus schrieb Virginia an die Freundin Katherine Cox: »Warum, glaubst Du, machen die Leute einen solchen Wirbel um Ehe und Beischlaf? Warum verändern sich manche unserer Freundinnen, wenn sie ihre Keuschheit verlieren? Möglicherweise macht mein hohes Alter es zu einer geringeren Katastrophe, aber ich finde wirklich, daß man den Höhepunkt immens überschätzt. Abgesehen von anhaltend guter Laune (Leonard soll das hier nicht sehen), die daher rührt, daß jeder Anflug von Ärger von meinem Mann sofort geahndet wird, könnte ich immer noch Miß S. sein.«[73]

Während sie diesen Brief schrieb, saß Leonard ihr gegenüber

und arbeitete an seinem eben begonnenen Schlüsselroman *The Wise Virgins*, in dessen Hauptfiguren er sich selbst, Vanessa und Virginia darstellt. Virginia erscheint da als die frigide Camilla Lawrence, die die Gefühle des leidenschaftlichen Juden Harry Davis nicht erwidern kann. Harry Davis sagt zu einem ihrer Bekannten: »Ich bewundere eure Frauen, eure blassen Frauen mit ihrer weißen Haut und ihren blonden Haaren, aber ich verachte sie… in euch ist kein Leben, kein Blut… eure Frauen sind kalt und lassen einen kalt.«[74] Im Roman wendet sich Harry schließlich von Camilla ab und heiratet die etwas dumme, aber sehr sinnliche Gwen. Leonard gab Virginia dieses Manuskript erst sehr viel später zu lesen, aber sie spürte schon während der Flitterwochen, daß er von ihrer mangelnden sexuellen Reaktion enttäuscht und tief gekränkt war.

Virginia fühlte sich schuldig; sie hatte versagt. Gleich nach der Rückkehr von der Hochzeitsreise suchten sie und Leonard Vanessa auf und fragten sie um Rat. Vanessa tröstete Leonard mit der Bemerkung, Virginia habe die sexuelle Leidenschaft von Männern noch nie verstanden oder goutiert. »Anscheinend hat sie noch immer kein Vergnügen am Akt, was ich seltsam finde.«[75]

Quentin Bell äußert in seiner Biographie die Vermutung, daß Vanessa, Virginia und Leonard George Duckworths Verhalten für Virginias sexuelle Kälte verantwortlich machten. Das scheint jedoch mehr als fragwürdig. Es ist keineswegs sicher, ob Leonard je und in vollem Umfang erfuhr, welcher sexuellen Traumatisierung Virginia durch ihre Halbbrüder ausgesetzt gewesen war. Weder sprach Vanessa bei jener Unterredung davon – und es wäre die angemessene Gelegenheit gewesen –, noch macht Leonard jemals irgendeine Andeutung, die erkennen ließe, daß er den Ursprung von Virginias Aversionen kannte. In seinen Lebenserinnerungen nennt er George Duckworth bewundernd ›einen glänzenden Mann von Welt‹ und urteilt über ihn: »Er war ein außerordentlich gütiger Mensch und hatte, glaube ich, Vanessa und Virginia sehr gern.«[76] Gerald Duckworth ist für ihn »…ein freundlicher und unkritischer Mensch, der Virginia sehr zugetan war«.[77]

Entweder wußte Leonard wirklich nichts von dem, was Virginia geschehen war, oder er tat es als Bagatellverfehlungen der Duckworth-Brüder ab. Im einen wie im anderen Fall bedeutete dies, daß Virginia sich nicht offenbaren, ihre tiefe sexuelle Verstörung, ihr Mißverhältnis zu ihrem Körper nicht beschreiben und bei niemandem Hoffnung auf Verständnis haben durfte. Ja, sie konnte nicht einmal selbst mehr glauben, daß ihre beschädigte Sexualität mit jenen Ereignissen in Zusammenhang stand. Ihr Bild von sich selbst erhielt seine Umrisse nunmehr aus der ausgesprochenen und unausgesprochenen Kritik, mit der sie sich konfrontiert sah und die sie sich zu eigen machte: Ich bin kalt, ein Fisch, ich bin eine Versagerin, keine richtige Frau. Mein Körper funktioniert nicht, wie er sollte – und ich allein bin daran schuld.

Aber noch gab es eine Möglichkeit der Rettung, eine Chance, ihre Weiblichkeit unwiderlegbar zu beweisen: Sie würde ein Kind bekommen. Violet Dickinson hatte ihr als Hochzeitsgeschenk eine Wiege geschickt, die sie nach der Rückkehr aus den Flitterwochen vorfand, und sie schrieb: »Mein Baby wird in der Wiege schlafen.«[78] Nachdem sie Ende Oktober mit Leonard in eine Pension umgezogen war, beschrieb sie einen großen Vorzug dieses Etablissements: »Es gibt hinter dem Haus ein Stück Rasen, wo meine Bälger spielen können.«[79]

Ende Januar 1913 diskutierte Leonard mit ihr und Vanessa die Frage, ob sie schwanger werden dürfe oder nicht. Vanessa riet, sie solle noch ein wenig warten, sich pflegen und es dann versuchen. Leonard jedoch beschloß, daß es sie zu sehr gefährden würde, und überredete sie, sich seinem Urteil anzuschließen.

Damit waren ihr alle Möglichkeiten einer physischen Identitätsfindung genommen. Ihr Körper war zu nichts nutze. Er umhüllte nicht, empfindend, genießend und fruchtbar, die Seele und den Geist, wie zum Beispiel Vanessas Körper das augenscheinlich tat. Er war verletzlich, mißbrauchbar, fremdbestimmt und wiederum enteignet – eine Last.

Von nun an versuchte Virginia unbewußt, etwas anderes an die Stelle dieses ihr fremden und feindlichen Körpers zu setzen, der ihr zum Gleichnis der Nichtkommunikation und Nichtkommunion geworden war, durch den sie nichts mitteilen und mit dem sie nichts empfangen konnte: Ihr Werk, ihr Buch muß diesen Körper fortan ersetzen; es muß sie ›bergen‹ in jenem doppelten Sinn von ›beschützen‹ und ›enthalten‹. Ihr Werk muß ihr Selbst umfrieden, ihm jene bewahrende Grenze geben, die andere Menschen so selbstverständlich in ihrer Physis besitzen. Und in ihm kann sie sich zugleich offenbaren, unter dem Schutz der literarischen Verfremdung herzeigen, wer sie wirklich ist. Man wird sie und ihre wahre Geschichte in jedem ihrer Bücher finden.

Wenn man diese Identifikation von Körper und Buch in Betracht zieht, wird sehr verständlich, daß sie mit jedem Buch, welches sie schrieb, erneut versuchte, sich selbst als ganze Person herzustellen, und jedesmal, wenn sie ein Werk beendet hatte, in eine Krise geriet. »Sobald ich nicht arbeite oder das Ende in Sicht ist, beginnt das Nichts.«[80] Und so wird auch begreiflich, warum sie nach einer Publikation immer mit derart gequälter Spannung auf die Kritiken, auf die Reaktionen des Publikums wartete: Mit der Veröffentlichung eines Buches exponierte sie ihr Selbst. Das Buch war, wie einst ihr Körper, von Ablehnung, Zudringlichkeit und Spott bedroht, und nur wenn es gutgeheißen, wenn es als bruchloser Textkörper gelobt wurde, empfand auch sie selbst sich, temporär, wieder als heil und unverletzlich.

Diese Grundstrukturen stehen bereits hinter den Jahren 1913-1915, in denen Virginia um irgendeine Form von Identität kämpfte bis zum Wahnsinn. Nach Leonards endgültiger Entscheidung für die Kinderlosigkeit arbeitete Virginia nun »mit einer Art gemarterter Intensität«[81] an ihrem Roman *The Voyage Out*, der ihre eigene Geschichte erzählte. Am 9. März 1913 trug Leonard das Manuskript zu Gerald Duckworth, der ein Verlagshaus besaß. Der Lektor besprach es äußerst positiv, und am 12. April hörte Virginia von Gerald, daß er das Buch mit Freuden veröffentlichen werde. Bald darauf erhielt sie die Druckfahnen zur Korrektur. Jetzt litt sie unter Kopfschmerzen, konnte nicht mehr schlafen, war depressiv, hatte Schuldgefühle und mochte nichts mehr essen. Im Juli ging sie auf Anordnung von Dr. Savage nach Twickenham, aber die Kur schlug nicht an. Sie fühlte sich elend und verstoßen, machte sich Vorwürfe und sorgte sich um Leonard. »Nichts, was Du je getan hast, seit ich Dich kenne, ist in irgendeiner Weise gemein gewesen – wie war das möglich? Du bist absolut vollkommen zu mir gewesen. Es ist alles meine Schuld. (...) Ich glaube absolut an Dich und glaube keine Sekunde lang, daß Du mich belogen hast – (...) ich will Dich wirklich, und ich glaube, trotz meiner abscheulichen Phantasien neulich, daß ich Dich liebe und daß Du mich liebst.«[82]

Am 11. August holte Leonard sie nach Asheham. Er machte jetzt täglich in Geheimschrift Notizen über ihren Gesundheitszustand und teilte ihr ihre Medikamente zu, hauptsächlich Veronal. Ende August fuhren sie in die Ferien, die man Virginia versprochen hatte, als sie einwilligte, ins Pflegeheim zu gehen. Sie reisten wieder nach Somerset, in das *Plough Inn*, in dem sie die erste Woche nach ihrer Hochzeit verbracht hatten. Leonard beschreibt sehr ausführlich die köstlichen Mahlzeiten, die man ihnen dort vorsetzte. »Etwas Besseres als so ein Somerset-Frühstück mit Brot, Butter, Sahne und Eiern auf Schinken konnte es nicht geben. (...) Rind-, Hammel- und Lammfleisch waren immer fabelhaft und hervorragend zubereitet; die riesigen Schinken (...) waren so vortrefflich (...).«[83]

Gleich darauf berichtet er, daß Virginia nur unter den größten Schwierigkeiten dazu gebracht werden konnte, etwas zu essen, und daß sie dem Selbstmord nahe war. Er telegrafierte Katherine Cox und bat sie, ihm zu Hilfe zu kommen. »Aber der Druck auf Virginia verminderte sich nicht; sie glaubte, die Leute lachten über sie; sie glaubte, sie sei die Ursache für jedermanns Unannehmlichkeiten; sie fühlte sich überwältigt von Schuldgefühlen und meinte, für ihre Schuld Strafe verdient zu haben. Sie war überzeugt, daß ihr Körper auf irgendeine Art monströs sei – der ekelhafte Mund und der ekelhafte Bauch forderten Nahrung – abstoßendes Zeug, das dann auf widerwärtige Weise wieder ausgeschieden werden mußte. Es blieb nur der Ausweg, das Essen zu verweigern.«[84]

Schließlich entschied Leonard, daß sie nicht länger bleiben konnten. Virginia mußte zu einem Arzt. Sie willigte nach langer Überredung ein. Die Rückreise war alptraumhaft, weil Katherine und Leonard fürchten mußten, Virginia werde sich aus dem Zug stürzen. Am nächsten Nachmittag suchten sie den Spezialisten Dr. Head auf, der ihr sagte, sie müsse augenblicklich wieder ins Pflegeheim. Virginia schwieg. Als sie wieder zu Hause waren, legte Virginia sich nieder, und Leonard ging zu Dr. Savage, um sich für ihren Wechsel zu einem anderen Arzt zu entschuldigen. In seiner Eile ließ er die Reisetasche, in der er das Veronal aufbewahrte, dieses einzige Mal unverschlossen. Virginia schluckte eine tödliche Dosis. Katherine fand sie bewußtlos. Man besorgte eine Magenpumpe, und zwei Ärzte arbeiteten lange und hart, um sie zu retten. Der völlig erschöpfte Leonard ging eine halbe Stunde nach Mitternacht zu Bett. Um halb zwei wäre Virginia fast gestorben. Vanessa, die man abends herbeigerufen hatte, ging um sechs Uhr früh zu Leonard und sagte ihm, daß sie überlebt hatte.

Nach diesem Selbstmordversuch bestand die Gefahr der Zwangseinweisung in eine geschlossene Anstalt, aber die Ärzte willigten ein, davon abzusehen, weil Leonard vier speziell ausgebildete Krankenschwestern engagierte und Virginia, auf George

Duckworths Angebot hin, ausgerechnet in dessen Landhaus Dalingridge Place brachte. – Virginia schlief nicht, sie aß nicht und wurde gewalttätig gegen die Krankenschwestern, vermutlich auch deshalb, weil die sie einer qualvollen Zwangsernährung unterzogen. »Virginia sehnte sich danach, daß wir Dalingridge Place verließen.«[85]

Erst zwei Monate später ging es ihr etwas besser, und sie konnte mit zwei Pflegerinnen nach Asheham gebracht werden. Ab Februar 1914 erholte sie sich langsam, und im November ging es ihr gut. Arbeiten konnte sie noch nicht; die Veröffentlichung ihres ersten Buches war wegen ihrer Erkrankung zurückgestellt worden. Aber sie las und nahm Kochunterricht. »Ich zeichnete mich dadurch aus, daß ich meinen Ehering in einen Nierentalgpudding hineinbackte!«[86]

Am 31. Januar 1915 schreibt Virginia in ihr Tagebuch: »Oh weh! Wir haben uns fast den ganzen Morgen gestritten. (...) Nach dem Tee (...) begann ich ›The Wise Virgins‹ zu lesen und las immer weiter, bis ich es zur Schlafenszeit beendet hatte.«[87] Jetzt also, kurz bevor es veröffentlicht wurde, las sie zum ersten Mal jenes Buch, in dem Leonard sie als kalt, körperlos und darum verachtenswert darstellt. Ihr Kommentar läßt nichts von den Empfindungen erkennen, die diese Lektüre in ihr ausgelöst haben muß. Sie beurteilt das Buch wie eine objektive Rezensentin als ›teils sehr gut, teils sehr schlecht‹ und fügt hinzu: »Es hat mich sehr glücklich gemacht, das zu lesen; ich mag Leonards poetische Seite.«[88]

Aber die Verleugnung gelingt ihr nicht. Auch deswegen nicht, weil sie weiß, daß sie in Kürze doppelter öffentlicher Kritik ausgesetzt sein wird – als frigide Camilla in Leonards Roman und als Autorin von *The Voyage Out*. Gut vierzehn Tage später kommt es zur Katastrophe. »Als sie eines Morgens im Bett frühstückte und wir uns unterhielten, wurde sie völlig unerwartet von einer heftigen Erregung übermannt. Sie glaubte, ihre Mutter sei im Zimmer, und begann, mit ihr zu sprechen.«[89] Virginia war tieftraurig und aufgeregt. Leonard gibt keinen Hinweis darauf, was sie sagte, aber es scheint denkbar, daß sie sich vor der Mutter, jener Verkörperung vollkommener und hingebungsvoller Weiblichkeit, rechtfertigen zu müssen glaubte.

Wenige Tage später tobte sie vor Wut, war gewalttätig, redete tagelang ununterbrochen, verstummte schließlich und fiel in ein Koma. Ende Mai wurde sie nach Twickenham gebracht, während

Leonard den Umzug in ein neues Haus bewerkstelligte. Dorthin kam sie im April. Wieder schrie und tobte sie, »und ihr Wahnsinn kulminierte in bösartiger Feindseligkeit gegen Leonard«.[90] Ende Juni schrieb Vanessa, »Ka[therine Cox] hat Virginia besucht & meint, daß es ihr wirklich besser geht, aber es klingt höchst deprimierend, da sie sich in eine äußerst unangenehme Person verwandelt zu haben scheint. Sie will Leonard überhaupt nicht sehen & ist gegen alle Männer eingestellt. Sie sagt jedem die bösesten und schneidendsten Dinge, die ihr einfallen, und die sind so gescheit, daß sie immer verletzen.«[91] Leonard durfte zwei Monate lang nicht in ihre Nähe kommen.

Virginia erinnerte sich lebenslang sehr gut an diese Zeit des gewalttätigen Ausbruchs, an den einzigen Anfall von Anarchie, den sie sich je gestattete. 1930 schrieb sie an eine Freundin: »Und dann heiratete ich, und mein Gehirn explodierte in einem Schauer von Feuerwerk. Als Erfahrung ist das Verrücktsein großartig, kann ich Dir versichern, und nichts, worüber man die Nase rümpfen sollte; und in seiner Lava finde ich noch immer die meisten jener Dinge, über die ich schreibe. Das Verrücktsein schießt alles geformt aus einem heraus, endgültig, und nicht bloß tropfenweise, wie die Gesundheit das tut. Und die sechs Monate (...), die ich im Bett lag, haben mich viel über das gelehrt, was man das Selbst nennt. Tatsächlich war ich fast lahmgelegt, als ich wieder in die Welt zurückkam, unfähig, einen Fuß vor den anderen zu setzen nach dieser Dressur. Denke nur einmal – keinen Augenblick befreit zu sein von der Dressur der Ärzte – vollkommen fremde, konventionelle Männer, ›Sie werden dies nicht lesen‹, und ›Sie werden kein Wort schreiben‹ und ›Sie werden stilliegen und Milch trinken‹ – sechs Monate lang.«[92] Als sie im Oktober 1915 für genesen erklärt wird, hatte man sie so effektiv zum Essen gezwungen, daß ihr Gewicht von 54 auf 80 Kilo angestiegen war.

Virginia konnte nach alledem weiter mit Leonard leben, weil er während ihrer Krankheit eine unnachgiebig zähe Geduld bewiesen hatte, und sie empfand, daß seine Zuneigung zu ihr unerschütterlich war. Fortan war ihre Ehe geprägt von Leonards Fürsorge, von Arbeit und von tiefem Interesse aneinander. Und gewisse Themen wurden nie wieder Gegenstand ihrer Gespräche. Es war so etwas wie ein »Daheimsein im Fremden«.

Leonard reglementierte ihren Tagesablauf von nun an sehr streng; er bestand unerbittlich darauf, daß sie genügend ruhte, ausreichend aß, sich nicht aufregte, nicht zu viele Leute sah und Parties früh wieder verließ. Virginia empfand Leonard als eine »Mutter« und unterwarf sich seinem rigiden Gesundheitsprogramm, obwohl die Verwandten und Freunde seine Verhaltensmaßregeln allzu pedantisch fanden. Einmal fragte Virginia eine Freundin, was sie für den glücklichsten Augenblick im Leben eines Menschen halte, und beantwortete die Frage selbst: »Ich glaube, es ist der Augenblick, wenn man im Garten umhergeht, vielleicht ein paar welke Blumen abzupft und plötzlich denkt: Mein Mann wohnt in diesem Haus – und er liebt mich.«[93]

Virginias erster Roman hatte hervorragende Besprechungen erhalten. Ihr literarisches Ansehen wuchs mit jeder neuen Veröffentlichung, und Ende der zwanziger Jahre war sie eine berühmte Schriftstellerin.

Dabei blieb sie immer gefährdet durch den frühen und schließlich endgültigen Verlust ihres Körpers. Sie mußte sich durch rastlose Arbeit (man würde sie heute als »workaholic« bezeichnen) und stets neue Bücher immer wieder eine bergende Hülle schaffen, um sich nicht aufzulösen, nicht auszubrechen. Und sie kannte die Gefahren. 1931 schrieb sie an die Komponistin Ethel Smyth: »Ich glaube, daß Du die Stärke meiner Gefühle gröblich unterschätzt – so stark sind sie –, solche Höhlen voll Düsternis und Grauen öffnen sich um mich herum, daß ich nicht hineinzusehen wage (…), und so habe ich mich zum Schweigen erzogen. (…) Ist es die beständige Angst, die ich vor der unbekannten Macht habe, welche gleich unter dem Boden lauert? Ich fühle immer, daß ich sehr vorsichtig auftreten muß auf diesem Vulkan.«[94]

Doch in den letzten vier Jahren ihres Lebens wurde es Virginia zunehmend schwer, sich ihre Grenzwälle zu erhalten und sich den Schrecken der Vergangenheit zu entziehen. 1937 – sie wartet auf die ersten Rezensionen ihres Romans *The Years* – schildert sie in ihrem Tagebuch wie gejagt ihre Ängste und weist dabei, offensichtlich noch unbewußt, auf die Urszene ihrer Verzweiflung hin, auf das, was sich im Vorraum von ›Talland House‹ zugetragen hatte. »Ich wünschte, ich könnte meine augenblicklichen Empfindungen niederschreiben. Sie sind so sonderbar unangenehm. (…) Ein körperliches Gefühl, als trommelte ich leicht in den Adern: sehr kalt: ohnmächtig & verschreckt. Als wäre ich auf einem hohen Sims ausgestellt, in vollem Licht. Sehr einsam. L. zum Mittagessen aus. Nessa hat Quentin & wollen mich nicht. Sehr nutzlos. Keine Atmosphäre um mich herum. Keine Worte. Voller Angst. Als ob etwas Kaltes & Furchtbares – ein brüllendes Gelächter auf meine Kosten gleich losbrechen werde. Und ich habe keine Macht, es abzuwehren: ich habe keinen Schutz. Und diese Furcht & dieses Nichts umgeben mich mit einem Vakuum. Es befällt hauptsächlich die Schenkel.«[95]

Die Bilder des Grenzverlusts kehren wieder. »Ich habe keine Umrißlinie; nur mein unantastbares Zentrum: L. zum Beispiel.«[96] Und dann gerät sie, fast unmerklich und über viele Monate hinweg, aber unausweichlich, in die letzte Krise. Obwohl sie noch 1938 geäußert hatte: »Als Margot mich bat, über meine Jugend zu schreiben, erkannte ich, daß ich gänzlich zu schreiben aufhören würde, wenn ich das täte«,[97] begann sie 1939 ihre autobiographische *Skizze der Vergangenheit*, bei deren Niederschrift sie tief in die Zeit ihrer Kindheit versank und endlich erkannte, worin die Tragödie ihres Lebens begründet lag. Das ertrug sie nicht. Im November 1940, fünf Monate vor ihrem Tod, brach sie die Aufzeichnungen ab.

Dazu erstickte der Krieg den intellektuellen Austausch, die ihr so lebensnotwendigen bestätigenden Reaktionen der Leserschaft auf ihre Bücher. »Ein seltsames Gefühl hat mich getroffen, daß das schreibende ›Ich‹ verschwunden ist. Kein Publikum. Kein Echo. Das ist ein Teil des eigenen Todes.«[98] »Der Krieg hat die Wand der äußeren Sicherheit weggenommen. Kein Echo kommt zurück. Ich habe nichts, was mich umgibt. (…) Jene gewohnten Kreisbewegungen, jene Maßstäbe, die so viele Jahre lang ein Echo zurückgeworfen & dadurch meine Identität verdichtet haben, sind nun alle weit & öde wie die Wüste. (…) Wir treiben auf den Rand eines Abgrunds zu.«[99] »All die Wände, die schützenden und reflektierenden Wände werden so fadenscheinig in diesem Krieg. (…) Vielleicht werden die Wände, wenn ich gewaltsam dagegenschlage, mich am Ende umschließen. (…) Und dann fühle ich vielleicht wieder die Wände um mich, die ich vermißt habe – oder Leere? oder Kälte?«[100]

»Gestern wurde ein großer Igel ertrunken im Lilienteich gefunden. L. versuchte, ihn wiederzubeleben. Ein komischer Anblick.«[101] »Eine Zeit der Ruhe ist das Hochziel, nach dem ich mich immer schiebe und dränge, wobei ich schwimme wie ein Igel, der sich mit den Krallen den Hals aufreißt, wenn er schwimmt, wie Nessa (…) gestern sagte.«[102] Als ihr neues Buch gerade erschienen ist, überlegt sie: »Eine wie große Rolle spielt das ›Herauskommen‹ beim Vergnügen des Schreibens? Jedes Buch akkumuliert ein wenig von der fiktiven V. W., die ich durch die Welt trage wie eine Maske.«[103]

In ihrem letzten Roman schildert sie sich und Leonard in Gestalt zweier alter Geschwister, die grundverschiedene Charaktere sind, die Visionärin Lucy und der bis zur Grausamkeit rationale Bartholomew. »Nichts wandelte ihre Zuneigung; kein Streit, kein Faktum, keine Wahrheit. Was sie sah, sah er nicht; was er sah, sah sie nicht – und so fort, ad infinitum.«[104]

Tag und Nacht hört sie nun das Dröhnen der unablässig eindringenden Bombenflugzeuge, lebt unter der Bedrohung der Invasion, der Überwältigung durch die Eroberer.

Im Januar 1941 schreibt sie einen Brief an Ethel Smyth, dem man entnehmen kann, wie genau sie inzwischen weiß, wodurch wesentliche Bereiche ihres Lebens zerstört worden waren und wie unendlich bedrückend es für sie ist, sich niemandem offenbaren zu können – nicht Leonard, den ihre »Familiengeschichten« langweilen, und nicht Octavia Wilberforce, die sie so wenig versteht, daß sie glauben kann, Virginia habe George Duckworth »angebetet«. »Ich finde es interessant, daß Du nicht über Masturbation schreiben kannst. Ich verstehe das. Was mich verwirrt, ist, wie diese Zurückhaltung sich paart mit Deiner Fähigkeit, herrlich offen, frei, über – zum Beispiel H. B. [i. e. Ethels langjähriger Liebhaber] zu sprechen. Ich könnte weder das eine noch das andere. Aber da so vieles im Leben sexuell ist – jedenfalls sagen sie das –, schränkt es das Autobiographische ziemlich ein, wenn dies im Dunkel gelassen wird. Aber das muß es, nehme ich an, noch für viele Generationen, für Frauen; denn es ist wie das Zerreißen des Hymens – wenn das der richtige Name für die Membran ist –, ein schmerzhafter Vorgang und, wie ich annehme, mit allen Arten von untergründigen Instinkten verbunden. Ich zittere immer noch vor Scham bei der Erinnerung an meinen Halbbruder, der mich auf eine Steinplatte stellte, als ich ungefähr sechs Jahre alt war, und so meine Geschlechtsteile erkundete. Warum hätte ich damals Scham empfinden sollen? Aber warum schreibe ich jetzt überhaupt diese sexuellen Spekulationen?«[105] Sie weiß sehr wohl, warum sie sie schreibt. – »Virginia verglich sich oft mit Octavia und karikierte ihr Leben als schattenhaft, körperlos, inaktiv, vom viktorianischen Patriarchat im Keim erstickt.«[106]

Am 20. März erhält Virginia einen Brief der besorgten Vanessa, die sie bittet: »Du *mußt* vernünftig sein. Das bedeutet, Du mußt akzeptieren, daß Leonard und ich besser urteilen können als Du. (...) Du bist in einem Zustand, in dem man niemals zugibt, was los ist – aber gerade jetzt kannst Du nicht hingehen und krank werden. Was sollen wir tun, wenn die Invasion kommt und Du eine hilflose Invalidin bist?«[107]

Am 21. März kommt Octavia zum Tee und hört von Virginia, »daß sie nicht mehr schreiben könne: ›Die Kunst ist mir verlorengegangen... ich bin hier unten begraben – ich habe nicht die Anregung, Menschen zu begegnen. Ich kann mich nicht an die Arbeit machen‹ und daß sie sich angewöhnt habe, Fußböden zu schrubben, wenn sie nicht schreiben könne – es lenke sie ab.«[108]

Am 27. März bringt Leonard die widerstrebende Virginia nach Brighton in Octavias Praxis. Als Octavia sie bittet, sich freizumachen, sagt Virginia: »›Versprechen Sie, mir keine Ruhekur zu verordnen, wenn ich das tue?‹ (...) Schließlich gesteht sie einige ihrer Ängste – Ängste, daß die Vergangenheit wiederkehren werde, und daß sie nicht mehr werde schreiben können.«[109] Danach läßt Octavia sie allein im Untersuchungszimmer zurück und bespricht sich mit Leonard unter vier Augen ausführlich darüber, welche Maßnahmen man möglicherweise werde ergreifen müssen.

Abends fahren Virginia und Leonard nach Rodmell zurück, und am nächsten Tag erfüllt sie jenen Schwur, den sie sich wenige Wochen zuvor selbst geleistet hatte, diese wunderbare Tochter einer seefahrenden Nation: »Ich werde mit fliegenden Fahnen untergehen.«[110]

Anmerkungen

1 Ratschlag eines Spezialisten aus Harley Street, den Virginia wegen Herzbeschwerden aufgesucht hatte. In: *The Diary of Virginia Woolf*, ed. by Anne Olivier Bell, V Vols., London 1977-84. (Künftig zitiert als ›Diary‹.) Hier: Vol. II, 16. August 1922. (Hier und im folgenden stammen alle Übersetzungen, wenn nicht anders gekennzeichnet, von der Verf.)

2 Joan Russell Noble, *Recollections of Virginia Woolf*, London 1972, S. 160.

3 Ebd., S. 161.

4 *The Letters of Virginia Woolf,* Editor Nigel Nicolson. Assistant Editor Joanne Trautman, 6 Vols., London 1975-80. (Künftig zitiert als ›Letters‹.) Hier: Vol. 6, S. 487, 28. März 1941. (Virginia Woolf schrieb insgesamt drei Abschiedsbriefe, einen an Vanessa und zwei an Leonard. Die Herausgeber vermuten aus guten Gründen, daß nicht der Brief auf dem Kaminsims der zuletzt geschriebene war, sondern der hier wiedergegebene, auf ihrem Schreibblock im Gartenhaus gefundene.)

5 Zit. nach: *Letters* 6, Vorwort von Nigel Nicolson, S. XVII.

6 *Octavia Wilberforce's conversations with Virginia Woolf as reported in six letters to Elizabeth Robins in New York.* MS Monks House Papers, Sussex University. Zit. n.: George Spater and Ian Parsons, *A Marriage of True Minds: An Intimate Portrait of Leonard and Virginia Woolf,* London 1977 (künftig zitiert als ›Spater & Parsons‹), S. 182-84. (Deutsche Ausgabe: George Spater & Ian Parsons, *Porträt einer ungewöhnlichen Ehe: Virginia & Leonard Woolf,* Frankfurt/M. 1980)

7 Spater & Parsons, S. 182.

8 I. e. ihre letzte Erzählung, »The Symbol«.

9 Spater & Parsons, S. 183.

10 Ebd., S. 182.

11 Zit. nach: Lyndall Gordon, *Virginia Woolf: A Writer's Life,* London (1984) 1988, S. 119. (Künftig zitiert als ›Lyndall Gordon‹.) (Deutsche Ausgabe: Lyndall Gordon, *Virginia Woolf: Das Leben einer Schriftstellerin,* Frankfurt/M. 1987)

12 Ebd., S. 278.

13 *Moments of Being: Unpublished Autobiographical Writings of Virginia Woolf,* edited with an introduction and notes by Jeanne Schulkind, London 1976. (Künftig zitiert als ›Moments‹.) Hier: S. 160. (Deutsche Ausgabe: *Virginia Woolf; Augenblicke: Skizzierte Erinnerungen.* Mit einem Essay von Hilde Spiel, Frankfurt/M. 1984)

14 *Moments,* S. 96.

15 Ebd., S. 83.

16 Ebd., S. 84.

17 Ebd., S. 80 f.

18 Ebd., S. 81.

19 Ebd., S. 84.

20 Ebd., S. 66.

21 Ebd., S. 67-69.

22 Florence Rush, *Das bestgehütete Geheimnis: Sexueller Kindesmißbrauch,* Berlin 1982.

23 *Moments,* S. 71.

24 Ebd., S. 78.

25 Ebd., S. 72.

26 *Diary* II, S. 7, 14. Januar 1920.

27 *Diary* V, S. 105, 6. August 1937.
28 Virginia Woolf, *The Waves*, S. 46.
29 Ebd., S. 31.
30 *Moments*, S. 95.
31 Ebd., S. 84.
32 Ebd., S. 91 f.
33 Ebd., S. 95.
34 Quentin Bell, *Virginia Woolf: A Biography*, II Vols., London 1972–
    73. (Künftig zitiert als ›Bell‹.) Hier: Vol. I, S. 45. (Deutsche Ausgabe:
    Quentin Bell, *Virginia Woolf: Eine Biographie*, Frankfurt/M. 1982)
35 Bell I, S. 45.
36 Vgl.: Jean O. Love, *Virginia Woolf: Sources of Madness and Art*,
    Berkeley u. a. 1977, S. 171 f.
37 *Moments*, S. 105.
38 Jean O. Love, a. a. O., S. 193.
39 Lyndall Gordon, a. a. O., S. 50.
40 *Moments*, S. 124.
41 Ebd., S. 128.
42 Ebd., S. 129 f.
43 Ebd., S. 146.
44 Ebd., S. 135.
45 Ebd., S. 130.
46 Ebd., S. 147.
47 Ebd., S. 134.
48 Ebd., S. 169.
49 Ebd., S. 152.
50 Ebd., S. 155.
51 Bell I, S. 44 n.
52 Ebd., S. 43.
53 *Moments*, S. 160.
54 Ebd., S. 58.
55 Bell I, S. 89.
56 *Letters* 5, S. 299, 4. Mai 1934.
57 *Moments*, S. 146.
58 Ebd., S. 58.
59 Ebd., S. 162.
60 David Cooper, *Der Tod der Familie*, Reinbek b. Hamburg 1972,
    S. 11. Zit. nach: Phyllis Chesler, *Frauen – das verrückte Geschlecht?*,
    Reinbek b. Hamburg 1977, S. 93.
61 *Letters* I, S. 471 f., 25. Juli 1911.
62 Siehe Hermann Jens, *Mythologisches Lexikon*, München 1958, S. 77.
    Vgl. hierzu: Roger Poole, *The Unknown Virginia Woolf*, Cambridge
    u. a. 1978, S. 178 f.
63 *Moments*, S. 170.

64 Bell I, S. 115 n.
65 *Moments,* S. 173 f.
66 Zit. nach: Lyndall Gordon, a. a. O., S. 137.
67 *Letters* 1, S. 496, 1. Mai 1912.
68 Bell I, S. 175.
69 Zit. nach: Spater & Parsons, a. a. O., S. 53.
70 Leonard Woolf, *Mein Leben mit Virginia,* hg. und aus dem Englischen übers. von Friederike Groth, Frankfurt/M. 1988. (Künftig zitiert als ›Leonard Woolf‹.)
71 Roger Poole, a. a. O., S. 120 f., Quentin Bell datiert diese Arztbesuche auf 1913, Leonard Woolf selbst jedoch nennt in seiner Autobiographie das Jahr 1912.
72 *Letters* 1, S. 496, 1. Mai 1912.
73 *Letters* 2, S. 6, 4. September 1912.
74 Zit. nach: Lyndall Gordon, a. a. O., S. 151.
75 Zit. nach: Bell II, S. 6.
76 Leonard Woolf, a. a. O., S. 106
77 Ebd., S. 194.
78 *Letters* 2, S. 9, 9.? Oktober 1912.
79 *Letters* 2, S. 10, 29. Oktober 1912.
80 *Diary* V, S. 105, 6. August 1937.
81 Leonard Woolf, S. 93.
82 *Letters* 2, S. 34, 4. August 1913, an Leonard Woolf.
83 Leonard Woolf, S. 99.
84 Bell II, S. 15.
85 Leonard Woolf, S. 113.
86 *Letters* 2, S. 55, 10. Dezember 1914, an Janet Case.
87 *Diary* I, S. 31 f.
88 Ebd.
89 Leonard Woolf, S. 122.
90 Bell II, S. 26.
91 Ebd.
92 *Letters* 4, S. 180.
93 Zit. nach: Spater & Parsons, S. 62 (Brief von Bobo Mayor aus dem Jahr 1964).
94 *Letters* 4, S. 422, 29. Dezember 1931.
95 *Diary* V, S. 63, 1. März 1937.
96 Ebd., S. 183, 30. Oktober 1938.
97 *Letters* 6, S. 272, 17. September 1938, an Ethel Smyth.
98 *Diary* V, S. 293, 9. Juni 1940.
99 Ebd., S. 299, 27. Juni 1947.
100 Ebd., S. 304, 24. Juli 1940.
101 Ebd., S. 306, 26. Juli 1940.
102 Ebd., S. 307, 28. Juli 1940.

103 Ebd.
104 Virginia Woolf, *Between the Acts,* Rome 1950, S. 33.
105 *Letters* 6, S. 459 f., 12. Januar 1941.
106 Lyndall Gordon, S. 277.
107 *Letters* 6, S. 485 n.
108 Spater & Parsons, S. 183.
109 Bell II, S. 225.
110 *Diary* V, S. 358.

Nachbemerkung

Kurz nach der Fertigstellung dieses Aufsatzes im April 1989 erreichte mich das Buch von Louise DeSalvo, *Virginia Woolf: The impact of Childhood Sexual Abuse on Her Life and Work,* Boston 1989. (Die deutsche Ausgabe liegt inzwischen vor.) DeSalvo entwickelt dort mit schöner Akribie und unter Ausnutzung aller Quellen ein ebenso aufregendes wie beklemmendes Panorama, das die inzestuösen Grundstrukturen der patriarchalen Stephenschen Familie ebenso abbildet wie deren Auswirkungen auf Virginia Woolfs Leben und deren Widerspiegelungen in ihrem Werk. Louise DeSalvo kommt in vielem zu sehr ähnlichen Schlußfolgerungen wie ich in dem hier vorgelegten Aufsatz.

Ich danke Ingrid Schlemme, Göttingen, die mich früh auf die fatale Verankerung des sexuellen Mißbrauchs in der gesamten weiblichen Familiengeschichte der Stephens aufmerksam gemacht hat. Ingrid Schlemme arbeitet bereits seit langem an einer Monographie zum Thema, die in wesentlichen Punkten DeSalvos Befunde ergänzen und über sie hinausgehen wird.

Literatur

Bell, Quentin: *Virginia Woolf, A Biography,* II Vols., London 1972–73
Chesler, Phyllis: *Frauen – das verrückte Geschlecht?,* Reinbek b. Hamburg 1972
DeSalvo, Louise: *Virginia Woolf. Die Auswirkungen sexuellen Mißbrauchs auf ihr Leben und Werk,* München 1990
Edel, Leon: *Bloomsbury: A House of Lions,* London (1979) 1988
Garnett, Angelica: *Deceived with Kindness: A Bloomsbury Childhood,* Oxford und New York (1984) 1986
Gordon, Lyndall: *Virginia Woolf: A Writer's Life,* London (1984) 1988
Klein, Jürgen: *Virginia Woolf: Genie – Tragik – Emanzipation,* München 1984

Love, Jean O.: *Virginia Woolf: Sources of Madness and Art*, Berkeley u. a. 1977

Miller, Alice: *Du sollst nicht merken*, Frankfurt/M. 1981

Moments of Being: Unpublished Autobiographical Writings of Virginia Woolf, edited with an introduction and notes by Jeanne Schulkind, London 1976

Noble, Joan Russell: *Recollections of Virginia Woolf*, London 1972

Poole, Roger: *The Unknown Virginia Woolf*, Cambridge u. a. 1978

Rose, Phyllis: *Woman of Letters: A Life of Virginia Woolf*, London 1978

Rush, Florence: *Das Bestgehütete Geheimnis: Sexueller Kindesmißbrauch*, Berlin 1982

Spalding, Frances: *Vanessa Bell*, London (1983) 1984

Spater, George/Parsons, Ian: *A Marriage of True Minds: An Intimate Portrait of Leonard and Virginia Woolf*, London 1977

Sir Leslie Stephen's Mausoleum Book, Oxford 1977

Trombley, Stephen: ›*All That Summer She Was Mad‹: Virginia Woolf and her Doctors*, London 1981

Woolf, Leonard: *Mein Leben mit Virginia*, hg. und aus dem Englischen übersetzt von Friederike Groth, Frankfurt/M. 1988

The Diary of Virginia Woolf, ed. by Anne Olivier Bell, V Vols., London 1977–84

The Letters of Virginia Woolf, Ed. Nigel Nicolson, Assistant Ed. Joanne Trautman, 6 Vols., London 1975–80

Ellen West
ca. 1890-ca. 1924

»Das Leben lastet wie eine Wolke auf mir«

Von Liliane Studer

»Irgend etwas in mir sträubt sich dagegen, dick zu werden. Sträubt sich dagegen, gesund zu werden; runde, rote Backen zu bekommen, eine einfache, robuste Frau zu werden, wie es meiner eigentlichen Natur entspricht... Es treibt mich zur Verzweiflung, daß ich mich mit allen großen Worten nicht weiterbringen kann. Ich kämpfe gegen unheimliche Mächte, die stärker sind als ich. Ich kann sie nicht packen und greifen.«[1] Ellen West ist ca. 33 Jahre alt,[2] als sie diese Zeilen in ihr Tagebuch schreibt. Sie wird noch rund vier Monate gegen die »unheimlichen Mächte« kämpfen, bevor sie sich die letzte Mahlzeit erlaubt – seit langem eine ohne Schuldgefühle und panische Ängste vor dem Dickwerden.

Die vorangegangenen Monate müssen grauenhaft gewesen sein. Aus den zugänglichen Texten spricht nackte Angst, Angst vor der Angst. Sie selbst spricht von den schrecklichsten Wochen ihres Lebens. Tag und Nacht ist sie mit Essen beschäftigt. An ein Weiterleben mag sie nicht mehr denken und nimmt am 8. Oktober 1923 56 Tabletten Somnacetin, ein Schlafmittel, ein, die sie aber in der folgenden Nacht größtenteils wieder erbricht. Kurz zuvor hat sie die zweite psychoanalytische Behandlung bei einem eher orthodoxen Therapeuten begonnen. Eine erste Analyse hat Ellen im vorangegangenen August abgebrochen. Der erste Psychoanalytiker war ein feinsinniger, junger, nicht auf Freud eingeschworener Mann, der wohl recht genau erkannt hat, an was Ellen leidet, insbesondere daß sich eine Besserung ihres Zustands nicht durch Willensanstrengungen herbeiführen läßt. Sie spürt zwar einen intensiven Wunsch, gesund zu werden, will aber »den Preis dafür nicht bezahlen. Oft bin ich ganz kaputt von dem Konflikt, der nie ein Ende nimmt, und gehe verzweifelt von... (dem Analytiker) nach Hause mit der Gewißheit: Er kann mir Erkenntnis geben, nicht aber Heilung.« Die Erkenntnis liegt darin, daß Ellen nicht essen kann, um anschließend befriedigt und satt zu sein. Der Gedanke an Essen löst bei ihr massive Reaktionen aus, es überläuft sie heiß und kalt vor Angst. »Alle guten Vorsätze, alle Lebenslust, bricht vor dieser Wand zusammen, über die ich nicht hinwegkommen kann.« So schränkt sie die Nahrungsaufnahme immer mehr ein. Denn wenn sie mit Essen anfängt, kann sie nicht mehr, vielleicht nie mehr aufhören. Unter diesen Voraussetzungen sieht sie wohl keinen Sinn mehr, die Analyse fortzusetzen. Denn an eine Erlösung vom Zwang, immer ans Essen zu denken, glaubt sie nicht mehr.

Es geht ihr sehr schlecht, sie ißt ganz unregelmäßig, oft überhaupt nichts. Plötzlich aber überfallen sie Freßanfälle, und sie muß gierig Unmengen in sich hineinstopfen. Ellen ist von einer inneren Unruhe geplagt. Sie kann kaum mehr überlegen, welche Bedürfnisse sie nun wirklich hat. Denn wo immer sie hinkommt, der Zwang ist bereits da. So bringt denn auch der Besuch bei den Eltern im Herbst 1923 keine Beruhigung. Zu Beginn empfindet Ellen das Zusammensein noch als angenehm, bis sie erkennt, daß ihre Hoffnung, sich bei der Mutter aussprechen zu können, unerfüllt bleibt. Der Aufenthalt im Elternhaus wird immer mehr zur Qual, insbesondere auch, weil sie hier am Familientisch sitzen und im trauten Kreis die Mahlzeiten einnehmen muß. Denn Ellen kann nur allein essen. Die Anwesenheit anderer Menschen macht sie nervös. Sie mag nicht, wenn jemand zusieht, wie sie alles gierig hinunterschlingt. Sie empfindet sich als Zumutung für die andern, aber auch für sich selbst. »Nach Tisch ist mir immer am allerschlimmsten zumute. Ich möchte am liebsten gar nicht essen, um das schreckliche Gefühl nach Tisch nicht zu haben. Ich fürchte mich schon den ganzen Tag vor diesem Gefühl. Wie soll ich es beschreiben? Es ist ein dumpfes, leeres Gefühl im Herzen, ein Gefühl der Angst und Hilflosigkeit. Manchmal klopft das Herz dann so stark, daß ich ganz schwindlig davon werde. Wir haben es in der Analyse so erklärt: ich versuche beim Essen zwei Dinge zu befriedigen: den Hunger und die Liebe. Der Hunger wird gestillt – die Liebe nicht! Es bleibt das große, unausgefüllte Loch. Des Morgens, wenn ich aufwache, fange ich schon an, mich vor der ›Angst nach Tisch‹ zu fürchten; und diese Angst begleitet mich den ganzen Tag. Ich habe sogar Angst, in ein Lebensmittelgeschäft zu gehen. Der Anblick der Lebensmittel erweckt Sehnsüchte in mir, die sie (die Lebensmittel) nie stillen können. Als suchte ein Mensch seinen Durst in Tinte zu löschen.« Ellen West glaubt nicht mehr an die Heilbarkeit ihrer Krankheit. Sie weigert sich, in die Klinik eines

Internisten zu gehen, begibt sich statt dessen in die zweite psycho-analytische Behandlung. Dem oben erwähnten Selbstmordver-such folgen Anfang November weitere, bis sie schließlich doch in Begleitung des Gatten in die Klinik eintritt.

Mitte Oktober hat sie wieder angefangen, in ihr Tagebuch zu schreiben. Mit scharfem Blick analysiert sie ihre Situation. »19. Oktober: Ich glaube, nicht die Angst vor dem Dickwerden ist die eigentliche Zwangsneurose, sondern *das fortwährende Verlangen nach Essen*. Die Freßlust muß das Primäre gewesen sein. Die Angst vor dem Dickwerden kam als Bremse dazu. – Seitdem ich in der Freßlust die eigentliche Zwangsvorstellung sehe, ist sie wie ein Tier über mich hergefallen. Ich bin ihr wehrlos preisgegeben. Sie verfolgt mich fortwährend und treibt mich zur Verzweiflung.«

»21. Oktober: An den Tagen, in denen der Hunger mich nicht quält, steht die Angst vor dem Dickwerden wieder im Mittelpunkt. Zwei Dinge quälen mich also: Erstens der Hunger. Zweitens die Angst, dicker zu werden. Ich finde aus dieser Schlinge nicht her-aus... Grauenhaftes Gefühl der Leere. Grauenhafte Angst vor diesem Gefühl. *Nichts* habe ich, das dieses Gefühl betäuben kann. Das Bild hat sich ja überhaupt verschoben. Noch vor einem Jahr freute ich mich auf den Hunger und aß dann mit Appetit. Die Abführmittel, die ich täglich nahm, sorgten dafür, daß ich kein Fett ansetzte. Ich wählte meine Speisen natürlich auch danach, vermied alles Dickmachende, aß aber doch mit Lust und Freude die erlaub-ten Sachen. Jetzt ist mir, trotz meines Hungers, jede Mahlzeit eine Qual; immer von Angstgefühlen begleitet. Die Angstgefühle verlas-sen mich überhaupt nicht mehr. Ich fühle sie wie etwas Körper-liches: ein Weh im Herzen.«

Alles dreht sich nur noch um Essen, Hunger, Dickwerden. Angst ist überall und läßt Ellen nicht mehr los. Auch in den Träumen verfolgt sie der Zwang, ans Essen denken zu müssen, von dem sie sich eigentlich befreien möchte, den sie aber braucht, um zu über-leben. Doch fragt sie sich nie, gegen was sie Widerstand leistet. Mit solchen Gedanken wäre sie allein, sie sind Anfang der 20er Jahre dieses Jahrhunderts nicht angebracht. Es gibt keine Frauenbewe-gung, die Zusammenhänge sieht zwischen dem Wunsch, dünn zu sein, und der den Frauen auferlegten Rolle. Daß die Frau auf ihr Äußeres festgelegt wird, daß nicht zählt, was sie leistet, sondern wie sie aussieht, gilt auch bereits für Ellen West. Sie, die etwas Besonderes hat werden wollen, quält sich seit Jahren mit Eßproblemen, die sie besetzen. »Ich kann den Gedanken an das Brot den ganzen Tag nicht aus meinem Kopf verdrängen! Er füllt mein Gehirn so aus, daß ich keinen Platz für andere Gedanken mehr habe: Ich kann mich weder zum Arbeiten noch zum Lesen konzentrieren.« So verliert sie allmählich auch immer mehr die Achtung vor sich selber, denn was sie einmal als wichtig erklärt hat, kann sie nicht mehr erfüllen. Mit 21 Jahren betont sie noch, daß sie keine Konzessionen machen will. »Ich bin 21 Jahre alt und soll schweigen und grinsen wie eine Puppe. Ich bin keine Puppe. Ich bin ein Mensch mit rotem Blut und bin eine Frau mit zuckendem Herzen. Und ich kann nicht atmen in dieser Atmosphäre der Heuchelei und Feigheit, und *will* etwas Großes schaffen, und *muß* meinem Ideal, meinem stolzen Ideal ein wenig näher kommen!« Später tritt an Stelle des stolzen Ideals die »fixe Idee«, dünn zu sein. Sie ist abhängig davon, wie andere ihr Aussehen und vor allem ihr Dicksein beziehungsweise ihr Dünnsein beurteilen. Bereits nach einem Jahr, mit 23 Jahren, klagt sie sich an, »wie tief sie gesunken« ist, wie weit sie sich von ihrem Idealbild, aber auch von dem, was sie früher einmal gewesen, entfernt hat.

Ellen West darf nicht den Anspruch haben, Großes zu leisten. Ihre Umwelt sieht sie als »Frau«, was gleichbedeutend ist mit Sich-Zurückhalten, Im-Schatten-Bleiben. Ellen braucht einige Zeit, bis sie ihren Körper so sehr zerstört hat, daß sie nicht mehr fähig ist, ihrem stolzen Ideal, eine Persönlichkeit zu sein, nachzuleben. Doch um der fixen Idee, immer dünner zu werden, also niemand mehr zu sein, nachzueifern, reichen die Kräfte aus, bis sie das Ziel erreicht hat: nicht mehr zu leben.

Dünn zu sein und zu bleiben, ist nicht einfach. Vor allem dann, wenn Ellen ständig von Hungergefühlen verfolgt wird. Der Hunger umschlingt sie mit unsichtbaren schmerzenden Fäden. Er ist zum ständigen Begleiter geworden, Tag und Nacht. Wo immer sie auch hinkommt, der Hunger ist schon da und läßt sie nicht mehr los. »Wenn ich des Morgens erwache, habe ich Angst vor dem Hunger, von dem ich weiß, daß er sich bald einstellen wird. Der Hunger treibt mich aus dem Bett. Ich frühstücke – und werde nach einer Stunde wieder hungrig. Den ganzen Morgen verfolgt mich der Hunger oder die Angst vor dem Hunger. Die Angst vor dem Hunger ist etwas *Schreckliches*. Sie drängt alle andern Gedanken aus meinem Kopf. Selbst wenn ich satt bin, fürchte ich mich vor der kommenden Stunde, in der der Hunger sich wieder einstellen wird. Wenn ich hungrig bin, kann ich nichts mehr klar sehen, kann nicht analysieren.«

Ist es da erstaunlich, daß Ellen West sich den Tod wünscht? An Heilung kann sie nicht glauben, eine Veränderung ihrer Situation zieht sie, soweit wir informiert sind, nie in Betracht. Zu groß sind die Abhängigkeiten vom Vater und vom Ehemann, auf die noch zurückgekommen werden muß. Sie selber kann ihren Zustand nur analysieren – und das erschreckend genau –, nicht aber ändern. »Wenn ich das alles zu analysieren versuche, so kommt nichts dabei heraus als *eine Theorie. Etwas Erdachtes. Fühlen* kann ich nur die Unruhe und die Angst.«

Hat wohl jemals eine Frau, ein Mann zu Ellen West gesagt, daß sie Grund hat, sich zu wehren? Daß ihr Bedürfnis, Sinnvolles zu tun und nicht in Vergessenheit zu geraten, legitim ist? Daß sie als einzige Tochter vom Vater auf eine Rolle festgelegt wird, der sie nicht entsprechen will, weil sie selber herausfinden möchte, wer sie ist? Daß sie fragen soll, wer sie ist?

Doch Ellen West bleibt allein mit solchen Fragen. Mitte November 1923 – Ellen ist 33 Jahre alt –, kurz nach dem Eintritt in die Klinik, geht es ihr etwas besser. Sie besucht Vorlesungen, ißt, was sie vorgesetzt bekommt, und nimmt einige Pfund zu. Doch der Schein trügt. Auch im folgenden Gedicht überwiegen Nacht und Chaos, vielleicht aber ist ein Morgen möglich.

Ich sehe, wie die gold'nen Sterne tanzen;
Noch ist es Nacht, ein Chaos, wie noch nie.
Wird mit des Morgens frühem, klarem Glanze
Die Ruhe kommen und die Harmonie?

In der Nacht vom 18. auf den 19. November hat Ellen West einen ungeheuren Produktionsschub. Sie schreibt Gedichte und Prosaskizzen. Die Aufzeichnungen sind Ausdruck davon, daß sie hoffen kann, wenn auch nur für wenige Stunden. »Ich fühle etwas Süßes in der Brust, etwas, das wachsen und werden will. Mein Herz klopft. Kommt die Liebe wieder in mein Leben?« Schon am nächsten Morgen ist alles wieder weg, »die schöne Stimmung der Nacht wie weggeblasen. Ich bin müde und traurig – –.« Die Todessehnsucht wächst, nur der Tod kann Erlösung von diesen unvorstellbaren Leiden bringen. Immer schmerzlicher erlebt Ellen die Entfernung zu anderen Menschen, die sie nur noch durch eine Glaswand sieht, aber nicht mehr berühren kann und von denen sie auch nicht gehört wird. »Ich sitze in einer Glaskugel.« Es ist schwierig nachzuvollziehen, wie dies für Ellen gewesen sein muß, sich in einer Glaskugel zu fühlen. Andere Menschen zu sehen, nicht aber mit ihnen in Kontakt treten zu können, kein Wort hören, keine Berührung, keine Zärtlichkeit, keine Wärme spüren. Nur Leere und grenzenlose Einsamkeit haben sie umgeben. Und Rettung ist nicht möglich, weil jeder Zugang versperrt ist. Denn nicht nur kann sie nicht hinaus, es kann auch niemand zu ihr kommen. Der Glaskugel zu entkommen, würde bedeuten, sie zu zerstören. Scherben aber verletzen, und Wunden schmerzen.

Vielleicht ist es für Ellen ein Schritt aus der Glaskugel, wenn sie in dieser Zeit beginnt, die *Geschichte einer Neurose* zu schreiben, ein Text, der (vorläufig?) unter Verschluß bleibt. Die wenigen Auszüge, die Ludwig Binswanger in seiner Fallstudie zitiert, lassen darauf schließen, daß dieser wohl längere Prosatext für die Biographie von Ellen West, aber auch für die Auseinandersetzung mit Eßstörungen bei Frauen, wie sie in den letzten Jahren und Jahrzehnten bei uns massiv zugenommen haben, sehr aufschlußreich ist. Doch ist dies unmöglich, solange ein Enkel des Psychiaters auf eine entsprechende Frage wie folgt antwortet: »Ich möchte Ihnen die Reise nach Tübingen (dort befindet sich das Archiv der Klinik *Bellevue*/L. St.) ersparen, da Sie ohne meine Einwilligung keinen Zutritt erhalten.«[3]

Trotz der Behandlung in der Klinik und der Analyse fühlt sich Ellen West immer schlechter, sie mag nicht mehr leben, der Zwang beherrscht sie so sehr, daß sie an ihrer Liebesfähigkeit zweifelt. Das Leben ist nur noch eine Qual. Ihren Ehemann bittet sie: »Karl, wenn Du mich lieb hast, gönne mir den Tod.« Zu Beginn des folgenden Jahres (es muß 1924 sein) schreitet der Internist ein, verbietet die Analyse und verfügt eine Internierung in die psychiatrische Klinik *Bellevue* in Kreuzlingen, in die Ellen West am 14. Januar von ihrem Mann gebracht wird. Nach zweieinhalb Monaten Aufenthalt in der Klinik hält ein Dreierkonsilium mit Prof. E. Bleuler, einem ausländischen Psychiater und dem Leiter der Klinik *Bellevue*, Ludwig Binswanger, fest, daß es sich bei Ellen Wests Krankheit um eine »fortschreitende schizophrene Psychose« handelt, bei der keine sicher wirksame Behandlung möglich sei. Sie schließen eine Zwangsneurose und/oder manisch-depressives Irresein aus. Da die Heilungsaussichten praktisch Null sind und Ellen West sehr auf Entlassung drängt, geben die Herren diesem Ansinnen statt, und Ellen West verläßt Anfang April die Klinik, wieder in Begleitung ihres Mannes.

Die nun folgenden Tage schildert Binswanger mit den Sätzen: »Auf der Reise ist Ellen sehr tapfer. Der Grund, warum sie sie unternimmt, gibt ihr Kraft. Der Blick ins Leben, den ihr die Reise verschafft, tut ihr weh. Sie fühlt sich, mehr noch als in der Anstalt, lebensunfähig. Die folgenden Tage sind qualvoller als alle die vorangehenden Wochen. Sie fühlt keine Entspannung, im Gegenteil, alle Symptome treten verstärkt auf. Die Unregelmäßigkeit der Lebensweise wirft sie ganz um, das Wiedersehen mit ihren Verwandten führt ihr ihre Krankheit nur noch deutlicher vor Augen. Am dritten Tag des Zuhauseseins ist sie wie umgewandelt. Sie nimmt zum ersten Frühstück Butter und Zucker, ißt zum Mittagessen so viel, daß sie – zum erstenmal seit 13 Jahren! – von der *Nahrungsaufnahme befriedigt* ist und *wirklich satt* wird. Zum Kaffee ißt sie *Pralinés* und *Ostereier*. Sie macht einen Spaziergang mit dem Mann, liest Gedichte von Rilke, Storm, Goethe, Tennyson, amüsiert sich über die ersten Kapitel von Mark Twains *Christian Science*, ist geradezu in *festlicher Stimmung* und alle Schwere scheint von ihr abgefallen. Sie schreibt Briefe, als *letzten* einen an die hiesige Mitpatientin, an die sie sich so angeschlossen. Abends nimmt sie eine tödliche Dosis Gift und ist am andern Morgen entschlafen. ›Sie sah aus, wie nie im Leben – ruhig und glücklich und friedlich.‹«[4]

Während Binswanger nach den zweieinhalb Monaten, die Ellen West in der Klinik *Bellevue* verbracht hat, zur Diagnose »fortschreitende schizophrene Psychose« mit der Prognose »unheilbar« kommt, sucht Kim Chernin in ihren beiden Essays *The mysterious Case of Ellen West* und *The Obsession*[5] nach der *Frau* Ellen West, die unter dem Zwang, dünn zu sein, leidet, ihm ausgeliefert ist. Damit aber ist ein Bereich angesprochen, der uns viel weniger fremd ist, als es noch für den Psychiater Binswanger gewesen sein muß. Manche Frau konzentriert sich mit all ihren Energien darauf, dünn zu sein, zu verschwinden, keinen Platz zu beanspruchen. Magersucht, Eß-Brechsucht, Eßsucht – so paradox es tönen mag, Frauen leisten Widerstand, indem sie ihren Körper zerstören. Sie wehren sich gegen die ihnen auferlegte Frauenrolle, mit der sie zur Bedeutungslosigkeit verurteilt werden. Das Leben ist nur noch im alles umfassenden Zwangskorsett »Essen« möglich. Arbeit, Kinder, Freundinnen, Geliebte, sie alle werden aufgegeben, wenn das

Leben nicht mehr auszuhalten ist, wenn das Selbst nichts mehr ist und also noch mehr zerstört werden muß.

»Immer wenn die Seele einer Frau bedroht wurde, wählte sie die Kontrolle über den eigenen Körper als Weg der Selbstdarstellung. Die Nahrungsverweigerung der Magersüchtigen ist nur das letzte Glied einer langen Kette von Versuchen der Selbstbehauptung. Wenn der weibliche Körper Schauplatz eines Protestes ist, so ist gleichermaßen der weibliche Körper das Schlachtfeld, auf dem um die Kontrolle gekämpft wird.«[6] Magersucht oder Anorexia nervosa gilt als Krankheit, die besonders in den letzten 20 Jahren massiv zugenommen hat und von der vor allem Mädchen kurz vor und während der Pubertät betroffen sind. Bei der Suche nach einer Klassifizierung wird festgehalten, daß es sich bei Magersüchtigen vor allem um junge Frauen aus der oberen Mittelschicht handle, die besonders leistungsbewußt sind, sich aber durch die Krankheit vor dem Erwachsenwerden, vor dem Frauwerden bewahren wollen.

Doch offenbar ist es nicht so einfach, Frauen, die das Essen verweigern, in medizinische Kategorien zu fassen. Längst gibt es vierzigjährige Magersüchtige, aber auch zahlreiche Frauen, die zwar normalgewichtig sind, dieses Normalgewicht aber nur dank regelmäßigem Erbrechen halten können. Die magersüchtige Frau verweigert die Nahrung und hat gleichzeitig Angst vor jedem Essen, das für sie die Gefahr in sich trägt, das selbstauferlegte Diktat nicht mehr befolgen zu können. Sie wird so dünn, daß sich der Körper ständig nach Nährstoffen sehnt, da er buchstäblich verhungert und verdurstet. Die Magersüchtige selbst sieht kaum, wie mager sie ist. So muß sie immer noch mehr abnehmen. Aber alle ihre Gedanken drehen sich ums Essen. Schon beim Erwachen denkt sie daran, was sie heute alles nicht essen wird, ob sie die auferlegten Verbote wird einhalten können. Sie hat sämtliche Kalorientabellen im Kopf, kennt sich insbesondere bei den dickmachenden Speisen bestens aus. Sie kocht häufig für ihre Nächsten, auffallend oft Süßspeisen, und sie ist besorgt, daß die anderen genügend und ausgewogen essen. Damit kann sie zum Teil ihre eigenen Wünsche und Bedürfnisse befriedigen.

Hinter der Nahrungsverweigerung steht das Bedürfnis, dünn zu sein. Die Unsicherheit, wieviel Platz eine Frau in einer männerdominierten Gesellschaft einnehmen darf, hängt eng damit zusammen. Mit der Weigerung zu essen, ist aber ebenfalls der Wunsch verbunden, »den eigenen Körper zu kontrollieren, denn der Körper ist für die Magersüchtige ein Symbol für emotionale Bedürfnisse. Wenn sie die Kontrolle über den eigenen Körper erreicht, so glaubt sie, wird sie vielleicht auch ihre Emotionalität in den Griff bekommen. Das rigide Unterdrücken und Disziplinieren des Körpers ist Teil eines Versuchs, das eigene Gefühlsleben zu verleugnen. Die Magersüchtige kann Gefühle nicht tolerieren. Sie erfährt Emotionalität als Angriff, und sie möchte sie kontrollieren, um von ihren Gefühlen nicht aufgezehrt zu werden. Sie versucht, die Herrschaft über den eigenen Körper und die eigene Seele zu erlangen, indem sie eine völlig neue Person aus sich selbst heraus schafft. Mit anderen Worten: Sie negiert die eigene Persönlichkeit, die voller Bedürfnisse, Hunger, Zorn und Sehnsucht ist. Und mit Hilfe anstrengender körperlicher Rituale verwandelt sie sich in eine Person, die sie akzeptieren kann. Die Unterwerfung unter Rituale schafft eine Grenze zwischen der Person und ihren Bedürfnissen. Die Magersüchtige schöpft Kraft aus dem Wissen, daß sie Bedürfnisse und Appetit ignorieren kann.«[6] Die Krankheit gibt der Magersüchtigen die Gewißheit, jede Situation im Leben meistern zu können, weil sie einen Weg gefunden hat, nicht mehr verletzbar zu sein, den eigenen Körper auszuschalten. So kann ihr niemand mehr etwas antun.

Magersucht kann als Versuch gesehen werden, die wesentlichen Bedürfnisse zu unterdrücken, später zu leugnen. Doch warum sind diese Bedürfnisse so bedrohend, und warum ist es für die Magersüchtige wertvoller, sich zu enthalten und in der Folge zu zerstören, als sich mit den eigenen Bedürfnissen, die mit dem Körper verbunden sind, auseinanderzusetzen? »Ich stelle die These auf, daß die Antwort in der besonders großen Sensibilität liegt, die diese Frauen schon sehr früh hinsichtlich geschlechtsspezifischer Rollenvorschriften verinnerlicht haben. Die Betroffene erlebt trotz einer Sozialisation, deren Ziel die Bedürfnisunterdrückung ist, weiterhin die intensive Präsenz von Bedürfnissen und Wünschen. Dies wird für sie zum Problem, und die Magersucht ist die Lösung.«[6]

Ellen Wests Geschichte ist eine Bestätigung für obige These von Susie Orbach. Magersucht wird zum Schlüssel, die eigenen Bedürfnisse, die mit geschlechtsspezifischen Rollennormen der Gesellschaft divergieren, unter Kontrolle zu halten, die eigene Person und ihre Wünsche auszulöschen. Die Anorexie verlangt die totale Selbstunterwerfung und bietet damit die Möglichkeit, zu existieren.

Ellen West war keine anerkannte oder spät erkannte Künstlerin (wie andere Frauen in diesem Band), sie war »nur« ein berühmter Fall. Weil der Psychiater Ludwig Binswanger ihre Krankengeschichte genau aufgeschrieben hat, wurden Phyllis Chesler[7] und Kim Chernin[5] auf diese Frau aufmerksam, der es trotz allen Anstrengungen nicht gelungen ist, den Körper zum Schweigen zu bringen. Das ist das Schwierige für die Magersüchtige: Wenn sie ihre Sucht völlig lebt, verhungert, also stirbt sie. Doch hat sie mit der Krankheit eine *Lebens*möglichkeit gesucht, eine jedoch, die sie an den Rand des Todes bringt. Trotzdem, der Hunger nach Leben bleibt. Die Bedürfnisse sind nicht weg. Die Lösung Magersucht ist keine endgültige. Nur der Tod, den Ellen West schließlich wählt, kann dies sein.

Der lautlose Schrei nach Liebe, den Ellen West so manches Mal in ihren Gedichten und Tagebüchern festgehalten hat, wurde nicht gehört, falsch gehört, falsch verstanden. Sie selber hat sehr wohl verstanden. Das Wissen aber hat ihr nichts genützt. »Das ist das Grauenhafte an meinem Leben: es ist von Angst erfüllt. Angst vor dem Essen, Angst vor dem Hunger, Angst vor der Angst. Nur der Tod kann mich von der Angst erlösen. Jeder Tag ist wie ein Schreiten auf schwindelndem Grat, ein ewiges Balancieren auf Klippen. Es ist nutzlos, mir vorzuanalysieren, daß ich ja gerade diese Angst, diese Spannung will. Es klingt geistreich, aber es hilft meinem wehen Herzen nicht: wer will diese Spannung, wer, was? Ich sehe nichts mehr, alles verschwimmt, alle Fäden laufen durcheinander. Ich leiste immer nur Gedankenarbeit. Im Innersten ändert sich nichts, die Qual bleibt dieselbe. Es ist leicht zu sagen: alles ist durchsichtig. Ich sehne mich nach Vergewaltigung – und vergewaltige mich ja nun stündlich selbst. Also habe ich mein Ziel erreicht. Wo aber, wo liegt der Rechenfehler? Denn ich bin grenzenlos elend, und es klingt mir albern, zu sagen: ›Gerade das will ich ja: elend sein.‹ Das sind Worte, Worte, Worte... und inzwischen leide ich, wie man ein Tier nicht leiden lassen würde.«

Wie kommt es dazu, daß Ellen West nicht mehr weiterleben will? Wie hat sie gelebt? Welche Schmerzen wurden ihr zugefügt, die zu diesem Haß auf den eigenen Körper, den Körper einer Frau, führten? Aus der Fallstudie von Ludwig Binswanger lassen sich einige biographische Daten zusammenstellen, die aufschlußreich sind und uns eine Frau entdecken lassen, die den direkten Widerstand gegen männliche Autoritäten immer mehr aufgibt und damit ihren Wunsch, etwas Großes zu leisten. Ihre letzte Widerstandsform ist die Zerstörung des Frauenkörpers, der ihr so viele Leiden gebracht hat.

Ihr wirklicher Name ist unbekannt. Geboren wurde sie Ende Juli, doch ein genaues Jahr wissen wir nicht. Phyllis Chesler[7] nimmt an 1890. Mit etwa 34 Jahren nimmt sie sich das Leben. Ihre Gedichte, Briefe, Tagebücher sowie zwei längere Texte liegen gut verschlossen im Archiv der Klinik Bellevue Kreuzlingen in Tübingen. Der Zugang wird nur für streng wissenschaftliche Arbeiten im medizinisch-psychiatrischen Bereich gewährt. Für Ludwig Binswanger, Chefarzt der Klinik Bellevue von 1911 bis 1956, war Ellen West (er gab ihr dieses Pseudonym) interessant genug, daß er ihr eine eigene Studie widmete, die später in sein Werk *Schizophrenie*[8] aufgenommen wurde, aber auch als Separatdruck[9] erschienen ist.

Ellen West ist neun Monate alt, als sie erstmals die Milch verweigert. Ihre Abneigung wird akzeptiert, sie bekommt Fleischbrühe, die sie offensichtlich mag. Milch hat sie auch in späteren Jahren nie mehr vertragen. Gern ißt sie Fleisch, weniger gern Gemüse, gar nicht freuen kann sie sich an Süßspeisen. Erst viel später soll bekannt werden, daß sie schon als Kind leidenschaftlich gern Süßigkeiten gehabt, diese aber offenbar bewußt abgelehnt habe. Kennt sie schon damals die Angst, maßlos essen zu müssen? Ist es ein erster Willensakt, sich das, was sie mag, zu verbieten? Daß Ellen ein willensstarkes Kind gewesen ist, betont Binswanger verschiedentlich: »Nach eigenen Angaben und denen der Eltern ist Ellen ein sehr lebhaftes, aber eigensinniges und heftiges Kind gewesen. Sie habe oft stundenlang einem Befehl der Eltern getrotzt und ihn auch dann nicht ausgeführt. Einmal habe man ihr ein Vogelnest gezeigt; sie habe aber mit Bestimmtheit erklärt, das sei kein Vogelnest, und sich durch nichts davon abbringen lassen.« Auch später, als die Familie West nach Europa übersiedelt (genauere Angaben haben wir nicht) – Ellen ist damals zehn Jahre alt –, bleibt das Mädchen eigenwillig. In der Schule legt sie einen großen Ehrgeiz an den Tag. Sie will die Beste sein, vor allem in ihren Lieblingsfächern Geschichte und Deutsch. Gelingt ihr das einmal nicht, fällt sie in verzweifeltes Weinen. Wenn sie auf ärztliche Anordnung hin dem Unterricht fernbleiben muß, hat sie große Angst, den Anschluß zu verpassen und etwas zu versäumen. Sie ist lebhaft, »aber immer noch eigenwillig«.[4]

Über ihre Kindheit ist weiter nur wenig bekannt. Sie wächst mit einem älteren und einem jüngeren Bruder auf. Der vier Jahre ältere Bruder, dunkelhaarig und dem Vater ähnlich, ist ein ausgeglichener und vergnügter Bub, der »keine Nerven kennt«.[4] Demgegenüber wird der jüngere, blonde Bruder geschildert als »ein Nervenbündel, ein weicher und weiblicher Ästhet, der mit 17 Jahren einige Wochen wegen einer psychischen Erkrankung mit Selbstmordideen in einer Nervenklinik war und auch nach seiner Genesung leicht erregbar blieb«.[4]

Der Vater, er ist Jude, wird dargestellt als »äußerlich sehr beherrschter, etwas steif formeller, sehr verschlossener Tat- und Willensmensch, innerlich aber als sehr weich und reizbar und an nächtlichen Depressionen und Angstzuständen mit Selbstvorwürfen leidend, ›wie wenn eine Angstwelle über seinem Kopf zusammenschlüge‹. Er schläft schlecht und steht morgens oft noch unter dem Druck der Angst. In der Familie des Vaters finden wir zahlreiche psychisch kranke Frauen und Männer. So soll eine Schwester des Vaters am Hochzeitstag psychisch erkrankt sein.«[4] Von Ellen soll er über alles geliebt worden sein.

Über Ellens Mutter erfahren wir nicht annähernd so viel wie über den Vater. Auch sie ist Jüdin, aber im Gegensatz zum Vater wird sie als weich, gütig, beeinflußbar und nervös geschildert. Während der Verlobungszeit mit Ellens Vater leidet sie drei Jahre an einer Depression.

Bei der Schilderung der Familie bleiben viele Fragen offen: Welchen Beruf übt der Vater aus? Wie alt sind die Eltern? Wo wohnt die Familie? Wie lebt sie? Wie ist die Beziehung zwischen den Eltern? Nur eines ist herauszulesen, daß die Wests an traditionellen Familienstrukturen festhalten, in denen Ellen – das Mädchen, das schon sehr früh den Anspruch erhebt, nicht zu sein wie die andern – aufwachsen muß. Was sie, ein Mädchen, werden soll, ist von vornherein klar: Hausfrau und Mutter. Ihre eigene Mutter dient ihr hierfür kaum als Vorbild. Die Beziehung zwischen Mutter und Tochter bleibt unklar; erst sehr viel später, mit 33 Jahren, erwähnt Ellen, daß sie große Sehnsucht nach ihrer Mutter habe und den Kopf an ihre Brust legen und sich ausweinen möchte. Doch sei dies nicht möglich, denn zu Hause ist auch der Vater, vor dessen »schwerer und ernster Art« sie große Angst hat.

Als Kind macht Ellen manches, was sich für ein kleines Mädchen nicht ziemt. Sie rennt in Knabenkleidern herum, spielt Knabenspiele und möchte überhaupt ein Knabe sein. Das Mädchen, von dem Gehorsam und Fügsamkeit erwartet wird, pocht um die Jahrhundertwende darauf, jemand sein zu wollen, und nicht nur jemand, sondern »aut Caesar, aut nihil«, wie einer ihrer Wahlsprüche mit etwa fünfzehn Jahren heißt. Als sie sechzehn ist, gibt sie die Jungenspiele gleichzeitig mit dem Daumenlutschen plötzlich auf. Sie ist verliebt. Doch immer noch sind da ihre Bedürfnisse, ein Mann zu sein. In einem Gedicht, das sie mit siebzehn schreibt, wünscht sie sehnlichst, »sie wäre ein Knabe, dann würde sie Soldat sein, keinen Feind fürchten und freudig, das Schwert in der Hand, sterben«. Die erste Liebe kann ihre Bedürfnisse und Wünsche noch nicht gänzlich zerstören. In ihren Gedichten ist ein großer Freiheitsdrang spürbar, sie will Großes, Mächtiges schaffen. Eher abwertend hält Binswanger fest: »Sie hält sich für berufen, etwas Besonderes zu leisten, liest viel, beschäftigt sich intensiv mit sozialen Fragen, empfindet und entwirft Pläne zur Besserung der letzteren. Im selben Alter (17) wird sie im Anschluß an die Lektüre von Niels Lyhne aus einem (trotz der absichtlich areligiösen Erziehung durch den Vater) tiefgläubigen Menschen zu einer vollkommenen Atheistin. Um das Urteil der Welt kümmert sie sich nirgends.«

Neben den starken Texten, in denen Ellen auf eine Zukunft weist, die ihr Erfolg bringt, lesen wir aus anderen bereits die Trauer, den Schmerz und die Verzweiflung heraus. Die Siebzehnjährige fragt in einem Gedicht mit dem Titel »Küß mich tot« direkt und unumwunden: »Gibt es keine Rettung mehr?« Vielleicht könnte Arbeit Rettung bedeuten. Mit 18 Jahren schreibt Ellen West ins Tagebuch: »Was wären wir ohne Arbeit, was würde aus uns werden? Ich glaube, man müßte bald die Kirchhöfe vergrößern für die, die freiwillig in den Tod gegangen sind. Die Arbeit ist das Opium für Leid und Gram. – Wenn uns alle Fugen der Welt auseinanderzureißen drohen, wenn das Licht unseres Glücks erloschen ist und unsere Lebenslust im Verwelken liegt, so rettet uns nur noch eins vom Wahnsinn: die Arbeit. Dann stürzen wir uns in ein Meer von Pflichten, wie in den Lethe, und das Rauschen der Wellen soll die Todesglocken, die in unserem Herzen schlagen, übertönen. – Wenn der Tag mit seiner Hast und Unruhe vorüber ist, und wir bei der steigenden Dämmerung am Fenster sitzen, entfällt das Buch wohl unserer Hand, wir starren in Pläne und Hoffnungen, von denen sich keine verwirklicht, die grenzenlose Ödigkeit der Welt und unsere unendliche Winzigkeit stehen vor der müden Seele. Dann drängt sich die alte Frage wieder auf die

Lippen: ›Wozu – warum das Ganze? Warum streben und leben wir, um nur nach einer kurzen Spanne Zeit vergessen, im kalten Erdboden zu modern?‹ – In solcher Stunde springe schnell auf, und wohl Dir, wenn man nach Dir ruft, und schaffe mit beiden Händen, bis die Nachtgestalten schwinden. O Arbeit, wohl bist Du der Segen unseres Lebens! – Oh, ersticke die murmelnden Stimmen in der Arbeit! Fülle Dein Leben mit Pflichten aus. Ich will nicht so viel denken – meine letzte Adresse soll nicht das Irrenhaus sein!«

Ellen fährt mit ihren Eltern im selben Jahr (1908) nach Paris, davon schreibt sie in ihrem Tagebuch begeistert. Binswanger schreibt, sie habe kleine Liebesaffären. Gleichzeitig wachse der Wunsch, »zart und ätherisch« zu sein, wie dies ihre Freundinnen sind. In den Gedichten kommt die Widersprüchlichkeit zum Ausdruck, die Ellen kaum mehr verlassen soll. Auf der einen Seite die Freude, der Sonnenschein, der lachende Frühling, auf der andern Seite die Sehnsucht nach dem Dunkel, die Angst vor dem Nicht-Sein in einer Welt, die auch Ellens Einsatz dringend nötig hätte.

Mit 19 macht Ellen eine Reise mit ihren Eltern nach Übersee, wo sie geboren wurde und von wo sie als Kind nach Europa kam. Diese Reisezeit sei die »glücklichste und harmloseste Zeit« ihres Lebens gewesen. Wieder zurück (wo die Familie gelebt hat, wird nirgends erwähnt), beginnt Ellen West mit Reiten und bringt es zu beachtlichem Können. Binswanger kommentiert: »Wie alles, was sie tut, betreibt sie das Reiten ›übertrieben intensiv‹, ja als ihre ausschließliche Lebensaufgabe.« Vielleicht auch erlebt Ellen auf dem Pferd eine Freiheit, die ihr sonst weit entfernt scheint; das Gefühl, fliegen zu können, muß für sie von großer Bedeutung gewesen sein.

Auch das nächste Jahr soll noch voll Freude und Lebenslust gewesen sein. Sie will hinaus, den Tag genießen, nicht verkümmern im Dunkel. Sie sehnt sich nach dem Mann, der mit ihr das Glück teilt und für den sie keine Opfer scheut. »Groß müßte er sein, und stark, eine Seele haben, so rein und unbefleckt wie das Morgenlicht! Das Leben dürfte er nicht spielen noch träumen, sondern es *leben*, in all seinem Ernst und all seiner Lust. Er müßte sich *freuen* können: sich freuen an mir und meinen Kindern, und Freude haben an Sonnenschein und Arbeit. Dann würde ich ihm all meine Liebe geben und all meine Kraft.« Sie findet diesen Mann in den Staaten, wohin sie gereist ist, um ihren älteren Bruder zu pflegen. Es soll dies die letzte Zeit sein, in der sie mit Vergnügen und Genuß

essen kann. Der Vater zeigt sich nicht begeistert von den Heirats-
plänen seiner Tochter. Ellen gehorcht ihm und löst die Verlobung
wieder auf. Sie verbringt einige Zeit in Sizilien, wo sie einen Text
Über den Beruf der Frau schreibt. Was dort drin steht, dürfte von
einigem Interesse sein, ist aber nicht zugänglich. Ob Ellen West
hier nach Möglichkeiten sucht, sich doch noch mit der ihr zugeschriebenen Rolle abzufinden? Oder fragt sie vielleicht, ob es keine
anderen Möglichkeiten für Frauen gibt, als sich als Tochter, Ehefrau und Mutter unter das Diktat zuerst des Vaters, später des
Ehemannes zu stellen? Obwohl Binswanger festhält, daß Ellen die
Trennung von ihrem Verlobten mit Leichtigkeit überwunden hat
und zu Beginn ihres Sizilienaufenthalts noch voller Lebensfreude
ist, muß angenommen werden, daß ihr der Eingriff des Vaters
schwer zugesetzt hat. Jetzt beginnt, wovon sich Ellen bis zu ihrem
Tod nie mehr wird lösen können: die Angst vor dem Dickwerden.
Äußerer Anlaß dazu sind Bemerkungen von Freundinnen, die
Ellen wegen ihres pummeligen Aussehens necken. Offenbar hat
Ellen ihren Schmerz über den Verlust des Geliebten, wie so viele
Frauen, mit Schokolade und Kuchen zu überdecken versucht.
Doch nun beginnt die radikale Abmagerung. Ellen verbietet sich
alle Süßigkeiten und andere dickmachende Speisen. Am Abend ißt
sie überhaupt nichts mehr. Sie ist ständig in Bewegung, um ja kein
Fett anzusetzen, macht lange Spaziergänge und beginnt, das nicht
wegzubringende Hungergefühl zu überlisten. Ihr Handeln hat
Erfolg. Als sie einige Monate später nach Hause zurückkehrt, ist
das Entsetzen der Angehörigen groß: Ellen ist gänzlich abgema-
gert und sieht entsetzlich aus.

Ellen ist nun 21 Jahre alt, fühlt sich nutz- und wertlos, hat Angst
vor allem und sehnt sich nach der Tödin als Erlöserin, die sie als
»eine herrliche Frau, weiße Astern im dunklen Haar, große Augen
traumtief und grau« sieht. »Der Tod ist das größte Glück des Lebens, wenn nicht das einzige. Ohne Hoffnung auf das Ende wäre
das Dasein unerträglich. Nur die Gewißheit, daß früher oder später das Ende kommen muß, tröstet mich ein wenig.« Ellen deutet
auch hier bereits an, daß sie, sollte der Tod, »der große Freund«, zu
lange auf sich warten lassen, ihn suchen ginge. Sie ist besessen von
der Idee, zu dick zu werden, und setzt alle Energien dafür ein, daß
dies nicht passiert. In ihrem Tagebuch schreibt sie verzweifelt, daß
sie nirgends ein Heim habe, auch zu Hause (bei den Eltern?) nicht,
daß sie die Tätigkeit, die sie suche, nicht finde, keine Ruhe habe,

eine wahre Qual fühle, wenn sie stillsitze, daß jeder Nerv in ihr zittere. Sie fühlt nur noch Verachtung für sich. In diesem elenden Zustand ist ihr auch völlig unvorstellbar, Kinder zu haben.

Im Herbst des Jahres 1911 gelingt es Ellen langsam, aus der Depression herauszufinden. Doch ist sie weit davon entfernt, fröhlich und zufrieden in die Zukunft zu blicken. Die Angst, dick zu werden, läßt sie weiterhin nicht los. Dazu kommt dieses Gefühl, überflüssig zu sein, keinen Beitrag zu leisten. Sie traut sich Widerstand nicht mehr zu, fürchtet, bald klein beizugeben, weil sie den Kampf nicht zu führen vermag. »Es ist eigentlich traurig, daß ich all die Kraft und Schaffenslust in ungehörte Worte statt in starke Taten übersetzen muß. Ein Jammer ist's um mein junges Leben, eine Sünde um meinen gesunden Sinn. Zu welchem Zweck hat die Natur mir Gesundheit und Ehrgeiz gegeben? Doch nicht, um sie zu ersticken und niederzuhalten und in den Fesseln des Alltags verschmachten zu lassen, sondern um der armseligen Menschheit zu nützen. Die eisernen Fesseln des Alltags: Die Fesseln der Konvention, die Fesseln des Besitzes und der Bequemlichkeit, die Fesseln der Dankbarkeit und Rücksicht, und am stärksten von allen: die Fesseln der Liebe. Ja, die sind es, die mich niederhalten, zurückhalten von dem wilden Aufleben, dem gänzlichen Aufgehen in der Welt des Kampfes und der Opfer, nach dem sich meine ganze Seele sehnt. O Gott, die Angst macht mich rasend! Die Angst, die fast Gewißheit ist! Das Bewußtsein, daß ich alles schließlich verlieren werde: allen Mut, alle Empörung, allen Tatendrang; daß sie – meine kleine Welt – mich mürbe machen werde, mürbe und kleinmütig und armselig, wie sie selbst es sind.«

Welche Möglichkeiten aber hat eine Frau zu Beginn des 20. Jahrhunderts, die, wie Ellen West, Großes leisten möchte, daran aber systematisch gehindert wird, weil es für sie als Frau nicht so vorgesehen ist? Wir wissen nicht, welche Schulen Ellen West besuchen konnte. Aus den Aufzeichnungen von Binswanger geht hervor, daß sie Kinderlesezimmer nach amerikanischem Muster eingerichtet, dieses aber bald wieder aufgegeben hat. Sie will mehr und beginnt ein Jahr später, also mit 22 Jahren, mit den Vorbereitungen für die Matura, um anschließend Nationalökonomie studieren zu können. Hier sieht sie Möglichkeiten, wirksam gegen die sozialen Ungerechtigkeiten vorgehen zu können.

Das Lernen vermag die 22jährige Frau nicht von der fixen Idee, immer dünner werden zu müssen, abzubringen. Sie achtet peinlich genau darauf, nicht zuzunehmen. Doch will dies immer weniger gut gelingen. Denn Ellen verspürt nun Lust zu essen, besonders die verpönten Süßigkeiten machen ihr zu schaffen. Sie muß ihre Anstrengungen verstärken. In diese Zeit fällt eine Liebesgeschichte mit einem Reitlehrer, die Binswanger als unangenehm bezeichnet. Was er damit andeuten will, bleibt im dunkeln. Doch müssen wir annehmen, daß der Zusammenbruch, den Ellen mit 23 erleidet, in einem Zusammenhang zu dieser Beziehung steht. Sie hat sich nur einigermaßen unter Kontrolle, wenn sie die Tage nach einem festen Plan einteilt und sich strikt daran hält. Die Vorbereitungen für die Matura gibt sie auf, um in kurzer Zeit ein Lehrerinnenexamen zu machen, das ihr den Zugang zur Universität ermöglicht. Nun kann Ellen studieren. Die kurzen Monate an der Universität sollen zu den glücklichsten ihres Lebens gezählt haben. Ellen verliebt sich in einen Studenten. Etwas von der Lebensfreude und Sinnlichkeit kehrt zurück. In einem Gedicht schreibt sie:

Ich möchte sterben, wie der Vogel stirbt,
Der sich die Kehle sprengt in höchstem Jubel;
Nicht leben, wie der Wurm der Erde lebt,
Alt, häßlich werden, stumpf und dumm!
Nein, einmal fühlen, wie die Kräfte zünden
Und sich im eigenen Feuer wild verzehren.

Aber auch diese Liebe, die zu Ellens zweiter Verlobung führt, kann sie nicht von ihrer fixen Idee befreien. Sie verwendet immer noch einen Großteil ihrer Energie darauf, nicht dick zu werden. Genau das aber droht einzutreten: Vielleicht hat sie Hunger, wenn sie mit Freundinnen und Freunden auf Bergtour ist, muß essen, um mit den anderen mithalten zu können. Und sie wird Bedürfnisse gespürt haben, körperliche, sexuelle. Sogleich ist die Bedrohung wieder da. Ein Arzt, bei dem sie in Behandlung ist, geht auf ihren Wunsch, eine Entfettungskur zu machen, ein und gibt sein Einverständnis dazu. Damit erhält Ellen die Bestätigung, zu dick zu sein, gleichzeitig die Legitimation, nicht mehr essen zu müssen. Die Spirale dreht eine Runde weiter, die Schlinge wird enger.

Die Eltern sind offensichtlich auch von dieser neuen Beziehung ihrer Tochter nicht begeistert. Sie verlangen eine zeitweilige Trennung. Ellen fällt in eine tiefe Depression, sie will dünner und dünner werden, sich buchstäblich auslöschen aus diesem Leben, in dem sie nicht lieben darf, wen sie will, aussteigen. Zum ersten Mal wird nun erwähnt, daß Ellen auch Tabletten einnimmt, und zwar täglich 36 bis 48 Thyreoidin (Schilddrüsenpräparat). Sie magert gänzlich ab, was sie anscheinend sehr befriedigt. Vorläufig trennt sie sich noch nicht von ihrem Verlobten.

Mit 25 Jahren macht Ellen ihre dritte Reise nach Übersee. Ein Arzt, den sie dort aufsucht, diagnostiziert die »Basedowsche Krankheit« (Schilddrüsenkrankheit, bei der die Schilddrüse vermehrt aktiv ist) und verordnet Bettruhe. Ellen nimmt in der Folge zu, was sie völlig verzweifeln läßt. Nach sechs Wochen im Bett wiegt sie 150 Pfund, das muß für Ellen unakzeptabel sein. Sie kommt wieder zurück nach Europa. Die Verlobung wird aufgelöst. Warum gerade in diesem Moment, ist nicht bekannt. Doch ist gut vorstellbar, daß sich Ellen widerlich findet, so fett muß sie nur noch abstoßend wirken. Die Eltern scheinen eine eigene Meinung der Tochter nicht zu tolerieren und scheuen wohl keine Mittel, sich durchzusetzen. Dabei sind die Mittel vermutlich sehr subtil, so daß sich Ellen nicht dagegen wehren kann.

Vielleicht sind die Eltern nicht unbeteiligt daran, daß Ellens Vetter, mit dem sie seit Jahren befreundet ist, sich ihr schon während der Verlobungszeit zuwendet. Und es wundert kaum, daß sich ein Liebesverhältnis entwickelt. Was will Ellen anderes tun? Die Sehnsucht nach einem Beruf bleibt unerfüllt, die Auflösung der Verlobung mit dem Studenten ist eine »offene Wunde«. So verbringt sie ihre Tage mit Hungern. Diese Anstrengungen werden unterstützt durch lange Wanderungen und eifriges Turnen. Warum Binswanger zu diesem Zeitpunkt meint, daß die fixe Idee zwar nicht verschwunden sei, sie aber nicht mehr so wie früher beherrsche, ist unerklärlich. Vielmehr wächst der Eindruck, daß Ellen nur noch dünn sein will, weil sie sonst nichts ist. In einem Gedicht, wahrscheinlich an den früheren Geliebten geschrieben, faßt sie ihre Verzweiflung mit folgenden Worten zusammen:

Schöpfer, Schöpfer,
Nimm mich zurück!
Schaff mich ein zweitesmal
Und schaff' mich besser!

Jetzt, wo sie den Vetter heiraten soll – Ellen ist 26 Jahre alt –, nimmt sie sich noch zwei Jahre Zeit, Zeit, die sie braucht, um sich besser vom Geliebten zu trennen. Sie trifft ihn noch einmal und bricht danach zusammen. Nun ist sie reif für die Ehe mit dem

Vetter. Ob ihre Hoffnungen, nach der Heirat von ihrer fixen Idee befreit zu werden, wirklich echt sind, bleibt fragwürdig. Denn bereits auf der Hochzeitsreise führt Ellen eine rigorose Diät durch, um die lästigen Pfunde loszuwerden, die sich am gehaßten Körper wieder angesetzt haben.

Die Ehe bringt eine weitere Komplikation, die für Ellen wohl besonders einschneidend gewesen sein muß. Ein verheiratete Frau in ihrem Alter wird, wenn sie gesund ist, schwanger. So auch Ellen. Sie verliert das Kind durch eine Fehlgeburt.

Jeder Geschlechtsverkehr muß für Ellen eine Bedrohung gewesen sein. Hier könnte ihrem Körper etwas zugefügt werden, das sie heftig bekämpft: Wenn sie ein Kind erwartet, wird sie dick. Und gegen diese zusätzlichen Kilos könnte und dürfte sie sich nicht mehr wehren. Die Kontrolle über ihren Körper würde ihr entzogen. In der Folge bleibt die Periode aus, aber nicht, weil Ellen schwanger wäre, sondern wegen ihres schlechten körperlichen Zustands. Ist Ellen tatsächlich unglücklich, weil sie nicht wieder schwanger wird, wie Binswanger dies behauptet?

Um den Krieg gegen den Körper noch wirksamer zu führen, nimmt Ellen West Unmengen von Abführmitteln ein. Fürchterliches Erbrechen nachts ist die Folge. Ob sie dieses Erbrechen willentlich herbeiführt, bleibt offen. Die Radikalkur bringt aber den gewünschten Erfolg, Ellen nimmt ab und ist dabei sehr befriedigt. Langsam schwinden ihre Kräfte, für sie spürbar, gegen außen sichtbar.

Ellen West arbeitet während ihrer Ehe im sozialen Bereich. Was genau darunter zu verstehen ist, kann nicht näher benannt werden. Offenbar aber gelingt es ihr, in den Beziehungen zu den von ihr Betreuten eine Befriedigung zu finden. Doch die Arbeit ist anstrengend, sie ist zu nichts anderem mehr fähig. So wird erwähnt, daß sie die beiden Spaziergänge, die sie täglich mit ihrem Mann machte, auslassen muß. Sie schläft viel, bis zu 12 Stunden pro Tag, was sie sich früher nie erlaubt hätte. Den Abführmittelkonsum steigert sie ständig, ernährt sich immer unregelmäßiger und ist sichtlich körperlich sehr reduziert. Doch psychisch scheint es ihr gutzugehen, ihre Radikalkur hat ja Erfolg.

Ellen ist knapp 32 Jahre alt, als sie ihrem Mann zum ersten Mal gesteht, »daß sie ihr Leben nur noch unter dem Gesichtspunkt lebe, wie sie dünn bleiben könne, daß sie jede ihrer Handlungen diesem Gesichtspunkt unterordne, daß diese Idee eine furchtbare

Gewalt über sie erlangt habe«.[4] Wie haben die beiden bis jetzt zusammengelebt? Wie hat er reagiert? Und wer ist dieser Mann überhaupt? Wir wissen nichts von ihm, außer daß er der Vetter ist, kein Alter, kein Beruf, nichts über sein Äußeres, nichts darüber, was er über die Frau denkt, die er geheiratet hat und die so unerbittlich einen Kampf gegen sich selber führt, der tödlich enden muß. Wenn Ellen erst so spät mit ihrem Mann über die fixe Idee redet, hat sie vorher andere Vertraute gehabt, denen sie erzählen konnte, was sie besetzt? Ich vermute nicht. Binswanger, auf dessen Ausführungen ich mich stütze, lernt Ellen West erst kennen, als sie in seine Klinik kommt, und das ist knapp vier Monate vor ihrem Tod. Ihm hat sie anscheinend bei der ausführlichen Anamnese viel erzählt, doch ob sie jemals davon mit anderen geredet hat? Mit dem geliebten Studenten? Mit ihrer Kinderfrau?

Für Ellen ist die Kinderfrau eine Begleiterin, auf die sie sich zeitlebens verlassen kann und die sie, wenn immer möglich, überallhin mitnimmt. Vielleicht ist diese Frau für Ellen eine Ersatzmutter, eine, der sie den Kopf in den Schoß legen durfte, was bei der leiblichen Mutter nicht möglich war. Ich stelle mir diese Frau als warme, sinnliche, gefühlvolle, eher rundliche Frau vor, die Ellen gern hat und dies schon dem Kind bedingungslos zu spüren gibt. Zu ihr hat sie Vertrauen. Die Zuwendung, die sie von ihrer Kinderfrau erhalten hat, wurde wohl von ihrer Mutter nur ungern gesehen. Vermutlich war die Mutter emotional sehr zurückhaltend (weil ein Kind, inbesondere ein Mädchen, nicht verwöhnt werden soll) und wollte aber dennoch, daß Ellen sie als wichtigste Bezugsperson sah. Daß Ellens Mutter nicht anders handeln und sich nicht anders verhalten konnte, liegt ebenfalls auf der Hand. Denn auch sie war eine Gefangene in Konventionen, keine Frau, die ihren Weg gegangen war und Ellen eine Stütze hätte sein können in ihrer Auflehnung gegen eine Rolle, die sie nicht erfüllen wollte, zu der sie aber gezwungen wurde, weil eine Frau nichts anderes zu wollen hat.

Freundinnen spielen in Ellens Leben nach den uns vorliegenden Unterlagen nur als Konkurrentinnen eine Rolle. Ellen West beurteilt die anderen Frauen danach, wie »zart und ätherisch« sie sind, und sie wetteifert mit ihnen darum, die Dünnste zu sein. Doch was mochten die Frauen miteinander gesprochen haben? Hat Ellen ihnen erzählt, was es für sie bedeutet hat, sich vom ersten Verlobten trennen und später die Beziehung zum geliebten Studenten aufgeben zu müssen? Konnte sie mit ihnen darüber sprechen, daß sie sich von diesem Mann nicht zu lösen vermochte? Hat sie einer anvertraut, was sie vom Ehemann denkt? Und hat eine gewußt, welchen täglichen Kampf mit Kalorien, Hungergefühlen, Genuß und Verzicht Ellen führt? Auf solche Fragen bekommen wir keine Auskunft.

Für Ellen geht der Kampf unerbittlich weiter, und gänzlich hat sie ihr Ideal noch nicht aufgegeben. Sie strebt noch immer danach, sinnvolle Arbeit zu leisten. So übernimmt sie bei der Fürsorgestelle, bei der sie bis anhin ehrenamtlich tätig war, eine bezahlte Stelle, die sie aber völlig überfordert, da ihr körperlicher Zustand sehr miserabel ist. Sie hat sich ständig schlechter ernährt und wiegt nun noch 94 Pfund. Später sinkt ihr Gewicht auf 90 Pfund. Für die Menschen in ihrer Umgebung hingegen sorgt sie übermäßig, schaut, daß sie reichlich und gut essen. Sie beschäftigt sich in jeder freien Minute mit Kalorientabellen und Rezepten, vor allem für Süßspeisen. Am Tisch gibt sie vor, gleich viel zu essen wie die andern, indem sie ihren Teller normal füllt. Doch hat sie eine große Geschicklichkeit entwickelt, das Essen unbemerkt in ihrer Handtasche verschwinden zu lassen. Speisen, von denen sie weiß, daß sie nicht dick machen, verschlingt sie in riesigen Mengen, mit dieser Gier, die sie an sich so verabscheut. Wenn sie auf solche Weise unkontrolliert ißt, hat sie nachträglich Schuldgefühle. Denn wie läßt sich dieses Handeln vereinbaren mit ihrem Einsatz für Menschen, die nicht das Nötigste zum Essen haben?

Es besteht kein Zweifel, Ellen West geht es sehr schlecht, sie leidet höllische Qualen. Sie hat sich völlig verstrickt im Dschungel von Essen, Dickwerden, Kalorien, Abführmitteln und Gewicht. Ein Ausweg ist nicht mehr sichtbar. In Begleitung ihres Mannes sucht sie ein Sanatorium für Stoffwechselstörungen auf. Dort nimmt sie zunächst rund fünf Kilo zu, doch sobald der Gatte abgereist ist, beginnt sie den Arzt zu täuschen, und damit immer auch sich selbst. Sie magert wieder ab, einesteils weil sie praktisch nicht mehr ißt und Unmengen von Abführmitteln einnimmt, so daß sie tagsüber von Durchfall mit Bauchkrämpfen, nachts von Erbrechen gequält wird. Aus dieser Zeit haben wir kaum Aufzeichnungen von ihr, die Aufschluß darüber geben, ob sie wirklich eher heiterer Stimmung ist und sich darüber freut, daß die Menschen ihrer Umgebung sich um sie sorgen, wie Binswanger schreibt, oder ob sie nicht vielmehr völlig verzweifelt ist, wie es aus einigen Zeilen von ihr herauszulesen ist: »Meine Gedanken beschäftigen sich ausschließlich mit meinem Leib, meinem Essen, meinen Abführmitteln.« Sie betont, daß sie zwar gesund sein möchte, doch nicht bereit ist, den Preis dafür zu bezahlen. Dabei wissen wir – und auch Ellen weiß es –, daß Gesundwerden nicht einfach per Willensakt gelingt, der darin besteht, normal zu essen. Nur zu genau analysiert sie ihre Situation, ihr Gefangensein in einem Leben, das sie eigentlich nicht will, aus dem auszubrechen sie aber nicht die Kraft hat. Und immer wieder dringt durch, daß der Schmerz um den früheren Geliebten noch nicht abgeflaut ist, daß ihr jetziger Zustand etwas mit dieser Liebe und Leidenschaft zu tun hat. Der Student war das Ideal, vergleichbar dem Ideal, dünn zu sein, der Ehemann aber das Leben, das mit Frausein, Dick-, Alt- und Häßlichwerden gleichgesetzt wird. »Damals warst Du (der Ehegatte) das Leben, das ich bereit war hinzunehmen, und dafür mein Ideal (den Studenten) aufzugeben. Aber es war ein künstlich herbeigeführter, gewaltsamer Entschluß, kein von innen heraus gereifter. Darum ging es nicht. Darum fing ich wieder an, ihm Pakete zu schicken und gegen Dich voll Opposition zu sein. Und erst viel später, als ich innerlich so weit war, als ich mir mein Ideal von Angesicht zu Angesicht angesehen hatte und erkannte: Ich habe mich geirrt, dieses Ideal ist eine Fiktion, da erst konnte ich ruhig und sicher ja zu Dir sagen. So muß ich mir jetzt erst mein Ideal ansehen können, dieses Ideal von Dünnsein, Körperlossein, und erkennen: ›Es ist eine Fiktion.‹ Dann kann ich das Leben bejahen.« Wie unheimlich schwierig es für Ellen gewesen sein muß, zu erkennen, daß sie nicht von ihrem Ideal abkommen kann, ist kaum vorstellbar. Dabei umfaßt »Ideal« eben auch diese Vorstellung, jemand im Leben zu sein, nicht sinnlos gelebt zu haben. Zu schreiben. Die Schuldgefühle gegenüber dem Gatten, dem sie »nicht wirklich Frau geworden« ist, wachsen. Immer wieder muß sie ihn enttäuschen, nicht nur, weil sie den früheren Geliebten nicht loslassen kann, sondern auch weil sie nicht zunimmt, weil sie voller Haß gegenüber ihrem Körper und voller Angst ist. Und wie steht es wohl mit dem Haß gegenüber dem Vater, dem Ehemann?

Ellen West äußert sich nicht direkt darüber. Nur einmal spricht sie vom Haß gegenüber der Umwelt, die es ihr nicht ermöglicht, ihr Ideal zu verwirklichen. Und verschiedentlich trägt sie die Bitte an den Mann oder an sie liebende Menschen, diesem elenden Leben doch ein Ende zu bereiten. Denn noch lange so weiterleben zu müssen, ist unvorstellbar. Ein Dasein, das nur noch darin besteht, Kalorien zu zählen, auf der Waage zu stehen, Abführmittel einzunehmen, aufs Klo zu laufen, zu erbrechen – und das unter massiven Schuldgefühlen und verknüpft mit Angstgefühlen, die sie zur Verzweiflung bringen –, ist kein Leben. Ellen wird von ihrer fixen Idee beherrscht, sie ist keine eigenständige Frau mehr. Das Kind, das sich früher einmal gegen alle und alles aufgelehnt hat und vom Vogelnest behauptet hat, es sei kein Vogelnest, ist vielleicht noch nicht gänzlich tot, aber auch nicht mehr lebendig. In dieser Situation ist jeder Ausweg schon wieder verschlossen, bevor er überhaupt gefunden ist.

Nicht nur die körperlichen Kräfte schwinden, auch der Widerstand wird immer kleiner. Sie ist einverstanden mit einem Aufenthalt in der psychiatrischen Klinik *Bellevue*. Auch dorthin begleitet sie der Ehemann. In der Klinik schließt sie sich einer eleganten, sehr dünnen Patientin an. Binswanger kommentiert: »Homoerotische Komponente springt stark in die Augen.« Vielleicht hätte Ellen West bei einer Frau gefunden, was ihr so sehr gefehlt hat – Liebe. Ob sie noch zu anderen Frauen und Männern außerhalb der Klinik Kontakt hat, ist unklar. Eher wahrscheinlich ist, daß Ellen sehr isoliert ist.

Der Kampf dauert an und wird immer aussichtsloser. In Einsamkeit, Kälte und Leere muß Ellen erstarren. Einen Ausweg bietet nur der Tod. Sie findet keine Unterstützung in ihrer Suche nach sich selbst. Daß sie schreibt, wird von ihrer Umwelt nicht anerkannt. Die Tagebücher, Briefe und Prosatexte werden nicht zur Kenntnis genommen als das Werk einer Frau, die etwas zu sagen hat. Es sind vielmehr kleine Beschäftigungen, die zu tolerieren, aber nicht ernst zu nehmen sind. Binswanger beschließt: »Aber Ellen West, so sehr ihr auch ein Gott gab, zu sagen, was sie leidet, war nicht zur *Dichterin* geboren.« Trotziges Weib, das sich nicht daran hält, was für es vorgesehen ist von einem allmächtigen Gott, unterstützt von fürsorglichen Vätern, Ehemännern und Psychiatern.

Ellen West hat zeit ihres Lebens versucht, eine Eigenständigkeit zu wahren, nicht so zu sein wie die anderen. Sie wollte herausfinden, wer sie wirklich sei. Systematisch wurde sie aber daran gehindert. Das, was sie geschrieben hat, wurde nicht als literarisches Werk gesehen, und auch heute ist es nach wie vor nicht möglich, Ellen Wests literarische Texte zu lesen. Nach ihrem Tod wird diese

Frau weiter bevormundet und unter Verschluß gehalten, was sie geschrieben hat. Doch gerade dagegen hat sie sich ein Leben lang gewehrt, sie wollte nicht mundtot gemacht werden, nicht sofort nach dem Tod vergessen werden. Und sie hat bitter dafür bezahlt, nicht so zu sein, wie die anderen dies für sie bestimmt haben.

Binswanger beschreibt in seinen daseinsanalytischen Interpretationen die »menschliche Individualität, der wir den Namen Ellen West gegeben haben«, und bestätigt damit seinen Anspruch, die Bestimmung von Ellen Wests Dasein festzulegen: »Ellen Wests verzweifelter Trotz, sie selbst sein zu wollen, aber als ein anderes Sein als dasjenige, in das sie vom Grunde ihres Daseins faktisch geworfen war, zeigt sich nicht nur in Auflehnung und Kampf gegen ihr Schicksal (gegen ihr Weibsein, ihr Elternhaus, ihre soziale Klasse, ihren Hang nach Süßigkeiten, ihre Veranlagung zum Dickwerden und schließlich gegen ihre Krankheit), sondern auch als Auflehnung und Kampf gegen die Zeit: Insofern sie nicht alt, dumpf und häßlich werden, mit einem Wort, nicht dick werden will, will sie die Zeit aufhalten, der Zeit, wie wir zu sagen pflegen, ›nicht ihren Tribut zollen‹. In ihrem, ihr erst gegen das Lebensende hin durchsichtig werdenden, trotzigen Beharren auf ihrem Selbst, das aber doch nicht ihr eigentliches, sondern ein (›zeitloses‹) ätherisches Wunschselbst ist, läuft sie aber dem Grunde ihres Daseins nicht davon – das vermag kein Mensch –, sondern läuft sie in ihn – als Abgrund – hinein. So wenig der Mensch ›seinem Schicksal‹ entrinnen kann, so wenig kann er seinem Grunde entrinnen. Wo wir aber, wie im Leben Ellen Wests, eine so deutliche Kreisbewegung des Daseins von seinem Grunde weg und zurück in ihn als Abgrund konstatieren, da existiert das Dasein in der Weise der *Angst*.«

Gegen solche autoritäre Einstufungen ist auch berechtigter und nachvollziehbarer Widerstand äußerst schwierig, vor allem wenn jede Unterstützung ausbleibt. Uns erstaunt nicht, daß Ellen sich nicht auf die von Männern ihrer Zeit vertretenen Vorstellungen, wie eine Frau zu sein hat und was sie erwartet, festlegen lassen will. Widerstand ist angesagt, wenn Älterwerden für uns Frauen mit »dumm, häßlich und dick werden« gleichgesetzt wird. Ellen hat dies versucht, mußte aber aufgeben, weil die männliche Übermacht zu groß war.

For Ellen West, Mental Patient and Suicide

Lethal poison: revenge
on a world of definitions
coiled in the bird's nest
swimming in the milk
you refused   getting yourself a name
for stubbornness
You   weaning yourself
striding in boy's clothes
dreaming of freedom
in the skirted parlor
of pre-war Europe
you   child and poet
delivered at birth
into enemy hands

I am not of your women!
the poet in you
could only choke
on hunger
shame and self-loathing
Every ounce of your female flesh
revolted you
they took you to clinics
for willed starvation
for dread of swollen breasts
and swollen belly
they analyzed you twice
committed you to Kreuzlingen
in Switzerland
Your husband
understood you so perfectly
he came with you everywhere

Ellen West, a non-Swiss
your title in Binswanger's history
Ellen, not-ski-ing the planes of the mountain
not-carving the frozen air
with your eager, longing breath

not-living for thirty years
the definitions
they had prepared for you
not-giving-in
though hunger haunted you
in a false and fatal form
O Ellen
I sift your life up out of their negatives

I read of you
in anger   you surrounded
by understanding, understood
to the brink of your throttled life
by parents, husband, the greatest doctors
in Kreuzlingen, in Switzerland
in the nineteen-twenties

you surrounded
by snow-peaks   by glaciers
by chocolate creams
and Easter eggs   the poems
of Goethe and Rilke   you
hungry for a forbidden life
guilty   starving   condemned

by a world of definitions

taking lethal poison
with a tranquil face

Adrienne Rich, 1971

Erstmals veröffentlicht in Kim Chernins Essay zu Ellen West,
siehe Anmerkung 5.
© Adrienne Rich 1971

Für Ellen West, Irrenhauspatientin und Selbstmörderin

Tödliches Gift: Rache
an einer Welt der Begrenzungen
zusammengerollt im Vogelnest
schwimmend in Milch
die du nicht mochtest   früh bezichtigt
des Eigensinns
deine Entwöhnung vollzog sich
du schlendernd in Knabenkleidern
von Freiheit träumend
in den engen Salons
im Vorkriegseuropa
du   Kind und Poetin
von Geburt an
in feindliche Hände gefallen

»Ich bin keine von euch Frauen!«
die Dichterin in dir
konnte nur ersticken
vor Hunger
vor Scham und Selbstekel
Jedes Gramm deines weiblichen Körpers
empörte dich
sie brachten dich in Kliniken
weil du verhungern wolltest
weil dich Grauen ergriff vor schweren Brüsten
und einem aufgeschwollnen Bauch
zweimal analysiert
verbannt nach Kreuzlingen
in der Schweiz
Dein Ehemann
verstand dich so perfekt
er folgte dir überallhin

»Ellen West, keine Schweizerin«
eine Überschrift in Binswangers Krankenbericht
Ellen, nicht auf den Berghängen schifahrend
nicht die eisige Luft zerschneidend

mit heftigem Atem voll Sehnsucht
dreißig Jahre dich verweigernd
den Begrenzungen
die sie dir aufgebürdet haben
du gabst nicht auf
obwohl Hunger dich verfolgte
in einer irrigen und fatalen Weise
O Ellen
ich sichte deines Lebens Schattenseiten
ich lese über dich
voll Zorn   du warst umzingelt
von Verständnis, verstanden
bis an den Rand deines gedrosselten Lebens
vom Ehemann, den Eltern, den berühmtesten Ärzten
in Kreuzlingen, in der Schweiz
in den zwanziger Jahren

du warst umgeben
von Schneegipfeln   von Gletschern
von Schokoladecreme
und Ostereiern   den Gedichten
von Goethe und Rilke   du
hungernd nach einem verbotenen Leben
schuldig   dürstend   verdammt

in einer Welt der Begrenzungen

nahmst du das tödliche Gift
mit friedlichem Antlitz

Adrienne Rich, 1971

(Übersetzt aus dem amerikanischen Englisch von Sibylle Duda)

Anmerkungen

1 Alle Zitate aus Briefen, Tagebüchern, Gedichten und Texten von Ellen West sind entnommen aus: Ludwig Binswanger, *Der Fall Ellen West. Eine anthropologisch-klinische Studie,* Zürich 1945.

2 Es gibt kein genaues Geburts- und Todesdatum von Ellen West. Nach Phyllis Chesler (siehe Anmerkung 6) lebte sie von ca. 1890 bis ca. 1926, nach Ludwig Binswangers Angaben – er gibt keine Jahreszahlen an, nur das jeweilige Alter in Jahren – ist sie 34 Jahre alt geworden. Bei den in meinem Text angegebenen Jahreszahlen stütze ich mich auf das Geburtsjahr 1890.

3 Brief Dr. med. Dieter Binswangers vom 1. 8. 90.

4 Alle Zitate aus Ludwig Binswanger sind entnommen aus: Ludwig Binswanger, a. a. O.

5 Kim Chernin: »The mysterious Case of Ellen West« and »The Obsession«, in: *The Obsession. Reflections on the Tyranny of Slenderness,* New York 1981, S. 163-195.

6 Susie Orbach: *Hungerstreik. Ursachen der Magersucht. Neue Wege der Heilung.* Düsseldorf, Wien, New York 1987 (englische Originalausgabe 1986).

7 Phyllis Chesler: *Frauen – das verrückte Geschlecht?* Reinbek b. Hamburg 1974 (englische Originalausgabe 1972), insbesondere S. 4 ff.

8 Ludwig Binswanger: *Schizophrenie.* Pfullingen, Tübingen 1957, S. 57-188.

9 Ludwig Binswanger: *Der Fall Ellen West,* a. a. O.

Literatur

Binswanger, Ludwig: *Der Fall Ellen West. Eine anthropologisch-klinische Studie,* Zürich 1945

Binswanger, Ludwig: *Schizophrenie,* Pfullingen, Tübingen 1957 (darin Fallgeschichte Ellen West)

Chernin, Kim: »The mysterious Case of Ellen West« and »The Obsession«, in: *The Obsession. Reflections on the Tyranny of Slenderness,* New York 1981

Chesler, Phyllis: *Frauen – das verrückte Geschlecht?* (New York 1972), deutsch von Brigitte Stein, Reinbek b. Hamburg 1974

Orbach, Susie: *Hungerstreik. Ursachen der Magersucht. Neue Wege der Heilung.* Übers. aus dem Amerikanischen von Sonia Mikich, Düsseldorf, Wien, New York 1987

Agnes von Krusenstjerna
1894-1940

Ein schwieriges Leben oder:
Schwierigkeiten mit der Biographie

Von Annegret Heitmann

Agnes von Krusenstjernas Biographie? Nun, die ist schnell erzählt. Sie wurde am 9. Oktober 1894 in Växjö/Schweden geboren als Tochter von Oberst Ernst von Krusenstjerna und seiner Frau Eva, geborene Hamilton. Sie gehörte somit der schwedischen Aristokratie an, in deren Reihen insbesondere der mütterliche Zweig eine bedeutende Stellung einnahm. Eva von Krusenstjernas Bruder Hugo Hamilton war ein bekannter Politiker und ihr Großvater der berühmte romantische Dichter Erik Gustaf Gejer. Schon während ihrer Schulzeit zeigen sich bei Agnes erste Spuren einer Geisteskrankheit, die ihr ganzes Leben überschatten wird. Nach dem Bruch einer aussichtsreichen Verlobung mit dem jungen Adligen Gerard Odencrantz (1914) bricht die Krankheit dann endgültig aus. Sie verbringt mehrere Monate in einer Anstalt, Aufenthalte, die von nun an regelmäßig ihr Leben durchziehen. Im Jahre 1921 heiratet sie den skandalumwitterten und allseits unbeliebten David Sprengel, eine nicht standesgemäße Ehe, die schließlich zum Bruch mit der Familie führen wird. Sprengel wird ihr Mentor auf ihrem Weg zur Schriftstellerin. In knapp 20 Jahren publiziert sie nicht weniger als 19 Bücher (über 8000 Druckseiten), erlangt jedoch nie Anerkennung als eine schwedische Autorin von Bedeutung. Ihr Werk ist unterhaltender Natur und wird beeinträchtigt durch die Kollaboration mit dem Ehemann, der extensive Änderungen in den Manuskripten seiner Frau vornahm. Ihr siebenbändiger Romanzyklus *Fröknarna von Pahlen* (1930-35) (dt. *Die Fräulein von Pahlen*)

löst eine heftige Pornographie-Debatte in Schweden aus, die das Ehepaar endgültig zu Ausgestoßenen aus der Gesellschaft macht. Sie halten sich über weite Strecken im Ausland auf. Agnes von Krusenstjerna stirbt am 10. März 1940 in Stockholm.

Das ist Agnes von Krusenstjernas Biographie – aber es ist nicht *die* Biographie, es ist *eine* Biographie. Sie ist wahr, insofern als sie keine direkten Fehler, Lügen oder bloße Gerüchte enthält, sie ist unwahr, weil sie vorgibt, objektiv zu sein und ihre Selektivität, ihre Einseitigkeit und ihre Verkürzungen nicht einräumt. Ich kann Agnes von Krusenstjernas Biographie auch anders erzählen.

Agnes von Krusenstjerna wurde am 9. Oktober 1894 in Växjö/ Schweden geboren. Sie gehörte einer bekannten schwedischen Adelsfamilie an, zu der auf mütterlicher Seite der romantische Dichter Gejer (Agnes' Urgroßvater), der Politiker Hugo Hamilton sowie die Schriftstellerin Anna Hamilton-Geete gehörten. Dieses familiäre Erbe wird Agnes zeitlebens beeinflussen: Die Auseinandersetzung mit dem Milieu, der national geprägten Romantik und auch die Kraft, die von dem Modell der erfolgreich schreibenden Tante ausgehen, bestimmen ihr Leben und ihr Werk. Der Protest gegen den vorgezeichneten Weg beginnt mit dem Bruch der Verlobung mit dem standesgemäßen Mediziner Gerard Odencrantz, einer Verbindung, die von beiden Seiten auf Konventionen und nicht auf Gefühlen beruhte. Auch ihre zu dem Zeitpunkt erstmalig auftretende Geisteskrankheit kann als Protest oder als Fluchtstrategie verstanden werden, ebenso wie die 1921 eingegangene Ehe mit dem Kritiker und Übersetzer David Sprengel. Er bot ihr das grundsätzlich »andere«: Unkonventionalität bis hin zum gesellschaftlichen Außenseiterstatus, aber auch intellektuelle Inspiration, die in der sparsamen Ausbildung einer höheren Tochter keinen Platz gefunden hatte. Ihr umfangreiches literarisches Werk führt die Auseinandersetzung mit den gesellschaftlichen Normen fort, die einer Frau ihres Standes gesetzt waren. War der Protest soweit persönlicher Art, bekommt er im Werk einen öffentlichen Status. Die Öffentlichkeit reagiert entsprechend alarmiert, wenn in ihrem Hauptwerk, dem siebenbändigen Romanzyklus *Fröknarna von Pahlen*, die Normen von gesellschaftlich akzeptablen Frauenrollen, von männlichem Status und Geschlechterbeziehungen durchbrochen werden. Der Zyklus, der eine utopische Frauenwelt entwirft, erlangte durch eine erregte Pornographie-Debatte zwar Bekanntheit, wurde aber kaum seinen wirklichen Qualitäten entsprechend rezipiert. Der autobiographische Roman *Fattigadel* (1935-39) bringt den endgültigen Bruch mit der Familie mit sich. Dieser letzte Zyklus bleibt unvollendet, Agnes von Krusenstjerna stirbt am 10. März 1940 an Krebs.

Dies ist eine andere Biographie, eine andere Agnes entsteht in unserem Bewußtsein. Die Vorgehensweise hier ist subjektiv wertend, interpretierend. Sie gefällt mir besser, das gebe ich zu, aber daß sie »wahr« ist, in dem Sinne, daß nur sie wahr ist, möchte ich nicht behaupten. Ich habe zum einen immer noch vieles ausgelassen: Agnes' Fehlgeburt von Zwillingen im Jahre 1924, ihre Sexualität oder auch ihren Alkoholismus. Das Leben der Agnes von Krusenstjerna ist so reich – ich kann auch sagen so widersprüchlich –, daß es ohne weiteres möglich wäre, weitere vollständig anmutende Biographie-Mosaiksteine hinzuzufügen. Die Geisteskrankheit, die Skandale, das Abweichende können entsprechend betont werden, ebenso wie das Kreative oder das Feministische.

Diese Schwierigkeit mit der Biographie wirft für mich vor allem drei Problemkreise auf. Zunächst einmal die schon angesprochene Frage der (un?)möglichen Objektivität. Zugegeben, meine beiden einleitenden Biographien waren als bewußte Gegensätze konzipiert, doch selbst wenn sich BiographInnen bemühen, sind Auslassungen, Schwerpunktsetzungen oder Perspektiven unvermeidlich. »You can define a net in one of two ways, depending on your point of view«, sagt Julian Barnes in seinem Buch über Flaubert.[1] »Normally you would say that it is a meshed instrument designed to catch fish. But you could, with no great injury to logic, reverse the image and define a net as a jocular lexicographer once did: he called it a collection of holes tied together with string. You can do the same with biography.«

Aus dieser Erkenntnis ergibt sich zwangsläufig die Infragestellung der Position des/der Biographen/in. Bedeutet dann nicht jede Biographie eine Anmaßung? Führt sie nicht zur Mythenbildung – ist nicht schon der Anspruch, ein Leben, ein Individuum als Ganzheit erfassen zu können, ein Mythos? Gibt es die wahre Identität eines Menschen?

Doch seinen Kritikern zum Trotz bleibt das Genre lebendig und erfreut sich gerade in jüngster Zeit wieder zunehmender Beliebtheit, bei Schreibenden wie bei Lesenden, bei Männern wie bei Frauen. Das Leben der bekannten, der ungewöhnlichen Menschen fasziniert immer noch. Wenn es sich dabei um SchriftstellerInnen handelt, ergibt sich für die Biographie ein zweiter Problemkreis, und das ist das Verhältnis von Leben und Werk. Denn LiteratInnen hinterlassen nicht nur Lebensdaten, sondern auch Texte, die möglicherweise direktes biographisches Material, zumindest aber Verarbeitung von Lebenserfahrungen enthalten. Es stellt sich die methodische Frage nach der möglichen Verwertung dieses fiktionalen Materials. Der *New Criticism* hatte biographische Fragestellungen nachdrücklich aus der literarischen Analyse verbannt und die Konzentration auf den Text proklamiert. Ein Fragen nach dem persönlichen Schicksal von AutorInnen galt als naiv und verpönt. Damit reagierte die Literaturwissenschaft auf ein lange dominantes biographisches Verfahren, dem es um ein detektivisches Aufspüren von Lebensumständen in literarischen Texten gegangen war. Hagar Olsson beschreibt in ihrem Artikel über Agnes von Krusenstjerna die Widersprüche eines solchen Ansatzes: »Es ist ein ganz lustiges Schauspiel, zu sehen, wie die hochgelehrten Herren Kritiker mit der Nase im ›Schwedischen Adelskalender‹ nach den ›richtigen‹ Namen der in der Fattigadelserie geschilderten Personen suchen, um anschließend mit feierlich gerunzelter Stirn die grenzenlose Indiskretion der Verfasserin zu brandmarken.«[2] Das Vorgehen dieser Kritiker – und der Ansatz erfreute sich in Schweden ganz besonderer Beliebtheit – hat kaum zum Erkenntnisgewinn über Literatur beigetragen, und der *New Criticism* war daher mit Recht bestrebt, ihn aus dem literaturwissenschaftlichen Diskurs zu verbannen. Es wäre ihm auch beinahe gelungen.

Doch LeserInnen und auch die Schreibenden selbst haben ihr Interesse am Leben nie ganz aufgeben wollen. Natürlich gibt es bestimmte Texte, die ein solches Interesse in besonders hohem Maße rechtfertigen, wie z. B. Biographien, Autobiographien oder autobiographische Romane. Wie Hagar Olssons Beispiel von den im Adelskalender fündig gewordenen gelehrten Herren zeigte, gehören Agnes von Krusenstjernas Werke zu dieser Textgruppe. Es gibt sogar Literatur, die mit dem Leben auf geradezu erschreckende Weise verschränkt ist. Wie lesen wir z. B. einen Text der dänischen Autorin Tove Ditlevsen,[3] in dem – durch eine Spaltung des Erzähler-Ichs technisch ermöglicht – der Selbstmord der autobiographische Züge tragenden Hauptperson beschrieben wird, ein Selbstmord, den die Autorin dann kurze Zeit später selbst begeht? Eine textimmanente Lektüre scheint in diesem Fall zynisch. So eng ist die Verflechtung von Text und Leben, daß für die Schreibende und die Lesenden die Grenze zwischen Realität und Literatur verschwimmt. Die neueste Forschung bemüht sich dementsprechend um eine reflektiertere Integration von Leben und Text, als es der alte biographische Ansatz und das textimmanente Lesen des *New Criticism* haben leisten können. Im Zeichen von Intertextualität kann auch das Leben von AutorInnen einen Intertext abgeben.

Methodisch abgeklärt ist dieses Bemühen aber noch nicht, sonst wären die Schwierigkeiten mit dem Leben und Werk Agnes von Krusenstjernas sicher einfacher zu bewältigen. Diese Schwierigkeiten betreffen dann schließlich einen dritten Problemkreis, in dem sich das Interesse an Krusenstjerna konzentriert: ihren Wahnsinn. Nebeneinander bestehen in ihrem Leben eine ungeheure literarische Produktivität – die 2600 Seiten des Pahlen-Zyklus schrieb sie z. B. in viereinhalb Jahren – und eine Geisteskrankheit. Wie ist dieses Miteinander von Kreativität und Wahnsinn, von Hemmung und Entfaltung, von Produktion und Chaos möglich? Sind es Phasen, die einander ablösen, einander bedingen, einander hemmen? Bedingt die Kreativität den Wahnsinn oder umgekehrt? Und ist es überhaupt berechtigt, von Geisteskrankheit zu sprechen? Was ist Wahnsinn allgemein und speziell in ihrem Fall?

Was das Spezielle angeht, ist es gewiß unmöglich, im nachhinein eine Ferndiagnose zu stellen, wir sind aber zumindest im Besitz relativ genauer Beschreibungen und Analysen ihrer Form der Krankheit, sowohl aus ihrer eigenen wie auch aus fremder Hand.[4] Es handelt sich um periodisch auftretende Fälle von Unruhe, wirrem Reden, Singen und Schreien. Sie zerreißt ihre Kleider, zerschlägt Mobiliar und reißt sich die Haare aus. Die Diagnose der behandelnden Ärzte lautete auf Hysterie, und mir ist kein Zweifel an dieser Diagnose bekannt geworden.

Zweifel und Fragen gibt es hingegen, was die Ursachen und die Bedingungen dieser Erscheinung angeht. Roger Poole vertritt in einer Biographie über Virginia Woolf – eine ziemlich genaue Zeitgenossin von Krusenstjerna, die in mehreren Aspekten Vergleiche nahelegt – die Auffassung, Woolf sei nicht geisteskrank gewesen: »my concern has been to show that the words ›mad‹, ›insane‹, ›lunacy‹ must be withdrawn, since Virginia's behaviour throughout her life is, given the subjective factor, explicable in terms of cause and effect.«[5] Poole beruft sich bei dieser These auf Foucaults Verständnis von Wahnsinn als Abweichung von der dominanten

Form von Vernunft. Neben Foucault läßt sich auch R. D. Laing als Zeuge aufrufen, wenn es darum geht, den Begriff von Geisteskrankheit zu relativieren. Seit seiner Anti-Psychiatrie ist es üblich geworden, die Ursachen von »anormalem« Verhalten, vor allem von Schizophrenie, nicht nur (oder in erster Linie) beim Individuum, sondern (auch) in der Gesellschaft zu suchen.[6]

Wenn wir uns darauf berufen, daß Agnes von Krusenstjerna ein sogenanntes hysterisches Zustandsbild aufwies – wie es in der Sprache der Mediziner heißt –, dann ist die gesellschaftliche Erklärungskomponente bzw. die von Roger Poole aufgespürte Ursache-Wirkung-Relation um so evidenter. Laut der Definition eines Standard-Lehrbuches für Mediziner handelt es sich dabei nämlich um folgendes: »Hysterische Zustandsbilder, die nie völlig bewußt, sondern eher unbewußt ablaufen, stellen den Versuch dar, sich von einer sonst unerträglich werdenden Streßsituation durch die öffentliche Entfaltung von Krankheitssymptomen zu erleichtern.«[7] Um welche Streßsituationen es sich dabei handeln könnte, bei einer Frau, die Schriftstellerin werden möchte, aber keine Bildung erhält, die lieben möchte, aber eine »gute Partie« machen soll und deren Leben durch die Konventionen ihrer Klasse bis ins Detail vorgezeichnet schien, läßt sich vielleicht denken. Wer es sich nicht denken kann oder es genauer wissen möchte, kann es in den Texten von Agnes von Krusenstjerna nachlesen. Sie handeln von Frauenwelten und Frauenproblemen, vor allem aber von abweichendem Verhalten von Frauen. In diesem Sinne ist die Biographie für das Werk interessant und das Werk für die Biographie. Wie bei Tove Ditlevsen, so handelt es sich auch bei Agnes von Krusenstjerna um einen Fall von untrennbarer Verflechtung von Leben und Text, um Schriften, die Leben nicht nur spiegeln, sondern auch bewältigen sollen. Wie können BiographInnen der Herausforderung dieses problematischen Lebens angesichts der dreifachen Schwierigkeit der Gefahr der Mythenbildung, dem methodischen Problem der Text-Leben-Verflechtung und dem speziellen Problem des Wahnsinns gerecht werden? Was hat man und frau bisher mit Agnes' Leben gemacht?

Neben vielen Verurteilungen, Verkürzungen und Mythifizierungen[8] gibt es zwei ernstgemeinte und ernstzunehmende Versuche über ihr Leben: die Biographie von Olof Lagercrantz aus dem Jahre 1951 und Mai Zetterlings Film *Amorosa*, der 1986 entstand. Lagercrantz ist Schriftsteller und Akademiker, er ist Zeitgenosse, ein entfernter Verwandter und ein Mann. Mai Zetterling ist Filmemacherin, Feministin und versteht sich als Agnes' Schwester.

Lagercrantz, der sich inzwischen als Strindbergs Biograph einen Namen gemacht hat, ist um objektive Dokumentation, vor allem aber um Ausgleich, Gerechtigkeit und Mäßigkeit im Urteil bemüht. Er will einerseits Agnes rehabilitieren und sie verständlich machen, andererseits aber auch niemand anders die Schuld zuweisen. So beginnt er seine Darstellung mit einer Schilderung und Rechtfertigung der Mutter Eva von Krusenstjerna, die Agnes in ihrem letzten Werk *Fattigadel* als eitel, konventionell, gefühlskalt und ungerecht angreift.

Lagercrantz hält dieses Porträt für eine Karikatur, ihm ist diese Frau, die seine Großtante ist, als Dame von Welt, überdurchschnittlich begabt, religiös und relativ liberal bekannt. Er schließt aus diesem Mißverhältnis von eigener Erfahrung und Krusenstjernas Darstellung, daß »der Wert ihrer Romane als Quellenschriften sehr begrenzt ist«.[9] Mit diesem Satz beginnt er seine Abhandlung. Damit baut er sich eine methodische Falle, in der er sich sehr schnell verfängt. Denn wiederholt werden im folgenden Szenen oder Personen aus den Romanen angeführt, um die Biographie auszumalen. Zur Charakterisierung des Vaters wird eine Episode aus *Fattigadel* herangezogen, Agnes' Lehrerin werde, so heißt es, »im wesentlichen korrekt« in *Tony växer upp* porträtiert, und der Wahnsinn werde im dritten Band der Tony-Trilogie »bis ins Detail wirklichkeitsgetreu« wiedergegeben.[10] Häufig werden solche Episoden mit den Worten »Es ist wahr, daß . . .« eingeleitet. Aber was ist Wahrheit? Daß Eva von Krusenstjerna begabt war und einen guten Geschmack hatte, ist *eine* Wahrheit, ihr Verhältnis zu ihrer Tochter eine andere. Sie entzieht sich dem Biographen, der nach objektiven Fakten und damit wohl auch nach *der* Wahrheit über einen Menschen, der einen, wahren Identität sucht.

»Es ist wahr«, heißt es wieder einmal, »daß sie [nach dem Umzug nach Stockholm] kein eigenes Zimmer mehr hatte wie in Gävle. Sie mußte auf einem Sofa im Wohnzimmer schlafen. Wenn sie Schularbeiten macht, dringen oft laute Stimmen – die Frau Oberst war mit den Jahren schwerhöriger geworden – aus dem Salon herüber. In *Fattigadel* sollte Agnes von Krusenstjerna es als empörende Ungerechtigkeit anklagen, daß sie in diesen ersten Stockholmer Jahren kein eigenes Zimmer hatte, und mit unbehaglicher Intensität schilderte sie, wie unwohl sie sich in der Wohnung im Karlaväg fühlt, das senile Geplapper im Salon, das sich wie ein klebriger Belag in die Falten des Vorhangs legte, der zwischen Salon und Eßzimmer hing.«[11] Für Olof Lagercrantz ist es wahr, daß in der Wohnung ganz einfach ein Zimmer fehlte, für mich sind die Indignation und das Unbehagen von Agnes genauso wahr. Indem er versucht, wertfrei über eine Lage zu berichten, die nach Wertung verlangt, fällt er indirekt auch ein Urteil. Die Situation ist in jedem Fall ein – durch Virginia Woolf – klassisch gewordenes Bild für die Situation der Frau in unserer Gesellschaft. In diesem Fall handelt es sich keineswegs um eine kleine Wohnung: Der Bruder hat ein eigenes Zimmer, der Vater hat ein eigenes Zimmer, die Mutter regiert im Salon. Aber da sie auf der gesellschaftlich geforderten Trennung von »Salon« und »Sal«, zwischen Empfangsraum und Alltagsraum, besteht, bleibt für die 15jährige Tochter eben kein Zimmer übrig. Und damit die Räume auch recht großzügig wirken, wird die Tür zwischen den beiden Zimmern entfernt und durch einen Vorhang ersetzt, der nur den kleinen Nachteil hat, daß es für Viveka (= Agnes) nun gar keine Privatsphäre mehr gibt. Die Übermacht der gesellschaftlichen Konvention und des von Lagercrantz gepriesenen »guten Geschmacks« könnte kaum besser dargestellt werden.

Weiter verschlimmert wird Vivekas (= Agnes') Lage durch die von Lagercrantz erwähnte Taubheit der Mutter: »Eines der schlimmsten Verbrechen der Mutter ist, daß sie taub ist«, schreibt er ironisch auf Seite 1 seiner Biographie. Um Ausgleich bemüht, scheint ihm die Bildhaftigkeit dieses Umstandes zu entgehen, denn Sofia von Lagercrona ist nicht nur tatsächlich, sondern auch im übertragenen Sinne taub (zumindest für ihre Tochter). Der anatomische Defekt ihrer Ohren erlaubt es ihr, selbst zu reden anstatt zuzuhören, nichts an sich heranzulassen, was ihr nicht beliebt. Es findet kein verständnisvolles Gespräch zwischen Mutter und Tochter statt, es gibt nur konventionelle Ratschläge und taube Ohren.

Die Taubheit und das fehlende »Zimmer für sich allein« erhalten ihre Relevanz im Werk als Zeichen für die Situation einer Heranwachsenden. In der ersten Romanserie, der Tony-Trilogie, ist die Mutter übrigens als geisteskrank, als völlig zurückgezogen, handlungs- und emotionsunfähig (was medizinisch wahrscheinlich als katatonische Schizophrenie zu klassifizieren wäre) geschildert. Sie stirbt früh, und der Tochter bleibt nichts als die Erinnerung an ihre toten Augen, den leeren Blick, in dem sie jahrelang vergeblich ein Gefühl des Erkennens, der Freude oder des Verständnisses gesucht hatte. Auch dies ein – sehr eindrucksvolles – Bild für eine gestörte Mutter-Kind-Beziehung, ein Thema, das Krusenstjernas Werk geradezu dominiert.[12] Doch dieses sehr viel krassere Bild als das der schwerhörigen Sofia von Lagercrona in *Fattigadel* wurde nicht als ehrverletzend aufgefaßt, denn Eva von Krusenstjerna war ja nicht schizophren!

Doch nicht nur der Wahrheitsbegriff ist problematisch, schon die Selektionsprinzipien und die daraus folgende Schwerpunktsetzung geben Schwierigkeiten auf. So wird zum Beispiel Mädchenfreundschaften, emotionalen Beziehungen zwischen 15- bis 18jährigen, in vielen Texten von Krusenstjerna große Bedeutung beigemessen, Lagercrantz tut das Thema auf einer halben Seite ab.[13] Besonders bedeutsam scheint mir jedoch ein anderes Beispiel aus derselben Lebensphase: die Tanzclub-Episode. Im Herbst 1910 erlebt die 16jährige Agnes ihre erste nervliche Krise. Sie wird ausgelöst durch Kränkungen, die Agnes in einem Tanzclub durch gleichaltrige höhere Töchter erfährt. Sie nahm unwillig an diesen »Vergnügungen« teil, bis die Pubertätskrise ihr ein Aufhören erlaubte. Sowohl in der Tony-Serie wie auch in *Fattigadel* sind diese Ereignisse breit ausgeführt, von ihnen geht große Bedeutung für die Psyche der Heranwachsenden aus. Sie sind Zeichen für die Verletzbarkeit des jungen Mädchens, das mangelnde Verständnis der Umwelt und die quälenden Formen ihrer Gesellschaft. Der Ausweg ist bezeichnenderweise die Krankheit. Lagercrantz beschränkt auch diese Episode auf eine knappe Seite. Er ist ganz sicher in seiner Bewertung: »Es ist nicht wahrscheinlich, daß es sich um etwas anderes als solche kleinen Gemeinheiten handelte, für die Mädchen im Teenageralter normalerweise ja Spezialisten sind...«[14] Kleine Gemeinheiten oder tiefgehende seelische Erschütterungen – wiederum zwei Wahrheiten, die zu grundsätzlich anderen Bewertungen dieser Episode führen. Lagercrantz widmet ihr eine halbe von 300 Seiten, Krusenstjerna selbst schreibt viel und immer wieder darüber, sie »macht viel Wind um diese Sache«,[15] wie ihr Biograph ganz richtig, aber sehr abwertend sagt.

Nach dem traditionellen Beginn der Biographie mit der Vorstellung der Eltern und der Behandlung der Kindheit und Jugend geht Lagercrantz weiter chronologisch vor. Er behandelt den Beginn der schriftstellerischen Laufbahn, die Geisteskrankheit, die Ehe mit Sprengel, die literarische Produktion, die öffentliche Debatte um den Pahlen-Zyklus und die letzten Jahre mit Krankheit und Tod. Zu seinen großen Verdiensten gehört es, die Geisteskrankheit so genau wie möglich aufgrund von Krankenhausberichten und Gesprächen mit den behandelnden Ärzten zu rekonstruieren, emotionsfrei darzustellen und als Befreiungsversuch zu bewerten. »Agnes von Krusenstjerna war ... überzeugt davon, daß sie selbst die Krankheit benutzte, um ihren Willen durchzusetzen, daß die Krankheit der Weg war, den sie wählte, um dem bedrückenden Kindheitsmilieu zu entkommen. Sie erklärt schon früh, daß sie in die Krankheit flieht, wenn die äußeren Schwierigkeiten übermächtig werden ...«[16] Schon deshalb ist es nicht zulässig, die Krankheit zu verneinen, sie wegzuinterpretieren, wie Roger Poole es im Falle Virginia Woolfs tut. Wir würden uns der Lebensstrategie Agnes von Krusenstjernas widersetzen.

Seine Darstellung beweist psychologisches Einfühlungsvermögen und Verständnis, das zunächst durch seine Verwandtschaft und Freundschaft mit Agnes erklärbar ist, aber bei der Lektüre seiner eigenen Autobiographie noch einsichtiger wird. Als Familienangehöriger waren dem Biographen die Probleme seiner Tante 2. Grades vertraut: das romantische Erbe, die aristokratischen Normen, die Enge des Milieus – und die Geisteskrankheit, unter der auch andere weibliche Familienmitglieder, wie auch Lagercrantz' Mutter, litten. Ihr Schicksal wird durch die Gestalt der Cousine Aimée in *Fattigadel* – eine der eindrucksvollsten Gestalten des Zyklus – dargestellt. Schon auf der zweiten Seite seiner Autobiographie *Min första krets (Mein erster Kreis, 1982)* zitiert Lagercrantz Agnes von Krusenstjernas Roman als Beleg, der die Hochzeit seiner Eltern beschreibt – einen Roman, dem er in seiner Biographie den Wert als Quellenmaterial abgesprochen hatte. Diese Nennung Krusenstjernas bleibt nicht die einzige, wir erfahren mehrfach die Betroffenheit Lagercrantz' durch ihr Werk, wir sehen die Parallelität der Problematik, die Verschränkung der Lebensgeschichten. Wie Krusenstjerna leidet Lagercrantz unter den Normen seiner Klasse, den Einschränkungen, wie sie speziell für Männer galten: dem militärischen Männlichkeitsideal, den körperlichen Strafen, der Härte von Schule und Vater. Wie sie leidet er auch unter der Geisteskrankheit, schließlich ist seine eigene Mutter in schwerer Form betroffen; seine Schwester nimmt sich das Leben. Aber sie bedroht ihn nicht existentiell: Es ist eine Krankheit der *weiblichen*

Mitglieder der Familie, die – so heißt es – die Liebe nicht ertragen konnten. Agnes von Krusenstjerna beschreibt in der Tony-Trilogie, wie die Erwartung der Krankheit wie ein Schatten über ihrer Jugend lauerte: »So langsam ging es mir wieder besser, aber die Angst, erneut krank zu werden, verließ mich nicht. Es war, als wenn diese Angst die Krankheit vorangetrieben hätte und sie jetzt ständig in der Nähe hielte. Zum Schluß schien es, als ob die Angst die Krankheit selber sei.«[17]

Das Erleben des Determinismus bezieht sich nicht nur auf die Krankheit, ihr ganzes Leben scheint vorherbestimmt. Mit Verwunderung lesen wir daher von Lagercrantz' Erlebnis der Freiheit nach dem Schulabschluß: »Alle Möglichkeiten standen mir offen, und das schuf Angst. Das Leben erschien so phantastisch reich und groß... Ich führte seit einigen Jahren Tagebuch und schrieb mit 17 Jahren: ›Ich will etwas unendlich Freies, absolut Freies werden.‹ Aber wo gab es eine solche Freiheit? Die Schriftstellerei, die ich schließlich wählte, ist eine Antwort auf die Frage.«[18] Welch ein Unterschied zu den Kämpfen, die die Cousine bestehen mußte, um schreiben zu können, welch beneidenswerte Selbstbestimmung! Die Autobiographie macht so verständlich, woher Lagercrantz' Verständnis für Krusenstjerna kam, für den Wahnsinn und die Zwänge des Milieus, warum es aber manchmal auch zu kurz greift. Es sind die spezifisch weiblichen Erfahrungen, die »Kleinigkeiten«, wie Lagercrantz aus seiner männlichen Sicht sicher denken würde, wie die Tanzclub-Episode, die Mädchenfreundschaften, die Mutter-Tochter-Beziehung, zu denen er keinen Zugang hat. Wenn er seine Subjektivität, seine autobiographische Erfahrung in die Biographie mit eingebracht hätte, könnten wir vielleicht einsehen, warum für ihn das Verlangen nach einem »Zimmer für sich allein« nicht so zentral war, er für das Aufbegehren gegen die Normen der Klasse sehr wohl Verständnis hatte. Da er sich aber hinter dem Deckmantel der Objektivität zu verbergen sucht, wird er angreifbar. So ist er auch für mangelnde Belege mancher Behauptungen kritisiert worden,[19] denn seine Biographie ist als akademische Abhandlung zur Erlangung des Doktorgrades den Gesetzen auch dieses Genres unterworfen. Doch vielleicht wäre es im Fall einer Biographie (und besonders in diesem Fall) eher notwendig, die akademischen Spielregeln anzugreifen, als deren Nichtbefolgung durch Lagercrantz. Mehr Subjektivität, Offenlegung der Betroffenheit und Bekenntnis des Interesses – wie er sie in seiner Autobiographie zeigt – wären auch in der Biographie eher förderlich als hinderlich gewesen.

Mai Zetterling hat als feministische Filmemacherin in dieser Beziehung einen ungleich besseren Ausgangspunkt. Ihr Film *Amorosa* läßt gleich im Vorspann durch die Widmung an Agnes von Krusenstjerna ein sympathetisches Verhältnis von Biographin zu Biographierter erkennen. Ein Objektivitätsanspruch wird nicht erhoben, sie fragt nicht nach dem »Wann« und »Wo«, sondern dem »Warum« in Krusenstjernas Leben. Beispielhaft für ihre Haltung ist die Vernachlässigung der Chronologie. Statt die Ereignisse in ihr zeitliches Nacheinander einzureihen, beginnt der Film gleich mit einem Vorgriff auf das Ende. Die Rahmentechnik schafft Geschlossenheit und Zusammenhang, was auch durch eine für den Film charakteristische Überblendungstechnik an Szenenübergängen erreicht wird. Die Eröffnungsszenen, die in Venedig spielen, enden zum Beispiel mit einer Kameraeinstellung auf unruhig flimmerndes Wasser. Durch eine Überblendung auf eine neue Wasserszene wird ein nahtloser Übergang zur nächsten Szenenfolge, einer Dampferfahrt in Agnes' Jugend, geschaffen. Diese Überblendungstechnik wird mehrfach angewendet, sie betont eine andere Verbindung, als es die Chronologie darstellt, sie schafft Bezüge zwischen bestimmten Lebenssituationen und bringt Kontinuität in ein widersprüchliches Leben.

Der Zusammenhang, der hier geschaffen wird, bezieht sich auch auf die Verflechtung von Leben und Werk, die von Lagercrantz ja zurückgewiesen worden war. Zetterling scheint es vorrangig um die Betonung der Identität der beiden Instanzen zu gehen. Sie legt darum ihrem Film eine Mosaiktechnik zugrunde, in der Szenen aus den Texten wie aus dem Leben Krusenstjernas ineinandergreifen, wobei das Schwergewicht allerdings auf der *Fattigadel*-Tetralogie liegt. Schon die Verwendung der Namen macht die Untrennbarkeit von Leben und Werk deutlich. Agnes heißt Agnes, wie im Leben; auch ihr Mann, David Sprengel, und ihr Verlobter, Gerard Odencrantz, sind benannt wie die realen Personen. Die Cousine, die nach ihrer Verlobung wahnsinnig wird (d. h. Olof Lagercrantz' Mutter Agnes), heißt Aimée, wie in *Fattigadel*; der Arzt, der den erregten Zustand der jungen Agnes um ein vielfaches verschlimmert durch seine »Verführungskünste«, heißt Dr. Iller, wie in *Tonys sista läroår* (*Tonys letzte Lehrjahre*, Teil 3 der Tony-Trilogie).

Die Montagetechnik, die Verflechtung von Leben und Werk – und damit auch verschiedenen Aspekten der Wahrheit, verschiedenen Identitätsmöglichkeiten – bestimmt vor allem den ersten Teil des Films, der auf Agnes' Jugend, ihre Familie und ihre Verlobung zurückblickt. Fast 20 der Szenen bzw. Themen sind den Werken entnommen. In dieser Beziehung geht Zetterling also vor wie Lagercrantz, der auch Szenen aus den Werken zur Untermalung benutzt. Allerdings behandelt er sie wie Anekdoten, die seine Krusenstjerna-Interpretation unterstreichen helfen; im Film, der keine Trennung zwischen Realität und Fiktion aufbaut, sind sie als interpretierende Aspekte gleichberechtigte Wahrheit.

Der Rückblick beginnt mit einer Dampferfahrt, zu der ein neureicher Industrieller die adlige Familie von Krusenstjerna einlädt, um die Verlobung seiner Tochter mit dem ältesten Krusenstjerna-Sohn zu feiern. Während dieses Ausflugs lernt Agnes ihren späteren Verlobten Gerard kennen. Die Szene ist eine Montage aus einem Bootsausflug aus dem ersten Band von *Fattigadel* (Viveka [= Agnes] ist zu diesem Zeitpunkt noch keine 10 Jahre alt), der Verlobung des ältesten Bruders mit einer reichen, aber nicht standesgemäßen Frau aus Band 2 (Viveka ist jetzt 13), der ersten Begegnung mit ihrem Verlobten am Ende von Band 3 sowie einer Charakterisierung ihres jüngsten Bruders Adolf, die aus mehreren *Fattigadel*-Szenen zusammengetragen wird.

Wenn es dann um die eigentliche Verlobungsszene geht, wird die Quellenlage noch komplizierter, da Zetterling hier Szenen und Elemente sowohl aus *Fattigadel* als auch aus *Tonys läroår* (*Tonys Lehrjahre*) zur Verfügung stehen. In beiden geht es zentral um den doppelten Konflikt zwischen einerseits standesgemäßer Partie, die nicht auf Erotik basiert, und einer sexuellen Anziehung durch einen anderen Mann (in den Tony-Büchern heißt er Frank Maclean, in *Fattigadel* Rafael Lee, Zetterling identifiziert ihn – die Chronologie wiederum mißachtend – mit David Sprengel). Kompliziert wird der Konflikt durch die homoerotische Neigung des Verlobten zu Adolf, dem Bruder der Braut. Zetterlings Montagetechnik kann zwei Hauptkonflikte in Krusenstjernas Leben und Werk vereinigen: die Problematik einer Bruder-Schwester-Beziehung, in der der Bruder feminine Züge aufweist und sich zum eigenen Geschlecht hingezogen fühlt, und den Konflikt zwischen asexueller Zuneigung und erotischer Anziehung. Dieser Konflikt ist es, der die Titelfigur der Tony-Trilogie wahnsinnig werden läßt, der in *Fattigadel* durch die Figur der Aimée vertreten wird und den Zetterling als ausschlaggebend für Krusenstjernas Wahnsinn darstellt.

Nachdem die junge Agnes im Film schon als leicht erregbar und übersensibel porträtiert worden war, kommt die Krankheit zum Ausbruch, als sie sich entschlossen hat, die Verlobung mit Gerard Odencrantz zu lösen. Emotional kein schwerer Schritt, denn für sie gehört Erotik zur Liebe, und sie weiß um die Anziehung zwischen Bruder und Verlobtem. Sozial ist der Beschluß allerdings »wahnsinnig«. Der Wahnsinn wird bei Mai Zetterling auf diese Weise nachvollziehbar, durch eine (komplexe) Ursache-Wirkung-Beziehung erklärt. Er verliert dadurch etwas von seiner Irrationalität, etwas von seinem mythischen Charakter und etwas von seiner lähmenden Wirkung auf Agnes. Sie ist nicht in erster Linie unzurechnungsfähig, sie ist verständlich, ja vernünftig. Neben diesem Konflikt zeigt der Film mehrere andere Bedingungsfaktoren für den Wahnsinn: die Anzüglichkeiten Dr. Illers, die das junge Mädchen sexuell erregen und verwirren,[20] und später dann der Druck der Familie, die ihre für sie kompromittierende Schriftstellerei verhindern will. Die Familie selbst hat die These vertreten, daß es das Schreiben sei, das sie überanstrenge und krank mache, eine These, die im Film durch tuschelnde Stimmen im »off« vorgetragen wird. Durch diese Technik wird eine mehrfach geäußerte Meinung über die Geisteskrankheit gleichzeitig eingebracht und in Frage gestellt.

Die »Vernunft« des Wahnsinns, die Normalität des Anormalen, wird in verschiedenen Szenen des Films evoziert. »Ich will gesund sein, so wie ich vorher krank sein wollte«, sagt die Hauptperson einmal gegen Ende des Films. Am eindringlichsten wirkt jedoch die Szenenfolge, die den Film eröffnet und gleich die Hauptthese einführt. Agnes erlebt während einer Italienreise in Venedig einen Wahnsinnsanfall. Es ist Karneval, und als sie von Ärzten und ihrem Mann begleitet in ein Krankenhaus gebracht wird, wird sie in einem Tragestuhl, mit der zeitüblichen Zwangsjacke bekleidet, an dem lustigen Maskentreiben vorbeigetragen. Ganz Venedig feiert, jedes Gesicht trägt eine Maske. Wenn die Kamera die Perspektive Agnes' einnimmt, sehen wir die Masken mit ihren Augen, die Welt scheint verrückt geworden zu sein. Die schwankende Kameraführung bei diesem »subjective shot«, die die Identifikation von Betrachtern und Agnes in ihrem wankenden Stuhl bewirkt, ist ein raffiniertes technisches Mittel, um das Publikum erstens in das Bewußtsein von Agnes zu versetzen und zweitens den Wahnsinn der Welt zu zeigen. Ihr Schwindelgefühl wird durch die subjektive Kamera auf uns übertragen, ihre Fassungslosigkeit angesichts einer grotesken Welt von uns geteilt.

So macht der Film die Subjektivität zu seiner Technik wie auch zu seiner Botschaft. Obwohl er unzählige belegbare Fakten verarbeitet,[21] erringt er seine Geltung nicht als Dokument oder objektives Zeugnis. Er vermengt bewußt Realität und Fiktion und macht Aussagen (zum Wahnsinn zum Beispiel), die subjektiv und daher nicht allgemeingültig sind. Indem er seine Subjektivität eingesteht, zur Technik macht, vermeidet er aber den Allwissenheitsanspruch des traditionellen Biographen, der ja auch nichts anderes tut als selektiert und dadurch – implizit – wertet.

Eine Gefahr allerdings birgt Zetterlings biographische Technik, insbesondere dadurch, daß es sich um einen Film handelt. Denn Bilder in einem Film haben per se einen Realitätsanspruch (so sah Agnes von Krusenstjerna aus, das hat sie gesagt), wenn nichts getan wird, um ihn zu durchbrechen. Die Aufhebung der Chronologie, die Vermischung von »fact« und »fiction« ist dem mit Krusenstjernas Werken nicht vertrauten Publikum nicht ohne weiteres ersichtlich. So kann ihr biographisches Porträt ansatzweise zur Mythosbildung führen. Ein Beispiel dafür ist die Behandlung von Krusenstjernas Sexualität. Wenn der Film eine Szene zu diesem Thema bringt, macht er eine zu eindeutige Aussage (das Ehepaar hätte kein »normales« Sexualleben geführt, hätte sich durch Pornographie und junge Hausmädchen erregen lassen, Agnes hätte keine Befriedigung im »normalen« Geschlechtsverkehr mit ihrem Mann gefunden),[22] die hinter der im übrigen facettenreichen Darstellung der Biographierten und vor allem der Infragestellung des Normalitätsbegriffs, wie es in bezug auf den Wahnsinn geschehen war, weit zurückbleibt.

Es zeigt sich, daß die interpretierende Strategie von BiographInnen besonders zur Dekonstruktion geeignet ist. Wo Zetterling mit vorhandenem Material und vorhandenen Meinungen arbeitet, sie gegeneinandersetzt (z. B. die tuschelnden Stimmen im »off«), miteinander konfrontiert (Leben und Werk), oder wo sie widersprüchliche Aussagen nebeneinander bestehen läßt (Agnes über ihr Verhältnis zu Sprengel), da kann sie bestehende Mythen dekonstruieren. Gelegentlich kann die Anschaulichkeit des visuellen

Materials und die Suche nach Zusammenhängen aber auch zur Konstruktion von Eindeutigkeiten beitragen, die die Vielfalt und Widersprüchlichkeit eines Lebens verkürzen. Bemüht ist Zetterling – wie im übrigen auch Lagercrantz – um die Demontage von Eindeutigkeiten, die das herkömmliche Bild der Autorin bestimmt hatten, doch das Genre Biographie macht es beiden schwer, der Komplexität eines Lebenszusammenhanges in jedem Punkt gerecht zu werden. Die facettenreiche Darstellung des Wahnsinns, des Verhältnisses zum Bruder, zu Sprengel und zur Familie erlaubt es uns aber jetzt nicht mehr, die Biographie von Agnes von Krusenstjerna auf einer Seite zusammenzufassen, so wie das zu Beginn dieses Essays geschehen ist.

Um diesen Mythos zu zerstören, benutzt Zetterling unter anderem das literarische Werk. Wenn wir die postulierte Verflechtung von Text und Leben jedoch ernst nehmen, müssen wir auch das Werk dieser kritischen Analyse unterziehen und es nicht punktuell als Beleg unserer Wahrheit einsetzen. So ist es für die jüngere feministische Forschung Hauptantriebpunkt, Agnes von Krusenstjerna »hinter den Legenden zu Gesicht zu bekommen«.[23] Da das Leben nicht mehr unmittelbar zugänglich ist, »habe ich mich ausschließlich an ihre Texte gehalten«, begründet Barbro Backberger ihr methodisches Vorgehen, das für die feministische Forschung typisch ist. Ähnlich geht auch Birgitta Svanberg vor, die erst kürzlich ein im doppelten Sinne gewichtiges Buch zum Pahlen-Zyklus vorgelegt hat,[24] dem Werk, das am meisten kontrovers diskutiert wurde, am meisten von Mythen umgeben ist.

Es handelt sich in erster Linie um vier Vorwürfe, die diese Romanserie wie Mauern umstellen und einen unbehinderten Zugang unmöglich machen. Zunächst einmal ist da der Mythos der Krusenstjernaschen Intuition, ihrem unreflektierten Schreiben, das der Hilfe des intellektuell gebildeten Sprengel bedurft hätte, um geformt zu werden.[25] Dann gibt es den Vorwurf, dies sei bloße Unterhaltungsliteratur, nicht zum offiziellen Kanon der »guten« schwedischen Literatur des 20. Jahrhunderts gehörig.[26] Drittens ist die Anklage der Pornographie gegen *Fröknarna von Pahlen* erhoben worden,[27] und zu guter Letzt hält »man« das Werk für völlig unpolitisch, die gesellschaftliche Realität nicht betreffend und daher uninteressant.[28]

Der erste Punkt sollte uns nicht zu lange beschäftigen. Sprengel selbst hat nur zu eifrig die Intuition und Unbewußtheit seiner Frau

unterstrichen, es ist nicht schwer zu erraten, warum.[29] Das bedeutet nicht, daß er nicht tatsächlich an ihren Texten mitgewirkt
hat. Es ist ein weiteres Verdienst von Olof Lagercrantz, daß er
in mühevoller Kleinarbeit auf Grundlage von Manuskriptstudien
präzise aufzeigen konnte, welche Zusätze von Sprengel stammen.
Der Mythos kann also auf die ihm zugrundeliegenden Tatsachen
reduziert werden. Es gibt unterschiedliche Meinungen darüber, ob
diese Änderungen Krusenstjernas Stil verbessern oder verschlech-
tern,[30] aber schon die Fragestellung zeigt, daß es keinen Zweifel
daran gibt, was Krusenstjernas Stil ist, was also die Werke insgesamt charakterisiert. Aber dann hat es der Zufall nun mal so
gewollt, daß die in Sprengels Handschrift angebrachten Änderungen erhalten und zugänglich sind. Doch wer sagt mir, ob nicht
viele der großen, männlichen Dichter auch mit ihren Frauen, ihren
Geliebten, ihren Töchtern ihr Werk besprochen, Unterstützung bei
ihren Musen gefunden haben? Der Mangel an Belegen bedeutet
nicht das Fehlen eines Sachverhalts. Erstaunlich ist nur, daß Agnes
von Krusenstjerna offenbar jede Änderung ihres Ehemannes kri-
tiklos hingenommen hat. Daraus spricht eine fundamentale Ver-
unsicherung, die angesichts von Agnes' Herkunft und Erziehung
einsichtig, ja vorhersehbar ist. Dies ist das einzig interessante Ergebnis, das die Diskussion der Kollaboration für die Biographie
von Agnes erbringt, im übrigen ergeben sich nur interessante
Einblicke in die Köpfe ihrer Kritiker. Denn die Faszination des
Themas geht offensichtlich davon aus, daß es sich hier um die
»Ausnahmekonstellation« der begabten, kreativen Frau und des
zwar gebildeten, aber in seiner Kreativität gescheiterten Mannes
handelt. So etwas gibt es eben auch, ist nicht »unnormal«, und
deshalb sollten darüber eigentlich gar nicht so viele Worte verloren
werden, wie das in diesem Absatz schon geschehen ist.

Was den Vorwurf der Unterhaltungsliteratur betrifft, so ist er
eigentlich schon in sich brüchig. Denn was ist an der unterhalten-
den Qualität eines Textes auszusetzen? Ein derartig wertender
Literaturbegriff setzt die modernistische Tradition absolut, der
Postmodernismus hat die Unterhaltung wieder salonfähig gemacht. Wenn mit dieser Anklage auch eine Eindimensionalität und
Schlichtheit des Werks gemeint ist – und darauf zielt ja unter
anderem auch die These von der »weiblichen Intuition« –, dann
genügt ein Blick in Birgitta Svanbergs schon erwähntes Buch. Auf
insgesamt 470 (!) Seiten nimmt sie eine detaillierte Textanalyse nur

des Pahlen-Zyklus vor. Von ihren inhaltlichen Argumenten einmal ganz abgesehen, spricht schon die Menge und Dichte ihres Textes Bände: Ein bloß unterhaltendes Werk hätte wohl kaum Stoff für ein derartiges »close-reading« gegeben.

Der leicht dahinfließende, typische Krusenstjerna-Stil täuscht. Nicht weitschweifige, lockere Epik charakterisieren das Werk, dem spontan anmutenden Fließen liegt ein Muster, eine exakte Planung zugrunde. Die disziplinierte Strukturplanung betrifft den Aufbau (Kapitellänge und -zahl pro Band), die Personenkonstellation (mit 18 weiblichen und 18 männlichen Personen, den vielfältigen Beziehungen dieser 36 Personen untereinander, Parallelität und Kontrast von Mutter-Tochter-, Bruder-Schwester- und Mann-Frau-Beziehungen), die sehr detaillierte Zeitplanung (die sich immerhin über 8 Jahre erstreckt, eine Jahreszeitensymbolik einschließt und deren Höhepunkt im symbolträchtigen Frühjahr 1914 liegt) und natürlich auch den Inhalt des Werkes. Nur eine strikte Disziplin erlaubt es, eine Vielzahl von Themen behutsam einzuführen und später wieder aufzugreifen, Spiegelungen von Problemstellungen auf verschiedenen Handlungsebenen vorzunehmen und eine Vielzahl von Charakteren und die von ihnen vertretenen Ideen zu entwickeln und nicht wieder aus dem Blick zu verlieren. Die Menschenschilderung der ambivalenten Figuren überzeugt ebenso wie die Szenenkunst, der Symbolismus und die Ausdrucksbreite, die vom Idyll bis zur Satire alle Tonarten beherrscht. Gelobt worden ist die »Spontaneität« ihrer Erzählkunst,[31] doch die straffe Organisation der großen, zentralen Szenen (eine sich über 11 Kapitel erstreckende Mittsommernacht und eine 13 Kapitel lange Hochzeit), das kontrollierte Zusammenhalten der Erzählfäden, die Disziplin steht dazu im Widerspruch. Sie läßt das Wort Intuition in bezug auf diesen sorgsam gewebten Romangobelin unangebracht erscheinen. Agnes von Krusenstjerna bringt erzählerische Ordnung in eine unordentliche Welt.

Insofern entspricht die Kompliziertheit der Struktur komplexer Thematik. Es handelt sich – wie auch meistens betont – zunächst einmal um Beziehungen, um Liebe und Sexualität – auch in ihren »abweichenden« Formen (Homosexualität, Lesbianismus, Inzest). Darüber hinaus gibt der Zyklus ein Bild des schwedischen Adels, seiner Degeneration und seiner Perversion. Noch allgemeiner ist er dann ein Zeit- und Gesellschaftsporträt, wiederum ein kritisches, das auch auf die unterschiedlichsten anderen sozialen

Gruppierungen eingeht (das Militär, den Geldadel [= die Industriellen], Religionsgemeinschaften, Dienstmädchen, Juden, Wissenschaftler). Jede Person ist gleichzeitig Angehörige/r einer sozialen Gruppierung. Der Vorwurf der gesellschaftlichen Irrelevanz kann wohl nur daraus entstanden sein, daß es sich bei den Hauptfiguren ausnahmslos um Frauen handelt, daß Krusenstjerna trotz der exakten Parallelität in der Anzahl der männlichen und weiblichen Charaktere eine weibliche Welt schafft, in der Frauenfreundschaften, Frauenprobleme und zum Schluß eine reine Frauenwelt (als Utopie) die Hauptrollen spielen. Eine Welt ohne Männer kann ja nur irrelevant sein!

In den *Fröknarna von Pahlen* werden die starren Vorstellungen von den Geschlechtern in jeder Beziehung unterhöhlt. Dabei sind die soziale und geschlechtliche Thematik untrennbar verbunden: Wir erleben den sozialen Aufstieg von Dienstmädchen (Agda und Frideborg), die Darstellung der Aristokratie als durch schwache oder kranke Männer (Hans und Peter von Pahlen) und durch ihre Machtsucht pervertierte Frauen (Isa Landborg, Alexandra Vind-Frijs, Adele Holmström) vertreten. Die beiden einzigen positiv gezeichneten Männerfiguren sind der kindlich zurückgebliebene soziale Aussteiger Johan von Pahlen und der Mann aus dem Volke (Tord Holmström). In jedem dieser Fälle werden die sozialen Spielregeln durch die Charaktere und den Handlungsverlauf des Romans in Frage gestellt.

Die unübersehbare Sozialsatire dient jedoch nur als Folie für die Haupthandlung um die beiden »Fräulein von Pahlen«, Angela und ihre 10 Jahre ältere Tante und Pflegemutter Petra. Die Gemeinschaft dieser beiden Frauen, die in einer Utopie von einem Frauenkollektiv mündet, ist der positive Wert des Werkuniversums. Ihre Solidarität, die erweitert wird durch die Geburt von Angelas Tochter (!) und die beiden ebenfalls schwangeren Dienstmädchen Agda und Frideborg, bietet eine weibliche Alternative zur Realität, in der ein degenerierter Adel, ein herzloses Strebertum, ein verdummtes Militär und eine verlogene Religiosität herrschen, wo Perversion, Korruption und Macht dominieren. Das Frauenreich auf dem Gut Eka ist demgegenüber die Vision einer grundsätzlich anderen Welt: geprägt vom Miteinander, von unhierarchischen Beziehungen, von Sensibilität. Es ist eine radikale feministische Utopie, eine absolute Absage an das Patriarchat.

Der einzig ernst zu nehmende Einwand ist die Anklage wegen

pornographischer Schilderungen. Denn in der Tat enthält der Roman Szenen, die durch perverse – d. h. bewußt als pervers konzipierte und dementsprechend negativ bewertete – Sexualität und deren Präsentation als pornographisch eingeschätzt werden können. Doch vielleicht legt die Kenntnis der Veröffentlichungsgeschichte und der Rezeption uns nahe, eine Haltung dazu einzunehmen, wie sie Karin Boye vertrat, als sie 1934 schrieb: »In sich selbst als gegenwärtige Sittenschilderung interessant, hat Agnes von Krusenstjernas Romanzyklus ein besonderes Interesse durch die Kritik und das Schweigen der Kritik bekommen – als Anzeiger der Windrichtung. Und der Windbericht lautet: die Reaktion ist hier.«[32]

Die Geschichte hinter diesem Zitat ist wichtig: Sie ist biographisch von Bedeutung, weil sie Agnes von Krusenstjernas Leben und Gesundheit in den 30er Jahren maßgeblich beeinflußte, sie ist aber auch von öffentlicher, politischer Bedeutung. Die ersten drei Bände des Zyklus erschienen 1930 bis 1932 bei Krusenstjernas angestammtem Verleger, der renommiertesten schwedischen Verlagsfirma Bonniers. 1932 ist Bonniers nicht bereit, Band 3 und 4 ohne umfassende Streichungen zu drucken. Ein ganzes Jahr lang währt der Streit zwischen der Autorin und ihrem Verleger. Karl Otto Bonnier »kann und will« die Bücher nicht drucken, einerseits weil er »Geschmacklosigkeiten verabscheut und alles, was gegen die Natur ist«, andererseits »weil sein Verlag in höchstem Grade Schaden nehmen würde«. Nachdem Hitler in Deutschland die Macht übernommen hat und dort im Frühjahr 1933 die Bücherverbrennungen stattfanden, findet Bonnier noch ein besseres Argument: ». . . das ganze Buch ist von der Art, die das neue Deutschland ›zersetzend‹ nennt (das deutsche Wort steht im schwedischen Original) und die ja das gesamte ›anständige‹ Publikum hier bei uns als ›auflösend‹ empfindet. Besonders unsere Firma sitzt in einem Glashaus.«[33]

Die Romane erschienen schließlich in dem avantgardistischen Verlag Spektrum, die Stockholmer Kritik reagierte mit Schweigen. Ob es sich dabei um einen organisierten Boykott handelte, ist nicht auszumachen.[34] Im Janur 1934 bricht dann die Autorin Karin Boye – übrigens keine besondere Freundin der Krusenstjerna – mit ihrem schon zitierten Artikel *Wenn der Wind sich dreht* in die Stille ein. Ihrem mutigen Einsatz schließen sich Sympathieäußerungen anderer junger Schriftsteller an: Die Pahlen-Fehde wird zu der heftigsten schwedischen Literaturdebatte des 20. Jahrhunderts, in der es nicht mehr (nur) um Pornographie, sondern (auch) um die Meinungsfreiheit geht, ein Thema, das angesichts der Geschehnisse im Dritten Reich unter den Nägeln brannte. Wenn auch heute die Meinung, daß der Streit um Pornographie weder durch eine Verlagerung auf eine Zensurdiskussion noch durch die Zensur selbst lösbar ist, durchaus legitim ist,[35] wäre sie im Jahre 1933 vermessen gewesen.

Welche Rückwirkungen dieses Werk und die damit verbundene Fehde auf Krusenstjernas Gesundheitszustand hatte, läßt sich denken: Die 30er Jahre sind von schweren Krankheitsattacken überschattet. Der einzige positive Effekt, der von diesem Exilierungsprozeß ausgeht, ist der Beschluß, sich nun – endgültig – in einem autobiographischen Text mit ihrer Herkunft und Familie schonungslos auseinanderzusetzen. »Der autobiographische Roman wird ihre Rettung aus einer offensichtlich unerträglichen Situation«, schreibt Lagercrantz, und auch Zetterling mißt der Entstehung dieses Textes für die Psyche Krusenstjernas große Bedeutung bei. Im Film wird dabei mehrfach von ihrer »Autobiographie« gesprochen. Doch es wird keine Autobiographie. Näher denn je kommt Krusenstjerna an ihr Selbst heran, authentischer als zuvor ist ihr Material, Fakten bestimmen die Fiktion. Doch die Schwierigkeiten des Selbstporträts sind unüberwindlich. Die Tony-Romane waren in der dritten Person geschrieben, behandelten den Wahnsinn, aber unterließen, ihn in Beziehung zum Aufwachsen, zum Milieu zu setzen. Im Pahlen-Zyklus wird das autobiographische Material versatzstückartig verwendet, die subjektive Erfahrung wird in verschiedene Frauengestalten aufgesplittert.[36] Wenn sie jetzt in *Fattigadel* die kompromißlose Auseinandersetzung mit dem Selbst plant, fängt sie zwar in der Ichform und mit der authentischen Situation des Wahnsinns an (während eines Krankenhausaufenthalts in Malaga), übergibt dann jedoch den Auftrag zum Niederschreiben ihrer Erfahrungen an eine andere Person, die nun über Viveka von Lagercrona aus der Distanz berichtet. Wir haben es hier mit einer sowohl erzähltechnisch wie auch psychologisch interessanten doppelten Selbstspaltung zu tun: Die wahnsinnige Sprecherin der ersten vier Kapitel von *Fattigadel* (= Viveka = Agnes) sitzt der Erzählerin des übrigen Romans (= Agnes = Agnes) gegenüber. Wiederum wird das Bekenntnis zum Ich durch eine erzähltechnische Raffinesse umgangen. Wenn auch die Erfahrungen im folgenden sehr eng an den autobiographischen Erlebnissen liegen, dann sorgen viele Digressionen, Kapitel über Familienmitglieder dafür, daß Krusenstjerna nie zur Darstellung ihres Wahnsinns vordringt, nie den entscheidenden Zusammenhang von Kindheit, Milieu, Normen, Gesellschaft und Krankheit herstellt. Sie ist vor Vollendung des Werkes gestorben. Sie hat aber nach Fertigstellung des 4. Bandes, an den sich die Darstellung des Wahnsinns chronologisch anschließen muß, auch nicht mehr weitergearbeitet – zum ersten Mal seit Beginn ihrer schriftstellerischen Tätigkeit. In ihren erhaltenen Exposés heißt es nur mehrfach über die nun anstehende Darstellung des Wahnsinns: »Dieser Teil wird nicht leicht.«[37] Sie plant die Schließung des Rahmens und die Rückkehr zur Ichform, aber diese – von ihr selbst als schwierig eingeschätzte – Aufgabe hat sie nicht mehr bewältigen können.

So bleibt ihr gesamtes Werk das immer wiederholte Herantasten an die Autobiographie: Auch sie hatte Schwierigkeiten mit ihrem Leben. Sie hatte sie in doppelter Weise: Sie mußte es leben und im Werk wiedererleben und beschreiben. Vielleicht hätte ihr die Auseinandersetzung mit dem Ich in der Autobiographie bei der Bewältigung ihres schwierigen Lebens geholfen. So aber kreist es zwanghaft um den Schicksalssommer 1914, um die Mutter-Tochter- und die Bruder-Schwester-Beziehung, um den Wahnsinn, um das Milieu und vor allem um die verschiedenen Spaltungen des Ich: Alle drei Hauptpersonen der großen Zyklen sind – wie Agnes selbst – im Jahre 1894 geboren. Doch die Befreiung von den determinierenden Faktoren kann nicht erreicht werden, sie kann aus den Kreisen nie ausbrechen. Nur solange sie »wie eine Wahnsinnige« schreibt, ist sie gesund.

Anmerkungen

1 Julian Barnes, *Flaubert's Parrot*, London [2]1985, S. 38.
  You can define ...: Man kann ein Netz auf zwei verschiedene Weisen interpretieren, es kommt darauf an, welchen Standpunkt man einnimmt.
  Normally you would say ...: Normalerweise würde man sagen, daß es ein engmaschiges Netz ist, mit dem man Fische fängt. Aber man könnte auch, ohne großen logischen Verstoß, diese Vorstellung umkehren und

ein Netz, wie es ein humorvoller Lexikograph einmal getan hat, folgendermaßen definieren: Er bezeichnete es als eine Ansammlung von Löchern, die mit einer Schnur miteinander verknüpft sind. Ähnlich kann man es mit einer Biographie machen.

2 Hagar Olsson, »Agnes von Krusenstjerna«, in: *Jag lever,* Helsingfors 1948, S. 203.

3 Vgl. Tove Ditlevsen, *Vilhelms værelse,* Kopenhagen 1975 (dt.: *Wilhelms Zimmer,* Frankfurt/M. 1981).

4 AvK selbst beschreibt ihre Krankheit im 3. Teil der autobiographischen Tony-Trilogie *Tonys sista läroår,* Bd. IV der 19bändigen Werkausgabe *Samlade skrifter,* red. Johannes Edfeldt, Stockholm 1944-46, auf die sich alle folgenden Zitate oder Hinweise beziehen. Siehe auch das Kapitel »Sinnessjukdommen«, in: Olof Lagercrantz, *Agnes von Krusenstjerna,* Stockholm 1951, S. 109-137.

5 Roger Poole, *The unknown Virginia Woolf,* Brighton [2]1982, S. 3.
...my concern has been...: Mein Interesse war, zu zeigen, daß die Wörter »verrückt«, »geisteskrank«, »Wahnsinn« zurückgenommen werden müssen, weil Virginias Verhalten während ihres ganzen Lebens, von einer subjektiven Warte aus betrachtet, mit den Begriffen Ursache und Wirkung erklärbar ist.

6 Vgl. R. D. Laing, *The Divided Self,* Harmondsworth 1965; Michel Foucault, *Histoire de la Folie,* Paris 1961.

7 David Stafford-Clark & Andrew Smith, *Psychiatrie,* Stuttgart 1987, S. 120.

8 Vgl. z. B. Gunnar Brandell, »Agnes von Krusenstjerna«, in: *Presens,* Nr. 1, Jan. 1934, S. 15-24; oder die zwar gut gemeinte, aber sehr eindimensionale Zeichnung von AvK als Vertreterin eines »Mütterlichkeitsevangeliums« bei Stig Ahlgren, *Krusenstjerna studier,* Stockholm 1940.

9 Lagercrantz, a. a. O., S. 11 (alle Übersetzungen aus dem Schwedischen sind von AH).

10 Ebd., S. 16, 38, 76.

11 Ebd., S. 46.

12 Vgl. dazu Birgitta Svanberg, *Sanningen om kvinnorna,* Värnamo 1989.

13 Vgl. Lagercrantz, a. a. O., S. 39.

14 Ebd., S. 51.

15 Ebd., S. 50.

16 Ebd., S. 120.

17 AvK, *Samlade skrifter,* a. a. O., Bd. III, S. 247.

18 Olof Lagercrantz, *Min första krets,* Stockholm 1982, S. 66/67.

19 Vgl. z. B. Svanberg, a. a. O., S. 21/22.

20 Die Faktizität dieses Umstandes muß umstritten bleiben, da er nur in Krusenstjernas Werk belegt und belegbar ist. Denn wie sie dort beschreibt, hat der Arzt ihre Anschuldigungen stets abgestritten und mit

ihrem Wahnsinn begründet. Wir können entweder ihm oder ihr glauben.

21 So z. B. Episoden wie die Änderung des Testaments zuungunsten Sprengels, Agnes' nächtliche Besuche auf der Polizeistation, die Experimente des Ehepaares mit Morphium und Agnes' zeitweilig hoher Alkoholkonsum. Auch die anfänglich geschilderte Zerstörung des Manuskripts ist authentisch, allerdings handelte es sich nicht um *Fattigadel*, sondern um *Tonys sista läroår*.

22 Es gibt kaum verläßliche Belege für solche Behauptungen, von Andeutungen in zwei Briefen, die bei Lagercrantz zitiert sind, einmal abgesehen: Vgl. ebd., S. 179/180.

23 Barbro Backberger, »Vi skulle inte inbilla oss att vi voro fria«, in: Westman-Berg (Hg.), *Könsroller i litteraturen från antiken till 1960-talet*, Stockholm 1968, S. 141.

24 Svanberg, a. a. O.

25 Vgl. z. B. Lagercrantz, a. a. O., S. 53.

26 Vgl. z. B. Ivar Lo-Johansson, *Tröskeln, Memoarer från 30-talet*, Stockholm 1982, S. 330.

27 Vgl. z. B. Gunnar Brandell, *Svensk litteratur 1870-1970*, Bd. 2, Stockholm 1975, S. 136.

28 Vgl. z. B. ebd.

29 Vgl. dazu Lagercrantz, a. a. O., S. 182-191.

30 Vgl. ebd., S. 190, und im Gegensatz dazu Svanberg, a. a. O., S. 36 ff.

31 Vgl. Lagercrantz, a. a. O., S. 300.

32 Karin Boye, »Då vinden vender sig«, in: *Socialdemokraten,* 28. 1. 1934.

33 Brief vom 21. 9. 1933. Zitiert nach Svanberg, a. a. O., S. 46. Im übrigen ist die Fehde dokumentiert bei Ulf Örnkloo, »Preludier til Krusenstjerna-fejden. Om presskritiken av Agnes von Krusenstjernas böcker fr. o. m. 1930«, in: *Litteratur och samhälle*, Nr. 45, Uppsala 1968.

34 Vgl. dazu Lagercrantz, a. a. O., S. 278 ff.

35 Vgl. Susanne Kappeler, *The Pornography of Representation*, Cambridge 1986.

36 Vgl. dazu Svanberg, a. a. O., passim.

37 »Efterskrift«, in: *Samlade skrifter*, Bd. XIX, S. 544.

38 Ebd., S. 550.

Literatur

Ahlgren, Stig: *Krusenstjerna studier,* Stockholm 1940

Backberger, Barbro: »Vi skulle inte inbilla oss att vi voro fria«, in: West-man-Berg (Hg.), *Könsroller i litteraturen från antiken till 1960-talet,* Stockholm 1968

Barnes, Julian: *Flaubert's Parrot,* London 1985

Brandell, Gunnar: »Agnes von Krusenstjerna«, in: *Presens,* Nr. 1, Jan. 1934

– *Svensk litteratur 1870-1970,* Bd. 2, Stockholm 1975

Ditlevsen, Tove: *Vilhelms værelse,* Kopenhagen 1975 (dt.: *Wilhelms Zimmer,* Frankfurt/M. 1981, übersetzt von Else Kjær und Bärbel Cossmann)

Foucault, Michel: *Histoire de la Folie,* Paris 1961

Kappeler, Susanne: *The Pornography of Representation,* Cambridge 1986

Krusenstjerna, Agnes von: *Samlade skrifter,* red. Johannes Edfeldt, Stockholm 1944-46

Lagercrantz, Olof: *Min första krets,* Stockholm 1982

– *Agnes von Krusenstjerna,* Stockholm 1951

Laing, R. D.: *The Divided Self,* Harmondsworth 1965

Lo-Johansson, Ivar: *Tröskeln, Memoarer från 30-talet,* Stockholm 1982

Örnkloo, Ulf: »Preludier til Krusenstjerna-fejden. Om presskritiken av Agnes von Krusenstjernas böcker fr. o. m. 1930«, in: *Litteratur och samhälle,* Nr. 45, Uppsala 1968

Olsson, Hagar: »Agnes von Krusenstjerna«, in: *Jag lever,* Helsingfors 1948

Poole, Roger: *The unknown Virginia Woolf,* Brighton 1982

Stafford-Clark, David, & Andrew Smith: *Psychiatrie,* Stuttgart 1987

Svanberg, Birgitta: *Sanningen om kvinnorna,* Värnamo 1989

IRMGARD KEUN
1905-1982

»Auf dem Trittbrett eines rasenden Zuges«
Irmgard Keun zwischen Wahn und Wirklichkeit

Von Joey Horsley

»Biographien und Briefe von begabten Frauen, die einen Nervenzusammenbruch erlitten, legen nahe, daß der Wahnsinn der Preis ist, den Künstlerinnen bezahlen mußten, um in einer von Männern dominierten Kultur ihre Kreativität auszuüben«

Elaine Showalter

Wahnsinn

Langsam kommt der Wahnsinn angekrochen,
Und er sagt, er sei nicht Wahn, nur Sinn.
Während ich mich mit ihm unterhielt, hat er gesprochen:
Du, mein Kind, wirst immer sein, wo ich bin.

Langsam kommt der Wahnsinn angekrochen,
Und ich fürchte fast, er kriecht an mir vorbei.
Sanft und wild hat er zu mir gesprochen,
Wehrlos und begehrlich bete ich: es sei.

Irmgard Keun, Amsterdam 1938

Als 1966 die einundsechzigjährige Schriftstellerin Irmgard Keun zum drittenmal von der Straße aufgegriffen wurde, um diesmal sechs Jahre lang in der Bonner Anstalt zu bleiben, lautete die Diagnose: »Geistesstörung infolge von Sucht.«[1] Die Alkoholkranke war am Ende ihrer Kraft und ihres Geldes angekommen, unfähig zu schreiben, unfähig, den Alltag zu bewältigen. Sie bekam ein Bett in einem Zimmer mit zwei Schizophrenen, nach dem ersten Jahr aber keine Behandlung mehr. Der Chefarzt, Dr. Geller, der sich häufig mit ihr unterhielt, fand, daß ihr nichts fehlte. Er ließ sie einfach dort »wohnen«, weil niemand, sie selbst eingeschlossen, wußte, wohin sonst mit ihr.[2] Wie auch das anfangs zitierte Gedicht andeutet, ist also Irmgard Keuns Beziehung zum Wahnsinn zwiespältig.

Die Autorin von sieben zeit- und sozialkritischen Romanen und vielen kleineren Schriften führte ein anstrengendes, konfliktreiches Leben und war sicherlich oft am Rande eines Zusammenbruchs. Sie klagte zeitlebens über »irrenhausreife Depressionen« und Angstzustände und brauchte Alkohol, um zu schreiben oder unter Menschen zu sein. Verschwenderisch und impulsiv, konnte sie weder mit Geld noch mit sich selbst haushalten. Von Jugend an phantasierte sie und revidierte die Wahrheit, wenn es ihr paßte, bis sie am Ende ihres Lebens Erfundenes und wirklich Erlebtes nicht mehr auseinanderhalten konnte. Irmgard Keun hatte aber auch wie ihr kunstseidenes Mädchen »Korke in [ihrem] Bauch«[3] und überlebte, wo manch andere längst untergegangen wäre. Wie sollen wir die Tragödie ihrer Krankheit und ihres Verstummens, Jahre vor dem eigentlichen Tod, verstehen?

Ihre Geschichte ist die einer begabten, eigensinnigen Frau, die die Möglichkeiten ihres Zeitalters für sich voll ausschöpfen wollte. Sie erlebte die Freiheit der »goldenen Zwanziger« und den Frauenhaß der Nazis, die prekäre Autonomie des Exils und die restaurative Ideologie der Adenauer-Ära. Sie rebellierte früh gegen ihre bürgerliche Herkunft, ohne sich ganz von ihr zu trennen, und litt schwer an der gespaltenen Identität der Frau, die sowohl als Künstlerin als auch »als Frau« nach Anerkennung verlangt. Sie war oft auf sich selbst gestellt, suchte aber immer wieder den Schutz und die Bewunderung der Männer. Irmgard Keun scheint ein Lehrbeispiel zu sein für den »normalen«, alltäglichen Wahnsinn der kreativen Frau, die sich innerhalb der Männergesellschaft verwirklichen will, ohne die zermürbende Widersprüchlichkeit dieses Unterfangens zu durchschauen.

Eine annähernd vollständige Darstellung des verschlungenen Lebensweges der Irmgard Keun ist erst in den letzten Jahren möglich geworden, durch die Veröffentlichung ihrer Briefe an den emigrierten Arzt Arnold Strauss (1988) und die einfühlsame Biographie von Gabriele Kreis (1991). Ihre eigenen Äußerungen sind oft unzuverlässig, auch bei den Briefen muß man vorsichtig sein, da Keun schon als junge Frau gern Erfundenes als Tatsachen ausgab. Mehr als viele andere AutorInnen schrieb sich Irmgard Keun aber in ihre Bücher ein, wie man vor allem seit dem Erscheinen der Briefe und der Biographie erkennt. In den Romanen kommen nicht nur biographische Einzelheiten ans Licht, sondern auch Muster und Motive, die etwas über die Psyche der Autorin verraten können – um so mehr, da der Alkohol Hemmungen und bewußte Kontrollen abbaute und wahrscheinlich tiefere psychische Schichten freilegte. Als Ergänzung und Korrektiv zu den oft fragwürdigen autobiographischen Aussagen werden die Romane zur wichtigen, wenn auch vorsichtig zu deutenden Quelle. Und umgekehrt erschließen sich neue Dimensionen der Werke, wenn ihre psychischen Subtexte mitgelesen werden.

Keuns Protagonistinnen scheinen oft – besonders gegen Ende des jeweiligen Romans – total erschöpft und am Rande eines Nervenzusammenbruchs. Wiederholt müssen sie für ihren Ehrgeiz, sich selbst behaupten oder vorankommen zu wollen, mit Schuld oder Schuldgefühlen, Angst und Verstrickung in Lügen bezahlen, und das Motiv der Flucht – vor Menschen, vor Problemen, auch die Flucht in den Rausch – kommt sehr häufig vor. Der sprühende, energisch-witzige Ton am Anfang der frühen Romane weicht einer Grundstimmung von Ratlosigkeit, Trauer und Müdigkeit zum Schluß, die in den späteren Büchern überhaupt vorherrscht. Trotz der Schlagfertigkeit der Autorin, die den Ruf hatte, druckreif zu sprechen, werden die Sprache und die Möglichkeiten der menschlichen Kommunikation auf unterschiedliche Weise bezweifelt und untergraben: Zum Beispiel bemühen sich die jungen Protagonistinnen angestrengt um die richtige Ausdrucksweise, beziehungsweise sie werden von ihren meist männlichen Gesprächspartnern nicht »gehört«. Es sind vor allem Frauen, die dann in den späteren Büchern verstummen oder durch Lügen und Selbstbetrug ihre wahre Identität verfehlen. Frauenfeindliche Äußerungen werden immer häufiger, und die anfangs tatkräftigen, nach Autonomie strebenden Frauen oder Mädchen verschwinden aus den späteren Romanen.

Man darf bei der Betrachtung solcher Veränderungen die gewaltigen politischen und sozialen Umwälzungen natürlich nicht außer acht lassen – es ist gerade das Zusammenwirken der inneren und äußeren Welten, was den Fall Irmgard Keun so interessant macht. Eins ihrer häufigsten Themen ist die Bloßstellung der »normalen«

Gesellschaft, ob kleinbürgerliche Spießer oder nationalsozialistische Opportunisten, meist aus der Perspektive einer (pseudo-)naiven Außenseiterin. Es scheint, daß für Keuns ironische Beleuchtung des »Normalen« eine gewisse »abnorme« Einstellung erforderlich war, wobei sich die gesellschaftlichen und die psychologischen Aspekte oft kaum auseinanderhalten lassen. In bezug auf seine Ablehnung des deutschen Militärwesens fragt sich zum Beispiel der Heimkehrer Ferdinand, ob er nur ein verrückter Außenseiter sei: »Ich weiß nicht, ob andere Männer empfanden oder empfinden wie ich ... Oder ich bin ein Einzelfall, ein anomaler, ein mit welken Neurosen behangener Psychopath, der in fachärztliche Behandlung gehört?«[4] Keun hatte ihre eigene schriftstellerische Tätigkeit mit psychischer Abnormität in Verbindung gebracht, vielleicht im Anklang an die ältere Assoziation von Genie und Wahnsinn, vielleicht einfach aus Selbstkenntnis oder dem Gefühl, als Schriftstellerin sowieso nicht ganz normal zu sein:

»Ich neige nun einmal zu etwas krankhaft stark ausgeprägten Depressionen – und Lust- und Unlustgefühle sind bei mir stärker als bei gesunden Durchschnittsmenschen und streifen leicht das Gebiet des Pathologischen. Vielleicht könnte ich keine Bücher schreiben, wenn es nicht so wäre. Daher wohl auch die Neigung zum Alkohol, die aber nicht das Primäre, sondern eine reine Sekundärerscheinung ist.« (Brief an Arnold Strauss vom 23. 1. 34)[5]

Wie das anfangs zitierte, in schrecklicher Angst geschriebene Gedicht nahelegt, war für Irmgard Keun der Gedanke an den Wahnsinn ein häufiger Begleiter, das Bewußtsein, »nicht normal« zu sein, ein Bestandteil ihres Selbstbildes. Aus Amsterdam schrieb sie, noch hoffend, endgültig nach Amerika zu gelangen, an ihren Verlobten Arnold Strauss: »Bei Dir werde ich schnell normal und gesund sein, soweit das bei mir möglich ist. So vollkommen normal werde ich wohl nie werden.«[6] Im folgenden möchte ich diese weniger bekannte Seite der ersten »deutschen Humoristin« (Kurt Tucholsky) näher untersuchen, in der Hoffnung, nicht nur zu einem besseren Verständnis dieser Schriftstellerin, sondern auch der Lage schreibender Frauen in Deutschland im zweiten Drittel des 20. Jahrhunderts beizutragen, für die »der Fall Keun« in mancher Hinsicht symptomatisch ist.

Irmgard Charlotte Keun wurde am 6. Februar 1905 in Berlin geboren, sie war das erste Kind von Elsa Charlotte und Eduard Ferdinand Keun.[7] Ihre Mutter, eine geborene Haese, 33 Jahre alt und Berlinerin, war Hausfrau. Der Vater, ein 37jähriger Kaufmann aus dem Rheinland, arbeitete in einer Benzinraffinerie, zuerst als Angestellter, später als Teilhaber. 1913 übernahm er die Leitung der von ihm mitbegründeten Cölner Benzin-Raffinerie, »ein röchelndes Unternehmen«, wie Irmgard Keun viele Jahre später berichtete.[8] Die Familie, zu der jetzt auch der 1910 geborene Gerd gehörte, zog nach Köln-Braunsfeld. Sie hatten ein eigenes Haus in der Eupener Straße, litten aber noch lange unter finanziellen Sorgen. Nach den Erinnerungen eines Lehrers war Irmgard eine intelligente, aber undisziplinierte Schülerin, ein Kind, »dessen schnelle Auffassungsgabe kollidierte mit seiner Traumlust und seinem Geltungsbedürfnis«. »Sie wollte immer etwas Besonderes sein«, berichtete die spätere Verlobte Gerd Keuns.[9] Trotzdem sei sie »keine gute Schülerin gewesen«, haßte Zwang und blieb »wiederholt« vom Unterricht fern, wofür sie auch bestraft wurde.[10] Keun besuchte das Lyzeum, machte aber nicht, wie ihr Bruder, das Abitur, sondern ging mit 16 Jahren als Kontoristin ins Büro ihres Vaters. Anscheinend meinte er, es wäre hinausgeworfenes Geld, die Ausbildung seiner leichtsinnigen Tochter weiter zu finanzieren.[11]

Man hat die Fabulierlust, die Keun in späteren Jahren in bezug auf ihre Vergangenheit an den Tag legte, meist auf den Alkohol zurückgeführt. Und es ist auch höchst wahrscheinlich, daß ihre Erinnerung daran, was »wirklich« geschah, durch jahrelangen, oft sehr intensiven Alkoholkonsum ausradiert oder wenigstens stark beeinträchtigt wurde, um dann durch neu erfundene Versionen ersetzt zu werden.[12] Aber die Gewohnheit oder die Versuchung, die Wahrheit zu »korrigieren«, taucht schon früh in Irmgard Keuns Biographie auf und ist ein *Grundmotiv* ihrer Schriften und Briefe, geht also dem Alkoholmißbrauch wenigstens zum Teil voraus und hat wohl tiefere Ursachen. Vielleicht war es nicht so ungewöhnlich, daß sich die angehende Schauspielerin für fünf Jahre jünger ausgab, als sie war – ihr künftiger Mann Johannes Tralow hatte dasselbe getan und ihr auch dazu geraten.[13] (Die

Lyrikerin Mascha Kaléko hatte sich inmitten der Weimarer Jugendkultur ähnlich »verjüngt«.) Am falschen Geburtsjahr 1910 hat Keun bis an ihr Lebensende festgehalten, und es wird immer noch hier und da angegeben.[14] Das ist aber nur das bekannteste Beispiel von vielen wahrscheinlich erfundenen Einzelheiten, die eine zuverlässige Rekonstruktion ihres Lebens erschweren.

Gabriele Kreis vermutet, Keuns eigene (zum großen Teil erfundenen?) Kindheitserinnerungen beruhten auf einem tiefen Wunsch, Aspekte ihres Lebens zu verschönern. So erzählte sie typischerweise, ihre »wohlhabende« Familie hätte während der Berliner Jahre in einer Luxusvilla gewohnt – dabei handelte es sich eigentlich um ein Gartenhaus, also eine Art »besseres Hinterhaus«.[15] Insbesondere wollte Keun ihren Vater und ihre Beziehung zu ihm in ein positiveres Licht rücken. In Interviews hat sie immer beteuert, sie hätten sich vollkommen verstanden, auch hätte er sie besonders gefördert. »Wir brauchten nie miteinander zu sprechen, mein Vater und ich, ja! Wir verstanden uns so.«[16] Nach Kreis' Darstellung aber wußte er oft nicht, was er mit seiner »schwierigen« Tochter anfangen sollte,[17] und verstand sich viel besser mit dem Stammhalter Gerd, der alles richtig machte und »gut in der Schule« war.[18] Keun erzählte gern, daß sie anfangs furchtbare Eifersucht auf das Brüderchen hatte: »Da wollt' ich mir sogar zum ersten Mal richtig das Leben nehmen.«[19] Die Enttäuschung darüber, daß sie nie der bevorzugte Sohn werden konnte, daß sie vom Vater nie so verstanden oder geschätzt wurde, wie sie es wollte, einfach weil sie ein Mädchen war, hinterließ vielleicht tiefe Spuren, die zum Teil in ihren erfundenen »Erinnerungen« zum Ausdruck kommen. Jedenfalls wurde das Gefühl, nicht gut genug zu sein, zu einem wiederkehrenden Motiv ihres Lebens wie ihrer Romane.

Der Roman *Das Mädchen, mit dem die Kinder nicht verkehren durften* (1936) handelt von einem jungen Mädchen, das wegen seines Übermuts dauernd mit der Erwachsenenwelt in Konflikt gerät. Mit der Geburt eines Bruders befällt das Mädchen ein Gefühl des Ausgestoßenseins: »Ich möchte sterben. Wir haben ein neues Kind bekommen... Keiner liebt mich, und keiner verbietet mir was... Ich bin so traurig, daß ich wie tot bin.«[20] Besonders hoffnungslos ist sie, weil der Vater »sich ja immer einen Jungen gewünscht« hat: »Warum haben sie denn nur mich erst angeschafft, wenn sie lieber einen Jungen haben, und ich bin ein Mädchen?«[21] Obwohl ihre Angst, »daß sie mich forthaben wollen, weil sie jetzt ein neues Kind haben«,[22] natürlich unbegründet ist, ist sie für das Mädchen real genug, fällt sie doch mit Phantasien von Schuld und Strafe zusammen: »Sie haben ja immer gesagt, sie wollten ein artigeres Kind als mich. Ach, wenn ich doch immer artig gewesen wäre. Aber ich habe doch nie gedacht, daß so eine furchtbare Strafe über mich kommen würde.«[23]

In dieser Geschichte wird die Zugehörigkeit zur Gemeinschaft – der Familie oder der Schulklasse – durch das eigene Wesen bedroht oder gestört. Das Kind wird von den Erwachsenen, vor allem dem Vater und den als Autoritätsfiguren fungierenden Lehrerinnen und Nachbarinnen, als »unartig« definiert und erfährt immer wieder einen Bruch, eine strafende Ausgrenzung. Was immer sie macht, gerät zur Ungezogenheit oder wird wenigstens von den anderen so gedeutet: »Ich gebe mir ja so wahnsinnige Mühe, artig zu sein, aber dann passiert immer wieder was – ich verstehe gar nicht, wie.«[24] Sie sieht sich gezwungen, immer neue Lügen zu erfinden, um ihre Vergehen zu verheimlichen und so der Bestrafung zu entkommen oder sie wenigstens hinauszuschieben. Das Mädchen entwickelt dadurch ein höchst ambivalentes Selbstgefühl. Wenn sie wirklich ehrlich ist, wird ihr entweder nicht geglaubt,[25] oder sie wird noch härter bestraft als für ihre Lügen (wie wenn sie beim Tod der ihr praktisch unbekannten alten Schuldirektorin keine echte Trauer empfindet[26]). Um akzeptiert zu werden, muß sie sich also verstellen, sie darf nicht die sein, die sie ist. Hinter den kühnen, komplizierten Erfindungen, die sie sich ausdenkt, steht immer der Wunsch, endlich alles beichten zu dürfen, wieder heil in die Familie aufgenommen zu sein und um ihrer selbst willen geliebt zu werden. »Ich habe meiner Mutter alles erzählt. [Sie] hat gesagt, sie würde mich immer lieben. Sie hätte auch kein besseres Kind haben wollen.«[27]

Das Mädchen pendelt zwischen Selbstbehauptung und schlechtem Gewissen hin und her, zwischen der Angst, entlarvt zu werden, und grandiosen Phantasien. Sie erinnert sich zum Beispiel an eine Ansichtskarte, die ihr ihr Vater einst aus Florida geschickt hatte, worauf eine Lokomotive durch lauter Bäume mit Apfelsinen fährt, und träumt davon, eines Tages mit ihrer Mutter selber dorthin zu fahren.

»Ich werde auf dem Trittbrett von der Lokomotive stehen und immerzu für meine Mutter Apfelsinen pflücken in rasender Fahrt.

Meine Mutter wird weinen, weil ich so gefährlich auf dem Tritt-brett eines rasenden Zuges lebe, und mein Vater wird mich bewundern und Angst haben zu schreien: ›Komm da mal runter‹ – weil ich dann stürze.«[28]

Das »gefährliche« Leben »auf dem Trittbrett eines rasenden Zuges« ist auch ein passendes Bild für das Leben der erwachsenen Keun.

In einer anderen Episode wird das Mädchen fälschlicherweise für ein begabtes, kunstliebendes Wunderkind gehalten, als sie sich im Kunstmuseum aufhält, um die Schule zu schwänzen. Sie weiß: Wenn die Wahrheit ans Licht kommt, wird für sie »eine vollkommen exemplarische Strafe« ausgedacht.[29] Auch dies ist eine Parallele zu Erfahrungen der Autorin, die als literarisches Wunderkind (das allerdings fünf Jahre älter war, als es vorgab) gefeiert wurde, aber von Zweifeln getrieben wurde, sie könnte den Erwartungen ihres Verlegers und ihres Publikums vielleicht nicht genügen. Wie ihr ungezogenes, schuleschwänzendes Mädchen griff sie zu einer weiteren Lüge, um dem Druck auszuweichen, wie sie ihrem Freund Arnold Strauss gestand: »Das Schlimme ist jetzt, … daß ich dem Verlag seit Wochen vorlüge, das Manuskript wäre fertig. Nun sind sie wie die Aasgeier hinterher, und ich muß jeden Tag eine neue Ausrede finden.«[30]

Das Mädchen, nachdem es früh begriffen hat, daß es als wertvoller gilt, männlich zu sein, wird schon dadurch gegen sich selbst gestellt, daß sie sich möglichst mit der männlichen Perspektive identifiziert beim gleichzeitigen Versuch, sich als (weibliches) Individuum zu behaupten. Überhaupt werden in diesem Buch die Männer meist als viel sympathischer, toleranter und vernünftiger geschildert als die heuchlerischen, herrschsüchtigen, spießigen Lehrerinnen, Tanten und Nachbarinnen. (Die geliebte, nachgiebige, aber etwas untergeordnete Mutter ist hier eine Ausnahme.) Für Irmgard Keun wie für ihre Protagonistinnen war die Wertschätzung der Männer immer sehr wichtig. Keun (er)fand solche Legitimierung ihr Leben lang, nicht zuletzt in dem Mythos des wunderbaren, fördernden Vaters, mit dem sie sich auch gern identifizierte: »Mein Vater war ungewöhnlich. Und sozial eingestellt. Und ein Schwirrvogel. Genau wie ich.«[31]

»Mädchen auf der Suche« ist der Titel einer zeitgenössischen Rezension von Keuns ersten beiden Romanen.[32] Aber so könnte auch ihr eigener Werdegang während der zehn Jahre nach ihrem Abgang von der Schule überschrieben sein. Als ob sie verschiedene Erwerbs- und Existenzmöglichkeiten der Neuen Frau selbst ausprobieren wollte, wurde sie nacheinander Angestellte, Schauspielerin und Schriftstellerin. Wie ihre Heldin Gilgi wußte sie, daß die traditionelle Hausfrauenrolle für sie nicht in Frage kam: »Ach, sie ist noch jung, und außer Ehe, Filmschauspielerin und Schönheitskönigin zieht sie jede Existenzmöglichkeit in Betracht.«[33] Nach zwei Jahren im Kontor ihres Vaters durfte sie die Kölner Schauspielschule besuchen. 1927 bekam sie ihr erstes Engagement, am Hamburger Thalia-Theater, wo sie in Nebenrollen nicht besonders auffiel. Ein Jahr später ging sie ans Theater nach Greifswald, als aber auch dieser Vertrag nicht verlängert wurde, kehrte sie nach Köln zurück und arbeitete wieder für ihren Vater. Gleichzeitig begann sie zu schreiben. Und hier hatte sie sofort den Erfolg, der ihr beim Theater versagt geblieben war.

In ihren zwei Erstlingsromanen, *Gilgi, eine von uns* (1931) und *Das kunstseidene Mädchen* (1932), hatte sie junge Frauen gestaltet, die wie sie selbst entschlossen waren, unter den Bedingungen der späten Weimarer Republik etwas aus ihrem Leben zu machen. Die Sekretärin Gilgi lernt nach Arbeitsschluß Fremdsprachen, um es zu etwas zu bringen,[34] und verläßt ihren Geliebten, zum Teil weil ihr klar geworden ist, daß sie in der Beziehung ihr Selbst nicht verwirklichen kann: »Was ich am wenigsten bin, gefällt dir am besten an mir«, sagt sie zu ihm.[35] Das kunstseidene Mädchen Doris geht, nachdem man ihr im Büro gekündigt hat, zum Theater. Bald flüchtet sie aus ihrer »mittleren Stadt« im Rheinland nach Berlin, aus Angst, weil sie einen teuren Pelz gestohlen hat, aber auch in der Überzeugung, in der Weltstadt ihrem Traum, ein »Glanz« zu werden, näherzukommen.

Keuns Erfolg mit diesen zwei Romanen war enorm: *Gilgi* erreichte eine Auflage von 30000 im ersten Jahr, wurde von der amerikanischen Filmgesellschaft Paramount verfilmt und in 49 Folgen von der sozialdemokratischen Zeitung *Vorwärts* abgedruckt. Irmgard Keuns Bild wurde, zusammen mit Fotos aus dem

Film, in den Zeitungen verbreitet. *Das kunstseidene Mädchen* erschien in einer bis dahin unerhörten Auflage von 50 000 Exemplaren, und beide Romane wurden auch bald in mehrere Sprachen übersetzt. Die Romane, die zwischen Unterhaltungsliteratur und »hoher« Kunst balancieren, wurden auch von wichtigen Literaten wie Kurt Tucholsky und Hans Fallada gelobt. Trotz – wahrscheinlich auch wegen – ihrer ungeheuren Popularität wurden die Bücher aber von links wie von rechts scharf kritisiert: sie seien nicht realistisch oder solidarisch genug, was »echte« Angestellte anging, oder sie beleidigten deutsche Frauen und Mütter.[36] Die heftigen Kontroversen zeigen, daß Keuns Behandlung des Themas »Neue Frau« den Nerv der Zeit getroffen hatte. Die komplexen Gestalten und ihre schwierigen Schicksale spiegelten nicht nur Keuns eigene ungelöste Probleme wider, sondern auch die ihrer Zeit.

In diesen Romanen tauchen wichtige Motive wieder auf, die wir schon aus dem Kindheitsroman kennen. Dort war es eine ursprüngliche, traumatische Erfahrung des kleinen Mädchens, aus der Familie oder der Schulklasse ausgegrenzt zu werden, weil etwas passiert war, was sie als unzulänglich erscheinen ließ (zum Beispiel die Geburt eines »wertvolleren« Bruders oder ihr offenes Eingeständnis echter, aber unerwünschter Gefühle). Sie entwickelte ein ambivalentes, gespaltenes Selbstkonzept, denn Selbstbehauptung brachte ihr nicht nur Freude und Achtung, sondern auch Strafe und Ausgrenzung, Schuldgefühle und Angst. Immer mehr verstrickte sie sich in Lügen, um sich vor der Aufdeckung ihrer Taten und Gedanken zu schützen. Lügen und Phantasie mußten eine andere aus ihr machen, als sie war. In beiden Romanen aus der Weimarer Zeit finden wir eine ähnliche Struktur der ambivalenten Außenseiterinnen-Identität, eines gewollt-ungewollten Bruchs mit der Familie oder Bezugsgruppe, gefolgt von der Suche nach dem eigenen Weg, einem schlechten Gewissen und einer kommunikativen Krise.

Gilgis Mutter weckt sie an ihrem einundzwanzigsten Geburtstag mit den Worten: »Du bist ... nicht unser Kind.«[37] Diese plötzliche Eröffnung versetzt Gilgi in eine Art Identitätskrise, und sie beginnt, ihre »wahre« Mutter zu suchen sowie ihr Selbstkonzept zu revidieren, da die Selbstverständlichkeit, mit der sie ihr strebsames Angestelltendasein bislang geführt hat, durch diese Enthüllung auch erschüttert wird. Aber keine der drei möglichen Muttergestalten kommt für sie als Identifikationsfigur in Frage, und sie muß ohne weibliche Vorbilder ihren Weg finden. Als Gilgis Adoptiveltern versuchen, sie wegen ihrer Beziehung zu einem älteren Mann zu reglementieren, verläßt sie fluchtartig die Familie, in der sie sich schon lange fremd fühlt, und zieht zu dem Freund. Jetzt erlebt sie das Dilemma der Neuen Frau, die zwischen Autonomie und Liebe wählen muß. Sie entfremdet sich langsam ihrer Arbeit und wird schließlich wegen der schlechten Zeiten sowieso entlassen. Resigniert versucht sie, sich ihrem Geliebten anzupassen, nachdem es ihr nicht gelungen ist, ihn an ihre Erfahrungswelt heranzuführen und zu ihren Werten zu überreden. Durch ihre Identitätskonflikte gerät Gilgi zunehmend in eine Krise des Sprechens: »Man müßte mal reden mit einem, es hätte aber doch keinen Zweck. Sie hat ja keine Worte, um sich verständlich zu machen.«[38] Sie wird immer wieder frustriert, zum Teil weil ihre männlichen Gesprächspartner es zu sehr genießen, selber zu reden, um ihr wirklich zuzuhören. Sie fühlt sich unterlegen: »Ach, meine kleinen, grauen Worte!«[39] Gilgis Kommunikationsschwierigkeiten kann man als eine Art Gegenstück zu den Lügen des kleinen Mädchens sehen. Es ist, als ob zwischen ihr und der Welt eine sprachliche oder gedankliche Mauer entsteht, zum Teil aus Angst und Scham, vor allem wenn es um ihr eigenstes Selbst geht. Wie die Lügen des Mädchens wird auch Gilgis sprachliches Unvermögen verhängnisvoll. Schwanger geworden, erzählt sie ihrem Freund nichts, weil sie fürchtet, die Nachricht könnte der Beziehung schaden, und bricht vor Ratlosigkeit fast zusammen. Wie das kleine Mädchen aus dem Kindheitsroman empfindet auch Gilgi eine Diskrepanz zwischen ihrer alltäglichen Rolle und ihrem inneren Selbst, die um so quälender wird, als sie nicht darüber sprechen kann:

»Warum habe ich denn Angst? Warum hab' ich denn keine Ruhe? Ich halte das nicht mehr aus. Was – ist – denn – nur – mit – mir? ... Warum habe ich keine Worte? ... Da sind zwei Schichten in mir – und die obere, die diktiert – alltägliche Worte, alltägliche Handlung – ... – darunter die untere Schicht – immer ein Wollen, immer ein Suchen, immer Sehnsucht und Dunkel und Nichtwissen ...«[40]

Gilgi kann Martin auch nichts über ihre Bemühungen erzählen, einem bedrängten Ehepaar Geld zu beschaffen, weil es sich um einen ehemaligen Freund von ihr handelt, und Gilgi vor Martins Eifersucht schuldig-unschuldig verstummt. Sie gibt auch nach, als er sie auffordert, bei ihm zu bleiben, statt sofort, wie sie es versprochen hatte, das Geld zu überbringen. Aber am nächsten

Morgen ist es zu spät, die Freunde haben Selbstmord begangen. Gilgi nimmt die Schuld auf sich, und quasi als Sühne verläßt sie Martin – abermals ohne Erklärung – und macht sich auf den Weg nach Berlin, um wieder selbständig zu werden und ihr Kind allein zu bekommen.

In *Gilgi* endet die Geschichte von Identitäts- und Sprachkrise, Außenseitertum, Angst und Schuld mit der Erwartung einer Reintegration in die Arbeitswelt. »Ah, man wird wieder dazugehören. Man gehört ja in das Allgemeingefüge…«[41] *Das kunstseidene Mädchen* bietet keine so optimistische Perspektive. Der Konflikt in Doris' Selbstbild ist viel schärfer als bei Gilgi. Einerseits prägt sie das starke Gefühl, »ein ungewöhnlicher Mensch« zu sein,[42] in dem »Großartiges« vorgeht, was sie veranlaßt, ihre Geschichte aufzuschreiben. Andererseits hat sie furchtbare Minderwertigkeitsgefühle den gebildeteren, gesellschaftlich Höherstehenden gegenüber. »Ich habe sehr Angst wegen meiner Unbildung«,[43] sagt sie in bezug auf den bürgerlichen Mann, mit dem sie eine Weile zusammenlebt und in den sie verliebt ist. Sie hat sich früh vorgenommen, eine berühmte »Künstlerin« zu werden, zum Teil um diese Diskrepanz zu überwinden:

»Ich werde ein Glanz, und was ich dann mache, ist richtig – nie mehr brauch ich mich in acht nehmen und nicht mehr meine Worte ausrechnen und meine Vorhabungen ausrechnen – einfach betrunken sein – nichts kann mir mehr passieren an Verlust und Verachtung, denn ich bin ein Glanz.«[44]

Doris setzt ihre Schönheit, Jugend, Kleidung, sogar ihre Sprache ein, um elegant und vornehm zu wirken und als »Glanz« entdeckt zu werden. Um ihre einfache Herkunft und ihren bescheidenen Bildungsgrad zu überdecken, würzt sie ihre Sprache mit (von ihr meist unverstandenen) Fremdwörtern und anspruchsvollen, aber ungrammatischen oder unbeholfenen Wendungen.[45] Ihr ganzes Auftreten ist wie eine Pose, und ähnlich dem »Mädchen, mit dem die Kinder nicht verkehren durften« verwickelt sich Doris in Lügen, Betrügereien und böse Streiche, um weiterzukommen. So gewinnt sie die Achtung der auf sie herabschauenden Schauspielerinnen am Theater, indem sie eine Beziehung zum Direktor vortäuscht, und hat dann furchtbare Angst, daß die Wahrheit ans Licht kommt.[46] Sie macht sich schuldig, indem sie in der Theatergarderobe ihren abgenutzten Regenmantel gegen einen eleganten Pelz »tauscht«, muß untertauchen und flieht nach Berlin. Von jetzt ab ist sie sogar ohne eine richtige gesetzliche Identität – wegen ihres Verbrechens darf sie natürlich keine Papiere vorzeigen. Sie kann nie mehr nach Hause, wird weder ihre Mutter noch ihre treue Freundin noch einmal sehen und kann nicht einmal direkt an sie schreiben, aus Angst davor, von der Polizei gefaßt zu werden.

Ohne Arbeit ist Doris für ihren Lebensunterhalt nun fast ausschließlich auf Männer angewiesen. Obwohl sie ihre Rolle perfekt spielt und immer wieder Männer findet, die ihr wenigstens vorübergehend Geld oder eine Zuflucht bieten, vereinsamt sie und beginnt zu ahnen, »auf den Glanz kommt es ... vielleicht gar nicht so furchtbar an«.[47] Wie Gilgi verläßt auch Doris den einen Mann, den sie wirklich liebt, weil sie meint, daß er, ein bürgerlicher Gebildeter, sie wahrscheinlich nie ganz lieben oder akzeptieren kann. Die junge Frau mit aufmüpfigen Ambitionen, aber ohne Ausbildung, die auf dem Weg der Schönheit und Kinowerte ihr Glück sucht, endet im Wartesaal des Bahnhofs Zoo, ohne Geld und ohne Zukunftsperspektiven. Mehr denn je fühlt sie sich als Außenseiterin: »Aber das ist es ja eben, ich habe keine meinesgleichen, ich gehöre überhaupt nirgends hin.«[48]

Hinter den widersprüchlichen Selbstkonzepten von Gilgi und Doris, in der Struktur des Alternierens zwischen selbstbewußter Zuversichtlichkeit und Ängsten, Schuld- und Minderwertigkeitsgefühlen, möchte man ein ähnlich quälendes Schwanken der Autorin zwischen Geltungsstreben und Unsicherheit fast vermuten. Doris, die sich als Künstlerin gibt, spricht vielleicht am ehesten für ihre Schöpferin, wenn sie durch ihre autobiographischen Aufzeichnungen das falsche Bild korrigieren will, das ihr gebildeter Freund Ernst (»das grüne Moos«) von ihr entworfen hat. Sie will endlich als diejenige (an)erkannt werden, die sie wirklich ist:

»Ich möchte ihm mein Buch geben – ich will ein richtiger Mensch sein – er soll mein Buch lesen ... ich bin doch Doris – Doris ist doch kein Dreck. Ich will gar keine Unschuldige sein, ich will richtig als Doris hier sein und nicht als so alberne zivilisierte Einbildung vom grünen Moos.«[49]

Hier hört man die Stimme einer Frau, die sich weigert, durch die Erwartungen der »normalen«, moralisch-bürgerlichen Gesellschaft definiert und bewertet zu werden. Gleichzeitig hat Doris-Keun Angst, daß dieser Mann aus dem Bildungsbürgertum sie nach seinen Maßstäben verurteilt, wenn durch seine Lektüre ihrer Aufzeichnungen »alles rauskommt« über ihr Leben; sie kann die

Vorstellung kaum ertragen, daß er ihr Buch liest: »Ich verstehe nicht, wie jemand Bücher schreiben kann, die alle Menschen auf der Welt dann lesen –.«[50]

Ihrem Publikum und ihren Kritikern gegenüber hätte Irmgard Keun nicht nur als Frau, sondern auch als Schriftstellerin ähnlich zwiespältige Empfindungen haben können. Denn sie hatte einerseits sensationellen Erfolg als Unterhaltungsschriftstellerin, mußte aber andererseits von den Kritikern auch scharfen Tadel einstecken. Obwohl sie mit ihren Sekretärinnen, Schauspielerinnen und Vamps die gängigen Frauenbilder der späten Weimarer Zeit überzeugend – auch ironisch-kritisch – widergespiegelt hatte, wurden diese Frauengestalten entweder als egoistisch oder als sexuell zu freizügig und daher unmoralisch verdammt, je nach politischer Orientierung des Kritikers. In jedem Falle, ob von links oder von rechts, würde man heute solche Kritik als sexistisch bezeichnen, die einer Frau (oder Frauen) übelnimmt, was dem Mann als selbstverständlich zugestanden wird. Sogar die positive Kritik von Kurt Tucholsky, auf die Irmgard Keun besonders stolz war, ist ziemlich sexistisch: Er rühmt besonders ihre »Kleinmädchenironie« und »reizenden kleinen Einfälle« und suggeriert als den angemessenen Rahmen ihres künftigen Schaffens die Tradition der weiblichen Trivialliteratur: »Wenn die noch arbeitet, reist, eine große Liebe hinter sich und eine mittlere bei sich hat –: aus dieser Frau kann einmal etwas werden.«[51]

In der Tat zeigen Leben und Werk dieser Autorin beides, das Streben nach weiblicher Autonomie und Selbstbestimmung und die wiederholte Niederlage oder Abschwächung solchen Aufbegehrens. Bei aller scharfsinnigen, ironischen Kritik an männlicher Eitelkeit, die in diesen Romanen vorkommt, zeigen sie doch auch, wie die Neue Frau immer noch von Männern und von männlicher Führung abhängig ist. Typisch ist Doris' Weihnachtswunsch aus den Wirren der Großstadt: »Ich wünschte mir sehr die Stimme von einem Mann, die ... mir sagt: Doris, höre auf mich; was ich sage, ist richtig.«[52] Kein Wunder, daß sich Irmgard Keun gern auf die angeblichen Worte des literarischen Giganten Döblin berief, wenn sie über ihre Anfänge sprach: »Wenn Sie nur halb so gut schreiben, wie Sie sprechen, erzählen und beobachten, dann werden Sie die beste Schriftstellerin, die Deutschland je gehabt hat.«[53] In der Autorität dieses Urteils (er)fand sie eine Legitimation, die sie sich selbst nicht geben durfte.

Vor und Nach Mitternacht – Die Jahre bis zum Exil
oder: Eine Frau
am Rande des Nervenzusammenbruchs
1933-1936

Erfolg und Ruhm brachten also keine Ruhe, Stabilität oder lang-andauernde Sicherheit in das Leben Irmgard Keuns. Eher wurden die Widersprüche und Spannungen ihres Charakters dadurch intensiviert. Jedenfalls wurde ihr Leben in den Jahren bis zu ihrer Emigration im Mai 1936 immer chaotischer, wenn man den Briefen glauben kann, die sie in dieser Zeit an Arnold Strauss schrieb.[54] Am 17. Oktober 1932 hatte Keun den 23 Jahre älteren Regisseur und Schriftsteller Johannes Tralow geheiratet, den sie schon als junge Schauspielerin gekannt hatte. Die Eltern waren gegen diese Heirat mit dem so viel älteren, geschiedenen Künstler, der auch viel trank, und es wurde auch kaum ein richtiges Eheleben im bürgerlichen Sinn. Keun lebte oft von ihrem Mann getrennt, der sie in ihrer schriftstellerischen Tätigkeit immerhin ermutigte und finanziell unterstützte, so gut er konnte. Eine Zeitlang war sie in Berlin, dann in Köln bei den Eltern, an der Mosel oder in Frankfurt. Den drei Jahre älteren jüdischen Arzt Arnold Strauss lernte Keun im Sommer 1933 durch ihre Freundin Ria Hans kennen, die sich schon damals wegen Irmgards Arbeits- und Alkoholproblemen Sorgen machte.[55] Strauss sollte helfen, aber er verliebte sich statt dessen in Keun und betrachtete sie bald als seine Verlobte. Als Jude verlor er seine Stellung an der Berliner Charité und ging schon 1933 nach Holland, 1934 nach Italien und 1935 in die USA. Strauss und Keun verbrachten insgesamt nur ein paar Monate zusammen,[56] waren ansonsten auf Briefe angewiesen, um die (vor Tralow und der Öffentlichkeit verheimlichte) Beziehung über die Jahre der Trennung am Leben zu erhalten. Die 271 Briefe, die Keun zwischen 1933 und 1940 an ihn schrieb und die er sorgfältig aufbewahrte, wurden erst spät entdeckt – Keun hatte in späteren Jahren fast nichts über diese Beziehung gesagt – und 1988 veröffentlicht. Sie sind eine unschätzbare Quelle zur inneren und äußeren Situation der Schriftstellerin in dieser Zeit, auch wenn man davon ausgehen muß, daß sie viel Erfundenes enthalten.

In diesen Briefen erleben wir Irmgard Keun als eine stark motivierte Schriftstellerin, die schwere innere und äußere Probleme zu bewältigen hat. Sie berichtet, ihre Eltern sowie ihr Verlag seien wegen der Beziehung zu Strauss außer sich, weil er Jude ist – »jetzt, in dieser Zeit!« – »ruinierte sie die Familie mitsamt Karriere von Bruder«. Sie wird behandelt, »als wäre [sie] ein 10jähriges Schulkind«, wird »von hinten und vorne bewacht« und muß ihr Geld über die Eltern beziehen, da der Verlag ihr jetzt nichts mehr direkt bezahlt (Brief vom 3. 8. 1933).[57] Keun war wütend über diese Art, mit ihr umzugehen, die man einem 28jährigen männlichen Autor kaum zugemutet hätte, durfte aber nichts sagen, da sie ihrem Mann die Beziehung verheimlichen wollte. (Obwohl sie pragmatische Gründe dafür hatte, ist es doch bezeichnend, daß Keun hier »im wirklichen Leben« schon so einen belastenden Betrug auf sich lud, der sie dauernd und jahrelang zu kleinen und großen Lügen zwang.)

Zu den Auseinandersetzungen mit der Familie kommen schwere Arbeits- und Geldprobleme, zwei rote Fäden in den Briefen dieser Jahre. Der Verlag und die Zeitungen schicken kein Geld, und ihre Abhängigkeit von ihrer Familie geht ihr zunehmend auf die Nerven: »Ich ... hätte vor lauter Abhängigkeitspsychose beinahe Selbstmord begangen.« (Brief vom 15. 1. 1934) Sie fängt an, Arnold um Geld zu bitten, eine Gewohnheit, die in den späteren Briefen überhandnimmt. Keun leidet an Nervosität und schweren Depressionen, die vor der Menstruation besonders schlimm werden, und sie weiß, daß sie vom Alkoholismus bedroht ist. »Du darfst mir den Alkohol verbieten«, schreibt sie Arnold am 30. 10. 1933, »weil das meine einzige Gefahr ist. Und Du darfst mir das Geld fortnehmen, das ich früher oder später verdienen werde, weil ich's sonst verliere (natürlich muß ich ein bißchen zum Verlieren behalten) – im übrigen kannst Du Dich eisern darauf verlassen, daß ich selbst am besten weiß, was ich tu'!«[58]

Ständig unter Druck von ihrem Verleger, ihren nächsten Roman abzuliefern, leidet Keun unter Müdigkeit, »Schlappheit«, dem gefürchteten »toten Punkt in der Arbeit ... und da neigt man dann doppelt zu Verzweiflungsanfällen« (Brief vom 28. 1. 1934). Wie schon erwähnt, täuschte Keun Manuskriptseiten vor, um dem Drängen auszuweichen und Geld vom Verlag zu bekommen.[59] Wiederholt klagt sie sich an, weil sie am Tag nicht genug geschafft hat, und man bekommt den Eindruck, daß sie sich zum Teil durch solch extreme Selbstbeschuldigungen eigentlich entschuldigen möchte:

»Ich habe eine solche Wut auf mich, daß ich mich stundenlang ohrfeigen könnte. Erstens wegen der Arbeitsversäumnis, … [und dann] weil ich dreimal verfluchtes charakterloses Stück überhaupt einen Tropfen Alkohol getrunken und alles in allem meine besten Vorsätze über den Haufen geworfen habe… Ich bin manchmal traurig und ängstlich, wenn ich darüber nachdenke, daß ich so abgrundtief scheußliche irrenhausreife Depressionen habe. Ich leide manchmal ganz abscheulich in Zeiten, wo ich innerlich nicht weiterkomme. Manche Fehler, die allgemein menschlich sind und die ich an anderen gern toleriere, hasse ich an mir wie die Pest. So zum Beispiel Eitelkeit und primitive Geltungssucht. Und Selbstbelügen… Ich habe manchmal eine solche Wut auf mich, daß ich mir selber den Hals zuwürgen könnte… Weißt Du, mein Kleines, die vornehmste Arroganz ist, von sich selbst mehr zu verlangen als von anderen. Natürlich ist das arrogant – aber ein bißchen wollen wir das ja auch sein und bleiben.« (Brief vom 23. 1. 1934)[60]

Dieser Briefauszug zeigt eine ähnliche Mischung aus Selbstbehauptung und Schuldgefühl, aus Selbstachtung und Selbsthaß, wie wir sie in den Romanen beobachtet haben. An dieser qualvollen Gefühlsmixtur leidet typischerweise die Frau, die sich in das Territorium der Männer gewagt hat. Im Tiefsten weiß sie, daß sie dort nicht hingehört und nie gut genug sein kann. Sie ist eben kein Junge, sie ist kein Mann.

Alle diese Probleme werden durch die politischen Entwicklungen noch verschärft. Irmgard Keuns zwei erste Romane kommen als »unzüchtige Schriften« auf die erste offizielle »schwarze Liste« für die Orientierung der Buchläden und die »Säuberung der Volksbüchereien« vom 11. Mai 1933 und sind auch in allen weiteren Listen verzeichnet.[61] Ihre Bücher sollen künftig »vom Buchhandel weder verliehen noch vertrieben werden«. Während der nächsten Monate werden zuerst *Das kunstseidene Mädchen* (1933), dann auch *Gilgi* (1935) beschlagnahmt und vernichtet. Ende 1933 erfährt Keun, daß nichts mehr von ihr in Deutschland gedruckt werden könne, weil sie nicht zur Reichsschrifttumskammer (RSK) gehört. Ihr Verlag rät ihr, die Aufnahme zu beantragen, weil sie »sonst überhaupt nicht mehr schreiben dürfte«.[62] Der erste Antrag auf Aufnahme in die RSK wird Ende 1934 abgelehnt, weitere Versuche sind ebenfalls erfolglos. Inzwischen versucht sie, ihren Roman doch fertigzuschreiben, kleinere Sachen bei Zeitungen doch unterzubringen und einen ausländischen Verlag zu finden. Aber unter solchen Umständen ist produktives Schaffen nicht leicht:

»Ich habe eine furchtbare Unruhe in mir und sehne mich, in die Arbeit reinzukommen und diesen schlappen Zustand zu überwinden.« (Brief vom 19.? 2. 1934)

»Ich hab' viel Angstgefühle und Verfolgungswahn und im Augenblick kaum Humor und kaum Widerstandskraft kleinen und großen Unannehmlichkeiten gegenüber.« (Brief vom 29. 5. 1934)[63]

»Heute hab' ich dreißig Briefe an Zeitungen fortgeschickt. Wenn ich nur den neuen Roman anfangen könnte. Aber mit diesem pathologischen Mangel an Selbstvertrauen wird mir momentan gar nichts gelingen. (...) Dein Verrücktes.« (Brief vom 30. 5. 1934)[64]

In solchen depressiven, ängstlichen Äußerungen spricht sich eine Form der »Verrücktheit« aus, die eher eine »normale« Reaktion auf wahnsinnige Zustände ist. Durch den faschistischen Machtapparat werden Kreativität und Leistungsdrang, die für gesunde Selbstachtung und Unabhängigkeit erforderlich sind, willkürlich unterdrückt. Und für eine Autorin wie Irmgard Keun, deren komische und kritische Originalität gerade in der frischen, respekt- und pietätlosen (»zersetzenden«) Sehweise moderner junger Frauen lag, war die reaktionäre, frauenverachtende Ideologie der Nazis besonders erstickend.

Doch die Nazis lösten bei Irmgard Keun auch andere Reaktionen aus. Bei aller Menschenscheu und zeitweiligen Depressivität war sie auch risikofreudig und streitbar, was besonders durch das »verfluchte Saufen« zum Ausdruck kam: »Dann bin ich so schrecklich egozentrisch und tu', was mir gerade einfällt, und überleg' gar nicht, was andre dabei denken.« (Brief vom 31. 5. 1934)[65] Später erzählte sie solche Geschichten gern, zum Beispiel wie sie in einem Lokal einen Nazi geohrfeigt habe, der einen Juden oder die Polen beleidigt hätte. Allerdings sind solche Geschichten meist nicht verifizierbar, auch nicht die Legende, wie sie von der Gestapo verschleppt und verhört und dann von ihrem Vater für eine Riesensumme freigekauft wurde. Es ist dokumentiert, daß Irmgard Keun zweimal eine Klage gegen den Nazistaat einreichte, um wegen ausgefallenen Verdienstes nach der Beschlagnahme ihrer Bücher Schadenersatz zu beanspruchen.[66] Die Klagen wurden von der Gestapo abgewiesen, zogen aber keine schlimmeren Folgen nach sich. Nur war es jetzt endgültig klar, daß Irmgard Keun emigrieren mußte, wenn sie ihren Beruf als Schriftstellerin weiterhin ausüben wollte. Und das wollte sie unbedingt.

Kind aller Länder
oder: Ins Exil und zurück
1936-1945

Die Jahre zwischen Irmgard Keuns Emigration im Mai 1936 und ihrer illegalen Rückkehr nach Deutschland (1940) waren künstlerisch sehr produktiv, menschlich aber insgesamt schwieriger als die vorangegangenen. Mit einem günstigen Vertrag vom »literarisch angesehenste[n] Verlag Hollands«,[67] Allert de Lange, wagte sich Keun ins Ausland, zuerst nach Ostende, wo sie bald mit anderen emigrierten Schriftstellern wie Egon Erwin Kisch, Ernst Toller, Stefan Zweig, Hermann Kesten und Joseph Roth verkehrte. Ihre Kindheitserzählung erschien 1936 und erntete großen Beifall, und bald arbeitete sie wie besessen an einem Roman über Nazideutschland, *Nach Mitternacht*. In diesen ersten Monaten fühlte sie sich ernst genommen und intellektuell gefordert, und der Roman, der 1937 erschien, wurde als ein wichtiges zeitkritisches Buch gelobt (Klaus Mann). In Ostende wurde Joseph Roth bald ihr Gefährte, von dem sie später sagte, »er war ja der einzige Mann, der mich je gefesselt hat, so daß manches Wort von ihm in meiner Seele Wurzeln schlug«.[68] Mit ihm reiste sie nach Brüssel, Amsterdam, Polen, Wien, Salzburg und Paris. Aber die Beziehung zu dem alkoholkranken Autor wurde bald schwierig und immer qualvoller.

»Aus mir wollte er etwas machen, was ich nicht war. Oft sagte er mir: ›Eine Frau benimmt sich nicht so.‹ ›Eine Dame tut sowas nicht.‹ Mit dem Taxichauffeur durfte ich anstandshalber nicht sprechen. Ein Paket zu tragen, war mir nicht erlaubt. Er wollte aus mir eine ergebene Magd machen, mich zur ›Zartheit‹ erziehen. Er drängte mich in die Rolle eines bemitleideten Wesens hinein, bis ich selber daran glaubte, er zermürbte mich so, daß ich weinen mußte... Durch seine wahnsinnige Eifersucht fühlte ich mich immer mehr in die Enge getrieben, bis ich es nicht mehr aushielt, bis ich unbedingt ausbrechen mußte.«[69]

In ihrem fünften Buch, *D-Zug dritter Klasse* (1938), bearbeitet Keun ihre Beziehung zum »Dämon Roth« und reflektiert darin ein viel weniger selbstbewußtes Frauenbild als in den früheren Romanen. Lenchen, die Hauptfigur des Romans, ist eine ängstliche

Cousine der Gilgi und Doris: Sie möchte schon ein anderes Leben als das ihrer Mutter, hat aber für sich selbst überhaupt keinen Ehrgeiz, nur Angst, ihre Eltern zu enttäuschen. Ihre kurzlebige Karriere als Schauspielerin erinnert wieder an Doris und an Keun selbst und illustriert darüber hinaus das unterentwickelte Selbstkonzept dieser jungen Frau, die nicht weiß, was sie wirklich will, außer anderen zu gefallen. Keun selbst fand ihr neues Buch »besser und schöner als alle anderen ... Es ist nur etwas verrückt.«[70] Geht es in diesem Roman doch um eine junge Frau, die »in dem weniger glücklichen als anstrengenden Besitz von drei Männern [war], von denen keiner die Existenz des anderen auch nur ahnte«.[71] (Wie wir jetzt wissen, spiegelt dies Keuns Situation ziemlich genau wider: Sie war bis Mitte 1937 noch mit Tralow verheiratet, wurde gleichzeitig von Arnold Strauss als seine Verlobte betrachtet und reiste als Roths Gefährtin durch Europa.) Lenchen »hatte nicht gewollt, daß alles so kam«,[72] sondern hat sich mit einem nach dem andern aus Angst und Schwäche eingelassen. Der Trinker Karl Bornwasser »quälte sie mit Mißtrauen und einer Eifersucht, die bis in ihre Kindheit drang. Nacht für Nacht verwickelte er sie in komplizierte Gespräche, wies ihr Widersprüche nach und Lügen.«[73] Lenchen verfängt sich hoffnungslos in ihren eigenen Lügen und weiß zum Schluß selber nicht mehr, was stimmt und was sie erfunden hat. Sie möchte Karl verlassen, ist aber wie paralysiert und kann keinen Entschluß fassen.

In Lenchen kommt also nur noch die schwächere Seite der widersprüchlichen weiblichen Identität zum Vorschein: Die Schuldgefühle, Minderwertigkeitskomplexe und Ängste der Doris, Gilgi und des namenlosen Mädchens aus dem »Kinderbuch« finden in Lenchen keinen Ausgleich durch Mut, Ehrgeiz, Wut oder eigenes Wollen. Die Rezensentin Klara Blum meinte, daß Keun mit dieser Gestalt das reaktionäre Frauenideal der Nazis, »die holde Magd, die weibliche Frau«, verspotten wollte.[74] Die überzeugend scharfsinnigen Einblicke in diese weibliche Psyche legen aber auch nahe, daß es hier um ein Irmgard Keun sehr vertrautes Phänomen geht.

Die andere wichtige, allerdings fast völlig schweigsame Frauengestalt dieses Buches, Tante Camilla, ist eine verwandte und zugleich gegensätzliche Figur. Anstatt wie Lenchen bei jedem Mann erneut Zuflucht zu suchen, hat sie sich durch »eine Art Panzer, etwas wölbendes Metallenes«, abgeschirmt, das sie unter dem

Mantel trägt.[75] Auch bei ihr ist die Kommunikation gestört; wenn sie überhaupt spricht, redet sie verworren. Camilla bewegt sich an der Grenze der Verrücktheit: eine exzentrische, unverheiratete Intellektuelle und Erfinderin, man könnte sagen, eine Art blaustrümpfige Karikatur der unabhängigeren Frauen der Weimarer Zeit. Durch ihr »Anderssein« ist sie in der Nazizeit eine Gefahr für die Familie geworden und muß außer Landes gebracht werden.

In diesem wie in den zwei folgenden Romanen von Irmgard Keun, *Kind aller Länder* (1938) und *Ferdinand, der Mann mit dem freundlichen Herzen* (1950), haben Frauen überhaupt nur noch wenig zu sagen. *Kind aller Länder* erzählt die Geschichte eines Emigrantenkindes, des 10jährigen Mädchens Kully, und ihrer Eltern, die, von Geldsorgen geplagt, durch Europa irren. Der Roman wird wieder einmal aus der Kinderperspektive erzählt, aber die erwachsene Frau, die Mutter Annchen, spricht kaum und ist eher ein resigniertes, passives Anhängsel ihres umtriebigen, schwatzhaften Mannes. *Ferdinand* hat als einziger von Keuns sieben Romanen einen männlichen Ich-Erzähler, und er stellt das Leben im Nachkriegsdeutschland aus der Perspektive des heimkehrenden, passiven Verlierers dar. Seine Cousine Johanna und seine Mutter Laura sind positive Frauengestalten; beide sind entschieden unkonventionell und unbürgerlich (Keuns ewige Vorliebe), aber nicht besonders emanzipiert. Johanna, ständig in einen neuen Mann verliebt, ist eine geschickte Lügnerin, Laura dagegen auf ihre Art so souverän, daß sie alle Probleme des Lebens mit sofortigem Einschlafen kontert. Alle drei Figuren sind wahrscheinlich Teilprojektionen der Autorin in der schwierigen Zeit nach dem Ende des Krieges, aber das Verstummen der Frauen in Keuns Romanen hatte viel früher begonnen.

Keun verließ Joseph Roth Anfang 1938 in Paris und ging, nach weiterem Hinauszögern, im Mai nach Amerika, um endlich Arnold Strauss zu besuchen. Er hatte sie die ganze Zeit mit Geldsendungen unterstützt, war aber nun auch fast am Ende seiner Geduld. Keun hatte ihm von Roth nur als von einem kranken, hilfsbedürftigen Bruder erzählt und ihn hinsichtlich ihrer Anreise mit immer neuen Ausreden hingehalten. Sie verbrachte nun zweieinhalb Monate mit ihm in Virginia, wo sie an ihrem Exilroman arbeitete, und fuhr dann wieder nach Amsterdam. Die Briefe zeigen, daß sie vorhatte, zu ihm zurückzukehren. Jetzt aber bestand der pedantische Arnold darauf, daß sie auf ein richtiges

Quotavisum wartete, statt mit dem schnelleren Touristenvisum zu fahren.[76] Keuns Berichte über den absurden Leerlauf ihrer zunehmend verzweifelten, schließlich erfolglosen Bemühungen, durch verschiedene Instanzen und Beziehungen das richtige Visum zu bekommen, erinnern an Kafka.

Das Leben in Amsterdam wurde immer gehetzter, da es klar wurde, daß die Nazis ihren Machtbereich in Europa ausdehnen wollten. Keun geriet in immer größere Angst, daß sie in die Hände der Deutschen fallen könnte[77]: »Ich bin überhaupt so wahnsinnig nervös und gereizt, daß ich ein Zusammensein mit Menschen kaum noch ertrage, einfach aus Angst, daß ich plötzlich anfange zu schreien oder über irgendeine Bemerkung tobsüchtig werde.«[78] In diesen letzten Monaten kam sie auch öfter mit Arnolds Eltern zusammen, die sich jetzt auch in Holland aufhielten und ebenfalls hofften, zu ihm fahren zu können. Die Briefe der Eltern an ihn wechseln zwischen begeisterten Berichten über Irmgards geistreiches, reizendes Wesen und Klagen über ihre »unmöglichen« Eigenschaften:

»Fast jedes Wort ist Lüge oder Lügengespinst, Du wirst es vielleicht Phantasie oder amüsant nennen, solange Du in ihrem Zauber bist, aber im praktischen Leben ... ist es Lüge ... Sie ist in Unzuverlässigkeit getaucht, ein Mensch ohne Verantwortungsgefühl ... Aber das schlimmste ist ihre Trunksucht ... Kaum sitzt sie behaglich im Zimmer, treibt es sie wieder ins Wirtshaus ... Sie sieht ... so unordentlich, ungepflegt und verkommen aus, daß ich mich ... für sie schämte ... Trotzdem ist sie ja so reizend, daß man sie liebhaben muß, sie tut mir aufrichtig leid ... Sie liebt kein bürgerliches Leben. Ihr ist nur das Abenteuer prickelnd.« (Lucy Strauss an ihren Sohn, 5. 5. 1940)[79]

Obgleich die Worte der Mutter bestimmt nicht ohne Eigeninteresse geschrieben wurden, dürften sie ungefähr stimmen. Irmgard Keun fürchtete selbst, daß sie in dieser Zeit der wachsenden Panik buchstäblich wahnsinnig würde.[80] Beim Einmarsch der Nazis 1940 in Holland tauchte sie unter, bis es ihr gelang, mit falschen Papieren zurück nach Köln zu den Eltern zu entkommen.

Fünf Jahre lang, bis zum Ende des Krieges, lebte Irmgard Keun illegal in Deutschland, unentdeckt von der Gestapo. Erst nach 1945 fing sie wieder an zu schreiben – Erinnerungen an das Exil in Ostende, satirische Skizzen für den Rundfunk und den Nachkriegsroman *Ferdinand, der Mann mit dem freundlichen Herzen* (1950). Wieder einmal hatte sie Erfolg, vor allem als Rundfunkautorin, aber die Anstrengungen der vorangegangenen Jahre, die Angst und der Alkohol hatten sie zermürbt. Weder der publizistische Erfolg noch die 1951 geborene Tochter, noch die Bemühungen ihrer Freunde konnten Keuns Verfall länger aufhalten. 1962 wurde sie in das Landeskrankenhaus Düren eingeliefert und während der fünf Monate dort vom Alkohol ferngehalten. Aber ihren Entschluß, nicht mehr zu trinken, konnte sie auf die Dauer nicht einhalten und wurde vier Jahre später in das Landeskrankenhaus Bonn eingewiesen, diesmal für sechs Jahre.

Nach ihrer Entlassung lebte Keun zuerst bei einer Freundin, dann in einer Dachstube in Bonn. Sie versuchte noch einmal zu schreiben, »wegen der Ängste, der Melancholien, der Depressionen«.[81] Aber es ging nicht, auch dann nicht, als sie in den späten siebziger Jahren wiederentdeckt wurde und für eine neue Generation von LeserInnen ihre Memoiren schreiben sollte. Sie wollte lieber einen Roman schreiben, der den bezeichnenden Titel haben sollte, »Kein Anschluß unter dieser Nummer«. Aber nach ihrem Tod am 5. Mai 1982 waren keine Manuskriptseiten zu dem geplanten Buch auffindbar.

Der traurige Einzelgänger Ferdinand hatte schon 1950 geklagt: »Ich glaube nicht, daß es jemals, seit die Welt besteht, einen Menschen gegeben hat, der sich immer allein helfen konnte ... Nur schade, daß fast immer zu spät oder nur halb oder falsch geholfen wird.«[82] Es war eine Erkenntnis, die, wie viele aus Irmgard Keuns Romanen, ebensogut zu *ihrem* Leben paßte.

Es ist nicht klar, was Irmgard Keun wirklich geholfen hätte. Es hat nicht geholfen, daß die sowieso empfindliche und ruhelose Autorin die Demütigungen des Dritten Reichs und das Umhergestoßenwerden des Exils erleiden mußte. Und es hat ihr sicherlich auch nicht geholfen, daß sie, die in so vielem die Anpassung verweigert hatte, sich doch den Erwartungen der männlich definierten Welt anzupassen versuchte. Sie, die die Verlogenheit des Spießbürgertums und der Nationalsozialisten so klar durchschaute, sah nicht klar genug, wie sehr die patriarchalen Erwartungen und Machtstrukturen sie gegen sich selbst einnahmen. Durch diese Blindheit ließ sie sich in vergebliche Versuche verstrikken, eine zu werden, die sie nicht war und nicht sein konnte. Mit Hilfe von Phantasie und Lüge spielte sie die selbstzerstörende zweispältige Rolle der begabten, aber doch für Männer attraktiven Frau, einerseits »ein Fräulein..., mit dem man gleich tanzen gehen möchte« und andererseits »kein Fräulein mehr, mit dem man tanzen gehen wollte, sondern eine Prophetin, die anklagt« (Hermann Kesten über Irmgard Keun).[83] Sie trank, um sich Mut zu machen, um sich zum Schreiben anzuspornen, um ihre Ängste zu vergessen. Und um sich über die Gespaltenheit ihres Daseins hinwegzutäuschen. »Jeder Mensch, der trinkt, will sich oder seine Sicht der Welt ändern, was ja aufs selbe rauskommt.«[84]

Anmerkungen

Den folgenden Personen und Institutionen möchte ich für ihre Unterstützung danken: Dr. Uta Biedermann (Stadtbücherei Köln), Christoph Buchwald, Dr. Sibylle Duda, Dr. Walter Geller, Dr. Heike Klapdor, Dr. Gabriele Kreis, Anneliese Krupp, Prof. Dr. Luise F. Pusch, Erich Thurn, Freifr. Gisela von der Recke, Brigitte Warkus, dem American Council for Learned Societies und der Fulbright-Kommission.

Hinweis: Die Titel der Werke Irmgard Keuns (genaue bibliogr. Angaben im Literaturverzeichnis) werden in den folgenden Anmerkungen wie folgt abgekürzt:
Briefe = *Ich lebe in einem wilden Wirbel: Briefe an Arnold Strauss 1933-47*
D-Zug = *D-Zug dritter Klasse*
F = *Ferdinand, der Mann mit dem freundlichen Herzen*
G = *Gilgi, eine von uns*
KM = *Das kunstseidene Mädchen*
M = *Das Mädchen, mit dem die Kinder nicht verkehren durften*
Wenn = *Wenn wir alle gut wären*

1 Kreis, S. 289.
2 Kreis, S. 289; auch Interview mit Dr. Geller, 16. 12. 1991.
3 KM, S. 218.

4 F, S. 56-57.

5 Briefe, S. 49.

6 Briefe, S. 249.

7 Wenn nicht anders angegeben, stütze ich mich im folgenden auf die Darstellung von Gabriele Kreis, S. 13-56.

8 Kreis, S. 19.

9 Kreis, S. 49.

10 Kreis, S. 49-50.

11 Kreis, S. 62.

12 Wie in dem sogenannten Korsakow-Syndrom. Vgl. Sacks, S. 42-68.

13 Kreis, S. 70.

14 So bspw. in Harenbergs Lexikon der Weltliteratur (1989) und Harenbergs Personenlexikon (1992).

15 Kreis, S. 25.

16 Kreis, S. 16.

17 Kreis, z. B. S. 52.

18 Kreis, S. 49.

19 Keun, 1982: S. 63.

20 M, S. 45-46.

21 M, S. 48.

22 M, S. 46.

23 M, S. 46.

24 M, S. 102.

25 M, S. 126.

26 M, S. 9-10.

27 M, S. 54.

28 M, S. 128.

29 M, S. 178.

30 Brief vom 22. 8. 1933, Briefe, S. 24.

31 Kreis, S. 47.

32 Fließ, 1932.

33 G, S. 19.

34 G, S. 19.

35 G, S. 115.

36 Vgl. Kreis, S. 80-82, 97; Ball, Brentano.

37 G, S. 26.

38 G, S. 73.

39 G, S. 65. Vgl. auch meinen Aufsatz zu diesem Thema: »Warum habe ich keine Worte?«

40 G, S. 178-179.

41 G, S. 219.

42 KM, S. 8.

43 KM, S. 208.

44 KM, S. 45.

45 Z. B. KM, S. 104-105.
46 KM, S. 33-34.
47 KM, S. 219.
48 KM, S. 215.
49 KM, S. 175-176.
50 KM, S. 180.
51 Peter Panter (d. i. Kurt Tucholsky) 1932.
52 KM, S. 136.
53 Serke, S. 165-66.
54 Die Mehrzahl der Briefe sind veröffentlicht in: Keun, Irmgard: *Ich lebe in einem wilden Wirbel. Briefe an Arnold Strauss. 1933 bis 1947.* Herausgegeben von Gabriele Kreis und Marjory S. Strauss. Düsseldorf: Claassen, 1988. Die vollständige Sammlung der Briefe ist im Besitz der Stadtbücherei Köln.
55 Briefe, S. 12.
56 Kreis, S. 152.
57 Briefe, S. 14-15.
58 Briefe, S. 32.
59 Briefe, S. 24.
60 Briefe, S. 49-50.
61 Kreis, S. 132-33.
62 Briefe, S. 46.
63 Briefe, S. 65.
64 Briefe, S. 65.
65 Briefe, S. 65.
66 Kreis, S. 155-156.
67 Briefe, S. 157.
68 Bronsen, S. 476.
69 Bronsen, S. 502.
70 Briefe, S. 232.
71 D-Zug, S. 16.
72 D-Zug, S. 16.
73 D-Zug, S. 54.
74 Blum, S. 120.
75 D-Zug, S. 8.
76 Briefe, S. 271.
77 Briefe, S. 280, 286.
78 Briefe, S. 287.
79 Briefe, S. 296-97.
80 Wenn, S. 168.
81 Aus dem Tagebuch der alten Frau, zitiert in Kreis, S. 225.
82 F, S. 174.
83 Kesten, S. 426-427.
84 F, S. 97.

Literatur

Ball, Kurt Herwarth (Rez. von *Das kunstseidene Mädchen*), in: *Der Hammer* 31 (1932), S. 251

Berglund, Gisela: *Deutsche Opposition gegen Hitler in Presse und Roman des Exils. Eine Darstellung und Vergleich mit der historischen Wirklichkeit*, Stockholm 1972 (Stockholmer germanistische Forschungen 11), S. 215-221

Blum, Klara: »Irmgard Keun«, in: *Internationale Literatur. Deutsche Blätter*, 9. Jg., Heft 6 (1939) (Rez. von *Nach Mitternacht, D-Zug dritter Klasse, Kind aller Länder*)

Brentano, Bernhard: »Keine von uns. Ein Wort an die Leser des ›Vorwärts‹«, in: *Linkskurve* 4/10 (1932), S. 27-28 (Rez. von *Gilgi*)

Brinker-Gabler, Gisela (Hg.): *Deutsche Literatur von Frauen*, Bd. 2, München 1988

Bronsen, David: *Joseph Roth. Eine Biographie*, Köln 1974

Erpenbeck, Fritz: »Eine Frau tritt in die Front. Zu Irmgard Keuns Roman: ›Nach Mitternacht‹«, in: *Internationale Literatur. Deutsche Blätter*, 7. Jg., Heft 6 (1937), S. 139-142 (Rez. von *Nach Mitternacht*)

– »Manchmal habe ich Heimweh«, in: *Das Wort*, 4. Jg., Heft 3 (1939) (Rez. von *Kind aller Länder*)

Fallada, Hans: »Fünf Frauen schreiben«, in: *Die Literatur* 34 (1931-32), S. 249f.

Fließ, Elisabeth: »Mädchen auf der Suche«, in: *Die Frau* 40, (1932), S. 172-78

Gilbert, Sandra M./Gubar, Susan: *The Madwoman in the Attic. The Woman Writer and the Nineteenth-Century Literary Imagination*, New Haven und London 1979

Horsley, Ritta Jo: »Irmgard Keun«, in: *Dictionary of Literary Biography*, Vol. 69: *Contemporary German Prose Fiction: 1945 to the Present*, hg. von Wolfgang D. Elfe und James Hardin, Detroit 1988, S. 182-188

– »›Warum habe ich keine Worte? ... Kein Wort trifft zutiefst hinein.‹ The Problematics of Language in the Early Novels of Irmgard Keun«, in: *Colloquia Germanica* 23, 3-4 (1990), S. 297-313

– »Witness, Critic, Victim: Irmgard Keun and the Years of National Socialism«, in: Elaine Martin (Hg.), *Inside and Outside Nazi Germany: Women's Writings about the Third Reich*, Detroit, MI, im Druck

Jelinek, Elfriede: »›Weil sie heimlich weinen muß, lacht sie über Zeitgenossen.‹ Über Irmgard Keun«, in: *die horen* 25 (Winter 1980), S. 221-225

Kesten, Hermann: »Irmgard Keun«, in: ders., *Meine Freunde, die Poeten*, München 1959, S. 423-434

Keun, Irmgard: *Gilgi, eine von uns*, Berlin 1931 (benutzte Ausgabe: Bergisch Gladbach 1981)

– *Das kunstseidene Mädchen,* Berlin 1932 (benutzte Ausgabe: Bergisch Gladbach 1980)
– *Das Mädchen, mit dem die Kinder nicht verkehren durften,* Amsterdam 1936 (benutzte Ausgabe: Bergisch Gladbach 1981)
– *Nach Mitternacht,* Amsterdam 1937 (benutzte Ausgabe: Bergisch Gladbach 1981)
– *D-Zug dritter Klasse,* Amsterdam 1938 (benutzte Ausgabe: Bergisch Gladbach 1984)
– *Kind aller Länder,* Amsterdam 1938 (benutzte Ausgabe: Bergisch Gladbach 1983)
– *Ferdinand, der Mann mit dem freundlichen Herzen,* Düsseldorf 1950 (benutzte Ausgabe: Bergisch Gladbach 1982)
– *Wenn wir alle gut wären: Kleine Begebenheiten, Erinnerungen und Geschichten,* Düsseldorf 1954. Erweiterte Ausgabe. Hg. und mit einem »Nachwort« von Wilhelm Unger. Köln 1983
– »›Woanders hin! Mich hält nichts fest‹: Irmgard Keun im Gespräch mit Klaus Antes«, in: *die horen* 27 (Frühjahr 1982), S. 61-75
– *Ich lebe in einem wilden Wirbel: Briefe an Arnold Strauss 1933-1947.* Ausgewählt und hg. v. Gabriele Kreis und Marjory S. Strauss, Düsseldorf 1988. Im Text als *Briefe* zitiert

Krechel, Ursula: »Irmgard Keun: die Zerstörung der kalten Ordnung. Auch ein Versuch über das Vergessen weiblicher Kulturleistungen«, in: *Literaturmagazin* 10 (1979), S. 103-128

Kreis, Gabriele: »*Was man glaubt, gibt es.*« *Das Leben der Irmgard Keun,* Zürich 1991

Mann, Klaus: »Deutsche Wirklichkeit«, in: *Die Neue Weltbühne* 17 (1937), S. 526-528 (Rez. von *Nach Mitternacht*)

Panter, Peter (d. i. Kurt Tucholsky): »Auf dem Nachttisch«, *Die Weltbühne* 28, H. 5, Berlin 1932, S. 180

Patsch, Sylvia M.: »›Und alles ist hier fremd.‹ Schreiben im Exil«, in: *Deutsche Literatur von Frauen,* Bd. 2, hg. von Gisela Brinker-Gabler, München 1988, S. 304-317

Ritchie, J. M.: *German Literature under National Socialism,* London & Canberra; Totowa, N. J. 1983

Roloff, Gerd: »Irmgard Keun – Vorläufiges zu Leben und Werk«, in: *Amsterdamer Beiträge zur neueren Germanistik* 6 (1977), S. 45-68

Rosenstein, Doris: *Irmgard Keun. Das erzählende Werk der dreißiger Jahre,* Bern, Frankfurt/M. 1991

– »›Nebenbei bemerkt.‹ Boheme-Gesten in Romanen Irmgard Keuns«, in: *Erkundungen. Beiträge zu einem erweiterten Literaturbegriff. Helmut Kreuzer zum 60. Geburtstag,* hg. von Jens Malte Fischer, Karl Prümm und Helmut Scheuer, Göttingen 1987, S. 207-230

Sacks, Oliver: *Der Mann, der seine Frau mit einem Hut verwechselte,*

Übers. von Dirk van Gunsteren, Hamburg 1990 (Orig. als *The Man Who Mistook His Wife For a Hat*, New York 1985)

Sautermeister, Gert: »Irmgard Keuns Exilroman ›Nach Mitternacht‹«, in: *die horen* 27 (1982), S. 48-60

Serke, Jürgen: »*Irmgard Keun.*« *Die verbrannten Dichter,* Weinheim 1977, S. 162-175

Shafi, Monika: »›Aber das ist es ja eben, ich habe ja keine Meinesgleichen.‹ Identitätsprozeß und Zeitgeschichte in dem Roman ›Das kunstseidene Mädchen‹ von Irmgard Keun«, in: *Colloquia Germanica* 21 (1988), S. 314-325

Showalter, Elaine: *The Female Malady. Women, Madness, and English Culture, 1830-1980,* New York 1985

Soltau, Heide: »Die Anstrengungen des Aufbruchs. Romanautorinnen und ihre Heldinnen in der Weimarer Zeit«, in: *Deutsche Literatur von Frauen,* hg. von Gisela Brinker-Gabler, Bd. 2, München 1988, S. 220-235

Seinbach, Dietrich: »Irmgard Keun«, in: *Kritisches Lexikon zur deutschsprachigen Gegenwartsliteratur,* München 1985

Stephan, Alexander: *Die deutsche Exilliteratur 1933-1945. Eine Einführung,* München 1979

Tucholsky, Kurt (»Peter Panter«): »Auf dem Nachttisch«, in: *Die Weltbühne* 28, 5 (1932), S. 180 (Rez. von *Gilgi*)

Walter, Hans-Albert: *Bedrohung und Verfolgung bis 1933. Deutsche Exilliteratur 1933-1950,* Bd. 1, Darmstadt und Neuwied 1972

SYLVIA PLATH
1932-1963

»Alle die alten Anker«

Von Heidi Gidion

Die amerikanische Schriftstellerin
Sylvia Plath wurde nur dreißig
Jahre alt: geboren am 27. Oktober
1932 an der Ostküste Amerikas, in
der Nähe von Boston, in Jamaica
Plain, gestorben am 11. Februar
1963 in London. Die Lebensfak-
ten zwischen diesen Eckdaten nehmen sich aus wie ein Wirbel von
Ereignissen, nur schwer ihrer
chronologischen Abfolge gemäß
mit dem Gestus der Objektivität
zu erzählen. Denn der Wirbel er-
greift selbst das zweite Eckdatum,

wenn wir erfahren, daß sich die Dreißigjährige selbst das Leben
nahm. Und daß sie allein mit dem noch nicht einjährigen Sohn und
der noch nicht dreijährigen Tochter gerade in einer Wohnung
eingezogen war, wie sie sich immer gewünscht hatte, und daß sie
gerade auf dem besten Wege war, sich endlich den Namen als
Lyrikerin und Prosaautorin zu machen, den sie so lange erstrebt
hatte.

Die Situation, in der sie sich in den Monaten befand, die ihrem
Tod vorangingen, ist immer wieder nacherzählt worden, akzentu-
iert und gedeutet je nach dem Standpunkt des jeweiligen Erzählers,
der jeweiligen Erzählerin und ihrer Beziehung zu Sylvia Plath:
Alvarez[1] etwa ist davon überzeugt, daß sie sich nicht das Leben
nehmen wollte, sondern im Sinne ihres Überlebens der früheren
Selbstmordversuche gewissermaßen ihr Schicksal herausfordern –
und hindurchgehen wollte wie durch eine Reinigungsprozedur,
um dann wieder neu anfangen zu können. Anne Stevenson[2] hingegen ist davon überzeugt, daß Plath eine Krankheit zum Tode hatte,
von Kindheit an. Ihr Selbstmord sei also nur eine Frage des Zeit-

punkts gewesen. Fest steht, daß ihre Kinder und sie selbst mehrmals schwere Grippekrankheiten hatten. Ihre Erschöpfungszustände hatten mit Sicherheit ein Ausmaß erreicht, das sie sterbensmüde machte. Es war jener berüchtigte Winter, in dem London von Schnee- und Eiskatastrophen heimgesucht worden war. Sie hatte nach der Trennung von ihrem Mann noch keine zuverlässige Hilfe für Kinder und Haushalt gefunden.

Andererseits war sie eine verantwortungsbewußte Mutter. Es grenzt an psychische Unmöglichkeit, daß sie diesen Tod, den unwiderruflichen Akt der Trennung von ihren Kindern, bewußt gewollt haben kann. Dazu kommt, daß sie neben sich einen Zettel mit der Telefonnummer ihres Arztes gelegt hatte, der ihr für jenes Wochenende vergeblich ein Krankenhausbett zu beschaffen versucht hatte. Denn die Folgen der Antidepressiva mußten überwacht werden, mit deren Einnahme sie auf seinen Rat hin eben begonnen hatte. Gerade an jenem Morgen war überdies mit dem Eintreffen des ersehnten Au-pair-Mädchens zu rechnen. Angesichts dieser Informationen erscheint der Tod von Sylvia Plath als Resultat der Verkettung unvorhersehbarer unglücklicher Zufälle.

Ich möchte deshalb versuchen, ihr Leben nicht chronologisch zu erzählen, sondern mich ihm von verschiedenen Ansätzen her zu nähern, so daß es zum Schluß zumindest überschaubar in seinen Grundmustern wird. In ihnen tritt mir modellhaft das Dilemma der begabten Frau[3] der 50er und 60er Jahre entgegen.

Die Mutter, Aurelia Schober Plath, ist Sylvia Plaths erste Biographin gewesen. 1975 hat sie unter dem Titel *Briefe nach Hause.* 1950-63 etwa 80 Briefe der Tochter ausgewählt aus einer Menge von fast 800, die überwiegend an sie gerichtet waren. Einige von ihnen hat sie kommentiert und ihnen ein ausführliches Vorwort vorangestellt. Da auch sie, wie die Tochter, erzählfreudig und -kundig ist, soll als erster Ansatz der folgenreiche Hintergrund zum Leben der amerikanischen Dichterin am Leitfaden der Familiengeschichte, zumindest in den Anfängen, so skizziert werden, wie ihn Aurelia Plath darstellt.

Beide, sowohl Aurelia als auch ihr späterer Mann, entstammten deutschsprachigen Einwandererfamilien. Beide waren mittellos und arbeiteten sich in wahrhaft eiserner Disziplin hoch. Otto Emil Plath war in Grabow in Deutschland, im polnischen Korridor, aufgewachsen. Er war nicht nur sehr sprachbegabt, sondern auch in der Natur bewandert: Um sich Süßigkeiten zu beschaffen, erwarb er sich schon als Kind durch ausdauernde eigene Beobachtungen eine solide Kenntnis von Hummeln und ihrer Art, Nester anzulegen und Honig zu deponieren. Bei den Dorfkindern galt er bald als »Bienenkönig«. Daß die Familiengeschichte Motive hergibt für die Geschichte der Tochter, läßt sich aufs schönste am Bienenmotiv demonstrieren: Otto Emil Plaths konsequente Willensstärke zeigte sich schon daran, daß er Jahrzehnte später an der Universität von Boston ein Spezialist für Entomologie (Insektenkunde) mit dem Schwerpunkt Bienenkunde war, daß er seine Dissertation über Hummeln ausbaute zu einem Standardwerk über Hummeln und ihre Lebensweise. Fast zwei Jahrzehnte nach dem Tod des Vaters lernte Sylvia Plath die Bienenzucht, legte sich in ihrem Garten einen eigenen Stock zu und baute aus fundierter Kenntnis Bienen ein in die kompliziert widersprüchliche Welt- und Selbstdeutung ihrer Bildersprache.

Kennengelernt hatte Aurelia Schober ihren künftigen Mann, als sie bei ihm am College Mittelhochdeutsch für ihre Magisterprüfung in Deutsch und Englisch studierte. Sie betont, was für eine begeisterte Studentin der Literaturwissenschaft sie war, wie hart sie sich ihr Studiengeld erarbeiten mußte mit allen Arten anstrengender Büroarbeit, und wie befriedigend für sie nach allen bestandenen Examina das Unterrichten von Deutsch und Englisch an einer High School war. Das alles brach sie ab, als sie den 21 Jahre Älteren heiratete. »Dann fügte ich mich dem Wunsch meines Mannes, nur noch Hausfrau zu sein«, schreibt sie. Aber das war sie gar nicht, sie arbeitete vielmehr als (natürlich unbezahlte) wissenschaftliche Hilfskraft ihres Mannes zu Hause, las nach seinen Angaben die Sekundärliteratur, exzerpierte und schrieb selbständig den ersten Entwurf, den er umarbeitete. Dann, als seine (unbezahlte) Schreibkraft, schrieb sie das Ganze druckfertig noch einmal ab. Das war, nach dem bahnbrechenden Buch über die Hummeln, das 1934 unter seinem Namen erschienen war, die Abhandlung über *Insektengesellschaften* im Handbuch für Social Psychology. Das große Eßzimmer war beschlagnahmt als Arbeitszimmer, ein gesellschaftliches Leben gab es ebensowenig wie Geselligkeit mit Freunden: »Im ersten Jahr unserer Ehe mußte alles DEM BUCH geopfert werden. Nach Sylvias Geburt war es dann DAS KAPITEL.« Ohne ein Wort der Klage beschreibt sie detailliert ihre »Schattenarbeit« – prägende, unvergeßliche Bestandteile der Atmosphäre, in die die Tochter hineinwuchs. Der Mann, der mit Sylvia spielte, schwamm und am Strand entlanglief, wie sie in ihren Geschichten zuweilen erzählt, war nicht wie in ihrer Darstellung der Vater, sondern der Vater ihrer Mutter. Die Großmutter betreute Sylvia und den zweieinhalb Jahre jüngeren Bruder Warren. Das Familiensystem funktionierte nur, weil die Plaths und die Großeltern mütterlicherseits inzwischen zusammengezogen waren, in ein Haus ganz in der Nähe des Meeres, nach Winthrop. Die Mutter hält in aller Sachlichkeit fest, daß Otto Plath ein Patriarch war: Er verfügte allein über das Geld, er bestimmte die ganz seiner Arbeit gewidmete Lebensführung seiner Frau, und die in ständige Rücksichtnahme eingeübten Kinder durften sich vor dem Ins-Bett-Gehen noch eine halbe Stunde vor dem Vater produzieren.

Die Anpassungsleistung seiner Frau ist mindestens ebenso beachtlich wie ihr Arbeitspensum. Im englischen Original bedient sie sich sogar des deutschen Worts »Herr im Haus«, um die Verhältnisse zu veranschaulichen: »Obwohl er erst sechzehn war, als er in die Vereinigten Staaten kam, konnte Otto sich nicht von dem deutschen Grundsatz, daß der Mann *der Herr des Hauses* sein muß, freimachen.« Er habe sich als »rechtmäßiger Herrscher« gefühlt und verhalten, schreibt Aurelia Plath, und »als das erste Jahr meiner Ehe um war, wurde mir klar, daß ich mich eben noch mehr unterwerfen mußte, wenn ich ein friedliches Zuhause wollte – und ich wollte es –, obwohl das gegen meine Natur war.« Die bloße Wortwahl drückt schon, trotz aller Urteilsenthaltung, aus, was sie empfunden hat – und zugleich unterdrückte. Dies Motiv, sehr viel unheilvoller als das vom Vater übernommene Bienenmotiv, wird im Leben der Tochter wieder auftauchen. Noch gewaltsamer setzte sich der unbeugsame Wille des Familienoberhaupts durch, als er zu kränkeln anfing. Mit der ihm eigenen Hartnäckigkeit weigerte er sich, einen Arzt an sich heranzulassen, hegte offenbar dumpfe Befürchtungen, behielt sie aber für sich. Wie vorher durch seine Arbeitsintensität lähmte er jetzt durch seine erschreckenden Krankheitssymptome und die darauf folgende Depression das Familienleben, vor allem die lebendige Unruhe der beiden Kinder. Dieser ungeklärte, bedrückende Zustand hielt länger als drei Jahre an. Da auch Warren viel krank war, hatte Aurelia Plath die meiste Zeit zwei Patienten neben der wissenschaftlichen Arbeit ihres Mannes zu betreuen. Sylvia war indessen in der Obhut der Großeltern.

1940 starb Otto Plath – die Tochter war noch nicht neun Jahre alt – an einer nicht rechtzeitig erkannten und daher nicht behandelten Diabetes. Er selbst war die ganze Zeit der festen (nie ausgesprochenen) Überzeugung gewesen, wie sein Freund an nicht zu behandelndem Lungenkrebs sterben zu müssen. Wie traumatisch die geheimnisvollen Umstände dieser ersten schweren Verlusterfahrung auf die kleine Tochter gewirkt haben, das melden die minutiösen Aufzeichnungen der Mutter nicht. Von ihr her gesehen hatte sie alles Erdenkliche getan, die Kinder den Verlust gar nicht spüren und Trauer gar nicht aufkommen zu lassen.

Aurelia Plath mußte nun die Rolle der Ernährerin der Familie übernehmen, da ihr Mann sie unversorgt zurückgelassen hatte. Sie bewies wieder einmal ihre Tatkraft sowie ihre Bereitschaft zu Anstrengungen bis zur Überforderung, unterrichtete in immer neuen Fachschulen und Hochschulen immer andere Fächer, ohne nach ihrer eigenen Neigung je zu fragen. Wieder einmal zog die Familie mit den unentbehrlichen Großeltern um, fort vom Meer, näher heran an Boston. Zu Lebzeiten des Mannes war das nie möglich gewesen – jetzt nahm sich die überlastete Mutter auch noch die Zeit, die Kinder zum Lesen anzuregen, zum Malen, Zeichnen, Dichten. Sie eröffnete den Kindern den Weg zur großen Literatur. Aurelia Plath hält stolz fest, daß Sylvia schon mit acht Jahren ihr erstes Gedicht veröffentlichen konnte und sich bei allem besonders hervortat.

Mit achtzehn Jahren wechselte Sylvia Plath auf das renommierte Smith College über. Die Mutter beschreibt die Situation der Tochter mit wünschenswerter Deutlichkeit, zugleich mit auffallend kritiklosem Einverständnis. Aber angesichts ihrer eigenen Geschichte waren wohl die übermäßigen Forderungen der Tochter an sich selbst nichts, das zur Wachsamkeit aufrief: »Die Smith-Briefe von Sylvia lassen die Mühe erkennen, mit der sie als gewissenhafte Studentin um gute Zensuren kämpfte, teils um ihren eigenen Ansprüchen zu genügen und um sich ein Image aufzubauen, teils um sich der großzügigen finanziellen Hilfe würdig zu erweisen, die sie aus verschiedenen Quellen erhielt: dem Olive Higgins Prouty Fonds, dem Nielson Stipendium und dem Smith Club in Wellesley. Über diese Mühe hinaus war es ihr ein Bedürfnis, als ›Allround-Person‹ zu gelten, d. h. als Studentin, die nicht nur auf akademischem Gebiet erfolgreich war, sondern auch bei den Studenten beiderlei Geschlechts gesellschaftliche Anerkennung fand, und als Person, die einen Beitrag im Dienst ihrer Altersgenossinnen und der Gemeinschaft leistete. Zu all dem kam der brennende Wunsch Sylvias, ihre kreativen Fähigkeiten auf dem von ihr erwählten Gebiet – dem Schreiben – zu entwickeln und dort Anerkennung zu finden.«[4]

Die Stationen des Studentinnenlebens schildern die Briefe der Tochter an die Mutter mit sorgfältigem Aussparen nahezu aller besorgniserregenden Ereignisse und Eindrücke. Über die Jahre hin lassen sich beide Seiten vieler Sachverhalte nachvollziehen, da sie sowohl in den Tagebüchern als auch in den Briefen verzeichnet sind. Der Mutter berichtet sie zum Beispiel über die Tatsache, wegen einer Krankheit das Zimmer hüten zu müssen, so: »Es ist scheußlich, daß ich gerade jetzt eine Nebenhöhlenentzündung habe, doch ich nehme die Sache von der philosophischen Seite und betrachte sie als Herausforderung ... Draußen ein Altweibersommer – blau der Himmel, Blätter golden, fallend. Ein paar Mädchen lernen – ein paar nur. So sitze ich hier, geborgen, im Innern von der Sonne gewärmt. Und das Leben ist gut. Aus Leid kommt Freude, klare und süße Freude. Ich glaube, ich lerne hinzu ... Eigentlich ist mir dies stille Alleinsein willkommen, denn ich fühle mich noch zu schwach, um viel und energisch zu arbeiten.« (10.10.50)[5] Im Tagebuch läßt sie eine weniger abgeklärte Gestimmtheit zu: »Ich kann mich nicht hinweglügen über die kahle, nackte Tatsache, daß – egal wie begeistert du bist, egal wie gewiß, daß Charakter Schicksal ist – nichts wirklich ist, weder Vergangenheit noch Zukunft, wenn du allein bist in deinem Zimmer, während die Uhr laut tickt in der trügerischen fröhlichen Helligkeit des elektrischen Lichts. Und wenn du keine Vergangenheit und Zukunft hast, aus denen schließlich einzig der gegenwärtige Augenblick besteht, dann kannst du genausogut die leere Hülse der Gegenwart wegwerfen und dich umbringen.«[6]

Die Mutter scheint nicht wahrzunehmen, daß ihr die Tochter nur das zumutet, was ihr zum Troste gereichen kann. Die ganze Wahrheit hat sie nicht wissen wollen und sich zufriedengegeben mit der halben, mit Mitteilungen wie dieser: »Ich habe erkannt, daß ich prinzipiell eine im Innersten extrem glückliche und gutangepaßte, lebensfrohe Person bin – auf gleichbleibende Weise stets glücklich, nicht schwankend zwischen Höhen und Tiefen, obwohl ich dann und wann meine Höhepunkte habe.« (19.4.54) Wenn jedoch an Sylvia Plaths Lebensspuren in ihrer Gesamtheit zweifelsfrei eines abzulesen ist, so sind es gerade Heftigkeit und Häufigkeit ihrer Stimmungsumschwünge, die abgründige Tiefen einschlossen, in denen für sie, wie in der letzten Tagebucheintragung, das Auslöschen des Selbst als naheliegender Schritt immer gegenwärtig war.[7]

Es wäre jedoch zu einfach, wollte man dem Tagebuch generell die dunklen Seiten von Sylvia Plaths Erfahrungen zuweisen. Und wenn schon, dann mit dem Zusatz, den sie dort macht: »I like black statements.« Dem Verzeichnen von Schwärze in jeglicher Gestalt hat sie, vielleicht gerade auf dem Hintergrund töchterlicher Positivität um jeden Preis, immer auch Lust abgewinnen können. Ihre Genußfähigkeit,[8] ihre Sinnlichkeit im weitesten Sinn des Worts kommen ebenfalls nur im Tagebuch zur Sprache. Das wird der Mutter auch vorenthalten, aus schlechtem Gewissen gegenüber deren Arbeitspensum vielleicht: Wie sie z. B. einmal im Bett arbeitet und gleichzeitig ißt, wobei sie schwelgerisch alle Einzelheiten ihrer Mahlzeit mit Worten malt, Gaumen und Augen sind ganz wach dabei,[9] und auch die genau beschreibenden Worte kostet sie aus, so wie sie an anderen Stellen im Tagebuch über ihre Zuneigung zum eigenen Körper sprechen kann. Wann immer ihr das Schreiben gelingt, ist sie überschäumend daseinsglücklich. Sie brauchte viel Schlaf, mindestens acht Stunden, die sie sich trotz ihres übermäßigen Arbeitsprogramms auch gönnte. Eine Puritanerin war sie in ihrer Arbeitsauffassung, von Askese hielt sie jedoch nichts.

So konnte sie sich auch Hals über Kopf mit dreiundzwanzig Jahren in Cambridge in den englischen jungen Dichter Ted Hughes verlieben.[10] Nach nur dreimonatiger Bekanntschaft heirateten sie, und es schien ihr die ersehnte ideale Gemeinschaft zweier der Dichtung verschworener ebenbürtiger Menschen. In einem Rausch der Hingabe identifizierte sie sich – neben ihrem eigenen Studienpensum – vollständig mit seiner Schriftstellerkarriere und ordnete ihr eigenes Schreiben unbedingt dem seinen unter. Sie tippte seine zahllosen Entwürfe wieder und wieder – bei dem Wort »freiwillig« in diesem Zusammenhang stock' ich schon –, ließ seine Gedichte bei den Redaktionen zirkulieren und berichtete der Mutter für dieses eine Mal nichts anderes, als was sie auch im Tagebuch festhielt: den im genauen Wortsinn »überwältigenden« Eindruck, den dieser Mann auf sie machte.[11]

In einem der frühen Begeisterungsbriefe an die Mutter äußert sich wohl ganz gegen ihre bewußte Absicht eine Ambivalenz. Sie müßten ihn so akzeptieren, wie er nun einmal sei, schreibt sie an Mutter und Bruder: originell und ohne Besitz, ihren »großen, widerspenstigen Huckleberry Finn«, »einfach so, weil er eine natürliche Liebenswürdigkeit hat, erzählen und dichten kann, die Natur liebt und humorvoll und ungeschliffen ist –«. Und dann fügt sie hinzu, oder vielmehr, es entschlüpft ihr, daß sie selbst ihn offenbar nicht akzeptieren kann, wie er nun einmal ist: »So einen Mann zu finden, aus ihm den besten Mann der Welt zu machen: welch eine Lebensaufgabe!«

Zu den bisher in den biographischen Arbeiten bei all ihrer Umfänglichkeit nicht gestellten Fragen gehört die, wie seine Gedichte[12] eigentlich aussahen, die sie wieder und wieder abschrieb, bis sie sie alle auswendig konnte, und die sie der Mutter gegenüber einmal mit einem Vergleich charakterisiert, der als Lob gemeint war und wieder eher auf Ambivalenzen verweist: »Wenn Ted mit voller Wucht schreibt, sind seine Gedichte wie kontrollierte Dynamitexplosionen.«

Sylvia Plath war überzeugte Pazifistin; gleichzeitig kann sie an den Gedichten ihres Mannes bewundern, daß sie kraftvoll-»männlich« alles Kraftvoll-»Männliche« verherrlichen, auch Krieg und die elementare Kraft von Tieren wie Jaguare und Falken, Bilder überwältigender männlicher Sexualität. In seinem Gedicht »Habichtschlag« etwa (»Hawk Roosting«) schließt das lyrische Ich Blutsbrüderschaft mit einem Raubvogel. Es brachte ihm in einer Zeitungskampagne den Vorwurf ein, er hinge einer Naturmythologie mit ausgesprochen faschistischen Tendenzen an. Sylvia Plath schrieb bemerkenswerterweise gleich nach ihrem stürmischen Kennenlernen ihr Gedicht *Die Verfolgung (Pursuit)*[13] und widmet es ihm. Da stellt ihr Text seinem Jaguar einen Panther gleich, der sich die Treppen hochschleicht zur Tür der Frau: etwas Gewalttätiges, Blutdürstiges, Versengendes, Unersättliches, das eine Spur der Verheerung hinterläßt mit vergewaltigten und zu seinem Vergnügen verbrannten Frauen. Das Gedicht enthält die Zeile: »One day I'll have my death of him.« Angezogen von dem, das sie vernichten wird, nimmt die Frau die Metaphern des Mannes beim Wort, schlüpft wie selbstverständlich in die Rolle des Opfers. Es ist ein formvollendetes Gedicht, dieser Text einer Kapitulation. Daß seine Autorin nicht für unbegrenzte Zeit bereit sein würde zur – wenn auch inspirierenden – Selbstentfremdung, ließ sich voraussagen. Vorerst freilich beachtete sie die Zeichen nicht, die zum Beispiel in Gestalt verstörender Eifersucht und gänzlicher Unfähigkeit, auch nur für Stunden vom Mann getrennt zu sein, auf eine Beziehung deuteten, die ihr aller Glücksphasen unerachtet ebensoviel Unsicherheit vermittelte wie Einblicke in fremde Bereiche.

Sie übersiedelten 1957 zusammen in die USA, wo sie beide versuchten, ihr Schreiben mit Lehrverpflichtungen an Universitäten zu vereinen; Sylvia Plath unterrichtete mit gemischten Gefühlen an ihrem alten Smith College. Ein Jahr später wagten sie es, das Lehren aufzugeben und als freie Schriftstellerin und Schriftsteller zu leben, vor allem ermutigt durch die hochdotierten Preise, die Ted Hughes gewann für seine Gedichtbände *The Hawk in the Rain* und *Lupercalia* – nicht zuletzt der unablässigen Öffentlichkeitsarbeit von Sylvia Plath für ihn verdankten sie die Tatsache, überhaupt eingereicht worden zu sein.

Während ihres Aufenthaltes in Sylvia Plaths Heimat, Boston, arbeitete sie – die nach wie vor weitaus weniger Anerkennung und Geld mit ihren Texten erwerben konnte als ihr Mann – als Schreibkraft für Patientenbögen in der Psychiatrie eines großen Krankenhauses. Schon von früh auf hatte sie die Gratwanderung zwischen dem sogenannten Normalen und dem sogenannten Abnormen fasziniert, und der Stoff, den sie abschreibend in diesen Krankengeschichten entdeckte, war für sie von außerordentlichem Interesse.[14] – Mit zwei Bekannten, der Lyrikerin Anne Sexton und dem Autor George Starbuck, nahm sie teil an einem Schreibkurs an der Universität Boston, den der Dichter Robert Lowell abhielt. Im Tagebuch hält sie fest, wie sich hier Erfahrungen von Zurückgesetztwerden häuften, die in einer ausdrücklich zu Rivalitäten einladenden ständigen Konkurrenzsituation geradezu systematisch erzeugt wurden, einer Situation, die Plath seit der Rivalität mit dem Bruder, seit Schule und Hochschule, bis nach Cambridge und in die Ehe mit dem erfolgreichen Dichterkollegen hinein eher verfolgte als begleitete. Im Zusammenhang mit solchen harten Konkurrenzsituationen gerade auf dem Gebiet, in dem für sie einzig Selbstbewährung und Identitätsvergewisserung lagen, spricht sie mit wachsender Bedrängnis von ihrer »grünäugigen Wut«,[15] ihrem Zorn bis zum Ersticken bei Erfahrungen, die sie als ungerecht, als deklassierend, nicht dem Wert ihrer Texte entsprechend erlebt. Wieder einmal setzte sie sich – selbstmörderisch – zerstörenden Situationen aus, die sie als Herausforderungen aufzugreifen gelernt hatte, dabei viel zuwenig gepanzert, um bei Mißerfolgen nicht wie vernichtet zu sein. Sie machte immer wieder die Erfahrung: Die Basis ihres Selbstwertgefühls war das gelingende Schreiben. Sobald sie über längere Zeit, aus welchen Gründen auch immer, dieser Basis beraubt war, geriet sie unweigerlich in Panik, Depression, körperliche Krankheiten. Ihre naheliegende Schlußfolgerung war: unbedingt Lebensbedingungen zu schaffen, die vor allem anderen Freiräume für ihr Schreiben gewährleisteten. Seit sie verheiratet war, hatte sie zwar von Kindern geträumt – immer jedoch mit dem Zusatz: nach meinem Roman und nach meinem ersten Gedichtband, nur nicht hin- und herschwanken zwischen den Verpflichtungen.

Im Jahr 1959 wird für sie das Bedürfnis nach einem Kind so groß, daß sie alles, was sie über sich selbst weiß, vergißt. Es muß außer manch Unwägbarem sowohl mit dem »Weiblichkeitswahn«[16] im allgemeinen zusammenhängen, in den sie hineingewachsen war, wie mit den Vitalitätswerten von Ted Hughes im besonderen, daß sie im Tagebuch klagt, weil sie nicht gleich schwanger werden kann: »Unfruchtbar. Unfruchtbar.«[17] Wieder eine Leistung, mit der sie sich jetzt ungeduldig identifiziert, wieder ein »Versagen«, das ihr den Boden unter den Füßen wegzieht. Drei Jahre später wird sie – auf dem Hintergrund von zwei »erfolgreichen« Geburten – in ihrem Prosastück für den Rundfunk, *Drei Frauen,* imaginieren, wie fundamental unterschiedlich drei Frauen auf die Tatsache reagieren können, eben ein Kind geboren zu haben; da ist sie weit darüber hinaus, etwa »Weiblichkeit« mit Gebärfähigkeit gleichsetzen zu wollen, oder Mütterlichkeit als ein für allemal geltende Weiblichkeitsnorm. Aber das ist ein Vorgriff. – Während einer monatelangen gemeinsamen Reise vom Süden bis zum Norden der USA wird sie schwanger.

Als sie ihre chronischen Geldsorgen durch regelmäßige Verdienste von Ted Hughes beim Londoner Rundfunk, BBC, aufgehoben sahen, kamen sie immer noch nicht zur Ruhe. Sie waren zwar gerade wieder einmal umgezogen, von den USA nach London – es schien ihnen aber seit der Geburt der Tochter an der Zeit, gesunde Bedingungen des Aufwachsens für dieses Kind und alle kommenden zu schaffen. So kauften sie ein altes strohgedecktes Pfarrhaus mit großem Garten auf dem Lande in Südengland, in Devon. Dabei brauchten beide nichts so sehr wie Zeit, dabei waren beide auf die Anregungen der Kulturstadt London und ihre Beziehungen zum Rundfunk angewiesen. Nun stürzten sie sich gemeinsam in die Gartenarbeit, in die nie abreißenden Renovierungsarbeiten des viel zu alten, viel zu großen Hauses, Sylvia Plath lernte Bienenzucht und Reiten, nähte Kindersachen und Gardinen, erntete Äpfel von den 70 Apfelbäumen und verkaufte im Frühjahr Hunderte von Narzissen. Nach einer Fehlgeburt kam 1962 der Sohn zur Welt.

Allerdings: Sie kam viel weniger als ihr Mann zum Schreiben, seitdem sie mit den Kindern auf dem Lande lebte. Sie kam auch viel seltener nach London als er, denn er war jetzt schon ein gesuchter Autor. Sie fand sich genau wieder in einer dieser Situationen vor, in denen sie sich zurückgesetzt fühlen mußte, aufs äußerste bedroht. Wie beim Gedicht *Pursuit* aufgezeigt, erwies sich jedoch mit der Zeit auch hier eine Bedrohung als mächtiger Schreibimpuls. Meist frühmorgens, von vier bis sechs Uhr, vor dem Aufstehen der Kinder, schrieb sie, ihrer Worte, ihres Stils immer sicherer werdend, Gedichte, die sie beglückten, die in Fülle und Gefühlsausdruck etwas ganz Neues bedeuteten.[18] Es waren leidenschaftliche, eigenwillig dunkle Gedichte, in ihnen tauchten Motive auf wie Rivalität, Verrat, Verletzungen, Bewegungen zu unbekannten Zielen hin, Verwandlungen und Zerstörungen durch den Tod, und auch der Triumph des Erreichten. Auch ihr inzwischen berühmtestes Gedicht, *Daddy*,[19] mit dem sie zuerst Befremden erregte und ebenso übereinstimmende Ablehnungen erntete wie Ted Hughes Anerkennung für seine Männlichkeitsphantasien, geht nicht darin auf, wie ihr vorgeworfen wurde (z. B. von Anne Stevenson), ein bösartig verzerrtes Porträt ihres toten Vaters zu liefern. Es versucht vielmehr eine Loslösung, ein Losreißen eher, von einer Unterwerfungslust (»Jede Frau liebt einen Faschisten, Den Stiefel im Gesicht...«) auszudrücken, wie sie aus ihrem Gedicht *Pursuit* gesprochen hatte. Im Gedicht *Daddy* wird der Vater, wie alle Männer, zur Allegorie der Gewalt, wie die Nazis, und die Frau sieht sich zunächst noch einmal auf der Seite der Opfer, der Juden, und der ihnen angetanen Gewalt. Der schwarze Mann, der Mann in Schwarz, das sind Vater und Ehemann – und in dem heftigen, brutalen Gedicht, das keine Zeile und keinen Reim lang die Kontrolle verliert und Plaths Kunst als eine beweist, die aus Beschädigungen herkommt, kostet sie ihre Wut aus gegen ihre frühere Selbstauslieferung an den, den sie idealisiert hatte wie so vieles, dem sie sich untergeordnet hatte. Damit ist das lyrische Ich jetzt, wenn das Gedicht zu Ende ist, fertig. Der Text räumt lautstark auf mit den sanften Opfergebärden, und daß er das nicht ohne selbstironische Angeberpose tut, sollte warnen vor allen vorschnellen Identifikationen.

Die Ereignisse überschlugen sich im Jahr 1962, in dem sie ihre für sie selbst wichtigsten und überzeugendsten Gedichte schrieb. In diesem gedrängt vollen Leben hatten sich die Ereignisse zwar immer überschlagen, im gesteigerten Tempo, der hektischen Mobilität, den Arbeitsräuschen ohne Ruhepausen, ohne Zeit zum Atemholen, während die Frau auf möglichst allen Sätteln gerecht war, um der Mutter, sich selbst und anderen immer aufs neue zu beweisen, daß sie eine »Allround Person« war, wie die Mutter schon von der 18jährigen geschrieben hatte. Jetzt übernahm sie auch noch die Rolle der alleinerziehenden Mutter. Ted Hughes war zu einer anderen Frau nach London gezogen,[20] und auch sie zog nun wieder einmal um, zurück nach London. Wieder in eine zu renovierende Wohnung, diesmal aber allein mit zwei kleinen Kindern. Sie war entschlossen, sich auch dieser Lage gewachsen zu zeigen und sich endlich befreit zu fühlen zur einzig richtigen Lebensform für eine Dichterin: in einer Stadtwohnung, ohne Bindung an einen Ehemann, aber mit dem Leben zweier Kinder verbündet. Auch sie hatte jetzt Zugang zum Londoner Rundfunk und schrieb in seinem Auftrag Sendungen.

Der Mutter mutete sie jetzt zwar immer noch längst nicht das ganze Ausmaß ihrer Anstrengungen zu in ihren weiterhin ausführlichen Briefen, aber doch solche nie zuvor zugelassenen Eindeutigkeiten: »Erzähl mir nicht, daß die Welt etwas Heitres braucht! Der Mensch, der aus Belsen kommt – physisch oder psychisch –, braucht keinen, der sagt, die Vögelchen zwitschern immer noch, er braucht das volle Wissen, daß noch jemand dagewesen ist und das *Schlimmste* weiß, einfach wie es dort war. Mir hilft es zum Beispiel sehr viel mehr, zu wissen, daß Leute geschieden werden und durch die Hölle gehen, statt etwas über glückliche Ehen zu hören. Über die laß das *Ladies' Home Journal* schwatzen.« (21. 10. 62) Das war die Zeitschrift, an deren Stil sie sich jahrelang angepaßt hatte, um dort erscheinen zu können.

Daß Sylvia Plath in den frühen Morgenstunden des 11. Februar 1963, in jenem kältesten aller Winter, nicht wie sonst schrieb, ist eine Tatsache. Sie dichtete Tür und Fenster in der Küche ab, nachdem sie den Kindern, die im Stockwerk über ihr schliefen, noch etwas zu trinken neben die Betten gestellt und trotz der beißenden Kälte die Fenster weit aufgemacht hatte. Dann steckte sie den Kopf in den Gasofen. Als das Au-pair-Mädchen zur verabredeten Zeit klingelte, machte niemand auf, auch der Mieter unter Plaths Wohnung nicht, auf dessen Aufmerksamkeit sie hatte rechnen können. Er war vom ausströmenden Gas betäubt und schlief zu fest, um das Klingeln hören zu können.

»Warum nahm sich Virginia Woolf das Leben?« fragt Sylvia Plath in ihrem Tagebuch 1952. Die neunzehnjährige Studentin fühlt sich bereits als Schriftstellerin. Sie will alles daransetzen, die Welt durch ihr Schreiben von ihrer Berufung zu überzeugen. Sie grübelt weiter in jener Tagebuchnotiz, ob denn Schriftstellerinnen etwa unvermeidlich neurotisch sein müßten und ob das Schreiben etwa nur eine Kompensation unerfüllbarer Bedürfnisse sei. Drei Jahre später, 1955, ist die Amerikanerin nach England übergesiedelt. Genauer: Sie kann aufgrund ihrer ausgezeichneten Abschlüsse durch neue Stipendien ihre Literatur- und Philosophiestudien fortsetzen, und zwar an einer der beiden ehrwürdigen Bastionen männlichen Forschens und Lehrens, deren Zugang für Virginia Woolf noch versperrt war – an der Universität Cambridge.

Inzwischen hatte sie geheiratet und sorgte sich gelegentlich, weil sie als junge Ehefrau vor lauter hausfraulicher Begeisterung mit ihren Studien und ihrem Schreiben ins Hintertreffen geraten könne. Aber Virginia Woolfs »wunderbare« Tagebücher – sie kauft sie mitsamt einem ganzen Stapel ihrer Erzählungen – trösten sie: Auch von ihr, der Berühmten, sind seinerzeit Geschichten von Zeitschriften nicht angenommen worden, auch sie, die unangreifbare Dichterin, verfiel über solche Zurückweisungen in Depressionen und ging gegen sie an mit Kochen und Putzen. Die Tagebuchnotiz fährt fort: »Gott sei Dank. Ich fühle mein Leben irgendwie mit ihr verbunden. Ich liebe sie, seitdem ich Mrs. Dalloway (...) gelesen habe. Aber ihren Selbstmord habe ich meinem Gefühl nach in jenem schwarzen Sommer 1953 verdoppelt. Außer daß ich nicht ertrinken konnte. Vermutlich werde ich immer überempfindlich sein, leicht paranoid. Aber ich bin gleichzeitig so verdammt gesund und widerstandsfähig. Und unverschämt glücklich. Nur: Ich muß schreiben. Ich war die ganze Woche krank, weil ich in letzter Zeit nichts geschrieben habe.« Zwischen den beiden Tagebucheintragungen liegt das einschneidende Ereignis, auf das sie sich in der zweiten Notiz bezieht. »In jenem schwarzen Sommer«, im August

1953, hatte sie versucht, sich das Leben zu nehmen. Mit einer Unmenge von Schlaftabletten, aus dem verschlossenen Apothekenschränkchen der Mutter entwendet, und einem Glas Wasser hatte sie sich im Kellerraum unter der Wohnung der Mutter verkrochen, blieb zwei Tage verschwunden und wurde gesucht unter Anteilnahme der Medien von Stadt und Land. Am dritten Tag wurde sie durch die Wachsamkeit ihres Bruders Warren entdeckt und konnte gerettet werden. – Gründe genug für das Sterben meinte die Zwanzigjährige damals zu haben: Länger als zehn Tage hatte sie nicht schlafen können, so daß ihr auch das Lesen und, am schlimmsten, das Schreiben unmöglich geworden war. Die Identifizierung mit der verehrten Dichterin mag auch eine Rolle gespielt haben; im nächsten Satz allerdings distanziert sich die Tagebuchschreiberin von Virginia Woolf und betont ihre – bei allen Zügen von Überempfindlichkeit – »verdammt« gesunde und widerstandsfähige Natur.

Hier wird ein erneutes Beispiel sichtbar für das zwischen den Extremen schwankende Selbstverständnis dieser Frau, die ihr Leben lang versuchte, möglichst allen Vorstellungen von weiblicher Kreativität gerecht zu werden, und zwar möglichst perfekt.[21] Sie ist sich auch dessen bewußt und wünscht sich, befreit zu werden von »den anklagenden, unersättlichen Göttern, die mich umgeben wie eine Dornenkrone«. Oft genug schien ihr diese Befreiung einzig durch den Tod erreichbar.

Virginia Woolfs Tod durch Ertrinken hatte sie nachzuahmen versucht. Alle möglichen Todesarten hatte sie erwogen. Eine Vorstellung davon vermittelt ihr einziger veröffentlichter Roman, *Die Glasglocke*.[22] Er läßt alle Stationen des »schwarzen Sommers« 1953, wie die Autorin im Tagebuch schreibt, Revue passieren, die ganze Abfolge bedrückender Fakten, Erfahrungen, Reflexionen, mit denen sich die Ich-Erzählerin, die 20jährige Esther Greenwood, konfrontiert sieht. Das geschieht von dem Augenblick an, in dem sie im wahrsten Sinn des Wortes in die Welt hinausgeht: als sie den Schonraum von Schule und Hochschule der heimatlichen Kleinstadt an der Ostküste der USA verläßt und sich als Gastredakteurin der Frauenzeitschrift *Mademoiselle* vier Wochen lang dem hektischen Kampf ums Dasein in New York aussetzt.

Der Roman dokumentiert die Verführungen, die der Zeitgeist jener 50er Jahre nicht nur in Amerika bereithielt für gesellschaftlichen Aufstieg ungeahnten Ausmaßes, zum ersten Mal auch für gut ausgebildete Frauen. Er dokumentiert gleichzeitig, sozusagen im selben Atemzug, die Verlockungen, die für eine Frau im Gedanken an ein entschiedenes Aussteigen aus Domänen etablierter weiblicher Lebensformen liegen können. Es macht der Erzählerin, die exakt das erlebt, was Sylvia Plath seinerzeit erlebt hatte, kein Vergnügen, eine Frau zu sein.[23]

Bemerkenswert sind die Tatsachen, die der Roman präsentiert, das skrupellose Konkurrenzprinzip im öffentlichen wie im privaten Bereich. Bemerkenswerter, weil angesichts dieser Tatsachen überraschend, ist der Ton, in dem das erzählt wird. Plath läßt ihre Ich-Erzählerin den Stoff jener Epoche ihres eigenen Lebens in einem betont distanzierten, sarkastisch unbeteiligt wirkenden Stil referieren. Die Anhäufung von Katastrophen läßt sogar so etwas wie schwarzen Humor entstehen. Und dabei geht es unter anderem um das historische Faktum der Hinrichtung der Rosenbergs auf dem elektrischen Stuhl, mit der der Roman und der ganze überhitzte Sommer beginnen. Unverkennbar ist das Bemühen der Autorin, sich souverän zu geben – wie Salinger das mit seinem *Fänger im Roggen* vorgemacht hatte. Der hatte jedoch nicht seine eigene Geschichte erzählt. Plath enthüllte mit diesem Anschein unbeteiligter Reserviertheit der eigenen Geschichte gegenüber nicht nur einen entschiedenen Kunstwillen, sondern zugleich ein Abgetrenntsein von ihren Empfindungen. Die Protagonistin fühlt sich von den angebotenen Weiblichkeitsrollen heftig abgestoßen, sieht aber für sich selbst keine Alternative. Nach einigen Erfahrungen des Scheiterns hat sie den Eindruck vollständiger Unzulänglichkeit – bedenkt man, daß Plath zur Zeit der Abfassung des Romans, wie zu allen Zeiten, der Mutter so gut wie ausschließlich ausführliche briefliche Erfolgsmeldungen zukommen ließ, liest sich der Roman als düstere Kontrafaktur der strahlend optimistischen Tochterbriefe.[24] Die bisher erfolgsgewohnte zwanzigjährige Esther Greenwood erlebt sich als eine, die einen Fehlschlag nach dem anderen erleidet. Sie erfährt sich nur als Objekt – von Verletzungen, körperlichen wie seelischen, und auch von Therapiemethoden, die eine falsch praktizierte Elektroschockbehandlung einschließen (auch dies ein autobiographisch belegtes Detail), für die sich wie von selbst der elektrische Stuhl als Analogie einstellt. Am Ende soll eine gelungene Heilung, eine Eingliederung in die Konformität stehen. Das erscheint als das einzig Unglaubwürdige des Romans.

Geschrieben hat Plath ihn gegen Ende der 50er Jahre. Da hatte sie sich mit Ausdauer und unnachgiebiger Härte gegen sich selbst nach und nach viele ihrer früheren Wünsche erfüllt: Ihre erste Gedichtsammlung war erschienen, ihre Kurzgeschichten waren in vielen Zeitschriften erschienen, und sogar die begehrten Spalten der Zeitschrift *The New Yorker* hatten sich ihr endlich geöffnet, sie hatte einen immer berühmter werdenden Ehemann, Kinder, Haus, Garten. Weniger als acht Jahre lagen zwischen der Sylvia Plath, die der Aussteigerin Esther Greenwood einen Sommer lang zum Verwechseln ähnlich sah, und der Autorin, die jene Verfassung noch so genau wieder aufleben lassen konnte, während sie das Gegenteil einer Aussteigerin geworden war. Wie kam sie dazu, gerade in dieser Phase erreichter Ziele, erfüllter Wünsche, zurückzukehren zu den Beraubungen und Verletzungen von damals, zu jenen Entwürfen eines Glücks, das einzig im Verschwinden zu haben war? Der volkstümliche Spruch »Gehabte Schmerzen, die hab ich gern« verfängt hier nicht. Denn, ganz kurz nach Erscheinen des Romans in England (unter Pseudonym wegen seiner Authentizität) hatte sie es ja noch einmal getan und wohl nicht um des Glücks des Verschwindens willen. Warum? Ein Grund mag in der bis zum Zerreißen gespannten Widersprüchlichkeit ihrer Selbst- und Welterfahrung zu finden sein.

Nicht einmal die Fotos gestatten festzulegen, welches denn nun ihr wahres Gesicht jenseits der Posen für den Fotografen war. Eine Freundin aus der Collegezeit beschreibt das genau: »Ihre Fotos führen in die Irre; Sylvia war eine bemerkenswert attraktive junge Frau. Sie war von eindrucksvoller Größe, fast statuarisch, und trug diese Größe mit dem Ausdruck selbstverständlicher Leichtigkeit. Ihr blondes Haar, das mehrere Grade über ihr natürliches Hellbraun hinaus aufgehellt war, war schulterlang und sorgfältig dazu getrimmt worden, gerade über ihre linke Augenbraue mit einer präzisen und provokativen Welle zu fallen. Ihre Augen waren sehr dunkel, tief eingesenkt unter schweren Lidern, die ihnen auf vielen ihrer Fotos einen schwermütigen Ausdruck geben. Ihre Backenknochen waren hoch und betont, noch herausgehoben durch die blasse, unregelmäßig braune Narbe, das einzige körperliche Relikt ihres Selbstmordversuchs. Ihr Gesicht war eckig mit ausgeprägten Zügen, was wohl die dunklen Schatten erklärt, die auf den Fotos an ihr zu haften scheinen.«[25] Dieser aufmerksamen und differenzierten Beobachterin fällt an der 22jährigen eine Diskrepanz auf: zwischen ihrem eher damenhaft gestylten Äußeren und ihren Gedichten derselben Zeit, in denen wilde Emotionen zum Ausdruck kamen, wie es schien. Wie nahezu alle, die bisher über Sylvia Plath geschrieben haben, entscheidet sich auch diese Freundin früherer Zeiten im Rückblick dafür, einen »Kern« von Sylvias Persönlichkeit von ihrer »Oberfläche« zu unterscheiden. Als Kern faßt sie die ungezügelt – so meint sie – aus den Gedichten sprechenden Gefühle auf, und als Oberfläche die gutbürgerlichen Inszenierungen ihres gepflegten Äußeren sowie ihrer Erfolge als ehrgeiziger Studentin.

Es muß befriedigend sein, eine Person erklären zu können mit Hilfe solcher einleuchtenden Bilder wie dem vom wahren und falschen Selbst, von Kern und Schale. Was aber, wenn die Spaltung mitten hineinreichte in den sogenannten Kern selbst? Wenn in ihrem innersten Innern, dort, wo sie mit sich allein war, immer noch die Stimmen der Außenwelt mitsprachen, weil sie sie tief internalisiert hatte?

Sehen wir zu, ob aus ihren Tagebüchern hervorgeht, wie sie »wirklich« war. Schon als kleines Mädchen vertraute sie alles, was sie bewegte, ihrem Tagebuch an. Sie hielt daran fest bis zum Ende ihres Lebens. Sie nannte ihr Tagebuch »eine Litanei von Träumen, Richtlinien und Imperativen« und gab ihm den Namen ihres »Sargasso-Meeres«, d. h. eines Ortes, an dem sie alles ablagern konnte, auch das, was unzensiert aufstieg aus dem Unbewußten. Die Herausgeberin der Tagebücher betont in ihrem Vorwort, in den »besten« Passagen sei die Stimme, die aus diesen Seiten spreche, so wahrheitsgetreu und einzigartig wie die Plath der Gedichte. Wieder einmal entscheidet jemand, welches die »wirklichen« Selbstäußerungen seien und wie die wahre Plath-Stimme klinge.

Bei der Gelegenheit kann ich einschieben, wie, und zwar unmetaphorisch geredet, die Stimme von Sylvia Plath klang. Ich habe sie auf Bändern gehört, auf denen die BBC London ihre Lesungen eigener Gedichte aufgenommen hat. Das Erstaunliche ist: Die Stimme, die da ihre schwierigen, abweisenden und faszinierend heftigen Gedichte las, wirkte außerordentlich selbstbeherrscht[26] – nicht im mindesten »wild« oder aufgewühlt, wirkte wie einzig darauf bedacht, den Kunstcharakter, d. h. das Geformte, dieser Texte herauskommen zu lassen, die Lautqualitäten der gewählten Worte, den variablen Rhythmus der Zeilen. Sie las vollendet wie eine ausgebildete Schauspielerin, plastisch die Vokale und Konsonanten artikulierend. Wer wollte sich anmaßen zu behaupten, dies sei nicht die wahre Stimme der wahren Plath, sondern dies sei »künstlich« im Sinne einer Oberflächenmaskerade gewesen? Ich höre ihre Vortragsweise und verstehe sie so: Für sie schloß sich kunstvoll Geformtes und authentisch Eigenes eben gerade nicht aus. Das will sich nicht ins Bild von leidenschaftlichem Kern hier und polierter Oberfläche dort pressen lassen. Das verlangt eine andere Sehweise.

So überrascht es nicht, daß sich ihr Tagebuch auf weite Strecken liest wie eine ihrer Geschichten. Was sie erlebte, erlebte sie sogleich gefiltert durch ihren wachen Kunstverstand, schrieb es auch für sich selbst stilbewußt auf. »Rohmaterial« enthält ihr Tagebuch an keiner Stelle: In dem Moment, in dem sie es aufschrieb, gestaltete sie es auch schon.

In einer längeren zusammenhängenden Passage stellt die Tagebuchschreiberin die entscheidenden Mächte ihrer Kindheit und Jugend dar. Die Konstellation ihrer Familie, wie sie Aurelia Plath überliefert hat, wird von ihr eigentümlich verfremdet, mit bösem Blick stilisiert zur Satire. Es erweckt den Eindruck, sie könne auch im Tagebuch – wie im Roman – den Schmerz und die Wut über die sie in eine Zwickmühle sperrenden Verhältnisse nicht zulassen, müsse sie sich vom Leib halten. Auffallend ist, wie sie sich mit der Mutter identifiziert – und wie sie sie zugleich denunziert.

»Das Leben war die Hölle. Sie (Sylvias Mutter) mußte berufstätig sein ... Sie knauserte, kratzte alles zusammen. Trug denselben alten Mantel. Die Kinder jedoch hatten neue Schulkleidung und passende Schuhe ... In aller Zuverlässigkeit und mit ihrem ganzen unglücklichen Herzen arbeitete sie, damit die beiden unschuldigen kleinen Kinder die Welt voller Freuden bekämen, die sie nie gehabt hatte. Sie hatte eine lausige Welt gehabt ... Das kleine weiße Haus an der Ecke mit einer Familie voller Frauen. So viele Frauen, das Haus stank nach ihnen. Der Großvater wohnte und arbeitete im Country Club, aber die Großmutter blieb zu Hause und kochte wie eine richtige Großmutter. Der Vater tot und verrottet im Grab, das er kaum hatte bezahlen können, und die Mutter arbeitete ums liebe Brot, wie es keine arme Frau nötig haben sollte – und zu alledem noch eine gute Mutter sein ... Ein Gestank nach Frauen: Lysol, Eau de Cologne, Rosenwasser und Glyzerin, Kakaobutter auf den Brustwarzen, um sie geschmeidig zu halten, Lippenstift rot auf allen drei Mündern. Ich habe nie mehr die Liebe eines Vaters gekannt, die Liebe eines verläßlichen blutsverwandten

Mannes, seit meinem neunten Lebensjahr; der einzige Mann, der mich verläßlich das ganze Leben lang lieben würde; sie kam eines Morgens herein mit Tränen... in den Augen und sagte mir, daß er für immer fort sei. Ich hasse sie deswegen. (Auslassung) Er war ein Menschenfresser. Aber ich vermisse ihn. Er war alt, aber sie heiratete einen alten Mann, der mein Vater werden sollte. Es war ihr Fehler. (Auslassung) Ich fühle ihre Angst, ihren Zorn... Ich fühle... nur die Idee von Liebe, und daß sie denkt, sie liebt mich, wie es sich gehört. Sie würde schließlich alles für mich tun, nicht wahr. Ich habe praktisch all das getan, von dem sie sagte, es sei nicht zu vereinbaren mit meinem Glück. Und siehe da, ich bin trotzdem fast glücklich. Außer dann, wenn ich mich schuldig fühle, weil ich nicht das tue, was die Mutterfiguren meines Lebens von mir verlangten. Ich hasse sie dafür. Ich bin sehr traurig darüber, daß ich nicht tue, was alle Leute und meine weißhaarigen Mutterfiguren in ihrem Alter wollen. (Auslassung) Ich fühle mich betrogen. Ich wurde nicht geliebt, und dabei sagten alle Zeichen, ich würde geliebt, die Welt sagte, ich würde geliebt.«[27]

Hier ist das Tagebuch Ablagerungsort für einen Ton, den sie von klein auf gar nicht hatte aufkommen lassen dürfen – so wie sich die Mutter den Ausdruck von Protest gegen ihren Ehemann verboten hatte. Das Boshafte, das Plath immer wieder angekreidet worden ist, erscheint als Ausdruck eines unerträglichen Dilemmas. Die Erfahrungen, die nur notdürftig kaschiert werden, heißen Verlust und Entbehrung sowie Schuldgefühle – mitten in einem Klima warmer Zusammengehörigkeit. Sie weiß genau, daß es unverzeihlich undankbar von ihr ist, das zu empfinden, was sie empfindet. Alles, wofür sie der Mutter lebenslänglich dankbar zu sein hat und Mitgefühl schuldet, ist ihr ständig gegenwärtig. Sie ist ja auch dankbar und voller Mitgefühl, wie Zahl, Ausführlichkeit und Zugewandtheit ihrer Briefe mehr als zur Genüge demonstrieren. Die mütterliche Selbstlosigkeit lastet wie ein Alp der Verpflichtungen auf ihr. Sie wird ihn nie abtragen können – allenfalls mit Erfolgen über Erfolgen, die beweisen, daß sich die Opfer der Mutter gelohnt haben. Gerade ihre Selbstlosigkeit, die Selbstlosigkeit einer, die selbst ein Opfer patriarchaler Familienstruktur geworden war, macht die Mutter unfähig dazu, der Tochter geben zu können, was diese als wirkliches Geliebt- und Losgelassenwerden so schmerzlich ihr Leben lang vermißte: vertrauensvolle Anerkennung gerade dann, wenn sie eigene Wege erprobte – auch wenn sich diese nicht sogleich auszahlten.

Hinter der schlaflos besorgten Mutter mit den schlechten Erfahrungen, der das höchste Gut die handfeste Sicherheit ihrer Lieben sein mußte, erhebt sich unübersehbar die mächtige Gestalt des Patriarchen der Familie, wie ihn die Tochter in ihrem Gedicht *The Colossus* allgemeingültig ins Bild gesetzt hat. Seine Macht hat er schlecht verwaltet, und durch sein unbegreifliches Verschwinden hat er die Tochter daran gehindert, sich je von ihm befreien zu können. Er hat sie im Stich gelassen und wird vermißt, zugleich aber auch verachtet. Ein tiefgreifender, zerreißender Gefühlszwiespalt im Hinblick auf alles, was Vater heißt, wie auf alles, das Mutter heißt, wird erahnbar.

Ein Bild aus diesen Aufzeichnungen ist besonders aufschlußreich: Haus, Geld, Babys nennt sie »alle die alten Anker«. Das ist ein Bild wie geschaffen, Ambivalenz auszudrücken auch im Hinblick auf sie selbst: Ein Anker gibt Halt – und hält fest; er verhindert das Abdriften – und verhindert den Aufbruch. – Kurz nach der Niederschrift dieser autobiographischen Bestandsaufnahme war sie vor Anker gegangen.

Fast hautnah läßt uns die Tagebuchaufzeichnung heran an die Ambivalenzen, die nicht abzutrennen sind von den Frauenbildern der eigenen Familie und in ihnen zugleich von denen des gesellschaftlichen Umfeldes der 50er, 60er Jahre – auf weite Strecken liest sich Betty Friedans Vermessung der Bereiche des »Weiblichkeitswahnes« wie eine Beschreibung der spezifischen Plath-Familienwerte. Sylvia Plath hat von ihrer Mutter aber auch den inartikulierten Protest geerbt: Sie wütet gegen die Mutterfiguren und ist innerlich gar nicht so weit entfernt von ihnen, wie sie möchte. So wütet sie gegen die Vaterfiguren, deren Erbe ihr Mann antritt – und kommt nie los von ihnen, verzehrt von Sehnsucht und Verlustangst.

Es klingt für unsere Ohren befremdlich, daß sie von ihrer Therapeutin – mit der sie seit jenem ersten Selbstmordversuch eng verbunden war – geradezu offiziell die Erlaubnis erhielt, ihre Mutter zu hassen. (Das vermerkt sie mehrere Male im Tagebuch und stellt es auch in *Die Glasglocke* dar.) Sie hält diese förmliche Genehmigung als einen wichtigen Schritt auf dem Wege zur Befreiung fest. Beiden, Therapeutin wie Autorin, muß jedoch klar gewesen sein, daß hier erstens nur die eine Mutter in ihrem Einfluß gegen die andere ausgetauscht wurde und daß darüber hinaus keine wirkliche Befreiung so zu haben war. Die mächtigen Autoritäten waren ja nur vordergründig in den Mutterfiguren verkörpert und konnten nur vordergründig in ihnen attackiert werden. Weit einflußreicher und weniger personalisiert begegnete ihr patriarchale Machtüberlegenheit als Ferment überall. Die Männer ihrer Bekanntschaft erlebt sie – und stellt sie so dar – als zumindest in einer Hinsicht unbedingt freier: nicht eingesperrt in den Käfig einander in der Praxis ausschließender Bewertungen und Bilder. Von ihrem Bruder Warren beispielsweise ist nichts weiter überliefert, als daß er – obwohl aufgewachsen in der gleichen Atmosphäre emphatischer familiärer Zusammengehörigkeit – unangefochten und gradlinig seinen Weg zum Juristen nahm, heiratete und Kinder hatte. Er war nie wie seine Schwester konfrontiert worden mit extrem widersprüchlichen Botschaften, wie sie beispielsweise der Abgeordnete Adlai Stevenson bei der Abschlußansprache an die Absolventinnen von Smith College richtete.[28] In diesem elitären Frauencollege konnten sich Sylvia Plath und ihre Mitstudentinnen durchaus als Bürgerinnen erster Ordnung fühlen, in nichts zurückgesetzt hinter ihren Kommilitonen auf den Männeruniversitäten. In seiner Ansprache lobte Stevenson, der als progressiv verehrte Demokrat, die jungen Frauen für ihre wissenschaftlichen Leistungen und Erfolge: Und nun könnten sie diese zu Nutz und Frommen der aufstrebenden amerikanischen Gesellschaft einbringen in ihre künftigen Familien – als Ehefrauen ihrer Männer und Mütter ihrer Kinder. Auch Sylvia Plath hatte sich, als knapp Zwanzigjährige, noch allenfalls drei Jahre gegeben, in denen es gelingen müsse, den Mann zu finden. Gleichzeitig hielt sie im Tagebuch wiederholt fest, wie sehr sie Männer beneide, »ein gefährlicher und subtiler Neid, der aus dem Verlangen geboren ist, aktiv und tätig zu sein, nicht passiv und zuhörend. Ich neide dem Mann seine physische Freiheit, ein Doppelleben zu führen – seine Karriere und sein Sexual- und Familienleben.« Sehenden Auges und schwerwiegende Rollenkonflikte antizipierend, machte sie sich, begierig nach Aufbruch wie nach »normaler Weiblichkeit«, fest an den »alten Ankern«.

Sie hat danach verlangt herauszufinden, was sie, sie ganz allein, schreiben wollte und wie sie schreiben wollte. Und hat um des Erfolges willen immer auf andere gehört – auf alle die Redaktionen, die erfolgreichen Dichter der Kurse für Creative Writing und den erfolgreichen Dichterehemann, der ihr Themen für Schreib-exerzitien vorgab. Gerade er hat sie ohne Frage gefördert. Aber alles das waren oft genug Um- und Abwege, die sie zur Verzweif-lung trieben und in Schreibhemmungen stürzten. Ein Modell für die Fremdbestimmung, die sie zu ihren Lebzeiten lähmte, kann in der Weise gesehen werden, in der nach ihrem Tod mit ihr und ihrem Tagebuch umgegangen worden ist. Der zuvor in Auszügen zitierte längere Tagebuchtext enthält in der Buchausgabe auf zwei Seiten sechsmal, in eckigen Klammern, das Wort »Auslassung«. Dazu treten Hinweise der Herausgeberin im Vorwort: Es fehlen Passagen, denn Plath »hatte eine sehr scharfe Zunge und wetzte sie an nahezu jedermann, selbst an ihr Nahstehenden«. Und: »Des-halb fehlen einige ihrer eher vernichtenden Kommentare; um sie von gewöhnlichen Streichungen zu unterscheiden, sind sie mit ›Auslassung‹ gekennzeichnet. Außerdem gibt es noch andere Strei-chungen – von Intimitäten.« Da die Auslassungen mitten im Ab-satz, gelegentlich mitten im Satz vorgenommen sind, wirken sie wie Streichungen einer Zensurinstanz, nach eigenem Belieben vor-genommen. Der Ehemann Ted Hughes verfügt mit seiner Schwe-ster Olwyn über alle Rechte an den Texten seiner früheren Frau, von der er zuletzt getrennt gelebt hatte. Die Kommentare, die die Herausgeber – einmal sogar die Mutter – in den Text hineinsetzen, zusätzlich zu zwei Vorworten, die Streichungen und Auslassungen – alles zusammen ergibt im wahrsten Sinn des Wortes *Bevormun-dung*. Suggestiv verhüllt, deuten alle die ominösen Auslassungen auf Ungehöriges, Unzumutbares, nicht Gesellschaftsfähiges in Syl-via Plath selbst und demonstrieren die Macht der tadelnden Stim-men, die sich wirksam als Chor der Herabsetzungen von außen sowie als nie verstummende Selbstzweifel einmischten und bis heute einmischen.

Denn Bevormundung tritt noch offener zutage, lesen wir vom Nachlaßbevollmächtigten Ted Hughes, daß er die letzten Tagebü-cher verbrannt habe. So liegen die Aufzeichnungen – die er selbst als ihre wahre Autobiographie bezeichnet – nur bis zum Jahre 1959 vor. Gerade über die letzten drei Jahre ihres Lebens, und das heißt über die die ihre wachsende Eigenständigkeit im Leben und Schreiben begleitenden und ihrem Tod voraufgehenden Wochen und Monate, erfahren wir nichts mehr. Wir können nur vermuten, wie die Aufzeichnungen ausgesehen haben mögen, von denen er lakonisch anmerkt, er habe es für »besser« gehalten, sie verschwinden zu lassen. Auch letzte Manuskripte – ihres zweiten und dritten Romans – sind verschwunden. Das ist seltsam bei einer Schriftstellerin, von der er zu berichten weiß, daß sie nie etwas Selbstgeschriebenes, wie fragmentarisch es auch sein mochte, wegwarf.

Nicht zur Veröffentlichung freigegebene Texte nennt man »unterdrückt«. Hier läßt sich anschaulich nachvollziehen, wie ganze Bereiche einer Frau unterdrückt worden sind, weil sie den Überlebenden wie vorher schon den mit ihr Lebenden nicht ins Konzept paßten. Wie verstümmelt und zusammengestoppelt sie auch sein mögen, eines dokumentieren die Tagebücher immerhin unverkennbar: wie zerreißend der Zwiespalt auf nahezu allen Bereichen gewesen sein muß, dem sich Plath ausgesetzt sah. Zwischen der selbstbewußt sogar mit Virginia Woolf Konkurrierenden und der von Schreibhemmungen und Selbstverkleinerung Heimgesuchten beispielsweise schwankte sie oft an ein und demselben Tag, und sie schwankte zwischen ihrem Ausdrucksverlangen und den Erwartungen der anderen, der Familie und der Medien. Ein letztes Beispiel aus dem Tagebuch: Sie ermahnt sich selbst: »Such dir zuerst deinen Markt: *Ladies' Home Journal* oder *Discovery? Seventeen* oder *Mademoiselle*? Wähl dir dann ein Thema. Dann denke. Wenn du nicht von dir absehen und denken kannst, kannst du nicht schreiben... Find eine Handlung. Mach sie komisch. Sei überlegen und fröhlich für andere Menschen und mach sie glücklich. Wenn du weiter nichts tust – mach zwei Menschen glücklich.« Zur gleichen Zeit hält sie dort fest: »Wenn ich doch etwas von meinen Gefühlen umsetzen könnte in meine Texte hinein, denn wenn Dichtung kein Ventil ist – was sonst?« Als ihr jedoch dieses einmal gelingt, wie sie sogleich selbst spürt, und sie in der Geschichte *Johnny Panic und die Bibel der Träume* ohne jede Rücksicht auf die Erwartungen des Marktes eine phantastische Version ihrer Erfahrungen in psychiatrischen Kliniken entwirft – da erntet sie nichts als Absagen. Zu ihren Lebzeiten ist diese Geschichte, heute Titelgeschichte ihrer Erzählungssammlung, wie die bemerkenswertesten anderen nicht erschienen. So wurde sie nicht darin unterstützt, das zu befolgen, was sie herausgefunden hatte: daß es ihr unverwechselbar eigenes Schreiben nur dann wurde, wenn es ihr dazu verhalf, ihre wirkliche Lebenserfahrung mit dem Text »aufzubrechen«: »ein Leben, das verschlossen war, unberührbar, in einem Rokokokäfig aus Kristall«.

In den fünfziger Jahren gab es in der englischen Literatur die Gruppe der »Angry Young Men«, deren Wortführer John Osborne mit seinem Erfolgsstück *Blick zurück im Zorn* war. Zornige junge Frauen gab es zur Zeit Sylvia Plaths als Schriftstellerinnen nicht, genauer: Sie wurden in der Öffentlichkeit nicht mit Interesse und Anerkennung überschüttet. Frauen durften innerhalb des Schutzwalles von Kunst, zur Besichtigung als Kunstfiguren freigegeben, immer schon rasen und gräßlich Böses tun, als Medea, Klytaimnestra, Penthesilea, bis hin zu Edward Albees so überaus erfolgreicher Martha in *Wer hat Angst vor Virginia Woolf?* – Martha, vor der alle ebensowenig Angst zu haben brauchen wie vor Virginia Woolf, die in diesem Stück zu einem Reizwort herabgekommen ist, einer Art von »schwarzem Mann«. Als Autorinnen jedoch gibt es zornige Frauen, die an die Öffentlichkeit gelangen, allenfalls seit dem Ende der 60er Jahre, der späten 70er Jahre. Ausdruck und Gestaltung von Zorn – und gar in Lyrik! –, von Bitterkeit, Wut, kaltem Sarkasmus, ausdrücklich als Empfindungen einer Frau und gar im Hinblick auf ihre häusliche Domäne – das gestaltete Plath gleichzeitig mit anderen schreibenden Frauen ihrer Zeit[29] ohne Vorgängerinnen. Im Ohr hatte sie dabei die Stimmen, die für »mehr Positives« plädierten und die ihr, bis heute, Übertreibung und schwarzen Undank ankreiden, romantische Todesverfallenheit und Unzurechenbarkeit.

Die Stimmen auch der Frauenzeitschriften, für die sie ja jahrelang geschrieben hatte – sich in Themenwahl und Stil eben doch auch immer aufs neue anpassend bei aller nicht totzukriegenden Originalität – und die Betty Friedan als eine der Multiplikatoren des »Weiblichkeitswahns« analysiert hat.

Es gehört zu den verstörenden Erfahrungen, die ihre Überlebenskräfte in jenem Todeswinter mit aufgezehrt haben, daß sie in der Regel gerade die Texte, in denen sie literarisch Neuland eroberte, wieder zurückgeschickt bekam. Mit wenigen Ausnahmen weigerten sich die Redaktionen damals beharrlich zu begreifen, was Sylvia Plath in genauer Selbstbeobachtung für sich und stellvertretend für andere Frauen aus sich herausgestellt hat: das Abgetrenntsein von den eigenen Empfindungen,[30] Verluste von Lebendigkeit – all das, was sie im Roman und Tagebuch »Leben unter der Glasglocke« nannte. Sie hat in einigen ihrer Texte, beileibe nicht in allen – leichter lesbar in den Erzählungen, schwerer nachzuvollziehen in den äußerst verknappten, immer selbstbewußter auch Verstörungen und Verletzungen gestaltenden Gedichten – die Glasglocke beschrieben und das Aufbrechen der Glasglocke vorgeführt, zusammen mit den ungeheuren Hindernissen, die sich dem Entscheiden für den eigenen Weg ohne »Beschützer«, dem Fühlen der eigenen Gefühle und dem Sprechen mit der eigenen Stimme entgegentürmen. Der Erfolgszwang, unter dem sie stand, war immer schon enorm gewesen. Seitdem sie mit den Kindern allein lebte, seitdem sie für sich allein einstand im Leben und Schreiben, war sie ja nicht nur sterbensmüde. Sie war sich auch der sorgenden Mißbilligung und mißbilligenden Sorge der Mutter bewußt, des Kopfschüttelns der Wohlmeinenden und weniger Wohlmeinenden ihrer Freunde – und ihrer immer sprungbereit lauernden Selbstzweifel. Ihre Aufschwünge mit jedem gearbeiteten Text, jedem geglückten Tag, und die Abstürze in den Kleinmut mit jeder Ablehnung, jedem Mißerfolg.

Warum hat sich Sylvia Plath das Leben genommen? Ich stelle mir vor, daß sie – zusammen mit den gar nicht im einzelnen auszumachenden Wirkungen der Medikamente – in jener frühen kalten Morgenstunde, als sie sich sehr einsam und kraftlos fühlte, wieder einmal alle um sie herumgestanden und sich in ihr selbst betäubend zu Wort gemeldet hatten, jene »anklagenden, unersättlichen Götter«, von denen sie geschrieben hatte, daß sie sie »umgeben wie eine Dornenkrone«. »Wer über gewisse Dinge nicht den Verstand verliert, der hat keinen zu verlieren« – diese Worte läßt Lessing seine Gräfin Orsina in *Emilia Galotti* sprechen und dabei ausdrücklich die Überwältigung einer Frau durch eine von Männern geprägte Machtstruktur meinen. Ich möchte es bei diesem Kommentar als Abschluß bewenden lassen.

Dieselben Redakteure, die ihr gerade wieder ihre Gedichte als »zu extrem«, »zu düster« zurückgeschickt hatten, rissen sich um deren Veröffentlichung, nachdem sich die Autorin das Leben genommen hatte – unter so rührenden, skandalösen, rätselhaften, schockierenden Umständen. Der toten Dichterin wurde zuteil, was der lebenden vorenthalten worden war: Ruhm. Fast zwanzig Jahre später, 1982, erhielten ihre *Collected Poems* den Pulitzer-Preis für Poesie.

I Von Sylvia Plath liegen zur Zeit auf deutsch vor:
Die Glasglocke. Roman. Frankfurt/M. 1968.
Ariel. Gedichte. Englisch und deutsch. Frankfurt/M. 1974.
Briefe nach Hause 1950-1963. Ausgewählt und herausgegeben von Aurelia Schober Plath. München, Wien 1975; Frankfurt/M., Berlin, Wien 1981.
Das Bett-Buch. Zweisprachige Ausgabe, Frankfurt/M. 1989.
Die Bibel der Träume. Erzählungen, Prosa aus den Tagebüchern. Frankfurt/M. 1987.
Zungen aus Stein. Erzählungen, Frankfurt/M. 1989.
Drei Frauen. Frankfurt/M. 1991

II Wer sich über das Leben von Sylvia Plath in allen seinen Stationen im Detail informieren will, sei hingewiesen auf die Biographie von Linda W. Wagner-Martin: *Sylvia Plath*, Frankfurt/M. 1990. Dort auch Angaben über Sekundärliteratur.

Die weitaus umfangreichere, anspruchsvollere Biographie von Anne Stevenson: *Sylvia Plath*, Frankfurt/M. 1989, hat mich verärgert gerade wegen ihrer erschlagenden Materialanhäufung, bei der nicht Wesentliches von Belanglosem geschieden wurde. Detektivisch wird auch noch den kleinsten äußeren Schritten der Autorin nachgegangen und moralisierend werden auch noch die letzten Boshaftigkeiten aufgespießt, ohne daß der Versuch verstehenden Analysierens diesseits des Pathologisierens unternommen wird. Mitarbeiterin war Ted Hughes' Schwester Olwyn.

Hilfreich informativ gerade in der Perspektivenvielfalt ist der Sammelband *Ariel Ascending. Writings about Sylvia Plath,* ed. Paul Alexander, New York 1985.

Unersetzlich für das Eröffnen einer neuen Sehweise war mir das Standardwerk von Sandra M. Gilbert und Susan Gubar: *The Madwoman in the Attic. The Woman Writer and the nineteenth-century Literary Imagination,* New Haven and London 1979.

III
1 A. Alvarez: *Der grausame Gott. Eine Studie über den Selbstmord,* Prolog Sylvia Plath, Frankfurt/M. 1980.
2 A. a. O.
3 Siehe auch Inge Stephan: *Das Drama der begabten Frau im Schatten berühmter Männer,* Stuttgart 1989.
4 *Briefe nach Hause,* a. a. O., S. 45.
5 Ebd., S. 50.
6 *The Journals of Sylvia Plath,* ed. Ted Hughes and Frances McCullough, New York 1983 (alle Übersetzungen aus dem Tagebuch sind von mir, H. G.).

7 *Briefe nach Hause,* a. a. O., S. 62.

8 Der gute Appetit Plaths gehört zu den Zügen, die in Anne Stevensons Biographie immer aufs neue tadelnd vermerkt werden, als könne jemand, der mit Vergnügen ißt, unmöglich ernsthafte Probleme haben.

9 Vgl. *Tagebuch,* a. a. O., S. 73.

10 *Briefe nach Hause,* a. a. O., S. 239: »Ich habe den stärksten Mann auf der Welt getroffen, er ist Ex-Cambridger, ein großartiger Dichter, dessen Werk ich schon verehrte, bevor ich ihn traf, ein breiter, ungeschlachter, robuster Adam, halb Franzose, halb Ire (und eine gute Portion Yorkshire-Bauerngeschlecht – Zusatz von Aurelia Plath), mit einer Stimme wie der Donnergott – ein Sänger, Geschichtenerzähler, Löwe und Weltenbummler, ein ruheloser Vagabund...« (17. April 1956)

11 Ebd., S. 250: »Ted ist unglaublich, Mutter... trägt tagaus, tagein denselben schwarzen Pullover und dieselbe Cordjacke, die Taschen vollgestopft mit Gedichten, frischen Forellen und Horoskopen.« (29. April 1956)

12 Vgl. Ted Hughes: *Krähe,* Stuttgart 1987.

13 Sylvia Plath: *The Collected Poems,* ed. Ted Hughes, New York e. al. 1981, S. 22.

14 Diese Krankengeschichten zusammen mit ihren eigenen Erfahrungen in psychiatrischen Kliniken fließen immer wieder ein als zentrale, modellhafte Situationen von Ohnmacht, Entfremdung, Tod und Wiedergeburt. Z. B. in *Die Glasglocke* und den Erzählungen »Zungen aus Stein«, »Johnny Panic und die Bibel der Träume«, dem Gedicht »Daddy« u. a.

15 *Tagebuch,* a. a. O., S. 302 (1959). Weder Biographin Anne Stevenson noch ihre Kronzeugin Dido Mervin verschwenden einen Gedanken auf die Genese von Plaths Zorn. Sie mußte ihn sich nämlich hart erarbeiten als Gegenbewegung zu ihrer »lächelnden Anpassung« – *Die Glasglocke–.* Plath als »Gefäß des Zorns« zu bezeichnen, zeugt von beachtlicher Voreingenommenheit des Urteils.

16 Betty Friedan: *der weiblichkeitswahn oder die selbstbefreiung der frau,* Reinbek b. Hamburg 1970. Das amerikanische Original erschien im Jahr von Plaths Tod, 1963.

17 *Tagebuch,* a. a. O., S. 311: »Ich habe geweint und geweint. Letzte Nacht, heute. Wie kann ich Ted in der Ehe mit einer unfruchtbaren Frau halten? Unfruchtbar unfruchtbar. Sein letztes Gedicht, das Titelgedicht seines Buches (»Lupercalia«, H. G.) ist eine Zeremonie, mit der eine unfruchtbare Frau fruchtbar gemacht wird: ›Losgerissen von der Kette der Lebenden, die Vergangenheit getötet in ihr, die Zukunft herausgerissen.‹ ›Berührt diese Erforene.‹ Mein Gott.«

18 Z. B. »Elm« – »Ulme«, in: *Ariel,* a. a. O., S. 38ff., mit Zeilen wie diesen: »Ich bin bewohnt von einem Schrei. / Nachts flattert er aus /

335

und sieht sich, mit seinen Haken, um nach etwas zum Lieben. / Mich
erschreckt dieses dunkle Ding / Das in mir schläft; den ganzen Tag lang
fühl ich / Seine weichen gefiederten Windungen, seine Bösartigkeit. /
Wolken ziehen und verfliegen. / Sind das die Gesichter der Liebe, diese
blassen Unwiederbringlichkeiten? / Ist es um solche, daß ich mein Herz
aufrühre?«

19 In: *Ariel*, a.a.O., S. 106 ff.
    (...)
    I was ten when they buried you.
    At twenty I tried to die
    And get back, back, back to you.
    I thought even the bones would do.
    But they pulled me out of the sack,
    And they stuck me together with glue.
    And then I knew what to do.
    I made a model of you,
    A man in black with a Meinkampf look
    And a love of the rack and the screw.
    (...)
    Erich Fried bringt in seiner Übersetzung – er betont selbst, es sei
    eigentlich unübersetzbar – nicht heraus, daß das »model«, das Modell
    anstelle des toten Vaters, der »Mann in Schwarz« ist, der harte Folterer
    mit Nazizügen, dem sie ihr Jawort gab (»And I said I do, I do«). Das ist
    wieder einmal eine extreme Gegenbewegung, die ihre Heftigkeit der
    früheren genauso heftigen Idealisierung und Unterdrückung jeglicher
    Kritik z. B. an Ted Hughes geradezu an Ernst Jüngers Männlichkeits-
    ideale erinnernde Härteideologie seiner Tiergedichte verdankt.

20 Über die Reihenfolge der Akte, die Kausalität im inneren Drama der
    Trennung sind genügend Spekulationen möglich allein schon anhand
    des hier skizzierten biographischen Materials.

21 Vgl. Colette Dowling: *Perfekte Frauen,* Frankfurt/M. 1989.

22 *Die Glasglocke,* a.a.O., S. 151 ff. Daß eine Frau keinen Ausweg sieht
    außer dem Erproben von Todesarten, wird zehn Jahre später bei Inge-
    borg Bachmann zum zentralen Thema ihrer Prosa. Siehe auch unten
    FN 29. Bachmann rezensierte *Die Glasglocke.*

23 Vgl. auch – ein Beispiel von vielen – im *Tagebuch*, a.a.O.; S. 29 f., die
    Feststellungen nüchterner Tatsachen von körperlicher Gefährdung und
    Einschränkung »in a man's world«. Diesen nüchternen Blick für die
    Tatsachen gibt sie nur einmal auf, allerdings gründlich, als sie sich in
    Ted Hughes' poetischen Regionen niederläßt und sich als künftige
    »Erdmutter« imaginiert, fern allen intellektuellen Bestrebungen. In der
    ihr eigenen Unbedingtheit mußte sie auch diesen Weg bis zum bitteren
    Ende gehen, ehe sie seinen illusionären, ja destruktiven Charakter für
    sich selbst erkannte. Vgl. *Tagebuch*, S. 310.

24 Vgl. Heidi Gidion: »*Und ich soll immer alles verstehen…*« *Auf den Spuren von Müttern und Töchtern*, Freiburg i. Br. 1988, S. 111 ff.

25 Nancy Hunter Steiner: *A Closer Look at Ariel: A Memory of Sylvia Plath*, New York 1973, S. 57 (Übers. von mir, H. G.).

26 Den gleichen Eindruck formuliert A. Alvarez, a. a. O., dem Plath ihre Gedichte vorlas.

27 *Tagebuch*, a. a. O., S. 266-268 (Übers. von mir, H. G.).

28 Nancy Hunter Steiner, a. a. O., S. 108 f. Auch Betty Friedan zieht dieses Beispiel heran, um das Einflußfeld selbst für Collegeabsolventinnen zu charakterisieren.

29 Vor allen anderen ist hier Anne Sexton zu nennen, vier Jahre älter als Plath. In Lowells Schreibseminar waren beide 1959 einander begegnet und hatten ein unerschöpfliches gemeinsames Thema: beider verhinderter Selbstmord. Anne Sexton nahm sich 1974 das Leben. Sie hat auf Plaths Tod ein Gedicht geschrieben, »Sylvia's Death« – und hat in einem kurzen Essay, frei von jeglichem Konkurrenzgehabe, in einer Form von Schwesterlichkeit, von dem Mut gesprochen, dessen es bedurft hatte für sie beide, das Persönliche in den Gedichten auszudrükken. In: *Ariel Ascending*, a. a. O., S. 178 ff. Für sie, so pointiert das Gedicht nicht ohne Witz im Ernst, war die mit dem Selbstmord verbundene Frage nicht die nach der Begründung, sondern einzig die nach der Methode.

30 In einer Vielfalt von Bildern hat Plath immer wieder Spaltung ausgedrückt, z. B. in den Gedichten »In Plaster«, »Two Sisters of Persephone« u. a., ebenso häufig taucht bei ihr das Motiv der Kälte und Gleichgültigkeit der Welt auf, z. B. in dem Gedicht, das als ihr letztes gilt: »Edge« – »Rand«, das eine Frau zeigt, die »vollendet« ist; sie ist tot. Ihre beiden Kinder hat sie wieder in sich zurückgefaltet. Der Mond starrt ohne Trauer auf das Bild, er ist dergleichen gewohnt.

Literatur

Alexander, Paul (Hg.): *Ariel Ascending*, New York 1985

Alvarez, A.: *Der grausame Gott*, Frankfurt/M. 1980

Dowling, Colette: *Perfekte Frauen*, Frankfurt/M. 1989

Friedan, Betty: *Der Weiblichkeitswahn oder die Selbstbefreiung der Frau*, Reinbek b. Hamburg 1970

Gidion, Heidi: *Und ich soll immer alles verstehen*, Freiburg/B. ³1991

Gilbert, Sandra M./Gubar, Susan: *The Madwoman in the Attic*, New Haven and London 1979

Hughes, Ted: *Krähe*, Stuttgart 1987

Plath, Sylvia: *Die Glasglocke*, Frankfurt/M. 1968

– *Ariel*, Frankfurt/M. 1974

– *Briefe nach Hause,* Frankfurt/M., Berlin, Wien 1981
– *Die Bibel der Träume,* Frankfurt/M. 1987
– *Zungen aus Stein,* Frankfurt/M. 1989
– *Drei Frauen,* Frankfurt/M. 1991
Sexton, Anne: »Sylvia's Death«, in: *Ariel Ascending,* New York 1985
Steiner Hunter, Nancy: *A Closer Look at Ariel,* New York 1973
Stephan, Inge: *Das Drama der begabten Frau,* Stuttgart 1989
Stevenson, Anne: *Sylvia Plath,* Frankfurt/M. 1989
Wagner-Martin, Linda: *Sylvia Plath,* Frankfurt/M. 1990

Luise F. Pusch

Nachwort
Die Frau ist nicht normal,
denn sie ist kein Mann

> Wie ich mich fit halte? Ich laufe Amok.
> *(Hildegard Knef)*

Das Thema dieses Buches beschäftigt mich (ohne daß es mir richtig bewußt wurde) seit Mitte der 70er Jahre, als ich zum Feminismus übertrat. Bis dahin war ich als normal durchgegangen – jetzt bewegte ich mich anscheinend immer schneller und entschiedener in Richtung »nicht normal«. Ich hatte mich in Gegensatz nicht nur zur »herrschenden Meinung« gesetzt, sondern auch zu den meisten meiner Verwandten, Bekannten, Kolleginnen – sogar etliche meiner FreundInnen gingen spürbar auf Distanz.

Ich beurteile viele Sachverhalte radikal anders als sie, nehme immer wieder leidenschaftlich Anstoß an Dingen, die sie völlig normal finden, ob es sich nun um die (Männer)Sprache, die Zusammensetzung der (Männer)Parlamente oder das (Männer)Fernsehprogramm handelt. Typische Äußerungen meiner weiblichen Verwandten, Bekannten und Kolleginnen waren und sind etwa: »Hab dich doch nicht so!« oder »Das sehe ich aber nicht so verkniffen.« Männliche Verwandte und Bekannte werden auch schon mal richtig wütend, Kollegen gehässig und ausfallend.

Beruflich mußte ich für meinen feministischen Einsatz teuer bezahlen: Vorher galt ich in meinem Fach (Linguistik) als beachtliches Talent, nachher galt ich als »fanatisch« – ein Verdikt, das schon gefährlich nahe an »wahnsinnig« herankommt. Zur Strafe für meine »abartige Wissenschaftsauffassung« wurde ich von meinen Kollegen als »Radikalfeministin« ausgegrenzt. Für sie ist das ein Schimpfwort, für mich eher ein Ehrentitel – aber die Universitätskarriere war erst mal im Eimer.

Allerdings bekam ich, zum Ausgleich für diese Verluste an Vertrautheit und Status, intensive, gute Kontakte mit anderen Feministinnen, auch fand ich schließlich ein nettes Auskommen außerhalb der Universität. Sonst wäre es mir wahrscheinlich ähnlich ergangen wie Emilie Kempin.

Einige der WahnsinnsFrauen, deren Schicksale in diesem Band erzählt werden, empfinde ich – stärker noch als andere Frauen der Vergangenheit, mit deren Biographien ich mich befaßt habe[1] – als Schwestern. Der einzige Unterschied zwischen ihrer Lage und meiner ist, daß ich Dissidentin wurde zu einer Zeit, da eine breite feministische Bewegung mich auffangen konnte. Diese feministische Bewegung ist eine relativ kleine Minderheit, wird auch regelmäßig totgesagt[2], aber ich spüre, daß sie lebendig und stark ist, und das schützt mich sowohl subjektiv vor dem Wahnsinn der Verzweiflung und dem Irrewerden an mir selbst als auch objektiv vor dem Hospitalisierungszugriff der Mehrheit, die widerwillig erkennen mußte, daß neben dem gesunden Volksempfinden auch noch andere Empfindungen und Auffassungen daseinsberechtigt sind.

Seit meinem Übertritt zum Feminismus also bin ich ziemlich aus der Normalität herausgefallen. Die Welt, in der ich leben muß, trägt für mich wahnhafte Züge – ich möchte sie als Wahnsinns-System bezeichnen. Mir ist bewußt, daß die anderen, die Nicht- und die AntifeministInnen, mich und meinesgleichen ähnlich einstufen wie ich sie. Die Urteile gehen von »überspannt« über »harmlose Verrückte« bis zu »wahnhafte Zwangsvorstellungen, Realitätsverlust«.[3] Als Alice Schwarzer sich in einem Fernseh-Gespräch beklagte, daß die Frauensache von der Männerpresse nie ernstgenommen werde, sagte Rudolf Augstein zu ihr: »Also, Alice, da leiden Sie an Verfolgungswahn.«[4]

In so einer Situation wüßte frau schon gerne: Wer ist denn nun wahnsinnig? Die oder wir? Oder ist die Frage falsch gestellt?

Der alltägliche Wahnsinn

Weiblichkeitsideologie

Zur Veranschaulichung meiner tagtäglichen Konfrontation mit dem »normalen Wahnsinn« greife ich ein paar Eindrücke und Erlebnisse eines beliebigen Tages heraus:

Montag, 29. Juni 1992: Zum Tennistournier in Wimbledon gibt es einen Artikel im *Spiegel*[5]. Mann macht sich Sorgen über die Weiblichkeit der Tennisspielerinnen: » ... sehen die Damen ... den Männern zum Verwechseln ähnlich: große, teils sehnige, teils schwergewichtige Körper, Schultern wie Delphinschwimmer, stramm getrimmte Schenkel«. Der Artikel endet mit dem erhellenden Fazit: »Worum es für Mädchen geht, die es im Leistungstennis zu Geld und Glamour bringen wollen, erklärte in Wimbledon Becker-Entdecker Günter Bosch. Für ihn habe nie zur Debatte gestanden, seine Tochter Christina zur Spitze zu trainieren: ›Da muß man sich entscheiden, ob sie eine Frau oder eine Tennisspielerin werden soll.‹«[6]

Wenn Männer ihre Muskeln trainieren, werden sie interessanterweise nicht den Frauen ähnlicher, sondern nur *noch* männlicher. Ihre Eltern müssen sich also nicht entscheiden, ob der Sprößling ein Tennisspieler oder ein Mann werden soll.

Es ist, als hätte ich diesen *Spiegel*-Artikel bestellt. Am Tag vor seinem Erscheinen hatte ich folgendes für mein Nachwort notiert.

»*Das Dilemma der Frau im Patriarchat*

Die feministische Theorie hat schon lange herausgearbeitet, unter welch schizophrenogenen Bedingungen die Frau im Patriarchat lebt. Unter dem Stichwort ›Dilemma der Frau‹ oder ›doppelter Standard‹ finden wir dazu etwa folgendes: Wenn die Frau sich ›wie eine Frau‹ verhält – lieb, schwach, aufschauend und hilfsbedürftig –, dann wird sie ausgenutzt, denn dann gilt sie nicht viel in den Augen der Männer, von deren Meinung sie aber abhängig ist, weil die die Macht haben. Wenn frau rebelliert und sich ›wie ein Mann‹ verhält, stark, durchsetzungsfähig und selbstbewußt, dann ist sie keine ›richtige Frau‹ und gilt ebenfalls nicht viel in den Augen der Männer. Verachtet wird sie also auf jeden Fall. Klassischer Fall von Doppelbindung.«

Da kommt der *Spiegel* wie gerufen, um meine resignierte Betrachtung mit folgendem Schlußakkord zu bestätigen: »Das Damentennis ist attraktiver geworden. Doch Kraft und Tempo gehen zu Lasten der Eleganz.«[7] Mit anderen Worten: Das Damentennis ist endlich dem Herrentennis ähnlicher, *gut*. Aber die Damen sind jetzt den Herren ähnlich, *pfui*!

Wie frau es auch macht, sie macht es verkehrt.

Eine Frau, die sich diese Botschaft zu sehr zu Herzen nimmt, ist in Gefahr, verrückt zu werden. Und der *Spiegel* führt sie denn auch genüßlich vor, die Tennisspielerinnen auf dem Weg in *ihre* Abart des Wahnsinns: »Das Bedürfnis zum Pin-up wächst unter Tennisspielerinnen im gleichen Umfang wie die Muskelmasse. Mit allem, was Boutiquen und Farbkästen hergeben, werden Sportlerinnen auf Vamp gestylt und auf Liebreiz gespachtelt, die ungeschminkt und im Tennisdreß kaum als weibliche Wesen auffallen.«[8]

Was haben die Tennisspielerinnen mit den in diesem Buch biographierten WahnsinnsFrauen gemeinsam? Es sind außergewöhnliche Frauen: Sie sind berühmt, sie konkurrieren mit den Männern. Da kann es zur Beruhigung des kollektiven männlichen Egos nicht schaden, sie schon mal ein bißchen fertigzumachen.

Der *Spiegel*, der im Vergleich zu den Erzeugnissen der Sensations- und der Pornopresse noch als »gemäßigt sexistisch« eingestuft werden kann, erscheint wöchentlich in Millionenauflage. Dagegen ist die Auflage der wichtigsten feministischen Zeitschrift Europas, *Emma*, mehr als bescheiden: monatlich ca. 60 000. Auf ein *Emma*-Heft kommen also etwa siebzig *Spiegel*-Hefte.

Wenn Frauen sich in den Diskussionen nach meinen Vorträgen bitter darüber beklagen, daß andere Frauen ihnen in den Rücken fallen, wenn sie für ihre/unsere Rechte kämpfen, pflege ich zu antworten: Das Patriarchat ist schließlich nicht faul. Pro Gramm Feminismus, das wir unter Aufbietung aller Kräfte gegen massiven Widerstand produzieren, produziert es satt, selbstzufrieden und routiniert mindestens eine Tonne sexistische Ideologie. Die zur Frauenfeindlichkeit erzogene Frau ist also der Normalfall, mit ihr haben wir zu rechnen. Ungewöhnlich ist dagegen die Feministin, fast eine Art Mutation, ein Wunder – wie konnte diese Gattung überhaupt entstehen unter derart lebensfeindlichen Bedingungen? Statt uns über die »ganz normale frauenfeindliche Frau« zu grämen, laßt uns lieber ein Fest feiern, wenn wir eine andere Feministin treffen.

Männlichkeitsideologie oder: Gewalt ist gar keine

Immer noch Montag, 29. Juni 1992. Im Briefkasten war außer dem *Spiegel* auch die neue *Emma*. Titelgeschichte der *Emma*: »Virus Mann«, ein Report von Cornelia Filter. Ich lese Sätze wie: »Nicht Frauen verbreiten das Virus über die Welt. Männer sind die Todesbringer. Männer stecken Frauen an. Als Fixer, als Freier und als Vergewaltiger. Die größte Gefahr für Frauen ist der Koitus. Am gefährlichsten ist er für arme Frauen.«[9] Weiter lese ich: »300 000 deutsche Sextouristen reisen alljährlich in die dritte Welt, um sich dort Frauen oder Kinder zu kaufen, aber nur jeder 15. benutzt beim Geschlechtsakt ein Kondom. Für die kleinen Mädchen, die zunehmend ›als Ware‹ bevorzugt werden, ist das noch lebensbedrohender als für erwachsene Frauen. Die kindliche Vagina ist eng und klein und darum besonders verletzlich.«[10]

Wahnsinn. Die »Sextouristen« (so werden diese Sexualverbrecher meistens genannt) müssen doch wahnsinnig sein. Mit dieser Meinung stehen Feministinnen allerdings ziemlich allein da. 300 000 Mann allein aus Deutschland, und das jährlich, können doch nicht alle irrsinnig sein ... Es bleibt nur die Schlußfolgerung: *Wir* müssen wahnsinnig sein, weil wir das wahnsinnig finden.

Etwas später lese ich im *Spiegel* die Elogen zum 250. Geburtstag des »Aufklärers« und »scharfsinnigen Gelehrten« Lichtenberg. Diverse Rundfunkstationen senden bereits seit Wochen Auszüge aus den *Sudelbüchern*, die von Sexismen nur so wimmeln. Ich lese also über das »skurrile Privatleben« Lichtenbergs: »Mit 35 Jahren, 1777, hatte er eine Liaison mit seinem Zimmermädchen, der nur zwölfjährigen Maria Stechardt, begonnen, zwei Jahre später nahm er sie ganz zu sich, allem Tratsch zum Trotz. 1783, nach dem frühen Tod seiner geliebten Stechardin, zog die junge Margarethe Kellner zu Lichtenberg. Mit ihr zeugte der agile Physiker acht Kinder. Und da er sein ›Zuckerpüppchen‹ immerhin sechs Jahre lang unter Ausschluß der Öffentlichkeit und ohne kirchlichen Segen hielt, kamen die ersten vier Sprößlinge unehelich, sogar unter falschem Namen zur Welt ... Nicht genug mit diesen Leistungen: Ende 1793 war Lichtenberg auch dem Hausmädchen Dorothea Braunhold nähergetreten. Als ›Dolly‹, später ›Düvel‹, taucht die anscheinend recht kesse Magd im Tagebuch auf, und der muntere Fünfziger dürfte bisweilen bei ihr Erfolg gehabt haben ...«[11]

Ob Göttingen vor 200 Jahren oder Bangkok heute, ob »genialer Aufklärer« oder simpler Bumstourist: Männer vergewaltigen mit Vorliebe Mädchen, die vier- bis zehnmal jünger sind als sie selber – und (fast) niemand schert sich drum, (fast) niemand auch nennt die sexuelle Gewalt beim Namen: Lichtenberg, der große Geist, *vergewaltigt* seine jungen Opfer nicht als Serientäter, sondern er »hat eine Liaison mit ihnen«, »nimmt sie zu sich«, »hält sie unter Verschluß«, »zeugt mit ihnen acht Kinder« und was dergleichen »Leistungen« mehr sein mögen.

Wahnsinn.

Die australische Soziologin Jill Julius Matthews, die eine der besten neueren Untersuchungen zum Thema Frauen und Wahnsinn geschrieben hat, beginnt ihre Ausführungen mit folgender Bestandsaufnahme: »Im Vergleich zu Männern leiden wir als Frauen unter Unterdrückung und Ausbeutung auf vielfältige Weise. Etwas in dieser Art ist seit dem 16. Jahrhundert in der westlichen Welt bei jedem erneuten Anlauf feministischen Denkens gesagt worden. Die erste Aufgabe von Feministinnen ist es immer gewesen, die Arten der Unterdrückung zu benennen. Je mehr wir hinschauten, um so mehr entdeckten wir. Die Benennung und Katalogisierung der Ungerechtigkeit führt schließlich dazu, daß wir sie als ein komplexes Gewebe systematischer Unterdrückung begreifen: Alle sozialen Institutionen, Überzeugungen und Beziehungen, jede auf ihre eigene Art, diskriminieren die Frauen. Schlimmer noch: Das System wendet uns gegen uns selbst: Alle Frauen, jede auf ihre Weise, akzeptieren den größten Teil der Diskriminierung als normal. Wir sind in der Falle, gleich zweifach.«[12]

Die eigene Unterdrückung und Diskriminierung zu akzeptieren, ja mitzugestalten – Wahnsinn! Betty Friedan fand 1963 den Namen für diese Art Wahnsinn der Anpassung, das »Problem ohne Namen«: Weiblichkeitswahn *(feminine mystique)*. Wie Matthews richtig feststellt, sind wir alle *weiblichkeitswahnsinnig* auf die eine oder andere Art, auf unsere je eigene Art eben. Die zeitgemäße, »postfeministische Weiterentwicklung« des Weiblichkeitswahns ist der von Naomi Wolf so glänzend analysierte Schönheits- und Schlankheitswahn *(beauty myth)*[13]: Die Frau von heute soll/will nicht mehr die perfekte Hausfrau und Mutter sein (das weibliche Ideal der fünfziger und sechziger Jahre). Sowie sie mit Hilfe der zweiten Frauenbewegung aus diesen Begrenzungen ausgebrochen war, wurden ihr neue Grenzen gesetzt, nein – buchstäblich in den Körper eingeschrieben. Die Frau von heute darf ein bißchen Karriere machen, vorausgesetzt, sie ist »schön« (das impliziert: nicht älter als dreißig), schlank und fit. Auch dies ist schon fast wieder ein Auslaufmodell. Das neue Ideal schreibt die muskulöse, aber vollbusige Frau vor – eine Version, die Mutter Natur nicht vorgesehen hat, weshalb sie mit Hilfe von Chemie und Skalpell künstlich geschaffen wird. Wie auch immer die Ideale konstruiert werden, entscheidend ist, daß sie wechseln und das Selbstwertgefühl der Frau aushöhlen. Dabei ist der Schlankheitsterror der siebziger und vor allem der achtziger Jahre laut Naomi Wolf perfider und gefährlicher als alles zuvor Dagewesene. Die Generation der in diesen beiden Jahrzehnten aufgewachsenen Frauen wurde wirklich »gegen sich selbst gewendet«: In den USA leiden etwa 80 Prozent der Collegestudentinnen an Eßstörungen, und nicht wenige sterben daran: Nach Angaben der *American Anorexia and Bulimia Association* sterben jährlich 150 000 US-Amerikanerinnen an Magersucht. Das sind mehr Todesopfer in jedem Jahr allein in den USA als während des zehnjährigen Bürgerkriegs in Beirut, mehr Todesopfer als die Seuche AIDS von ihrem Beginn bis Ende 1988 in 177 Ländern gefordert hat. Das weibliche Massensterben wurde und wird im Gegensatz zur AIDS-Epidemie und den Kriegsgreueln von den Medien allerdings kaum zur Kenntnis genommen, denn es handelt sich ja nur um Frauen, die im Dienst an der Schönheit starben (diesbezüglich sind die Frauen eben etwas verrückt; sie waren es doch schon immer).[14]

»Diäthalten ist das wirksamste Sedativum in der Geschichte der Frau; eine auf ruhige Art wahnsinnige Bevölkerungsgruppe ist gut lenkbar«, erkannte Naomi Wolf.[15]

Der Kommunikationswissenschaftler Paul Watzlawick und andere KonstruktivistInnen[16] gehen davon aus, daß es zwei Arten von Wirklichkeit gibt, eine »wirkliche« Wirklichkeit erster Ordnung und eine »nicht wirkliche« Wirklichkeit zweiter Ordnung: Die »wirkliche« Wirklichkeit ist die Wirklichkeit der Naturgesetze; die »Wirklichkeit zweiter Ordnung« hingegen ist ein soziales Konstrukt und ziemlich beliebig, wird aber für genauso wirklich gehalten wie die »Wirklichkeit erster Ordnung«.[17] Zur Wirklichkeit zweiter Ordnung gehören beispielsweise die wechselnden Schönheitsideale. Heute gilt: Eine Frau, die nicht 10 bis 20 Prozent unter dem weiblichen Durchschnittsgewicht liegt, ist dick und somit häßlich. Mit anderen Worten: Die normale Frau ist häßlich.

Was Watzlawick nicht bedenkt, ist die Tatsache, daß die Wirklichkeit zweiter Ordnung, wie »unwirklich« (oder wahnhaft) auch immer, im wesentlichen ein Produkt der Mächtigen ist, die eben diese Wirklichkeit als gültig definieren und respektiert sehen wollen. Unsere Ausgangsfrage »Wer ist hier wahnsinnig?« kann also so beantwortet werden:

Im Wahn befangen sind beide Seiten, nur: Die einen profitieren davon, bevor sie – eventuell – daran zugrunde gehen, die andern gehen nur zugrunde. Laut Mary Daly verabreicht unsere patriarchale Kultur den Männern Aufputschmitttel, die Frauen bekommen »Depressiva« *(depressants)*.[18] Beides ist nicht gesund, aber der aus dieser Praxis resultierende männliche Größenwahn ist erstens subjektiv angenehmer und zweitens sozial weit gefährlicher als die weibliche Depressivität.

Mit dem fatalen wahnhaften Zusammenspiel beider – der Unterdrücker und der Unterdrückten – hat sich (unter Verzicht auf feministische Kategorien) besonders der Ethnopsychoanalytiker Mario Erdheim befaßt. Bezüglich des »Endstadiums« solcher Kollusionen kommt er zu folgendem Ergebnis:

»Die Verleugnung der Realität durch die Beherrschten ist zugleich auch das letzte Stadium der Herrschaft. Ihre Macht ist dann zwar am größten, da der Widerstand zusammengebrochen und die Anstrengung, einen Konsens zu finden, weggefallen ist, gleichzeitig ist aber mit der Realitätskontrolle auch die Einsichtsfähigkeit verlorengegangen, die die Reproduktion der Gesellschaft ermöglicht. Was übrigbleibt, ist nur noch eine richtungslose Aggression, die alles vernichtet, worauf sie trifft.«[19]

Diese Charakteristik erinnert an die Fälle Hitler, Stalin, Pol Pot und Ceauşescu, wohl die verheerendsten Beispiele männlichen Größen- und Zerstörungswahns in der Geschichte. Sie galten zu Lebzeiten nur wenigen als wahnsinnig, denn Wahnsinn wird – siehe unten – von außen oder von oben definiert, und wenn es ein Außen (wie etwa das »Urteil der Geschichte«) noch nicht und ein Oben nicht mehr gibt, weil der Wahnsinnige schon alles terrorisiert oder vernichtet hat, bleibt eben übrig »nur noch eine richtungslose Aggression, die alles vernichtet, worauf sie trifft«.

Die Erdheimsche Charakteristik erinnert aber auch an die immer grauenvoller werdenden Produkte der SadoMaso-Pornographie und ihre entsetzlichen Folgen für Frauen und Mädchen, über die die Medien tagtäglich berichten.[20] Viele Feministinnen sind überzeugt, daß die Welt am männlichen Sadismus zugrunde gehen wird. Bevor dies aber geschieht, sollten wir wenigstens versuchen, den Hitlers, Stalins, Pol Pots und Ceauşescus im Kleinformat das Handwerk zu legen, all jenen Vollstreckern des alltäglichen Wahnsinns, von den Produzenten der Weiblichkeitsideologie in den Medien und Konzernen über die sogenannten »Sextouristen« bis zu den Vergewaltigern der eigenen Töchter. Josephine Rijnaarts bringt es auf den Punkt: »Verständnis ... hat es in der Vergangenheit ... schon genug gegeben. Vielleicht sollen wir – nicht nur Frauen, sondern die ganze Gesellschaft – aufhören, verstehen zu wollen, und sagen: Wir akzeptieren das nicht mehr! Es soll nun wirklich aufhören!«[21]

Zur Begriffsklärung schlage ich vor, zwischen *strukturellem (primärem)* Wahnsinn und *individuellem* bzw. *sekundärem* Wahnsinn zu unterscheiden: Das Patriarchat als Wahnsystem (Watzlawicks »Wirklichkeit zweiter Ordnung«) erzeugt bei seinen InsassInnen einen *strukturellen* Wahn, der seit Betty Friedan »Weiblichkeits-« und »Männlichkeitswahn« genannt wird, bei den Menschen unterschiedlich stark ausgeprägt ist und in der Regel nicht als Wahn erkannt wird.

Sextouristen, vergewaltigende Väter und andere vom Männlichkeitswahn extrem befallene Männer verursachen bei ihren Opfern quälende, oft lebenslange Formen des *individuellen, sekundären* Wahns:

»Drei von vier Frauen, die in der Psychiatrie landen, sind Opfer sexueller Gewalt. Die meisten von ihnen sind ... als Mädchen von ihrem Vater, ihrem Onkel, ihrem Bruder mißbraucht worden. Auf dem Kongreß ›Frauen in der Psychiatrie‹, der vom 24. bis 27. Mai [1990] in Schleswig stattfand, wurden diese Zahlen erstmals öffentlich genannt.«[22]

Alle an Hysterie erkrankten Frauen, die Sigmund Freud Ende des vergangenen Jahrhunderts untersuchte, waren *ohne Ausnahme* als Kinder von männlichen Verwandten, meist dem eigenen Vater, sexuell ausgebeutet worden.[23]

Weitere Arten des weiblichen Wahnsinns

Wahnsinn durch Widerstand

Es gibt Frauen, die gegen den allgemeinen Weiblichkeits- und Männlichkeitswahn ankämpfen. Es besteht die Gefahr, daß sie *dadurch* ebenfalls wahnsinnig werden. Sie können als lästig befunden, für wahnsinnig erklärt und infolge entsprechender Gewaltmaßnahmen schließlich wirklich wahnsinnig werden[24] – eine weitere Form sekundären Wahns, dessen Ursache das primäre patriarchale Wahnsystem ist.

Matthews stellt bündig fest:

»Wahnsinn ist ein undefinierter Zustand ... Es gibt keine objektiv definierbaren Kriterien für seine Existenz; es gibt keine objektiv etablierten sozialen Normen, deren Übertretung zur Anwendung des Etiketts ›wahnsinnig‹ führt. Jedes beliebige Verhalten kann wahnsinnig genannt werden, je nach dem sozialen Kontext, den Wertvorstellungen und den Machtbeziehungen zwischen beurteilender und beurteilter Person. Sogar innerhalb der medizinischen Zunft, die allein zuständig ist, eine Person als wahnsinnig zu definieren, ist das Urteil jedes Arztes (jeder Ärztin) subjektiv und unweigerlich geprägt von seinem/ihrem Alter, Geschlecht, Schichtzugehörigkeit usw. Insofern das Urteil sich allein am Verhalten orientiert, ist es unweigerlich ein Urteil darüber, wie die Verhältnisse sein sollten.«[25] Und weiter: »Die weibliche Erfahrung der Unterordnung, der Unterdrückung, der Ungleichheit zwischen den Geschlechtern wird als natürlich und normal definiert, und jeder Ausdruck von Widerstand wird individualisiert und gilt als pathologisch.«[26]

Die Autorin zitiert aus einer der Krankengeschichten: »Nach ihrer Geschichte zu urteilen war sie schon immer schizoid: Keine Freundschaft mit Jungens, kein Tanzen, ..., etc.«[27] – Matthews Untersuchung trägt den treffenden und leider unübersetzbaren Titel *Good and mad women* ...

Falls die nicht anpassungswillige, kämpferische Frau dem Schicksal der Pathologisierung entgeht, besteht die Gefahr, daß sie irgendwann mangels Bestätigung an sich selber irre wird – denn es tut der Psyche nicht gut, mit der Mehrzahl der Mitmenschen nicht übereinzustimmen, eine andere Wirklichkeitsauffassung zu haben: Watzlawick berichtet von einem psychologischen Experiment von Asch[28], bei dem die Versuchsperson in eine Situation gebracht wurde, wo sie in ihren Sinneswahrnehmungen vom Rest der Gruppe nicht bestätigt wurde: »... der durch das Experiment erzeugte Zustand von Desinformation [gleicht] in praktisch allen wesentlichen Punkten dem eines sogenannten Schizophrenen im Rahmen seiner Familie ...« Watzlawick fährt fort (ich verändere seine Worte geringfügig; der originale Text kann in der Anmerkung nachgelesen werden): »Die verhinderte Feministin, nicht selten das sensibelste und klarsehendste Mitglied ihrer Gruppe, lebt ... in einer Welt, deren Verschrobenheit ihr dauernd als normal hingestellt wird. Es wäre für sie eine fast unmenschliche

Leistung, diesem Druck erfolgreich zu widerstehen und den Mythos bloßzulegen. Und selbst wenn ihr das gelänge, würden die
anderen darin nicht nur einen weiteren Beweis ihrer Verrücktheit
sehen, sondern sie würde damit auch riskieren, von ihnen verworfen zu werden und die einzige Sicherheit zu verlieren, die sie im
Leben zu haben glaubt.«[29]

Wahnsinn als Folge sexueller Gewalt in der Kindheit

»Drei von vier Frauen, die in der Psychiatrie landen, sind Opfer
sexueller Gewalt. [...] Jede zweite Patientin, bei der die Diagnose
›Schizophrenie‹... gestellt wird, ist ein Opfer von Inzest. Drei von
vier Frauen mit Eßstörungen, vier von fünf Fixerinnen sind Opfer
sexueller Gewalt.«[30]

In welch erschreckendem Ausmaß psychische Krankheiten von
Frauen eine Reaktion auf früh erlittene sexuelle Gewalttaten ihrer
männlichen Angehörigen sind, begreifen wir erst allmählich – die
entsprechende feministische Forschung, Aufklärung und Therapie
ist wenig älter als zehn Jahre. Diese Forschung hat auch ans Licht
gebracht, daß die so rätselhafte, »typisch weibliche« Krankheit
Hysterie ebenfalls eine Reaktion auf sexuelle Gewalt von Männern ist, eigentlich eine *menschliche* Reaktion auf einen extremen
Schock und das Gefühl der totalen Ausweglosigkeit, des Überwäl-
tigtwerdens. Denn auch Männer erkrankten in großen Scharen an
Hysterie, erstmals im Ersten Weltkrieg – 80 000 waren es allein in
der englischen Armee.[31] Allerdings wurde ihre Hysterie verschlei-
ernd »shell shock« (Bombenschock) genannt. Die Wirkung sexueller Männer-Gewalt auf die Psyche eines Mädchens ist mithin der
Wirkung eines Bombenhagels auf die Psyche eines erwachsenen
Soldaten vergleichbar.

Wir können den Fachfrauen aus der Psychiatrie glauben, daß die
meisten weiblichen Opfer des Wahnsinns Opfer sexueller Gewalt
sind. Diese Gewalt ist eben der extreme traumatische Schock, der
das psychische Gleichgewicht »verrückt«. Extrem ist der Schock
deswegen, weil die Seele noch zart ist und unerfahren und daher
vollkommen wehrlos, wenn ihr das Unerträgliche widerfährt.
Während der Soldat der Qual der Wehrlosigkeit im Artilleriefeuer
nur kurzfristig ausgeliefert ist, ist es für das Mädchen oftmals ein
Terror über Jahre. Außerdem versteht der Soldat immerhin, daß
ihm Gewalt geschieht, während das Mädchen zusätzlich zu dem

Schock noch die Behauptung des Sexualverbrechers zu verkraften hat, daß es sich bei der erlittenen Gewalt in Wahrheit um Liebe handle. Das Inzestopfer wird psychisch traumatisiert *und* in seinem sich gerade entwickelnden Wahrnehmungsvermögen und Selbstvertrauen grundlegend verwirrt.[32]

In *Darkness visible: A Memoir of Madness* (1990), dem bewegenden Bericht über seine Depression, kommt William Styron zu folgender Erkenntnis: »Unordnung und *frühes Leid* – der Tod oder das Verschwinden eines Elternteils, besonders der Mutter, *vor oder während der Pubertät* – kehren in der Literatur über die Depression immer wieder als ein *Trauma*, das manchmal fast *irreparablen emotionalen Schaden* anrichten kann. Die Gefahr ist besonders auffällig, wenn der junge Mensch an ›unvollendeter Trauer‹ leidet, *wenn ihm die Katharsis des Schmerzes nicht gelang und er so durch die späteren Jahre hindurch eine unerträgliche Last mit sich herumschleppt, zu der auch Wut und Schuldgefühl... gehören, die potentiellen Auslöser der Selbstzerstörung.*« [meine Hervorhebungen][33]

Ich verdanke der Lektüre dieses Buchs ein sehr vertieftes Verständnis für das entsetzliche (und typisch weibliche) Leiden, das wir als Depression bezeichnen. Für Styron war das *unerträgliche Trauma* der Tod der Mutter – immerhin war er da »schon« dreizehn. Für Mädchen beginnt das Trauma der sexuellen Gewalt oft sehr viel früher, und es hört nicht mehr auf.

Die meisten Frauen, die »in der Psychiatrie landen«, leiden nicht an Schizophrenie oder an Eßstörungen, sondern an Depressionen. Die Depression ist das weibliche Gemütsleiden schlechthin. Frauen werden von ihm *mindestens* doppelt so häufig heimgesucht wie Männer; die Statistiken variieren zwischen doppelt bis sechsmal so häufig.[34]

Diese ungleiche Verteilung der Depression auf die Geschlechter war in der von Maggie Scarf in den siebziger Jahren erstellten, 1980 veröffentlichten und 1991 in der elften Auflage unverändert verbreiteten Studie über Frauen und Depression Ausgangs- und Endpunkt ihres Fragens – und sie konnte die Frage nicht beantworten. Ihr 600 Seiten starkes Standardwerk über Frauen und Depression schließt mit dem ziemlich unbefriedigenden Satz: »Frauen *sind* einfach depressiver als Männer.«[35]

Die Studien von Chesler und Scarf zum weiblichen Wahnsinn erschienen 1972 bzw. 1980. Die erschütternden Zusammenhänge zwischen psychischen Krankheiten von Frauen und früh erlittenem sexuellem Terror waren damals noch »das bestgehütete Geheimnis«[36]. Der hohe Anteil von Frauen in den psychiatrischen Kliniken war und blieb unverstanden und unbegreiflich.

Heute wissen wir mehr. Ich vermute, daß Männer unter anderem deshalb seltener psychisch krank sind als Frauen, weil sie in ihrer Kindheit seltener von Männern vergewaltigt werden. Jedes vierte Mädchen wird sexuell terrorisiert, aber »nur« jeder siebte Junge.[37] Dieses Zahlenverhältnis entspricht in etwa dem Zahlenverhältnis zwischen Frauen und Männern in den psychiatrischen Kliniken.

Die WahnsinnsFrauen dieses Buches und ihr Wahnsinn

Wenden wir uns nach diesen allgemeinen Überlegungen nunmehr den WahnsinnsFrauen zu. Es scheint mir, daß sie drei deutlich unterscheidbare Gruppen bilden – wobei natürlich Überschneidungen und Mehrfach-Zugehörigkeiten vorkommen. Ich behandle hier aber jeweils nur denjenigen Aspekt der Krankheitsursache, den ich für den wichtigsten halte. Die Gruppen sind:

● die Opfer oder mutmaßlichen Opfer sexueller Gewalt in der Kindheit: Bertha Pappenheim (Anna O.), Virginia Woolf, Ellen West, Agnes von Krusenstjerna, Sylvia Plath.

● Widerstandskämpferinnen, gegen die »das Imperium zurückschlug«; d. h. Opfer von Männern und/oder männlichen Institutionen, die nicht duldeten, daß sie in männliche Machtbereiche eindrangen: Johanna die Wahnsinnige, Théroigne de Méricourt, Emilie Kempin, Camille Claudel, Helene von Druskowitz.

● Schwankende zwischen Anpassung und Widerstand, die dieses Hin und Her nicht verkraften konnten: Irmgard Keun, Sylvia Plath.

Drei der WahnsinnsFrauen waren alkoholkrank: Druskowitz, Krusenstjerna und Keun. Über Suchtkrankheiten und die Zerstörung der Psyche durch den Alkohol gab es zu ihrer Zeit kaum medizinisches Wissen. Der Alkohol hat meines Erachtens ihr psychisches Leiden nicht hervorgerufen, aber die unerkannte Alkoholkrankheit hat es sicher sehr verschlimmert.

Die Opfer sexueller Gewalt

Über das Ausmaß sexueller Gewalt in der Kindheit der hier darge-
stellten WahnsinnsFrauen wissen wir fast nichts. Eindeutig belegbar ist bisher nur »der Fall Virginia Woolf«. Für die »Hysterikerinnen« Anna O. und Agnes von Krusenstjerna können wir rück-
schließen aus der Tatsache, daß *alle* an Hysterie erkrankten
Frauen, über die Freud in seiner Abhandlung »Über die Ätiologie
der Hysterie« (1896) berichtet, Opfer sexueller Gewalt in der
Kindheit und/oder Pubertät waren.[38] Also wahrscheinlich auch
Anna O. und Agnes von Krusenstjerna, die beide eine »besondere«
Beziehung zur Sexualität mit Männern entwickelten: Anna O.
verzichtete darauf, während Krusenstjerna in ihrem Werk dies
Thema mit einer für ihre Zeit »skandalösen« Offenheit bearbei-
tete. Wahnsinn war in ihrer weitläufigen Familie eine Krankheit
der Frauen: Sie »konnten die Liebe nicht ertragen« – sie werden
gewußt haben, warum (auch Virginia Woolf »konnte die Liebe
nicht ertragen«). In einem ihrer Romane behandelt Krusenstjerna
sogar das Motiv der Verschlimmerung der Krankheit durch weitere sexuelle Angriffe des Therapeuten – ein Thema, das erst in
unserer Zeit angemessen bearbeitet werden kann. Der Therapeut
im Roman bezeichnet die Beschuldigungen der Kranken als wahnhafte Phantasien – eine »naheliegende« und bequeme Technik der
Verdrehung, die schon Freud anwandte.[39]

Wenn drei von vier Frauen mit Eßstörungen Opfer sexueller
Gewalt sind, so können wir dies mit einiger Sicherheit auch für
Ellen West annehmen, zumal sie zu einer Zeit daran erkrankte, als
Eßstörungen noch nicht so verbreitet waren wie heute im Zeitalter
des Schlankheits- und Schönheitsterrors.

Für Sylvia Plath, die ich zwei Gruppen zugeordnet habe,[40] stützt
sich meine Vermutung auf den frühen Zeitpunkt ihrer Erkrankung, auf ihre für Inzestopfer typische Überlebenstechnik der
Dissoziation[41] (die ja auch Virginia Woolf anwandte) und auf
ihr Gedicht *Daddy*, in dem sie selbst ihren Selbstmordversuch
mit »Daddy« in Verbindung bringt. Ich lese dieses erschütternde
Gedicht heute mit ganz anderen Augen als noch vor ein paar
Jahren.

Die Widerstandskämpferinnen
oder Das Imperium schlägt zurück

Als Sibylle Duda und ich Anfang 1988 mit der Planung des hier vorliegenden Sammelbandes begannen, gingen wir noch davon aus, daß die meisten WahnsinnsFrauen der Kategorie »Widerstandskämpferinnen« angehören würden – hochbegabte Frauen, die nicht wie vorgeschrieben dem Herrn dienen, sondern (auch) ihrem Talent leben wollten. Wie jene fiktive Judith Shakespeare, Schwester Williams, über die ihre Erfinderin Virginia Woolf schreibt: »Denn es bedarf nur weniger Kenntnisse in Psychologie, um sicher zu sein, daß hochbegabte Mädchen, die versucht hätten, ihr Gabe ... zu gebrauchen, von anderen Leuten so viel in den Weg gestellt bekommen hätten, so gepeinigt und von ihren eigenen entgegengesetzten Instinkten hin- und hergerissen worden wären, daß sie Gesundheit und Verstand mit Sicherheit verlieren mußten.«[42]

Von dreizehn Schwestern berühmter Männer, die für den Sammelband *Schwestern berühmter Männer*[43] nach dem Zufallsprinzip ausgewählt worden waren, hatten zwei Selbstmord begangen, und sechs waren an schwersten Psychosen erkrankt. Eine der Selbstmörderinnen, Carla Mann, war wahrscheinlich – wie die Selbstmörderin Virginia Woolf – ein Inzest-Opfer ihres älteren Bruders (Heinrich Mann).[44] Alice James war mit achtzehn Jahren an Hysterie erkrankt und litt 30 Jahre lang daran; Willemina van Gogh (1862-1941) – ziemlich exakt eine Zeitgenossin Camille Claudels (1864-1943) – verbrachte 40 Jahre in einer Irrenanstalt, Diagnose: Schizophrenie.

Das Nachwort für jenen Sammelband schrieb ich vor acht Jahren[45] – noch in völliger Unkenntnis der Fakten über den sexuellen Terror gegen Mädchen und seine Folgen für die geistige Gesundheit von Frauen. Meine damalige Erklärung für den hohen Anteil an psychischen Krankheiten unter diesen Schwestern war etwa folgende: Diese Frauen waren vermutlich mindestens so begabt wie ihre Brüder, aber sie durften – als Frauen – ihr Genie im Patriarchat nicht leben, und so »erstickten« sie quasi an ihren nicht auslebbaren kreativen Impulsen: *WahnsinnsFrauen* im doppelten Sinn des Wortes.

Heute sehe ich, daß für einige dieser Lebenstragödien sicher noch andere, schlimmere Faktoren bestimmend waren, ähnlich wie bei den Frauen des vorliegenden Bandes.

Der Widerstand, den Camille Claudel, Helene von Druskowitz und Emilie Kempin gegen patriarchale Setzungen leisteten, bestand darin, daß sie ihr Talent oder Genie nicht (nur) in der Zuarbeit für einen Mann verschwenden, sondern sich selbst verwirklichen wollten. Sie wurden unnachgiebig in ihre Schranken verwiesen, leisteten hartnäckigen Widerstand – und schlugen sich die Köpfe blutig. Kempins und Claudels Widerstand wurde gebrochen, während Druskowitz in der Anstalt erst richtig loslegte, ihre »Närrinnenfreiheit« voll ausnutzte.

Johanna die Wahnsinnige ist ein Sonderfall von ungewolltem »Widerstand«. Sie geriet ohne ihr Zutun in eine Position, die ihre männlichen Angehörigen für sich beanspruchten. Johanna war der brutalen Machtgier ihres Vaters, ihres Mannes und ihres Sohnes nicht gewachsen und wurde das Opfer eines der abscheulichsten Intrigenspiele in der europäischen Geschichte.

Théroigne de Méricourt schließlich wollte mehr als nur sich selbst verwirklichen: Sie wollte die Tyrannei der Männer beenden und forderte gleiche Rechte für Frauen. Wegen dieser Forderung wurden auch die Revolutionärinnen Olympe de Gouges und Louise Michel für verrückt erklärt.

Vergegenwärtigen wir uns noch einmal die grundlegende Erkenntnis von Matthews: »Die weibliche Erfahrung der Unterordnung, der Unterdrückung, der Ungleichheit zwischen den Geschlechtern wird als natürlich und normal definiert, und jeder Ausdruck von Widerstand wird individualisiert und gilt als pathologisch.«[46]

Zwischen Anpassung und Widerstand: Die Zerrissenen

Virginia Woolfs Diagnose über das Schicksal hochbegabter Frauen im Patriarchat – »so gepeinigt und von ihren eigenen entgegengesetzten Instinkten hin- und hergerissen..., daß sie Gesundheit und Verstand mit Sicherheit verlieren mußten«[47] – trifft meines Erachtens in ganz besonderem Maße auf Irmgard Keun und Sylvia Plath zu, die einzigen der hier versammelten WahnsinnsFrauen, die in unserem Jahrhundert geboren wurden: 1905 (Keun) bzw. 1932 (Plath).

Das zwanzigste Jahrhundert brachte uns Frauen ein schwindelerregendes Auf und Ab: Unsere kühnen Aufschwünge beantwortete das Patriarchat umgehend mit Stößen in den Abgrund. Zwar bekamen wir in den meisten demokratischen Ländern endlich das Wahlrecht und die formale Gleichberechtigung, wir erlebten den Höhepunkt der ersten Frauenbewegung, den Beginn und die Entfaltung der zweiten Frauenbewegung, aber diese Errungenschaften wurden durch die patriarchale Reaktion – den Männlichkeitswahn des Faschismus, den anschließenden Weiblichkeitswahn in den Industrienationen und den heute tobenden Schönheitsterror[48] – teuer bezahlt.

In diesem Minenfeld versuchten Keun und Plath wie so viele andere Frauen ihren Weg zu machen. Sie beanspruchten für sich die Freiheit und Würde der künstlerischen Produktion, sie wollten dafür anerkannt werden, sie wollten davon ihre Existenz bestreiten, erfolgreich sein. Zugleich wollten sie aber auch »ganz Frau« sein, d. h. sie wollten von den Männern als »Frau« anerkannt und womöglich geliebt werden.

Wie unsere deutsche Männer-Sprache aber vorbildlich klarstellt, geht dies nun einmal nicht. Eine Frau kann nicht zugleich Frau und Künstler, Frau und Dichter, Frau und Schriftsteller sein. Eine Frau ist – höchstens – Künstlerin, Dichterin (*poetess* im Falle Plath), Schriftstellerin usw. Und was ist schon eine Künstlerin gegen einen Künstler!

Die Frau in unserem Jahrhundert darf wählen und gewählt werden – um festzustellen, daß sie doch nicht ins Parlament kommt. Sie darf, während die Männer an der Front kämpfen, »an der Heimatfront ihren Mann stehen«, um nach dem Krieg an ihren Platz in der Familie zurückverwiesen zu werden. Sie darf sich beruflich qualifizieren, um dann »durch die Arbeitsmarktsituation« an ihren Platz in der Familie zurückverwiesen zu werden. Sie darf studieren, um festzustellen, daß sie als Universitätslehrerin doch keine Chance hat. Sie darf künstlerisch so begabt sein, wie sie will, sie darf sogar künstlerische und finanzielle Erfolge haben – aber eine »richtige Frau« ist sie dann natürlich nicht mehr.

Eine Frau, die dieses Spielchen nicht rechtzeitig durchschaut und sich davon – wenigstens innerlich – distanziert, muß verzweifeln und scheitern, wie Irmgard Keun und Sylvia Plath und unzählige andere.

Keun und Plath litten in besonders auffälliger Weise an MADness *(Male Approval Desire)*[49]– dem Wunsch, dem Mann zu gefallen. Wenn wir das patriarchale Wahnsystem überwinden wollen, müssen wir uns zuallererst von diesem Wunsch freimachen.

Der sekundäre Wahnsinn der Frauen wird verschwinden, wenn das patriarchale Wahnsystem verschwindet. Auf dieses Ziel sollten wir uns also weiter unbeirrt konzentrieren. In der Zwischenzeit müssen wir darauf bestehen, daß wir die bereits entstandenen und weiterhin zu erwartenden »sekundären« Beschädigungen des weiblichen Geschlechts in unseren eigenen, autonomen feministischen Therapiezentren behandeln können.

Und wie wäre das Patriarchat zu überwinden?

Nun, ganz einfach durch

● immer mehr Frauenbündnisse, von privaten über regionale bis zu weltumspannenden.

● Abschaffung der geschlechtsspezifischen Arbeitsteilung, der Ehe, der Zwangsheterosexualität und des sozialen Geschlechtsunterschieds (engl. *gender*)[50].

● Quotierung sämtlicher Arbeitsplätze, Gremien- und Parlamentssitze.

Dies wäre mein Minimalkatalog für einen Neuanfang. Das Weitere wird sich dann finden.

Anmerkungen

1 Vgl. Pusch 1985 a, b, 1987 ff., 1988.
2 Am 28. Juni 1992 war für den »Kulturreport« aus Baden-Baden eine TV-Sendung mit dem Titel: »Operation gelungen – Patientin tot: Die Frauenbewegung am Ende« angekündigt. Ohne Fragezeichen. So stand es in der Fernseh-Zeitschrift *Gong*. Der Beitrag wurde nicht gesendet. Vielleicht war es den Programmachern zu Ohren gekommen, daß die Patientin noch lebt.
3 Vgl. etwa Dyck 1989.
4 Vgl. Trömel-Plötz 1992, S. 104.
5 »Über den Zeh«, *Der Spiegel* 27/1992, 240-242.
6 Ebd., S. 242.

7 Ebd., S. 240.

8 Ebd.

9 Filter 1992, S. 28

10 Filter 1992, S. 29.

11 »Der melancholische Witzbold«, *Der Spiegel* 27/1992, 186-192; S. 187 f.

12 Matthews 1984, S. 9. Übersetzung aus dem Engl. hier und in den folgenden Zitaten von mir.

13 Vgl. Wolf 1991.

14 Ebd., S. 182.

15 Ebd., S. 187; Übersetzung von mir.

16 Vgl. u. a. Simon 1992.

17 Watzlawick 1976, S. 144.

18 »Fatherly fixes are essentially ego-inflating for men, whereas those administered to women are depressants. The stark contrasts between ›uppers‹ for men and ›downers‹ for women can be noted in all manifestations of culture...« (Daly 1978, S. 54)

19 Erdheim 1982, S. 434.

20 Vgl. u. a. *Sexuelle Gewalt gegen Frauen und Mädchen: Dokumentation der Aktionswochen des Notrufs für vergewaltigte Frauen und Mädchen, München vom 13. 4.-30. 4. 89.*

21 Rijnaarts 1991 b, S. 103.

22 Ott 1990, S. 39.

23 Vgl. Rijnaarts 1991 a, S. 87 f.

24 Vgl. u. a. die Ausführungen von Simon 1992, S. 129, über die Folgen sensorischer Deprivation.

25 Matthews 1984, S. 21 f.

26 Ebd., S. 119.

27 Ebd., S. 112.

28 Asch 1955; zitiert nach Watzlawick 1976.

29 Watzlawick 1976, S. 96: »Der Patient, nicht selten das sensibelste und klarsehendste Familienmitglied, lebt... in einer Welt, deren Verschrobenheit ihm dauernd als normal hingestellt wird. Es wäre für ihn eine fast unmenschliche Leistung, diesem Druck erfolgreich zu widerstehen und den Familienmythus bloßzulegen. Und selbst wenn ihm das gelänge, würden die Angehörigen darin nicht nur einen weiteren Beweis seiner Verrücktheit sehen, sondern er würde damit auch riskieren, von ihnen verworfen zu werden und die einzige Sicherheit zu verlieren, die er im Leben zu haben glaubt.«

30 Ott 1990, S. 39.

31 Vgl. das Kapitel »Male Hysteria« in Showalter 1984, S. 167-94.

32 Vgl. Kavemann 1991, S. 76-80.

33 Styron 1990, S. 79 f.; Übersetzung von mir.

34 Vgl. Scarf 1991, S. 3.

35 Scarf 1991, S. 601: »Women simply *are* more depressed, in the aggregate, than are men, in the aggregate. Beyond the shadow of a doubt.«

36 So der deutsche Titel des m. W. ersten Buchs zu dieser Thematik, von Florence Rush.

37 Auch hier variieren die Zahlen. In der Sendung »Promise not to tell«, die Ende Juli 1992 zweimal im US-amerikanischen Fernsehen ausgestrahlt wurde, hieß es, jedes dritte Mädchen und jeder fünfte Junge seien Opfer sexueller Gewalt.

38 Rijnaarts 1991 a, S. 87-92.

39 Vgl. Rijnaarts 1991 a, Kap. II »Die Psychonanalyse: Ein Deckmantel«, S. 81-142

40 – abweichend von Heidi Gidions Interpretation (in diesem Band) –.

41 Vgl. Kavemann 1991, besonders das Kapitel »Überlebenstechniken: Was gut zum Überleben war, kann für das Weiterleben hinderlich sein. S. 76-80.

42 Woolf 1981, S. 57.

43 Vgl. Pusch 1985 a.

44 Vgl. Krüll 1991.

45 Vgl. Pusch 1985 b.

46 Matthews 1984, S. 119.

47 Woolf 1981, S. 57.

48 Vgl. Wolf 1991.

49 Der Begriff stammt – laut Daly 1978, S. 68 – von Honor Moore.

50 Vgl. Hagemann-White (1988), deren Überlegungen ich sehr anregend und überzeugend finde.

Literatur

Asch, Solomon E.: »Opinions and Social Pressure«, *Scientific American* 193 (November 1955), S. 31-35

Chesler, Phyllis, *Frauen – das verrückte Geschlecht?* [= *Women and Madness,* 1972], Vorwort von Alice Schwarzer. Übs. aus dem Engl. von Brigitte Stein, Reinbek b. Hamburg 1977

Daly, Mary: *Gyn/ecology: The meta-ethics of radical feminism,* Boston 1978 [dt. *Gyn/ökologie: Eine Meta-Ethik des radikalen Feminismus.* Übs. aus dem am. Englisch von Erika Wisselinck, München 1981]

Dyck, Joachim: »War Paul Celan eine männliche Ingeborg Bachmann? Aufgeputscht und abgetrömelt/Eine Kritik der feministischen Linguistik«, *Frankfurter Rundschau* 29. 8. 1989, S. 9.

Erdheim, Mario: *Die gesellschaftliche Produktion von Unbewußtheit: Eine Einführung in den ethnopsychoanalytischen Prozeß,* Frankfurt/M. 1982

Filter, Cornelia: »Virus Mann«, *Emma* 7/1992, S. 27-32

Friedan, Betty: *Der Weiblichkeitswahn oder Die Selbstbefreiung der Frau: Ein Emanzipationskonzept* [= *The Feminine Mystique,* 1963]. Übs. aus d. am. Engl. von Margaret Carroux, Reinbek b. Hamburg 1966

Hagemann-White, Carol: »Wir werden nicht zweigeschlechtlich geboren«, in: Hagemann-White, Carol und Rerrich, Maria S. (Hg.), *Frauen-MännerBilder: Männer und Männlichkeit in der feministischen Diskussion, Forum Frauenforschung* 2, Bielefeld 1988, S. 224-35

Kavemann, Barbara: »Sexuelle Gewalt in der Kindheit: Ausdruck struktureller Gewalt gegen Frauen und Wegbereiter wiederholter Gewalterfahrungen«, in: *Sexuelle Gewalt gegen Frauen und Mädchen,* München 1991, S. 73-84

Krüll, Marianne: *Im Netz der Zauberer: Eine andere Geschichte der Familie Mann,* Zürich 1991

Matthews, Jill Julius: *Good and Mad Women: The Historical Construction of Femininity in Twentieth-Century Australia,* Sydney, London, Boston 1984

Ott, Ursula: »Der gerade Weg vom Inzest in den Wahnsinn«, *Emma* 7/1990, S. 39-41

Pusch, Luise F.: »Nachwort: Schwestern oder die Bilanz des Unglücks«, in: Pusch, Luise F. (Hg.) 1985, S. 539-56 (= Pusch 1985 b)

dies. (Hg.): *Schwestern berühmter Männer: Zwölf biographische Portraits,* Frankfurt/M. 1985 (= Pusch 1985 a)

dies. (Hg.): *Berühmte Frauen: Kalender,* Frankfurt/M. 1987 ff.

dies. (Hg.): *Töchter berühmter Männer: neun biographische Portraits,* Frankfurt/M. 1988

Rijnaarts, Josephine: *Lots Töchter: Über den Vater-Tochter-Inzest* [=

Dochters van Lot]. Übs. aus d. Niederländ. von Barbara Heller, München 1991 [1987] (= Rijnaarts 1991 a)

dies.: »Lots Töchter: Über die wissenschaftliche Vertuschung des Inzestproblems und verwandte Fragen«, in: *Sexuelle Gewalt gegen Frauen und Mädchen*, S. 93-104 (= Rijnaarts 1991 b)

Rush, Florence: *Das bestgehütete Geheimnis: Sexueller Kindesmißbrauch*, Berlin 1984

Scarf, Maggie: *Unfinished Business: Pressure Points in the Lives of Women*, New York 1991 [1980] [dt.: *Wege aus der Depression. Krisensituationen im Leben von Frauen: Fallgeschichten und Analysen*, München 1986]

Sexuelle Gewalt gegen Frauen und Mädchen: Dokumentation der Aktionswochen des Notrufs für vergewaltigte Frauen und Mädchen, München vom 13. 4.-30. 4. 89. Hg. vom Notruf für vergewaltigte Frauen e. V., München 1991

Showalter, Elaine: *The Female Malady: Women, Madness, and English Culture 1830-1980*, London 1987 [1985]

Simon, Fritz B.: *Meine Psychose, mein Fahrrad und ich: Zur Selbstorganisation der Verrücktheit*, Heidelberg 1992

Styron, William: *Darkness visible: A memoir of madness*, New York 1990 [dt.: *Sturz in die Nacht: Die Geschichte einer Depression*, Köln 1991]

Trömel-Plötz, Senta: *Vatersprache – Mutterland: Beobachtungen zu Sprache und Politik*, München 1992

Watzlawick, Paul: *Wie wirklich ist die Wirklichkeit? Wahn – Täuschung – Verstehen*, München, Zürich 1976

Wolf, Naomi: *The Beauty Myth: How Images of Beauty are used against Women*, New York 1991 [dt.: *Der Mythos Schönheit*, Reinbek 1991]

Woolf, Virginia: *Ein Zimmer für sich allein* [= *A room of one's own*, 1928]. Übs. aus dem Engl. von Renate Gerhardt, Frankfurt/M. 1981

Bildnachweis

Archiv des Leo Baeck Instituts, New York (S. 123), Keystone, Hamburg (S. 255). Isolde Ohlbaum (S. 280).
Weitere Nachweise über das Bildarchiv des Suhrkamp Verlags.

Die Autorinnen

Susanne Amrain, geb. 1943. Arbeitete einige Jahre als Schauspielerin. Danach Studium der Anglistik und Germanistik in Heidelberg und Göttingen. Promotion 1983. Veröffentlichungen zur ›Erfindung‹ der romantischen Liebe und ihres Frauenbildes, zum Androgynieproblem, über Dorothy Wordsworth. Schreibt gegenwärtig an einer Geschichte der Beziehung zwischen Virginia Woolf und Vita Sackville-West. Lebt in Göttingen.

Sibylle Duda, geb. 1940. Dozentin für Erziehungswissenschaft an der Universität Hannover. Forschungsschwerpunkte: Sozialgeschichte der Frau im 19. Jahrhundert, weibliche Sozialisation, feministische Theorie.

Heidi Gidion, geb. 1932. Arbeitete als Dolmetscherin, Lehrerin, Redakteurin, Drehbuch-Verfasserin. Promotion (»Zur Darstellungsweise von Goethes ›Wilhelm Meisters Lehrjahre‹«, Göttingen 1969). Literatur-Seminare am Kalifornischen Studienzentrum an der Universität Göttingen, an der Evangelischen Akademie Hofgeismar (Reihe »Literatur verstehen«) und an der Volkshochschule Göttingen (Reihe »Der weibliche Blick«). Veröffentlichungen zu Sylvia Plath, Lou Andreas-Salomé, Christa Wolf. Schreibt am Nachfolge-Buch zu *Ich soll alles verstehen. Auf den Spuren von Müttern und Töchtern* (3. Aufl. 1991) über Töchter und ihre Väter in literarischen Texten. Lebt in Göttingen.

Hinrike Gronewold, geb. 1944. Freie Autorin und Journalistin. Zunächst Schauspielerausbildung in Hamburg, zehnjährige Tätigkeit als Schauspielerin, anschließend Bibliotheksassistentin und Kulturreferentin. Veröffentlichungen von Kurzgeschichten, Lyrik sowie Aufsätzen und Porträts zur Literatur von Frauen im 19. Jahrhundert und nach 1945. 1986-1990 Redakteurin der Zeitung *Virginia. Frauenbuchkritik*. Seit Oktober 1990 Mitherausgeberin und Redakteurin der Literaturzeitung *Liesebuch*.

Helga Grubitzsch, geb. 1943. Studierte Romanistik, Latein und Psychologie. Promotion 1970. Während ihres Studiums Arbeit als Serviererin, Reiseleiterin und Dolmetscherin, danach als Lehrerin an Volkshochschule und Gymnasium. 1971-1988 lehrte sie an der Universität Bremen, erst als Assistenzprofessorin, dann als Professorin auf Zeit für französische Didaktik und schließlich als Dozentin für »Literatur und Sozialgeschichte der Frauen«. Habilitation 1985. Seit 1988 Professorin für literaturwissenschaftliche und historische Frauenforschung im Rahmen der Allgemeinen Literaturwissenschaft an der Universität-Gesamthochschule Paderborn. Sie publizierte viele Arbeiten zur italienischen und französischen Literatur, darunter 1989, mit R. Bockholt, *Théroigne de Méricourt. Aufzeichnungen aus der Gefangenschaft* und 1991 *Théroigne de Méricourt. Die Amazone der Freiheit.*

Annegret Heitmann, geb. 1952. Wissenschaftliche Assistentin am Nordischen Institut der Universität Kiel. Arbeitet zur Zeit an einer Habilitation über die dänische Frauenautobiographik.

Joey Horsley, geb. 1940 in den USA. Studium der Germanistik an der Harvard University und in Tübingen. Ph. D. (Harvard) 1970. Lehrt seit 1968 an der Universität von Massachusetts in Boston, heute als Associate Professorin für Germanistik und Women's Studies. Arbeiten über Grass, Th. Mann, Goethe, Bachmann, Keun und die Hexenverfolgung in Europa.

Swantje Koch-Kanz, geb. 1939 in Bremen. Erstes und zweites Staatsexamen (Deutsch, Englisch). Zehn Jahre Verlagstätigkeit für Mouton, Den Haag. 1972-1975 wissenschaftliche Assistentin am Seminar für Allgemeine Sprachwissenschaft der Universität Kiel. Veröffentlichungen u. a. »Die Töchter J. S. Bachs« (mit Luise F. Pusch) in *Töchter berühmter Männer* (1988, it 979), diverse Arbeiten zur deutschen Grammatik. Verheiratet, ein Kind.

Luise F. Pusch, geb. 1944 in Gütersloh. Professorin für Sprachwissenschaft. Bücher und Aufsätze zur Grammatik diverser Sprachen und zur Grammatiktheorie. Autorin von *Das Deutsche als Männersprache* (1984, es 1217) und *Alle Menschen werden Schwestern* (1990, es 1565). Herausgeberin von *Feminismus: Inspektion einer Herrenkultur* (1983, es 1192), *Schwestern berühmter Männer* (1985, it 796), *Töchter berühmter Männer* (1988, it 979) und *Berühmte Frauen:* Kalender (1987 ff., st).

Eva Rieger, geb. 1940. Professorin für Musikwissenschaft an der Universität Bremen. Verfasserin zahlreicher Bücher, Rundfunksendungen und Vorträge zum Thema »Frau und Musik«. Jüngste Veröffentlichung: *Nannerl Mozart. Leben einer Künstlerin im 18. Jahrhundert* (1990, Insel).

Andrea Schweers, geb. 1952. Nach Ausbildung zur Journalistin und Lehramtsstudium (Romanistik und Sozialwissenschaften) Arbeit in der Erwachsenenbildung, besonders Fremdsprachenunterricht. Sieben Jahre lang Mitarbeit am Frauenkulturhaus Bremen. Forschung und Vorträge zu Künstlerinnenbiographien (z. B. Camille Claudel, Rosa Bonheur, Romaine Brooks). Mitarbeit am Kalender Berühmte Frauen (Hg. Luise F. Pusch). Seit 3 Jahren Lehrerin für Deutsch als Fremdsprache.

Liliane Studer, geb. 1951 in Bern. Sozialarbeiterin. Ab 1982 Studium der Germanistik und Geschichte in Bern. Lizentiat über Marlen Haushofer. Seit 1988 Literaturkritikerin und Publizistin mit den Schwerpunkten zeitgenössische Literatur von Frauen, Schweizer Literatur, Frauen-, Geschlechterfragen. Sekretariat *Netzwerk schreibender Frauen*. Lebt und arbeitet in Bern.

Frauenforschung und Feminismus
im Suhrkamp Taschenbuch Verlag

Frauenforschung und Feminismus
im Suhrkamp Taschenbuch Verlag

Frauenforschung und Feminismus
im Suhrkamp Taschenbuch Verlag

Frauenforschung und Feminismus
im Suhrkamp Taschenbuch Verlag